한미동맹의
디지털 전환

새로운 지평의 미래지향적 성찰

이 저서는 2023년 서울대학교 미래전연구센터의 지원을 받아 수행된 연구임.

서울대학교 미래전연구센터 총서 9

한미동맹의 디지털 전환

김상배 엮음

김상배 · 유인태 · 임은정 · 조한승 · 강하연
양종민 · 김헌준 · 신승휴 · 박용한 · 손한별
지음

새로운 지평의 미래지향적 성찰

Digital Transformation of the ROK-US Alliance
Future-Oriented Reflections of the New Horizon

한울
아카데미

차례

1 한미동맹의 디지털 전환

새로운 지평의 미래지향적 성찰

김상배 | 서울대학교

1. 머리말

이 책은 2023년 한미동맹 70주년을 맞이하여 한미관계의 현황을 분석하고 전망하기 위해서 기획되었다. 사실 70년의 역사를 가진 한미동맹은 최근 미래지향적 관점에서 새로운 지평을 모색할 전환기에 놓여 있다. 한미관계는 과거 냉전기의 안보·군사 동맹의 모델을 넘어서 탈냉전과 지구화의 흐름 속에 경제·규범 영역으로 확장되었으며, 오늘날에는 기술·산업 분야에까지 그 범위를 넓혀가고 있다. 최근 한미관계가 전개되고 있는 양상을 보면, 정치·군사적 뉘앙스를 강하게 띠는 '동맹'이라는 말이 협소하게 느껴질 정도로, 어느 특정 분야가 아닌 다양한 분야에 걸쳐서, 그리고 일방적인 의존이 아닌 서로 협력하는 양태가 복합적으로 나타나고 있다. 이러한 한미동맹의 변화를 진단하고 그 연장선에서 모색할 새로운 방향을 성찰하는 차원에서 이 책은 두 가지 키워드에 주목하였다.

그 하나는 '디지털 전환digital transformation'이다. 4차 산업혁명으로 대변되는 기술발달은 한미관계의 새로운 지평을 열어갈 주요 변수이다. 과거 한미관계의 핵심 변수가 냉전 시대의 안보·군사와 지구화 시대의 경제·규범이었다면, 오늘날에는 기술·산업 변수의 비중이 급격히 커졌으며, 앞으로는 더욱 확장될 것으로 전망된다. 기술·산업 분야 내에서도 반도체와 디스플레이와 같은 디지털 제조 기술 외에도 배터리와 같은 그린테크와 백신 등 보건·바이오·제약 기술에 이르기까지 한미협력의 분야가 확장되고 있다. 더 나아가 새로이 부상하는 디지털 경제 분야의 국제규범 형성이나 이를 밑받침하는 가치와 이념의 공유, 그리고 안보와 전쟁을 포괄하는 다양한 지정학적 이슈에 대해서도 동맹 결속이 강화되는 행보가 이어지고 있다.

다른 하나의 키워드는 '미중 패권경쟁'이다. 한미동맹의 전환과 그 미래를 제대로 이해하기 위해서는 한미관계라는 양자의 '링크'만 봐서는 안 되고 글로벌 차원의 '구조'를 형성하는 변수, 그중에서도 특히 미국과 중국 두 강대국이 벌이는 패권경쟁의 향배에 주목해야 한다. 최근 미중 패권경쟁은 더욱 가속화되고 있으며, 우크라이나 전쟁의 발발이라는 변수까지 가세하면서 '지정학의 부활'이 무색하지 않은 경쟁과 갈등의 시대를 맞았다. 한미동맹의 미래를 제대로 보기 위해서는 이러한 미중 패권경쟁이 한미관계에 미치는 영향을 제대로 읽어내야 한다. 특히 향후 경쟁의 승패를 누가 주도할 것이며 경쟁의 패턴이 어떻게 변할 것인지, 그 기저에 흐르는 협력의 조짐은 어떠한 변곡점을 맞게 될 것인지 등을 봐야 한다.

강조컨대, 향후 한미동맹은 디지털 전환과 미중 패권경쟁으로 대변되는 구조적 변화를 고려하여 그 미래 방향을 설정해야 할 것이다. 기술발달의 트렌드와 패권경쟁의 소용돌이 속에서 판세를 읽어내는 문제는 미래 국가전략 전반의 핵심 사안이기도 하다. 따라서 이러한 과정에서 이루어질 국가전략적 판단은 복합적 고민과 역사적 결단을 수반할 수밖에 없다. 특히 염두에 둘 것은, 그러한 고민과 결단의 과정에 4차 산업혁명 분야에서 한국이 쌓아온 기술경쟁력에 대한 분석과 미중 사이에서 한국이 중견국으로서 추구할 전략적 포지셔닝에 대한 판단이 담겨야 한다는 사실이다. 이 책에서 다룬 한미관계의 여러 분야의 사례들은 모두 이러한 고민과 결단의 문제들을 응축적으로 품고 있는 주제들이다.

이 글은 이 책에 실린 각 장의 내용 소개를 겸하여 기술·산업과 경제·규범, 안보·군사의 세 분야에서 현재 전개되고 있는 한미관계의 현황과 그 미래를 전망하였다. 제2절은 기술·산업 분야 한미관계를 디지털 기술, 에너지·그린테크, 보건·제약·바이오 분야를 중심으로 살펴보았다. 제3절은 경제·규범 분야 한미관계를 데이터·디지털 경제, 디지털 미디어·콘텐츠, 디지털 가치·규범 등의 이슈를 중심으로 검토하였다. 제4절은 안보·군사 분야 한미관계를 사이버 안보, 우주안보·뉴스페이스, 첨단 군사기술 등의 영역에서 검토하였다. 끝으로, 맺음말에서는 이들 분야를 아울러서 제기되는 전략적 고민의 성격을 진단하고 향후 한국이 모색할 전략의 방향을 짚어보았다.

2. 기술·산업 분야 한미동맹의 성찰

1) 한미 디지털 기술 협력

최근 첨단기술 분야의 협력은 한미 정상회담을 비롯한 고위급대화의 주요 의제이다. 2022년과 2023년에 걸쳐서 한미 정상은 양국의 비교 우위를 활용하여 첨단 반도체, 친환경 전기차용 배터리, 인공지능, 양자 기술, 바이오 기술, 바이오 제조, 자율로봇을 포함한 핵심·신흥 기술critical and emerging technologies을 보호하고 진흥하기 위한 민관 협력을 강화한다는 내용을 정상회담 선언문에 담은 바 있다. 여기서 핵심은 공급망 안보 문제이다. 안전하고 지속가능하며 회복력 있는 글로벌 공급망을 구축하고, 잠재적 공급망 교란의 탐지와 대응을 위한 조기경보시스템과 관련된 협력과 핵심 광물의 공급 및 제련에 관한 협력을 포함하기로 합의하였다. 양국은 첨단기술의 사용이 국가안보와 경제안보를 침해하는 것을 예방하기 위해서 핵심 기술과 관련된 해외 투자심사 및 수출통제 당국 간 협력을 제고하는 데에도 합의하였다.

최근 차세대 통신, 반도체, 인공지능과 같은 디지털 기술 분야의 한미협력은 미중 기술패권 경쟁의 전개와 밀접히 연계되어 제시되고 있다. 먼저 논란의 대상이 된 것은 차세대 통신 분야에서 앞서가는 중국 기업 화웨이의 5G 이동통신 장비 도입 문제였다. 한미 양국은 2022년 정상회담부터 통신 보안과 사업자 다양성의 중요성을 인지하고, 국내외에서 오픈랜Open-RAN 접근법을 사용하여 개방적이고 투명하며 안전한 5G 및 6G 네트워크 장비와 구조를 발전시켜 나가기 위해 협력하기로 합의하였다. 이러한 대중 견제의 구도는 반도체 분야로 확장되어 2022년과 2023년에 걸쳐서 이른바 '칩4 동맹', '마이크론 사태' 등으로 알려진 논란을 야기하기도 했다. 이러한 와중에도 양국은 2023년 정상회담에서 최첨단 반도체, 첨단 패키징, 첨단 소재 분야에서 연구개발 협력 기회를 식별해 나가기로 합의하였다. 이러한 구도는 최근 인공지능AI과 양자Quantum 기술 분야로도 확장되었으며, 한미 양자정보과학기술협력 공동성명에 서명하는 데까지 이르렀다.

이러한 한미 디지털 기술 협력의 경과를 바탕으로 제2장 "한미 첨단기술 협력: 반도체, 차세대 인프라, 인공지능"(유인태)은 한미 간의 첨단기술 영역, 특히 반도체, 차세대 인프라, 인공지능 관련 사안들에 초점을 맞추고, 양국의 전략, 정책 그리고 협력적 행보를 살펴보았다. 한국과 미국 모두 이들 기술을 핵심 국익에 해당되는 분야로 지목한 바 있으나, 협력의 양상은 다르다. 미국은 2018년 트럼프 정부 때부터 중국 기업 화웨이에 대한 제재에서 시작하여, 글로벌 반도체 공급망 재편으로 전략을 확대하여, 중국을 배제하려 하고 있다. 한국은 이러한 공급망 재편의 중요한 파트너이고, 글로벌 반도체 공급망의 중요한 이해당사자로서 미국의 국내 정책에도 매우 민감하게 반응해 왔다. 한미 정부 사이에서뿐만 아니라, 초국적 반도체 기업 간에, 그리고 정부와 기업 간 상호작용이 역동적으로 전개되고 있다.

제2장의 지적에 따르면, 차세대 인프라 영역도 미중 패권경쟁의 영향이 더욱 커지는 영역으로 변모해 가고 있다. 5G 경쟁을 넘어, 6G, 오픈랜, 인공위성에 이르기까지, 디지털 데이터가 전송되는 차세대 인프라 영역은 기반 인프라로 지정되며 각 국가가 안보적 차원에서 수호해야 할 대상이 되었을 뿐만 아니라, 미래 산업의 경쟁력과 경제성장을 견인하는 기술로 인식되고 있다. 이러한 영역은 결국 한미가 중국의 위협에 공동으로 대처하며, 개도국의 인프라 발전을 위해 협력과 혁신을 모색해 나가야 할 분야로 볼 수 있다.

한편, 제2장은 인공지능AI 영역에서는 미국의 기술적 우위가 두드러지지만, 미국도 AI와 관련하여 한국과 협력할 필요성이 있다고 지적한다. 미국은 중국과의 기술경쟁에서 우위를 유지하기 위해, 국가적 자원의 효율적 동원을 모색하고 있다. 이러한 맥락에서 미국은 국내적으로 'AI 권리장전' 및 'AI 위험 관리 프레임워크'와 같은 표준standards과 규준benchmarks을 수립하였다. 국제적으로 미국 주도의 표준과 규준의 확산을 위해서 G7이나 GPAIGlobal Partnership on AI와 같은 여러 기존 국제 연대 플랫폼을 활용할 뿐만 아니라 참여하고 있다. AI 기술이 진보하면서, 딥페이크 기술이나 챗GPT에 의한 거짓 정보 생성과 같은 부정적 사용도 대두되는데, 이에 대한 한미협력도 요구된다.

반도체, 차세대 인프라, 인공지능과 같은 첨단기술 영역에서, 국가 간의 전략과 정책의 갈등과 차이는 존재한다. 국가안보와 산업경쟁력이 걸려 있기 때문이다. 그러나 국가별·산업별로 숨 가쁘게 전개되는 전략과 정책은 다양성뿐만 아니라 국경을 가로지르는 경향성도 보이고 있다. 해당 산업 부문에서 국가 중심의 신新경제책략을 도모하며, 국가에 의한 관련 산업의 전략적 육성을 기획하고 이행하고자 하는 것이다. 한미 양국은 혁신을 위한 상호 경쟁을 피할 수 없겠지만, 상호 갈등을 관리하고 공동의 이익(혹은 난제)을 찾아 외교·안보 차원에서뿐만 아니라 기술·연구 차원에서도 협력 체계를 첨단 신기술에 맞추어 업그레이드(확장 및 심화)시켜 나가야 한다. 최근의 미중 패권경쟁에서 한미는 중국을 위협으로 보고 한미가 공동으로 대처하기 위한 협력을 강화해 나가는 국제 구조를 형성해 나가고 있다.

2) 한미 에너지·그린테크 협력

현재 한미관계에서 쟁점으로 부상한 그린테크GreenTech는 배터리, 원자력, 청정에너지 기술의 세 가지 분야이다. 그중에서도 한미협력의 제일 관심사는 배터리인데, '배터리 동맹'이라는 말까지 나올 정도이다. 미 바이든 행정부는 전기차, 배터리, 친환경 소재의 국내 개발 및 생산을 적극 추진하고 있는데, 2050년에 탄소 제로를 실현하기 위해서는 소재와 물질에 대한 수요가 급격히 증가할 것으로 예상된다. 그런데 전기차용 배터리 분야에서 중국의 생산력이 앞서가고 있다는 것이 문제다. 이러한 미국의 대중 의존 상황에서 미중 간의 공급망 갈등 가능성이 있다. 이에 미국은 중국을 배제한 공급망 구축을 목적으로 한국, 일본, EU 등과 그린테크 공급망 협력을 강화하려고 한다. 이러한 맥락에서 미국 정부는 자국 내에 한국 기업들의 생산시설을 유치하려는 시도를 벌였다. 그러나 2022년 8월 인플레이션 감축법IRA에서 미국과 캐나다, 멕시코 등 북미 지역에서 조립된 전기차에만 보조금을 지급하기로 하면서 한국 전기차에 대한 보조금 제외가 논란을 야기하기도 했다.

최근 한미관계에서는 원자력도 큰 쟁점이다. 2021년 한미 공동성명은 국제 원자력 안전, 핵안보, 비확산에 대한 가장 높은 기준을 보장하는 가운데, 원전사업 공동 참여를 포함한 해외 원전시장 내 협력을 발전시켜 나가기로 약속하였다. 2022년 정상회담에서 양 정상은 원자력 협력을 더욱 확대하는 한편, 수출 진흥과 역량개발 수단을 공동으로 사용하고 좀 더 회복력 있는 원자력 공급망을 구축함으로써 선진 원자로와 소형모듈형원자로SMR의 개발과 전 세계적 배치를 가속화하기로 약속하였다. 2023년 정상회담에서도 미국은 자국이 주도하는 '소형모듈형원자로 기술의 책임 있는 사용을 위한 기초 인프라Foundational Infrastructure for Responsible Use of Small Modular Reactor Technology: FIRST' 프로그램에 참여하기로 한 한국의 결정을 환영하였다. 한편, 한미 양국은 2022년에 이어 2023년에도 각국의 수출통제 규정과 지적재산권을 상호 존중하는 가운데, 국제원자력기구IAEA 추가의정서에 일치하는 방식으로 세계적 민간 원자력 협력에 참여하기로 약속하였다. 또한 양 정상은 재원 조달 수단을 활용하고, 수원국의 역량을 강화함으로써 전 세계적인 민간 원자력의 책임 있는 개발과 배치를 증진하기로 약속하였다.

에너지 분야에서 그린테크 기술은 수력, 태양광, 풍력과 같은 재생에너지를 통한 발전, 수소와 같은 신에너지의 보급, 화력 발전의 청정기술 도입, 이산화탄소 포집·활용·저장Carbon dioxide Capture Utilization and Storage: CCUS과 같은 온실가스 고정 기술에 적극적으로 도입되고 있다. 2022년 한미 정상회담은 진정한 에너지 안보는 청정에너지 기술을 조속히 보급하고 화석연료에 대한 의존성을 줄이는 것임을 인정하면서 화석연료, 농축우라늄을 포함한 에너지 공급망 확보를 위한 공동의 협력을 강화하기로 하였다. 2023년 정상회담에서는 양국의 국가별 온실가스 감축 목표NDC와 2050 탄소중립 목표 달성을 위해서는 전력 부문에서 탈탄소화가 필요하다고 언급하고, 재생 및 원자력 에너지를 포함한 청정 전력 비중을 확대하기로 합의하였으며, 탄소 감축, 재생에너지 및 수소 기술의 개발 및 보급에서 협력하고, 산업, 건설 및 수송 분야에서 에너지 효율을 강화하기로 하였다. 또한 양 정상은 2030년까지 판매량의 최소 40%를 목표로 무배출 경량차ZEVs 보급을 가속화하기 위한 양국 간의 협력을 강화하기로 하였다.

이러한 문제의식을 바탕으로 제3장 "한미동맹 간 에너지-그린테크 분야 협력의 가능성: 원자력과 배터리를 중심으로"(임은정)는 군사적 동맹에서 출발했지만, 경제적으로나 기술적인 측면에서 과거에 비해 비대칭성이 한층 완화된 한미동맹이 에너지·그린테크 분야에서도 협력을 확대해 나갈 수 있을지, 그에 걸림돌이 되는 것은 무엇일지를 검토하였다. 특히 제3장은 탄소중립 실현을 위한 그린테크 분야, 그중에서도 원자력과 배터리 분야에 초점을 맞추어 한국과 미국의 정책과 현황, 그리고 두 동맹국이 이 분야에서 서로 충돌하고 있는 부분을 진단하고, 양국 간 협력의 가능성과 그 의미를 살펴보았다.

제3장이 주장하는 바에 의하면, 한미동맹이라는 특수 관계는 상호 경제적 이익의 극대화를 위한 플랫폼으로서 인지될 뿐만 아니라 실제로 그렇게 작동할 필요가 있다. 또한 원자력은 신흥국 시장을 중심으로 수요가 계속 증가하고 있을 뿐 아니라, 핵물질의 비확산, 그리고 지금까지도 작동하고 있는 비확산 레짐의 지속가능성을 위해서도 한미협력이 절실한 분야이며, 배터리 역시 미국과의 협력 강화를 통해 중국과의 균형을 맞추는 것이 장기적으로 한국 배터리 산업의 지속가능성과 글로벌 공급망의 균형에도 도움이 될 것이라고 주장한다.

3) 한미 보건·제약·바이오 협력

보건·제약·바이오 분야의 한미협력은 코로나 팬데믹을 계기로 더욱 가시화되었는데, 최근에도 그 협력의 분위기를 이어가고 있다. 2022년 정상회담에서 양국은 감염병 위협을 예방 및 대비, 대응하기 위한 다자적 노력의 강화를 지지하였다. 특히 미국은 한국이 2022년 글로벌보건안보구상GHSA 장관급 회의를 개최하고 지속가능한 세계적·지역적 보건안보를 위한 글로벌보건안보GHS 조정사무소를 서울에 설립하기로 한 것을 환영하였다. 구체적인 보건 분야의 한미협력은 코로나19 백신의 개발 및 보급 과정에서 드러났는데, 이러한 과정에서 한국은 아시아 백신mRNA 생산의 허브국으로 주목받기도 했다. 양국 간의 성공적인 보건 분야 협력을 기초로 하여 2022년 정상회담에서 양국은 바이오 안정성과 바이오 안보 규범의 증진을 위한 양자·다자 논의의 장에서 협력을 강화하기로 했으며, 2023년 정상회담에서는 인공지능AI, 바이오 기술, 인공지능 운용 의료 제품, 바이오 제조에 대한 협력도 협의하였다.

한미 보건·제약·바이오 협력에서도 쟁점은 역시 공급망 안보이다. 코로나19의 확산은 바이오·제약 산업 공급망의 취약성을 드러내는 계기가 되었다. 미국은 의료 장비, 의약품 생산을 중국에 크게 의존하고 있는데, 이러한 상황을 국가안보 위협으로 인식하기 시작한 것이다. 미 바이든 행정부는 출범 직후 '100일 공급망 검토'에 제약산업을 포함시켰다. 코로나19로 인한 원료의약품의 공급 지연이 발생하면서 글로벌 가치사슬GCV의 균열로 인한 보건안보 위협이 우려되었다. 사실 원료의약품과 의료장비 부문에서 미국의 대중국 의존은 우려할 만한 수준인데, 실제로 중국은 미국 의료장비 및 부품 공급자로서 큰 비중을 차지하고 있다. 이에 미국은 2018년부터 중국과의 무역전쟁을 선포하면서 통상법 301조에 따라 의료기기를 포함한 중국 수입품에 고율의 관세를 부과하기도 했다. 이렇듯 미중 간에 보건·제약·바이오 갈등이 전개되고 있는 상황에서 한미 양국이 어떠한 협력을 펼쳐나갈지가 향후 관건이라고 할 수 있다.

이러한 문제의식을 공유하며 제4장 "보건 및 제약·바이오 기술과 한미협력"(조한승)도 코로나 팬데믹이 심각한 보건위기를 초래했으나 다른 한편으로 제약·바이오 기술혁신의 황금기를 열었다고 주장한다. 제약·바이오 산업은 4차 산업혁명의 핵심 기술 분야로서 주요 국가들은 관련 기술을 발전시키기 위해 경쟁 혹은 협업을 전개하고 있다. 바이오 기술의 발전은 보건의료 영역을 넘어서 에너지, 환경, 식량 등 다른 분야의 기술과 연계된 바이오 경제 분야를 생성하고 있다. 한국도 제약·바이오 분야에서 꾸준히 연구개발을 벌여왔으며, 한국의 기술 수준은 주요 선진국에 근접한 것으로 평가받는다. 이는 한국전쟁으로 폐허가 된 제약산업을 일으키기 위해 한국 스스로 부단히 노력한 결과이면서, 다른 한편으로는 미국과의 오랜 협력관계에 힘입은 바가 크다.

코로나 팬데믹은 한미 보건 및 제약·바이오 협력을 더욱 강화하는 계기가 되었다. 팬데믹 초기 미국이 심각한 혼란에 빠지자 한국은 미국에 진단키트를 긴급 제공하여 미국의 코로나 방역을 지원했고, 한국에서 백신 수급 문제가 발생하자 미국은 한미동맹 차원에서 백신을 공급하여 한국군의 백신접종을 지원했다. 이후 양국은 공중보건, 모자보건 수준에 머물렀던 기존의 보건 협력 분야를 대폭 확대하여 백신·의약품 공동 개발, 디지털 헬스케어, 바이오 헬스산업 등에서의 협력을 이어나가기로 했다.

제약·바이오 분야에서도 미중 패권경쟁이 기술 영역으로 확대되면서 한국에게 상당한 부담이 되고 있다. 미국은 바이오 이니셔티브를 도입하여 바이오 분야의 공급망 재편을 통해 중국을 견제하고자 한다. 이에 따라 한국의 제약·바이오 산업도 중국산 원료 사용, 대미 의약품 수출 등에서 어려움을 겪을 것으로 보인다. 그러나 논란이 되는 반도체, 배터리 분야와 달리 제약·바이오 분야에서는 한국의 기술력이 미국에 많이 뒤져 있기 때문에 바이오 분야에서의 개방형 혁신을 통해 미국과의 기술협력 파트너십을 확대하는 것이 바람직하다. 이러한 맥락에서 제4장은 한미협력을 통해 바이오 기술을 다른 첨단기술 분야와 결합하는 바이오파운드리를 발전시켜 새로운 가치를 창출함으로써 바이오 경제의 시장경쟁력을 강화해야 한다고 주장한다.

3. 경제·규범 분야 한미동맹의 성찰

1) 한미 데이터·디지털 경제 협력

경제·규범 분야의 한미협력은 공정한 시장경쟁이라는 공동의 가치와 핵심적 이익을 공유하며, 시장 왜곡 관행에 대응하는 차원에서 전개되었다. 2022년 10주년을 맞이한 한미 자유무역협정이 양국 경제 관계의 근간이라는 인식을 공유하면서, 양국은 한미 자유무역협정 이행위원회들과 여타 관련 채널들을 통해 반도체, 철강 및 여타 핵심 물자를 포함한 통상 관련 사안들을 협의하고 있다. 최근에는 인도-태평양 지역 차원의 경제·규범 형성이 쟁점이다. 2022년

양 정상은 디지털 경제, 회복력 있는 공급망, 청정에너지, 지속가능한 경제성장 촉진에 방점을 둔 여타 우선순위를 포함하여, 우선적 현안에 대한 경제적 관여를 심화시킬 포괄적 인도-태평양 경제프레임워크IPEF를 발전시켜 나가기로 했다. 2023년 정상회담에서는 IPEF가 높은 수준의 성과를 내도록 지원하기 위해 기술 지원, 역량 개발 및 여타 협력 이니셔티브를 위한 자원을 제공하며, 관련 재정적 자원 확보를 위해 노력하기로 했다.

이러한 양국의 협력 기조는 디지털 경제 분야에도 투영되었다. 2023년 정상회담에서 한미 양국은 데이터가 신뢰를 바탕으로 국경을 넘어 자유롭게 이동하는 것이 중요함을 인정하였다. 양 정상은 높은 수준의 디지털 무역 규범이 개방적이고 공정한 디지털 경제로 나아가는 길이라고 보았다. 미중 간에 데이터 유통 규범의 수립 문제가 현안인 상황에서 한미 간의 데이터 유통도 쟁점이다. 데이터 경제에 대한 미중의 정책적 접근은 차이가 크다. 미국은 테크기업을 중심으로 데이터의 자유로운 초국적 유통을 옹호하고, 기업이 클라우드와 데이터 센터 등 인프라를 구축하고 수집한 데이터를 자유롭게 활용할 수 있는 초국적 디지털 환경 조성에 적극적이다. 이에 비해 중국은 국가 주도의 보호주의 전략을 기조로 하여 '데이터 주권'의 담론을 유포하며 데이터 국지화localization에 무게중심을 두고 있다. 이러한 미중 간의 입장 차이는 2019년 오사카 G20 정상회의를 비롯한 여타 다자외교의 장에서 크게 불거진 바 있다.

이러한 과정에서 미국은 중국을 배제하고 한국 등 우방국만 포괄하는 미국식 디지털 경제질서를 추구하려 하고 있다. 이러한 의도로 미국은 현재 진행 중인 IPEF 협상 과정에서 디지털 규범 논의를 노동, 환경, 경제안보의 문제와 같이 다루고 있다. 이러한 미국의 행보는 중국, 러시아와 같은 경쟁국을 배제한 패권적 디지털 질서 구축의 과정으로 해석될 여지가 충분하다. 그런데 디지털 환경에서 대두되는 다양한 경제·사회적 현안은 초국적 성격을 갖고 있어 특정 국가와의 협력만으로는 효과적 대응이 어렵다는 특징이 있다. 디지털 경제규범 분야에서 한국이 담당할 역할과 관련하여 미국과의 정책적 공조뿐만 아니라 다양한 국가와의 협력을 끌어내는 중견국 역할을 기대케 하는 대목이다. 제5장 "한미 디지털 경제 및 디지털 협력의 미래"(강하연)가 주장하듯이, 한국이 독자적 검색엔진과 인터넷, 한국형 전자상거래와 모빌리티 서비스, 한류와 같은 미디어 콘텐츠로 디지털 분야 패권국가인 미국과 경쟁하는 세계 몇 안 되는 국가 중 하나라는 사실은 이러한 기대를 높이게 하는 요인이다.

제5장이 주장하고 있듯이, 한국 디지털 경제 성장의 역사는 미국과의 경쟁과 갈등의 맥락에서 이해된다. 미국은 한국의 중상주의적 정책을 바꾸고 자국 테크기업의 이해를 반영하고자 오랫동안 노력했으며, 미국식 제도 수렴의 압박은 한국의 데이터 규제제도의 변화로 이어졌기 때문이다. 한국의 경우 데이터의 상업적 사용을 활성화하는 것을 목표로 한 개인정보보호법의 개정 등 제도적 개선이 이루어졌으나 국내법의 기본적 기조는 유럽과 유사하여 데이터 기반 혁신 환경이 생성되기 어렵다는 지적이 있었다. 이러한 문제의식을 바탕으로, 제5장은 한미 FTA 전자상거래 규범, 이후 CPTPP와 같은 지역 자유무역협정 차원의 신규 디지털 규범의 내용, 관련된 국내법 제도의 변화 및 새롭게 부상하는 규제 현안을 살펴보고, 이를 통해 한미 간 디지털 경제 분야 갈등과 협력의 동력을 짚어냄으로써 이 분야에서 미래 한미협력의 가능성을 타진하였다.

2) 한미 디지털 미디어·콘텐츠 협력

디지털 경제의 서비스 층위에 해당하는 디지털 미디어·콘텐츠 분야에서는 아직까지 정부 차원에서 진행되는 한미협력이 본격적으로 가동되었다고 보기는 어렵다. 그러나 오늘날 디지털·플랫폼 경쟁의 급속한 성장으로 미루어 보아 조만간 한미협력의 아이템으로 이 분야가 부상할 가능성은 매우 크다. 특히 이 분야에서 미중 갈등이 시동을 걸고 있는 상황을 염두에 둘 때, 미중 사이에서 한국이 맞닥뜨릴 전략적 선택의 아이템으로 불거질 가능성이 있다.

소셜미디어SNS 분야의 사례를 보면, 여태까지는 각기 독자적 생태계를 갖추고 있었던 미중 양국의 비즈니스가 최근 플랫폼 경쟁의 형태로 갈등이 점화될 가능성이 커지고 있다. 사실 중국 정부는 2003년부터 페이스북, 유튜브, 트위터 등 미국의 주요 SNS의 사용을 금지했다. 2020년 9월 미국 정부는 텐센트와 미국 기업들의 거래를 금지했는데, 최근에 제일 큰 쟁점은 중국 기업 바이트댄스의 짧은 동영상 서비스인 틱톡에 대한 사용 금지이다. 이러한 맥락에서 볼 때, 틱톡을 둘러싼 갈등은 한국에 불똥이 튈 수 있는 아이템이며, 한미 간에 기술 차원을 넘어서는 관계 조율의 필요성이 제기될 소지가 있다. 중국계 기업인 바이트댄스가 제공하는 동영상 서비스인 틱톡을 둘러싼 논란은 미중의 지정학적 갈등 양상을 잘 보여주는 사례이다. 틱톡은 매우 짧은 분량, 언어에 대한 낮은 의존성, 우수한 자동번역 및 콘텐츠 추천 기능 등으로 인해 Z세대 취향을 타격하며 크고 열정적인 글로벌 사용자 기반을 형성하였다. 이에 대해 최근 미국 정부가 데이터 안보와 플랫폼의 윤리 등의 문제를 제기하면서 강한 비판과 견제를 가하고 있다.

디지털 콘텐츠 분야에서도 미중경쟁이 시동을 걸고 있는데, 디지털 콘텐츠 플랫폼인 OTTOver-The-Top 플랫폼 경쟁에 주목할 필요가 있다. OTT 분야에서는 미국의 넷플릭스가 선두 주자이고 디즈니플러스가 추격 중이다. 중국의 OTT 서비스로는 아이치이, 유쿠, 텐센트 비디오 등이 급성장하고 있는데, 이들 중국 서비스는 단순 콘텐츠 공급 모델을 넘어서 인터넷 커뮤니티형 모델을 추구한다는 특징이 있다. 넷플릭스나 디즈니플러스와 같은 미국 OTT 모델이 자신이 확보한 콘텐츠를 잘 관리하고 가입비를 받는 방식이라면, 아이치이, 유쿠, 텐센트 비디오 등과 같은 중국 OTT 모델은 콘텐츠를 넘어 커뮤니티를 추구한다. 콘텐츠 면에서는 중국의 모델이 미국보다 경쟁력이 떨어질 수는 있지만, 커뮤니티 면에서는 더 강점이 있다. 이러한 와중에 중국 시장이 포화 상태에 이르면서 중국 기업들이 해외로 눈을 돌리는 상황이어서 중국 외 지역에서 미중경쟁의 가능성이 커지고 있다. 이러한 과정에서 한국 시장을 포함한 동남아 등지의 시장에서 한국 디지털 콘텐츠 기업들이 어떠한 입장을 취해야 할지, 특히 미국과는 어떠한 협력의 양태를 가져가야 할지가 관건이 될 것이다.

여태까지 이 분야의 상황을 되돌아보면, 한국은 글로벌 범용 SNS는 미국의 서비스(페이스북 등)를 따르면서도, 메신저 서비스 등 일부는 독자적 플랫폼(카카오톡 등)이 유지되고 있었다. 하위 분야별로 분담된 모델이라 할 수 있는데, 미국의 범용 SNS가 침투하지 못하는 틈새를 한국 서비스가 차지한 양상이다. 한편 OTT 분야에서는 넷플릭스가 독주하는 가운데 디즈니플러스가 한국 시장에 진출하고 있으며, 최근에는 아이치이 등 중국 서비스도 한국에 점차 투자를 확대하고 있다. 이에 비해 한국 OTT 플랫폼 사업자들의 경쟁력은 약해서 넷플릭스나 디즈니플러스에 편승하려는 양상을 보이고 있다. 이 과정에서 발견되는 흥미로운 점은, 미중이 모두 한류 콘텐츠에 관심을 보인다는 점이다. 플랫폼 자체는 위기 국면에 놓여 있지만, 콘텐츠 생산에서는 기회를 엿보게 되는 상황이다.

미국 OTT 기업들이 한국의 국내시장에 진출하고 있는 상황은 한국 OTT 플랫폼 기업에는 일종의 위기가 아닐 수 없다. 그러나 이들 외국 기업이 한국 콘텐츠에 큰 자금을 투자한다는 점은 기회일 수 있다. 중국 콘텐츠 기업도 한국에 대한 투자를 늘리고 있는 상황에서 이러한 기회를 잘 살릴 필요가 있다. 디지털 미디어·콘텐츠 분야에서 형성되는 독특한 틈새, 즉 미국의 플랫폼 지배력과 한국의 콘텐츠 생산력 사이의 틈새를 공략하는 전략이 필요하다. 궁극적으로 이 분야의 플랫폼을 장악한 세력과의 개방적 호환성을 유지하면서 콘텐츠 생산의 경쟁력을 길러야 한다. 그러나 이 경우 '플랫폼의 종속'의 위험을 극복해야 하는 또 다른 과제가 남는다. 이러한 상황에서 정부 차원 또는 민관 차원에서 진행할 이 분야에서의 한미협력에 대한 논의가 제기되고 있다. 2023년 한미 정상회담에서 양국 정상은 디지털 콘텐츠의 성장을 촉진하는 투자 증가로 이어질 연구개발에 관한 양국 간 협력을 강화하기로 약속하였다.

이러한 맥락에서 볼 때 최근 주목을 받는 또 다른 디지털 콘텐츠는 웹툰이다. 제6장 "한미 디지털 미디어, 문화콘텐츠 교류: 웹툰을 중심으로"(양종민)는 최근 한류 문화콘텐츠의 선두 주자로 자리매김하고 있는 웹툰에 대한 분석을 통해서 한국과 미국의 문화 교류를 탐색하였다. 한국 웹툰의 발전과 세계시장에서의 성장을 분석하여, 새로운 한류 문화콘텐츠로서 디지털 미디어, 문화콘텐츠 교류의 속성과 동인을 살펴보고, 웹툰의 성장에서 나타나는 요소들이 기존 문화콘텐츠와 다른 요인들을 가지고 새로운 문화를 구성할 가능성을 보여준다고 주장하였다. 짧은 역사를 가진 한국 웹툰은 플랫폼을 통해 전 세계 젊은이들의 문화를 형성해 가고 있다. 웹툰의 발전 과정에서 플랫폼은 독자적인 문화 생태계를 만드는 데 중요한 역할을 했고, 이 과정에서 문화콘텐츠로서 웹툰의 트랜스미디어적인 속성이 발현되고 있다. 또한 웹툰은 개방성, 참여성, 공유성이라는 특성을 통해 소비자의 참여문화를 적극적으로 이용하는 문화콘텐츠라는 특징이 있다.

3) 한미 디지털 가치·규범 협력

최근 한미 간에는 한미동맹의 포괄적 확장이라는 차원에서 양국이 공유한 가치와 규범을 내세우는 국제적 공동보조에 대한 논의가 활발히 제기되고 있다. 2023년 한미 정상회담에서는 한미동맹을 한반도를 넘어서는 인도-태평양 지역의 평화와 번영의 핵심축으로 인식하고, 민주주의, 경제적 번영, 안보, 기술혁신을 증진하는 데 있어서의 글로벌 리더로서 양국의 필수적인 역할을 설정한다는 데 인식을 같이했다. 양 정상은 유엔헌장에 담긴 원칙들에 관한 의지도 재확인하였다. 또한 미국은 차기 민주주의 정상회의를 주최하고, 공동의 가치를 토대로 북대서양조약기구NATO와 주요 7개국 정상회의G7와의 파트너십을 더욱 발전시키며, 유엔평화유지군 활동에 대한 기여를 지속 확대하는 등 더욱 큰 국제적인 책임을 수행하려는 한국의 이니셔티브를 높게 평가한다는 내용을 공동선언문에 담기도 했다.

한미 간의 가치와 규범에 대한 논의는 디지털 분야에도 적용된다. 2022년 정상회담에서 양 정상은 개방적이고 자유로우며 글로벌하고 상호 운용 가능하며 신뢰할 만하고 안전한 인터넷이 제공하는 특별한 혜택에 대한 공통된 인식을 강조하였다. 디지털 권위주의에 의한 위협 증가에 대처하기 위해, 양 정상은 전 세계적인 정보의 자유로운 흐름을 보장하는 개방적인 인터넷을 조성하고 인권을 수호하기로 약속하였다. 이를 달성하기 위해, 한국은 미국이 주도한 「인터넷의 미래를 위한 선언the Declaration for the Future of the Internet」을 함께 지지할 준비가 되어 있다고 밝혔다. 또한 양 정상은 인터넷이 양국 사회 내 여성과 소녀의 형평, 평등 및 안전을 증진하는 데 긍정적인 역할을 지속해 나가도록 보장할 필요성을 재확인했다. 이를 위해 한국과 미국은 젠더 기반 온라인 희롱·학대 행동을 막기 위한 글로벌 파트너십의 창립 멤버로 참여하였다.

아울러 양 정상은 또한 공동의 민주주의 원칙과 보편적 가치에 맞게 기술을 개발·사용·발전시킬 것을 약속하기도 하였다. 이와 관련하여 최근 쟁점이 된 AI 윤리규범에 주목할 필요가 있다. 글로벌 시민사회, 국제기구, 정부 간 협의체 등의 다양한 수준에서 AI 윤리규범을 만들기 위한 노력이 진행되고 있다. 미중경쟁의 맥락에서 주목할 사례는 2020년 6월 공식 출범한 세계 최초의 AI 전담 협의체인 GPAI이다. GPAI는 프랑스와 캐나다가 2018년 처음 설립을 제안했고, 2019년 G7 정상회의에서 창설이 협의되었으며, 이후 2020년에 이르러 AI 글로벌 협의체로 출범했다. 한국을 포함해 프랑스, 캐나다, 호주, 독일, 미국, 일본, 유럽연합, 뉴질랜드 등 총 14개 창립회원이 함께 발족했다. 미국은 가입을 망설이다가 중국에 대한 견제를 목적으로 뒤늦게 가입 결정을 내렸다. AI와 같은 첨단기술의 윤리규범과 관련된 문제는 향후 미중관계뿐만 아니라 국제정치 전반에서 계속 쟁점이 될 가능성이 크며 이러한 와중에 한미관계의 현안으로 자리 잡을 것으로 예상된다.

제7장 "한미 가치·규범 협력: 민주주의와 인권"(김헌준)도 미국과 중국을 중심으로 한 국제정치 경쟁에서 가치와 규범 문제가 점차 중요해지고 있다고 강

조한다. 바이든 행정부는 출범과 동시에 인권과 민주주의 등 가치·규범을 전면에 내세우며 권위주의 중국에 대항하는 국제질서 조성에 힘쓰고 있다. 한편, 가치·규범 문제는 국제정치뿐만 아니라 한미관계에서도 중요하다. 특히 4차 산업혁명으로 인해 인권과 민주주의는 여러 변화를 맞았다. 빅데이터, 인공지능, 생체정보와 안면인식 기술은 중국 신장 지역에서 감시와 통제의 도구로 사용되고 있다. 무선 인터넷 접속과 SNS에 대한 정교한 통제는 미얀마에서 반反군부 시위를 막는 수단으로 사용되었다. 챗GPT로 대표되는 생성형 인공지능의 등장은 가짜 정보를 확산시켜 민주주의 핵심인 선거에 큰 위기를 초래할 수 있다. 더 나아가, 인공지능과 로봇의 등장은 취약 업종에서 대량 실업을 초래해 불평등과 사회 혼란의 요인이 될 것으로 전망된다.

제7장은 4차 산업혁명 시대에 이렇게 더욱 중요해진 인권과 민주주의라는 가치·규범 영역에서의 한미협력의 가능성과 여러 도전을 다루었다. 한미 양국은 이미 가치·규범 영역에서 상당한 수준의 협력을 하고 있다. 제7장에서는 이러한 가치·규범 영역에서 한미협력을 개괄하고, 현재까지의 노력을 비판적으로 평가하며, 이를 개선하기 위한 제언과 방안을 제시하였다. 이를 위해 2021년 5월 문재인-바이든 정상회담과 2022년 5월 윤석열-바이든 정상회담을 분석하였다. 또한 미국의 요청으로 한국이 적극적으로 참여하고 있는 2022년 12월 제1차 민주주의 정상회의와 2023년 3월 제2차 민주주의 정상회의도 분석하였다. 그러나 한미동맹에서 가치·규범 협력의 문제는 미국의 대對중국 전략과 떼어놓고 생각할 수 없다. 따라서 우선 미국의 대중국 전략으로서의 가치와 규범 문제를 개괄하고, 이를 바탕으로 한국과의 관계에서 가치와 규범 문제를 논의하였다. 한미 양국 간 가치·규범 문제는 절대 단순하지 않고 복잡하며 다면적인 성격을 보인다.

4. 안보·군사 분야 한미동맹의 성찰

1) 한미 사이버 안보 협력

사이버 안보 분야의 한미협력은 주로 정책논의를 중심으로 진행되었는데, 그 과정에서 한미 정상회담에서의 사이버 안보에 대한 논의가 중요한 이정표를 이루었다. 박근혜 정부 당시 한미 정상은 2013년과 2014년 두 차례의 정상회담에서 사이버 안보 협력을 주요 어젠다로 상정했다. 구체적 논의를 발전시킨 것은, 2015년 10월 워싱턴에서 열린 한미 정상회담인데, 사이버 안보 분야를 포함하여 양국의 포괄적 동맹관계를 공고하게 다지는 행보를 보였다. 문재인 정부 당시인 2021년 5월 한미 정상회담에서는 사이버·우주 등의 영역에서 협력을 심화하기로 했고, 이후 양국 간에 한미 랜섬웨어 워킹그룹을 구성하고 2021년 9월 첫 회의를 개최했다. 윤석열 정부 들어 2022년 5월 열린 한미 정상회담에서는 사이버 공간에서 적대세력 억지, 기반시설 보호, 범죄 대응, 자금세탁과 가상화폐 등 여러 이슈에서의 공조가 포함되었다. 이 밖에도 한미 사이버 안보 협력은 다양한 협력지침과 양해각서, 워킹그룹 및 협의체, 정책포럼 등을 통해서 진행되었다.

이러한 기류는 최근 '확장억제extended deterrence'의 맥락에서 제기된 사이버 억지론을 통해서 좀 더 구체화되는 양상이다. 2022년 5월 한미 정상은 재래식 능력뿐만 아니라 핵과 미사일 방어 능력을 포함하여 가용한 모든 범주의 방어 역량을 사용하여 미국이 한국에 대한 '확장억제'를 제공한다고 확인하였다. 양 정상은 연합방위 태세 제고를 통해 억지를 더 강화할 것을 약속하고, 필요시 미군의 전략자산을 시의적절하고 조율된 방식으로 전개하여 대북 억지력 강화를 위한 조치를 모색하기로 확인하였다. 이러한 맥락에서 한미는 국가 배후의 사이버 공격을 포함한 다양한 사이버 위협에 대응하기 위한 협력을 대폭 확대해 나가기로 했다. 아울러 양 정상은 이른 시일 안에 고위급의 '확장억제전략

협의체Extended Deterrence Strategy and Consultation Group: EDSCG'를 재가동하기로 합의하였다.

이러한 전개 과정에서 한국은 핵 억지 개념을 사이버 분야에서 적용하자는 태도를 보였다. 대북 억지의 차원에서 '핵우산'처럼 '사이버 우산'도 빌려 쓰자는 기대하에 사이버 안보 분야 한미동맹을 강화하자는 것이다. 이렇게 사이버 안보 분야에 핵 억지의 개념을 적용하려는 시도는 국내적으로는 최근 '한국형 3축 체계', 즉 킬체인 선제타격, 한국형 미사일방어체계, 대량 응징 보복 등에 대한 논의의 연장선에서 제기된 '확장억제론'에 입각해 있다. 이렇게 '확장억제'라는 프레임에서 사이버 안보를 보는 경향은 2023년 1월 국방부 업무보고에서도 드러났다. 이러한 흐름은 2023년 4월 미국 워싱턴 D.C.에서 열린 한미 정상회담에도 반영되어, 한미 양국은 동맹을 사이버 공간에까지 확장하기로 선언했으며, 향후 한미 상호방위조약을 사이버 안보에 적용할 논의를 시작하기로 했다.

이러한 기조는 2023년 4월 26일 미국 워싱턴 D.C.에서 열린 한미 정상회담으로 이어졌는데, 양 정상은 동맹이 사이버 공간에 적용된다는 것을 인식하였으며, 별도 문건으로 「전략적 사이버 안보협력 프레임워크SCCF」를 체결하였다. 한미 양국은 이 프레임워크를 활용하여 사이버 적대세력 억지에 관한 협력을 확대하고, 핵심 기반시설의 사이버 안보를 증진하며, 사이버 범죄에 대처하고, 가상화폐 및 블록체인 애플리케이션을 보호하기로 했다. 양 정상은 북한의 불법적인 대량살상무기 및 탄도미사일 프로그램의 자금을 조달하는 북한의 불법 사이버 활동에 대해 우려를 표명하였으며, 북한의 사이버 위협에 대응하고 사이버 외화 수익을 차단하기 위해 정보 공유를 확대하고 국제사회의 인식을 제고하기로 하였다. 「전략적 사이버 안보협력 프레임워크」는 협력의 범위·원칙·체계 등을 구체화함으로써 향후 한미 사이버 안보협력의 플랫폼을 마련하는 의미를 지니는 것으로 평가된다.

제8장 "한미 사이버 안보협력의 진화: 복합지정학의 시각"(신승휴)은 2010년

대 초반부터 2023년 현재에 이르기까지 한미 양국이 사이버 안보 분야에서 전개해 온 양자 협력을 복합지정학의 시각에서 분석함으로써 협력의 목적, 범위, 수단 등에서 나타나는 변화를 포착하려는 시도를 벌였다. 이를 통해 양국의 사이버 안보협력이 기존에 초국적 사이버 범죄 관리와 국제규범 선도를 지향하는 탈지정학적-비지정학적 차원의 협력을 넘어 공동의 적과 대항 세력을 상정하고 이를 안보화, 동맹, 억지 등의 수단을 통해 견제하는 비판지정학적-고전지정학적 차원의 협력까지 아우르는 방향으로 확장·변화해 오고 있음을 보이고자 하였다. 나아가 현실주의, 자유주의, 구성주의 등 주류 국제정치이론의 논의를 원용함으로써 한미 사이버 안보협력이 외부 환경의 변화 속에서 양국이 가지는 사이버 위협인식과 사이버 역량에 대한 이해관계 그리고 상호 간 부과하는 동맹 기대에 영향을 받으며 변화해 왔음을 주장하였다.

2) 한미 우주안보·뉴스페이스 협력

사이버 안보 이슈와 함께 우주안보·뉴스페이스 이슈도 한미협력의 필요성이 거론되는 대표적인 분야인데, 우주협력의 기조는 한미 정상회담을 통해서 제시되었다. 특히 2023년 선언에서는 한미 우주협력의 기조가 강화되어 한미동맹이 우주 분야에도 적용된다고 선언했으며, 양 정상은 모든 분야에 걸쳐 우주협력의 다양한 채널을 통하여 한미동맹을 한층 강화해 나가기로 약속하였다. 2023년에는 확대된 상업 및 정부 간 우주협력 기반을 제공하는 위성 및 위성 부품에 관한 미국의 수출통제 정책에 대한 양국의 공감을 표명하였으며, 아울러 연합연습 등을 통해 국방우주 파트너십을 강화해 나가기로 약속하기도 하였다. 한편, 2023년 회담에서 한미 양측은 한미 간 상업 우주협력 강화를 촉구하였으며, 양측은 미래 상업 우주 정거장에 관한 산업적 협력 가능성도 환영하였다.

실제로 한미 우주협력은 발사체, 위성, 탐사, 위성항법시스템 등 4대 분야에 걸쳐서 진행되고 있다. 첫째, 발사체와 관련해서는, 2021년 한미 공동성명에서 양 정상은 미사일 지침의 종료를 발표하였으며, 2023년 선언문에는 파괴적 직접상승 위성요격 미사일 실험 중단에 대한 한국의 공약이 포함되었다. 둘째, 위성과 관련해서는, 6G 이동통신 네트워크 및 ICT 신기술의 경쟁력 강화를 위해서 공동 투자기금을 조성하기로 하고, 위성인터넷 및 저궤도 소형위성 개발과 관련된 협력을 펼쳐나가기로 하였다. 셋째, 탐사와 관련해서는, 2022년 정상회담에서 아르테미스 프로그램에 참여한다는 한국의 공약을 토대로 양 정상은 우주탐사 공동연구를 촉진하는 데 합의하였으며, 2023년 정상회담에서 양 정상은 달과 화성 탐사 협력 개념에 대한 연구 계획을 발표하였다. 끝으로, 위성항법시스템과 관련해서는, 2022년 정상회담에서 양 정상은 한국형 위성항법시스템KPS 개발을 지원하기로 합의하였으며, 4차 산업혁명의 필수 인프라 구축 차원에서 KPS의 호환성과 상호운용성 강화도 논의하기로 하였다.

이 밖에도 2023년 공동선언을 통해서 양 정상은 양자 우주정책대화를 포함하여 안전하고, 확실하며, 지속가능한 우주환경을 보장하기 위한 협력을 지속하는 데 합의했으며, 양국은 점증하는 우주위험 및 위협에 대응하여 양국 간 우주상황인식 협력을 강화하는 한편, 책임 있는 행위 규범을 더욱 발전시킴으로써 안전하고, 안정적이며, 지속가능한 우주환경을 유지하기 위해 노력하기로 했다. 아울러 미국은 협력 사업을 기대하면서, 한국의 우주항공청 신설을 환영하였다.

이러한 논의의 연장선에서 제9장 "한미 우주안보/뉴스페이스 협력"(박용한)은 우주지정학과 뉴스페이스의 부상으로 대변되는 새로운 우주 시대가 도래하면서 변화하고 있는 우주 공간의 위협과 도전을 한미관계의 맥락에서 다루었다. 특히 제9장은 우주 개발 산업 생태계가 전환의 시대를 맞이했다고 강조한다. 새로운 우주 개발의 전환기를 맞아 국방 영역의 안보적 대응도 전면적 변화가 불가피하며, 강대국 간 경쟁이 군사 영역을 초월한 정보, 기술, 산업 등 전 영역에서 심화하는 사례와 같이 우주경쟁도 국방 분야에 한정되지 않고 다양하게 확장될 전망이라고 주장한다.

한국은 2020년 7월 한미 미사일 지침 개정으로 탄도미사일 탄두 중량 제한을 비롯한 고체로켓의 우주발사체 사용 제한이 풀리면서 좀 더 강화된 미사일 개발에 착수했고 성과도 거뒀다. 한국은 국가적으로는 공공 우주기술의 민간 이전 확대를 중점으로 하는 우주산업 2.0을 시행하고 있다. 안보 분야에서는 우주 위협이 가시화되고 우주 공간이 전장화됨에 따라 국방 우주력 강화에 힘쓰고 있다. 한국 정부는 국방 우주기술을 확보하기 위한 예산 지원을 확대하고, 스핀온, 스핀오프, 스핀업 등 민간으로의 기술이전과 협력을 촉진하며, 민군 협력을 강화한다는 계획이다.

새로운 우주 시대를 맞아 한미 간 발사체 협력은 이미 이루어지고 있다. 한국은 미국 민간 발사체에 군사위성을 탑재해 쏜다. 다만, 한국이 요구하는 우주발사체 개발과 관련한 협력은 부진한 실정이다. 그러나 기회도 보인다. 인공위성을 비롯한 우주 물체가 연쇄적으로 충돌한다는 '케슬러 증후군'과 아시아 지역 미사일 위협의 고도화는 우주안보 분야에서 새로운 국제협력의 필요성을 증가시키고 있다. 따라서 우주상황인식에 대한 국제협력이 중요해진다고 예상된다. 이런 가운데 한국은 다양한 우주감시 능력을 확충하고 있다. 미국이 추구하는 위협 대응에 긍정적인 기여가 가능한 배경이다. 따라서 미국이 한국에 우주인식을 공유하는 협력을 촉진할 필요를 확인할 수 있다. 양국은 본격적인 우주 분야 협력을 시작해야 한다.

3) 한미 첨단 군사기술 협력

4차 산업혁명 시대를 맞이하여 한미 양국은 첨단 군사기술 분야에서 새로운 협력을 모색하고 있다. 한미 군사기술 협력의 필요성은 한반도에서 남북한 대결 이외에도 미중 첨단 무기기술 경쟁에서도 제기된다. 이제 한국의 기술경쟁력은 여러 가지 차원에서 선진국 수준의 역량을 갖추었다. 중국과의 패권경쟁을 벌이는 미국에 있어서 한국과의 기술협력은 긴요한 우군이 될 수 있다. 기술협력이 동맹 강화에 주는 이점을 인식하여, 양국은 이미 사이버 및 전자기 스펙트럼, 핵심 인프라 방호, 위기 대응 등과 같은 분야에서의 군사기술 협력을 추진하고 있다. 양국의 협력은 다시 미국의 동맹국들과의 다자 협력으로 이어짐으로써 경쟁력을 높이는 데 기여할 수 있을 것으로 기대된다. 그러나 70주년을 맞은 한미동맹의 군사기술 협력은 여전히 선언적이고 정책적 차원에 머무르고 있다는 비판적인 지적도 없지 않다. 향후 기술협력 차원에서 한미 군사동맹을 어떻게 확대·심화시킬 수 있는지, 어떤 기술과 분야에서 협력할 것인지를 구체화할 필요성이 제기되는 대목이다.

한미 군사기술 협력의 구체적인 사안으로는 방위산업 분야에서의 국방상호조달협정도 쟁점이다. 이는 2022년 한미 정상회담에서부터 언급되었는데, 한미 간 국방산업 분야 협력의 잠재력이 증가하고 있음을 인식하면서, 양 정상은 국방상호조달협정에 대한 논의의 개시를 포함하여 국방 부문 공급망, 공동 개발·제조와 같은 분야에서의 파트너십을 강화해 나가기로 합의하였다. 2023년 정상회담에서도 양 정상은 글로벌 방위산업에서의 협력 강화를 위해 한미 국방상호조달협정 체결을 위한 노력을 촉구한 바 있다. 이 밖에 한미 군사기술 협력에 대한 논의가 진행되고 있는 사례들로는, 제10장에서 소개된 바와 같이, 방산기술협력위원회DTICC, 한미 방산기술전략 협력체DTSCG, 한미 국방연구기관 기술협력회의SAEG, 한미 국방분석세미나DAE, 한미 ICT 협력위원회ICTCC, 국방 AI 협력포럼AI PfD 등에서 논의되고 있는 사안에 주목할 필요가 있다.

이러한 문제의식을 바탕으로 하여, 제10장 “한미동맹의 첨단 군사기술 협력”(손한별)은 지난 70년간 지속되어 온 한미동맹을 군사기술 협력을 중심으로 살펴보았다. 한국의 기술력이 발전함에 따라 미국의 기술을 이전받고 무기체계를 도입하는 데에서 진정한 의미의 호혜적 기술협력으로 전환하고 있다. 지금까지는 협력의 필요성만을 강조하는 선언정책이나 기능별 협의체 구성에 중점을 두었지만, 미래전 수행개념이나 상호운용성, 협력을 위한 전략적 접근을 고려하여 실질적인 기술협력으로 나아가고 있다. 그리고 현재 국제 안보환경의 변화와 도전에 직면하여 한미동맹을 통해 경쟁력과 회복력을 극대화하기 위한 추가적인 노력이 요구되고 있다. 동맹의 현재 군사적 능력과 수단을 통합하여 상대를 억제하고 대응하는 '통합억제'를 넘어, 장기적 국가이익과 미래를 대비하여 미래 능력을 창출하는 '통합혁신'으로 나아가기 위해 군사기술 협력을 강화할 필요성이 재차 강조되는 것이다.

제10장은 기술의 가치와 성숙도, 활용성 등을 고려하여, 인공지능, 반도체, 우주기술, 정보통신을 우선 협력이 요구되는 핵심 기술로 지적하였으며, 협력을 위한 분야로는 데이터, 제도와 절차, 표준을 제시하였다. 이를 위한 정책 제언으로 동맹의 공동이익을 선언하고, 기존 협의체를 내실화하며, 정부-기업의 기술협력 기반을 마련하며, 협력을 위한 정부 컨트롤타워 구축, 협력을 위한 제도와 절차 마련, 양자로부터 다자협력체로의 발전, 정책 및 기술 인력의 교류를 요구했다. 동맹국이 현재 보유하고 있는 능력만을 통합하는 데 그치지 않고 미래의 능력을 상호보완적으로 발전시킬 때, 장기적인 경쟁을 주도하고 우위를 유지함으로써 미래의 국가이익을 지켜낼 수 있을 것이다.

5. 맺음말

오늘날 한미동맹은 디지털 전환의 시대적 과제를 안고 있다. 아날로그 시대의 한미동맹이 정치군사와 전통안보 중심의 좁은 의미의 '동맹'이었다면, 이제는 디지털 전환의 시대를 맞이하여 그 협력의 내용과 범위, 정도 등 여러 가지 면에서 확장 및 심화하고 있다. 반도체 동맹, 배터리 동맹, 백신 동맹 등으로부터 사이버 동맹, 우주 동맹 등에 이르기까지 다양한 분야에서 동맹을 거론할 정도로 한미 간의 긴밀한 협력의 필요성이 제기되고 있다. 사실 이러한 과정에서 '동맹'이라는 말은 전통안보의 수준에 준하는 엄밀한 의미의 동맹이라기보다는 비유의 뜻으로 사용되는 감이 없지 않지만, 그만큼 여러 분야에서 한미협력이 강화될 필요성이 거론되고 있다는 사실을 보여주는 증거이기도 하다. 여하튼 오늘날 한미관계는 획일적인 모습의 동맹이 아니라 복합적인 모습으로 전환해야 할 과제를 안고 있다.

한미동맹의 디지털 전환에 대한 성찰은 글로벌 패권경쟁을 벌이는 미중 사이에 놓여 있는 한국의 전략적 고민과 병행해서 이루어져야 한다. 예를 들어 한미동맹의 디지털 전환이 안고 있는 과제를 극명하게 보여주었던 사례인 '화웨이 사태'를 보면, 당시 한국과 미국 사이에서 논란거리가 되었던 중국산 5G 이동통신 장비의 도입 문제는 단순한 기술과 산업의 문제가 아니라 그야말로 미중 패권경쟁 과정에서 제기된 외교와 안보의 문제였음을 알 수 있다. 이러한 전략적 고민의 구도는 화웨이 사태가 발생했던 5G 분야 이외에도 여타 분야에서도 다시 발생할 가능성이 없지 않다. 그 가능성이 있는 후보로 반도체나 배터리와 같은 분야가 거론되기도 하는데, 최근에는 실제로 반도체 분야에서 '칩4 동맹'이나 '마이크론 사태' 등과 같이 미중이 갈등하는 틈바구니에서 한국의 행보가 화두가 된 사건이 벌어지기도 했다.

첨단기술 분야의 미중 갈등은 최근 더 가속화되고 있을 뿐만 아니라 미중 패권경쟁 전반에도 투영되는 양상이다. 미국의 인도-태평양 전략과 사이버 동맹외교가 구체적인 모습을 드러내고 있으며, 중국의 일대일로 구상과 디지털 실크로드 전략도 이에 맞서는 양상을 보이고 있다. 5G와 반도체, 배터리 등에서 관찰되는 글로벌 공급망의 디커플링decoupling 현상은 온라인으로 옮겨가서 미국과 중국이 전개하는 인터넷 비즈니스의 디커플링, 즉 인터넷이 둘로 쪼개지는 이른바 '분할인터넷Splinternet'에 대한 우려마저도 제기되고 있다. 이러한 양상은 국제정치 전반에서 가치와 이념의 진영화 현상으로 연결되면서 '신냉전'의 출현을 걱정케 한다. 미중이 각기 진영화된 '플랫폼'을 구축하고 지정학적 경쟁을 벌이는 '플랫폼 지정학Platform Geopolitics'에 대한 전망이 출현하는 것은 바로 이러한 맥락이다.

미중 두 강대국의 사이가 적당히 벌어져 있을 때는 일종의 '양다리 작전'이 통했을지도 모른다. 중개의 역할을 하는 중견국 전략에 대한 논의가 제기된 것은 이러한 맥락이었다. 그러나 지금처럼 미중이 각기 주도하는 '플랫폼' 사이의 거리가 일정한 정도 이상으로 벌어질 경우, 그 사이에 낀 나라는 불가피하게 한쪽 다리를 떼고 어느 한쪽의 플랫폼 위에 올라탈 수밖에 없게 된다. 중견국의 선택지가 그만큼 좁아진다고 할 수 있다. 이러한 시각에서 보면, 현재 한국이 맞닥뜨린 중견국 전략의 관건은, 미중 플랫폼 사이에서 어느 쪽을 선택하느냐는 '좌우의 게임'이 아니라 미국의 플랫폼 위에서 한미동맹의 미래상을 어떻게 설정하느냐는 '상하의 게임'에 놓여 있다고 할 수 있다. 다만 이러한 과정에서 정태적인 '양다리 작전의 비유'를 넘어서 동태적인 '스케이팅의 비유'를 원용하는 지혜도 필요하다. 지금은 무게중심이 오른발에 실리는 상황이더라도 궁극적으로 스케이트를 타고서 앞으로 나아가기 위해서는 항상 왼발도 염두에 두고 있을 수밖에 없다.

***

이 책은 2023년도 정보세계정치학회 춘계대회 기조 세션이었던 "4차 산업혁명 시대의 한미관계: 한미동맹 70주년을 맞는 미래지향적 성찰" 학술대회를 위해서 기획되었다. 2022년 후반에 기획되어 2023년 1월 필진의 프로포절 발표회를 거쳐서 초고 형태의 원고가 2023년 4월 28일에 개최된 학술회의를 통해서 발표되었다. 그 이후 수정과 보완의 과정을 거쳐서 단행본의 형태로 세상에 나오게 되었다. 이 책이 나오기까지 도움을 주신 많은 분들께 드리는 감사의 말을 빼놓을 수 없다. 무엇보다도 길지 않은 시간에 원고를 작성해 주신 아홉 분의 필자들께 깊은 감사의 마음을 전한다. 또한 이 책의 초고가 발표되었던 2023년 정보세계정치학회 춘계학술대회에 사회자와 토론자로 참여해 주신 여러 선생님께 감사드린다. 직함과 존칭을 생략하고 가나다순으로 언급하면,

김태형(숭실대학교), 문용일(서울시립대학교), 안태현(서울대학교), 오일석(국가안보전략연구원), 이태동(연세대학교), 이효영(국립외교원), 임경한(해군사관학교), 엄정식(공군사관학교), 조현석(서울과학기술대학교), 하영선(동아시아연구원), 홍건식(국가안보전략연구원) 등 여러분께 감사드린다. 또한 이 책의 필자이면서도 출판 과정에서 교정 총괄의 역할을 맡아준 서울대학교 신승휴 박사과정에 대한 감사의 말도 잊을 수 없다. 끝으로 출판을 맡아주신 한울엠플러스(주)의 관계자들께도 감사의 말을 전한다.

제1부

기술·산업 분야 한미동맹의 성찰

2 한미 첨단기술 협력*

반도체, 차세대 인프라, 인공지능

유인태 | 단국대학교

1. 서론

한미동맹 70주년을 맞이하여, 한국과 미국의 관계는 그 어느 때보다 더 긴밀한 전략적 연합을 추구하고 있다. 이는 양국이 최근에 내놓은 인도-태평양 지역에 대한 전략서를 보더라도 확연히 드러난다. 미국의 「인도-태평양 전략」은 여러 도전들 중에서도, 특히 중국을 지목하고 있으며, 이러한 도전들에 맞서기 위해, 동맹국들 및 파트너들과의 협력을 강조하고 있다(The White House, 2022). 전략서에서 언급된 여러 사안 영역 중에서, 특별히 반도체, 인공지능과 같은 '핵심·신흥 기술critical and emerging technologies' 그리고 차세대 인프라와 관련하여 파트너들과 같이 협력해 나갈 것이 언급되고 있다(The White House, 2022: 8). 이러한 미국의 전략적 방향성은 한국이 내놓은 '인도-태평양 전략'과

* 이 글은 ≪동서연구≫ 제35권 4호(2023)에 게재될 논문 「첨단 과학 기술의 국제정치: 차세대 네트워크 인프라, 인공지능 분야에서의 한·미 간 협력」을 수정·보완한 것임을 밝힌다.

맥이 닿는다. 비록, 한국의 전략서는 "특정 국가를 겨냥하거나 배제하지 않는 포용적인 구상"임을 원칙으로 내놓기는 하지만(대한민국정부, 2022: 9~10), "자유, 민주주의, 인권, 법치주의 등 가치의 공유를 바탕으로" 미국과 "첨단기술, 사이버 공간, 공급망을 아우르는 글로벌 포괄적 전략 동맹"으로 발전시켜 나가고자 한다(대한민국정부, 2022: 11).

물론, 양국의 전략서에 차이도 존재한다. 한국의 인-태 전략서는 첨단과학기술 분야에서의 협력을 언급하며, 기술 선도국과의 기술협력뿐 아니라, 역내 협력 및 역내 디지털 격차 해소를 중점 추진 과제로서 선정했다(대한민국정부, 2022). 그러나 이는 해당 문서들상에서만의 차이일 뿐, 큰 전략적 방향성을 고려할 때, 미국은 인도-태평양 전략의 경제통상적 측면을 위한 '인도-태평양 경제프레임워크Indo-Pacific Economic Framework: IPEF' 등을 내놓고 있으며, 여기서 역내 국가들과의 다양한 경제적 협력을 언급하고 있고, 여기에는 개도국과의 디지털 격차 해소를 위한 협력도 포함되어 있다.

큰 전략적 방향성 차원에서 한미 양국 간에 커다란 이견은 없어 보인다. 인도-태평양이라는 지역적 개념은 비교적 최근의 개념이며, 명확히 상대국을 상정하고 있기 때문에, 인도-태평양 지역에 있는 모든 나라들이 인도-태평양 전략을 내놓는 것은 아니다. 한국은 2022년 인도-태평양 전략을 내놓으며, 미국과 보조를 맞추어 나가려 하고 있다. 특히, 미국이 중국으로부터 첨단기술 영역에서의 부분적 디커플링partical decoupling 혹은 디리스킹derisiking을 추구하면서, 동맹국들과의 소다자 협력을 추구하고 있는 맥락에서, 반도체, 차세대 인프라, 그리고 인공지능Artificial Intelligence: AI 영역에서의 움직임과 정책이 초미의 협력 관심사이다. 하지만 양국의 국력 격차, 기술·경제력 차이, 지정학적 위치에서 비롯되는 국익 및 국민 정서의 차이 등은, 한미 양국이 서로 협력하는 방향성과 방법에 있어 차이를 가져올 수밖에 없다.

이 글은 첨단기술 영역에서, 한미 양국 상호 간의 협력 어젠다로서의 반도체, 차세대 인프라, 인공지능 기술 이슈에 초점을 맞춘다. 각 기술 영역에 대한 그간의 정부의 중요한 정책과 주요 사건들을 정리하는 방식으로 구성했으며, 이를 위해 기존 발간물들을 잘 정리하여, 지식을 축적해 나갈 뿐 아니라 새로운 자료들을 참조하며 그간의 과정을 재구성했다. 이러한 과정에 대한 서술을 통해, 향후 학문적으로 더욱 발전된 논의를 위한 기초를 닦아놓을 뿐 아니라, 향후 한미 양국의 발전을 위해 더 필요한 협력 사항에 대한 전망을 제시할 수 있을 것이다.

2. 첨단기술 협력

반도체는 디지털 핵심 기술critical technologies의 집약체이자, 전 디지털 영역의 필수 부품이기 때문에, 반도체의 안정적 공급은 경제 전반에 걸쳐 필수불가결하다. 이런 맥락에서 바이든 대통령이 반도체를 핵심 인프라라고 언급할 정도로,[1] 반도체는 인프라로도 인식될 수 있고, AI를 구동하기 위한 필수 구성품이기도 하다. 따라서 이하 반도체, 차세대 인프라, AI가 글의 구성상 나누어져 있기는 하나, 첨단기술 협력의 맥락에서 한 글에서 함께 이해될 수 있다.

1) 반도체

바이든 정부는 출범 초기부터 4대 전략 품목을 지정하였는데, 반도체는 의약품, 배터리, 희토류와 함께 포함되었다(The White House, 2021). 이러한 전략 품목을 대상으로 미국은 미중 전략경쟁의 맥락에서 경제 책략의 일환으로 신산업 정책을 내놓고 있으며, 이를 통해 공급망 재편을 꾀하고 있다. 데이터가

1 https://www.etnews.com/20210413000169

4차 산업혁명 시대의 석유라면, 반도체는 4차 산업혁명 시대의 쌀이라고 불렸던 만큼, 모든 첨단 기기에 있어서 빼놓을 수 없는 핵심 부품이다. 그러한 핵심 부품의 공급망에서 한국은 중요한 비중을 차지하고 있기 때문에, 한국과의 협력은 미국에게도 초미의 관심사이며, 한국 또한 반도체 산업의 지속적인 혁신을 위해서는 미국의 협력이 필수적이다. 따라서 양국 간의 반도체와 관련한 미국의 정책과 한국의 대응 그리고 한미 정책적 협력의 방향과 방안들이 중요하지 않을 수 없다.[2] 이하에서는 반도체 관련 미국의 국내 산업 정책을 먼저 살펴보고 그리고 칩4로 대표될 수 있는 국제 정책을 살펴보며, 한국과의 협력 가능한 영역에 대해 논한다.

(1) **미국 반도체 산업 정책**

미국 트럼프 행정부는 대통령 행정명령을 자주 활용하였지만, 바이든 행정부는 초기부터 의회와의 협력을 강조하였고, 이에 다양한 법안들이 활발하게 발의되어 왔다. 즉, 바이든 정부는 트럼프 정부 때와는 달리, 행정명령보다 입법을 통해 산업 정책을 추진 중이며, 양당 간의 타협과 합의를 거친 입법을 통하는 수단을 택한다. 이러한 외교정책의 국내 제도적 뒷받침을 형성하는 과정은 민주당이 다수를 차지하는 환경에서 유리하기 때문에 취해진 바도 있다. 동시에, 이러한 과정이 의미하는 바는, 첫째, 입법화를 할 만큼 미국에서 중국에 대한 태도가 어느 정도 합의되었다는 점이며, 둘째, 미국의 중국에 대한 태도가, 그리고 연루되는 타 국가들에 대한 영향력 또한 지속적일 것이라는 점이다. 즉, 정책의 지속성이 예상되기 때문에, 타 국가들은 이러한 변화에 대한 적응이 필요하다.

2 물론 민간 행위자들의 이러한 움직임과 정책에 대한 순응 여부와 정도도 공급망 재편의 성공에 있어 매우 중요한 요인이라 할 수 있다. 이 글은 정부 행위자에 초점을 두어서 민간 행위자들의 비중은 상대적으로 작으나, 후자에 관한 향후 연구의 기여가 기대된다.

바이든 정부는 '더 나은 재건Build Back Better: BBB'을 취임 초에 국정 운영의 비전으로 내세웠다. 이는 국내적 맥락과 국제적, 특히 중국 견제의 맥락에서 제기된 것이었는데, 미국의 반도체 공급망 재편도 BBB를 이행하기 위한 정책의 일환으로 이해될 수 있다. 즉, 국내 경제성장을 위한 산업 정책과 국가안보를 위한 대외 정책이 혼합되어 있는 것이며, 국내와 국제적 영역을 넘나드는 신산업 정책의 전형으로서도 이해될 수 있다. 이러한 신산업 정책new industrial policy을 다른 무역 및 투자 정책과 합하여 신경제책략new economic statecraft으로 부를 수 있다(Aggarwal and Reddie, 2020; Yoo, 2022).

미국 입법은 이러한 정부 정책을 위한 제도적 뒷받침을 하였다. 양원제 미국에서는 법안bill이 법률Act로 제정되기 위해서 상원과 하원 모두 통과해야 하는데, 2022 중간선거 이전의 바이든 정부에서는 민주당이 다수당이었지만 상원과 하원이 양당의 근소한 차이였기 때문에, 초당적 지지가 없는 법안이 양원의 문턱을 넘기 어려운 환경이었다.[3] 따라서 중국과의 전략경쟁의 맥락에서 통과되는 많은 법안들이, 비록 여러 각론 부분에서 양당의 불일치가 있었지만, 대중국 경쟁 과정에서 초당적인 합의가 저변에 있음을 보여준다.

'반도체 지원법CHIPS Act'은 이를 보여주는 좋은 예이다. 미 상원은 '미국 혁신경쟁법US Innovation and Competition Act: USICA'을 2021년 4월에 발의하고, 6월 초 가결한 바 있다. 중국을 견제하고 미국의 기술경쟁력을 강화하기 위한 여러 법안의 패키지로 구성되어 있는데, 이 패키지 법안에 미국 반도체 산업을 지원하기 위한 520억 달러 예산을 배정하는 '반도체 지원법CHIPS Act'이 포함되어 있었다. 하원에서도 2021년 7월 USICA보다 더 광범위한 내용의 '미국경쟁법America COMPETES Act of 2022: COMPETES'이라는 패키지 법안을 발의하였으며, 2022년 2월 가결되었다. 그런데 상원과 하원이 각각 발의한 법안 간의 조정이

3 2022년 중간선거 이후에, 하원에서는 다수당의 지위를 잃었으나 상원에서는 유지하였다.

어렵다고 전망되자, 민주당은 공화당으로부터 초당적 지지를 얻기 위해 USICA 패키지를 축소시켜 '반도체(산업)지원CHIPS-plus' 패키지 법안을 제안하였다.

결과적으로 2022년 7월 27일에 흔히 줄여서 '반도체법CHIPS Act'이라 불리는 '반도체 칩과 과학법CHIPS and Science Act of 2022'이 상·하원에서 가결되었다. 바이든 대통령이 2022년 8월 9일 이 '반도체법'에 서명하였고, 그 이후에 인플레이션 감축법Inflation Reduction Act이 통과되었다. 이로써 2021년 대통령 취임 직후부터 추진된 대표적인 두 세트의 법안, 즉 중국 견제의 의도가 들어간 '반도체법'과 'BBB 법안들' 모두 양원을 통과하고, 대통령 서명을 통해 법률로 확정되었다.

(2) 반도체를 둘러싼 국제정치와 한미협력

미국의 중국을 겨냥한 글로벌 반도체 공급망 재편의 단초는 2010년대 후반의 중국의 네트워크 장비 기업 화웨이에 대한 제재에서 이미 보이기 시작했다. 미국 국내정치에서 화웨이의 국가안보 관련 함의는 일찍이 2012년에 제기되었다. 미 하원정보위원회는 중국공산당과 밀접한 관련이 있는 화웨이 통신장비들이 백도어를 통해서 기밀을 빼가고, 랜섬웨어 공격을 가할 수 있는 안보위협이 될 수 있다고 하였다.

위협인식에 기반한 정부 차원에서의 화웨이에 대한 본격적인 대응은 트럼프 정부하에서 2018년부터 이루어졌다. 트럼프 정부는 자국중심주의 기조에서, 미국의 대외전략과 정책을 추진할 것을 일찍부터 내걸었다. 미중 '무역전쟁'으로 명명된 데서 보이듯, 정부 출범 후 얼마 되지 않아서부터 시작된 중국과의 노골적인 경쟁과 대립은 미국과 중국 관계의 성격이 눈에 띄게 바뀌고, 새로운 국제질서의 도래를 알리는 서막이었다. 이런 맥락에서 화웨이에 대한 적극적인 조치들 또한 당연한 흐름이었지만, 미중 전략경쟁 맥락에서 상무부를 중심으로 한 미국 대외정책의 발전은 새로운 경제 책략의 면모를 여실히 보여주었다.

2018년부터 화웨이 관련 여러 사건이 발생하지만, 2월 CIA, FBI, NSA 등 미국의 정보기관들이 일제히 화웨이와 ZTE 제품을 사용하지 말 것을 경고한 것, 그리고 8월 미국 정부에 의한 '2019년 국방수권법National Defense Authorization Act: NDAA' 통과는 첨단기술이 안보 문제로 치환되는 것을 극명하게 보여주는 사건들이 되었다. 그리고 앞으로 첨단기술들과 디지털 인프라가 전략경쟁의 승리에 있어 국력의 핵심 요소가 될 것이라는 인식을 명확히 보여주기 시작한 사건이었다.

여러 다른 기업들 중에서도 특히 화웨이가 지목되었던 것은 그 기업의 경쟁력뿐 아니라 정치적 연결성 때문이다. 화웨이는 5G 분야에서 뛰어난 기술 및 가격경쟁력을 가지고 있었는데, 이러한 경쟁력을 바탕으로 글로벌 시장에서 꾸준히 확장해 가며, 글로벌 이동통신 장비 업계 1, 2위였던 에릭슨과 노키아를 추격하여, 2018년에는 시장점유율에서 우위를 점하게 되었다.[4] 그런데, 화웨이의 성장 역사나 최고경영자의 경력을 보았을 때, 중국공산당과 인민해방군과의 정치경제적 유착 개연성은 농후해 보였다. 게다가 5G 시스템은 공급업체가 제공하는 소프트웨어 갱신에 의존하기 때문에, 도입 당시에는 없었더라도, 나중에 언제든지 악성코드를 심는 것이 가능하였기 때문에, 중국의 통신장비가 미국 국내뿐 아니라 전 세계 시장에서 지배적인 인프라가 된다는 것은 전략경쟁을 개시한 미국에게는 악몽과도 같은 시나리오였다.

이에 대한 미국의 경제 책략은, 처음에는 화웨이에서 시작하여, 그 제재 대상의 범위를 넓혀나갔고, 제재 품목의 범위 또한 처음에는 화웨이의 완제품에서 시작하여, 점차 제품 제조에 필요한 반도체와 같은 핵심 소재·부품·장비로 범위를 넓혀나갔으며, 제재에 참여하는 주체들도, 처음에는 정부 기관들에서

4 https://www.economist.com/business/2021/10/23/huawei-should-dissolve-disperse-and-seed-chinas-high-tech-future?gclid=CjwKCAjw-b-kBhB-EiwA4fvKrL0PPZPcRTpmIWJgo-J22SNyUMRN4IAhak_9gFHPRuG0R2srI97BMhoCP2UQAvD_BwE&gclsrc=aw.ds

핵심 인프라 사업자들, 민간, 그리고 제3국으로 확장해 나갔다.

미국은, 한편으로는 외교적 노력을 통해 타국들로 하여금 화웨이 제품을 거부하고 화웨이의 확장을 막으려고 노력한 것 이외에도(유인태, 2021), 자국 차원에서 화웨이에 압박을 가한다. 그 첫 번째 수단은 수출통제였다. 2019년 5월 21일 화웨이 및 68개의 계열사를 거래제한 명단entity list에 등재했다. 이로 인해 미국의 민간 행위자들은 미국 수출관리규정Export Administration Regulations: EAR 적용 대상 품목을 거래제한 명단에게 수출 또는 재수출하는 경우가 제한되었다. 이후 상무부는 거래제한 명단을 계속해서 증가시켜 나가게 되는데, 빠르게는 같은 해 8월, 46개의 기업이 추가 등재되었다.[5]

2020년 5월 15일에는 자국 민간 행위자들에 대한 기존의 수출통제에 더하여, 해외직접제품규칙Foreign Direct Product Rule: FDPR을 개정한다. 이 개정으로 인해 해외 민간 행위자들도 미국 기술, 소프트웨어 또는 부품을 이용한 제품을 화웨이에 수출할 경우, 미 상무부의 승인을 받도록 되었다. 앞선 1차 제재로 인해 미국 생산의 반도체가 화웨이로 가는 흐름을 막았다면, 2차 제재로 해외에 위탁생산 하여 화웨이로 들어가는 반도체를 막고자 하였다.

그다음 3차 제재로 2020년 8월 17일 FDPR의 추가 개정과 화웨이 해외 계열사 38곳이 거래제한 명단에 추가 등재되었다. 명단은 계속해서 증가하는데, 이는 새롭게 발견되는 기업도 있지만, 기존 제재 대상이 분리되거나 단순히 이름을 바꾸어서 새롭게 회사를 차리는 경우도 적지 않기 때문이다. FDPR의 개정은 기존보다 허가 대상, 거래 범위 및 통제 품목을 확대하는 방향으로 이루어졌다.

그 후에도 계속해서 미국의 중국에 대한 경제제재는 더해졌다. 2021년 6월

5 이러한 미국의 제재로 인해 화웨이는 막대한 손실을 입는다(https://www.reuters.com/article/us-huaweitech-usa-revenue/huawei-says-u-s-ban-hurting-more-than-expected-to-wipe-30billion-off-revenue-idUSKCN1TI0KL).

에는 홍콩이나 신장 지구의 인권 문제를 근거로, 행정명령 14032를 통해 거래 제한 명단에 더 많은 중국 기업들을 포함시켰다. 2022년 10월 추가적인 반도체 관련 수출통제 조치가 발표되는데, 이는 31개 중국 기업을 잠정적 수출통제 대상으로 지정하여 반도체 수출을 금지하고, 특정 기술 수준 이상의 반도체를 생산할 수 있는 장비·기술을 중국 기업 및 중국 소재 공장에 수출하는 경우, 별도 허가를 받게 하였다.[6]

2022년 10월의 제재는 특히 미국의 기술 우위를 유지하고 중국의 AI나 퀀텀 컴퓨팅 시스템을 발전시킬 수 있는 능력을 제한하기 위한 것임을 명확히 보여준다. 14나노 이하의 반도체 생산에 사용되는 기계들을 미국 회사들이 중국에 판매하는 것을 금지했기 때문이다. 그리고 외국 경쟁자가 제공할 수 없는 미국의 반도체 생산과 관련한 어떠한 장비도 중국에 수출할 수 없게 했다. 이는 반도체 생산 과정에서 필수적인 네덜란드의 ASML의 노광장비lithography machine가 중국인 소비자에게 팔릴 수 없다는 것을 의미한다. 그밖에 Lam Resarch, Applied Materials 그리고 KLA Corporation과 같은 회사들이 규제들에 순응하기 위한 절차를 밟게 되었으며, 미국의 AMD나 엔비디아Nvidia는 이미 AI 반도체를 중국에 팔지 못하도록 지시받았으며, Dell이나 HPE도 첨단 반도체가 들어간 서버를 중국 고객에게 못 파는 상황이 되었다.

중국 시장은 반도체 회사들에게는 커다란 경제적 이익의 근원이다. 중국은 전 세계 반도체 생산의 40%를 소비하지만(2022년 10월 기준), 오직 12%만을 자급하고 있다. 그리고 반도체 시장은 2030년까지는 1조 달러 이상으로 성장할 것인데, 90%의 성장이 중국에서 이루어질 것으로 전망된다.[7] 한국의 삼성전자,

6 이에 대해 삼성전자나 SK하이닉스는 후자와 관련해서 1년간 적용 유예를 받을 수 있었다. 그런데 이러한 제재는 반도체 산업 전체 수입의 30%를 중국에 의존하고 있었던 미국의 반도체 공급망상의 많은 주요 회사들에게도 충격을 주었다. 따라서 몇몇 회사들은 이러한 규제에 순응하거나 규제 적용을 피하기 위한 제품을 개발한다(https://techmonitor.ai/technology/silicon/china- semiconductor-us-joe-biden).

SK하이닉스의 메모리 반도체에도 중국은 가장 큰 시장이며, ASML도 20%의 수익을 중국에서 내고 있다. 중국의 최대 반도체 회사인 SMIC은 파운드리 역량을 키우고 있으며, 7나노 공정에서 최초의(2022년 10월 기준) 반도체를 근래에 생산해 냈다고 한다. 그러나 삼성이나 대만의 TSMC는 더 앞선 3나노 기술을 개발하고 있다. 중국의 YTMC도 사업을 키우고 있지만, 미국이 부과한 새로운 규제에 따라 애플과의 메모리 공급 계약이 취소되었으며, 계획보다 50% 낮은 성장을 할 것으로 예상되었다.[8]

일국 차원에서의 정책들뿐 아니라, 또 다른 한편으로 미국의 외교정책은 주요 핵심·신흥 기술 혹은 자원을 보유한 국가들 간의 연합coalition or alignment을 구축하고자 하였는데, 반도체 생산 기업을 가진 국가들 간의 '칩4 동맹Chip 4 Alliance'이 한 예이다.[9] 즉, 미국이 국제적으로 취한 조치는 반도체 공급망에서의 중추적인 국가들과 연합을 형성하는 것이었다. 이는 미국의 독자 제재가 분명히 중국의 반도체 기술 발전 계획에 심각하게 영향을 미칠 수 있었지만, 더 크고 장기적인 중국 반도체 생산 역량에의 타격은 반도체 공급망에서의 핵심적 국가들과의 협력을 통한 집단적 제재가 있어야 가능하기 때문이었다.

2022년 3월 미국이 한국, 일본, 대만으로 구성되는 '칩4'라 불리는 국가 간 반도체 공급망 관련 연합을 제안한다. 제안되고 난 초기부터 일본과 대만은 참여 의사를 명확히 한다. 대만과 같은 경우, 구상이 제안되기 전부터 이미 반도

7 https://www.semi.org/en/blogs/business-markets/iss-2022-semiconductor-industry-outlook-and-prospects-for-reaching-%241-trillion-by-2030

8 이러한 미국의 수출통제의 효과에 대해서는 의견이 분분하다. AI와 같은 최첨단기술 부분에서의 성장은 분명히 지체되지만, IOT 연결 장치들이나 전자 물품에 대해서는 오히려 중국의 기술력 및 생산력을 도와줄 수도 있다. SMIC은 2023년 말까지 14나노와 그 이하의 반도체에 대해 세계적 파운드리가 될 수 있다는 전망도 나왔다(https://techmonitor.ai/technology/silicon/china-semiconductor-us-sanctions-nvidia-amd).

9 논자에 따라서는 기술적 정확성을 반영하기 위한 '팹4 동맹(Fab 4 Alliance)'으로 불리기도 하지만, 여기서는 흔히 알려진 용어를 따라 쓴다.

체 공급망 협력을 위한 양자 간 협의가 진행 중이었으며, 일본도 뒤처진 자국 반도체 산업의 부흥을 위해 칩4 동맹은 절호의 기회였다. 그러나 한국은 중국과의 폭넓은 경제적 상호의존이라는 전반적 국제경제 구조뿐 아니라, 반도체 산업 또한 중국 시장에 의존하는 바가 컸다. 당시 삼성전자의 낸드플래시 중 42%가 중국 시안 공장에서, SK하이닉스의 D램 중 47%가 중국 우시 공장에서 생산 중이었으며, 추가 투자 계획도 보유하고 있었다. 이러한 상황에서 한국은 미국의 칩4 구상에 선뜻 동참하기가 쉽지 않았다. 따라서 한국 정부는 초기 칩4 구상의 참여에 대해 매우 조심스러운 행보를 취한다. 미국은 같은 해 8월까지 참여 의사를 밝힐 것을 요청했으나, 정부는 여전히 신중한 태도를 취했다.

한국의 칩4 참여는(2023년 4월 기준) 아직 공식적으로 확인될 수 있는 바는 없으나, 2022년 9월의 첫 예비 실무 화상회의에의 참여가 실질적으로 참여 의사의 표출로 간주될 수 있다. 정부는 이 당시까지도 여전히 최종적 참여 여부에 대한 확인은 내놓지 않았지만, 이날 회의에서는 작업반 준비 상황과 앞으로 어떤 의제를 다룰지 등을 논의하였기 때문이다.[10]

이러한 협상 과정에서 미국의 입법 상황은 한국의 칩4 참여와 관련한 고민거리를 더했다. 미국 '반도체법'에 따르면, 해당 법의 지원을 받은 기업은 중국을 포함한 비우호국에 첨단 반도체 시설을 짓거나 기존 시설을 확장하는 등의 투자가 10년간 제한되며, 시스템 반도체의 경우 28nm 이하의 공정에서 칩을 생산할 수 없도록 규정하고 있다. 이에 따르면 삼성전자와 SK하이닉스도 중국 신규 투자에 제약이 생길 수밖에 없으며, 중국은 국내 반도체 기업의 중요한 생산기지인데, '반도체법'으로 인해 첨단 공정으로의 전환이 지연되면 그만큼 경쟁력을 잃게 되므로, 중국 현지 사업 계획 전반에 대한 수정이 불가피해지기 때문이다.

10 https://www.hankookilbo.com/News/Read/A2022092817450002015

더욱이 2023년 2월 28일 공개된 미국 반도체 산업 지원책 안에, 지원을 받기 위한 세부 조건이 과도한 요구를 조건으로 하고 있는 것으로 드러났다. 이러한 요구들은 국내에서 3대 '독소' 조항으로 지목되며, 초과 이익 공유, 중국에 대한 반도체 투자 불가, 생산 시설 접근 허용이 지원 수혜의 조건으로 포함되었다.[11] 게다가 상황을 복잡케 하듯, 인플레이션 감축법Inflation Reduction Act: IRA의 전기차 보조금 또한 한국의 전기차를 차별하는 조치로서 드러나면서, 반도체 관련 미국의 이니셔티브에의 참여 결정은 당장 할 수도, 하지 않을 수도 없는 더욱 복잡한 사항이 되었다.

'칩4 동맹'을 통해 국제적 연합 체제의 형성을 추진해 나가는 한편, 미국은 자국의 수출통제 제도에 기반한 국제적 수출통제 체제의 형성을 진행시켜 나간다. 2022년 12월 12일에는 일본과 네덜란드가 미국의 대對중국 첨단 반도체 장비 수출 제재에 원칙적으로 동참하기로 했다고 알려졌다.[12] 구체적 합의 내용은 밝혀지지 않았지만, 이로서 중국이 첨단 반도체를 제조하는 데 필요한 장비를 구입할 수 있는 거의 모든 경로가 차단되었다고 평가된다. 한국은 아직 미국의 반도체 관련 수출통제 체제와의 본격적 조율을 하지 않고 있는 상황이다. 칩4는 반도체 공급망 재편과 관련한 국제 협의체이지만, 장기적으로 보아 (반도체 관련) 신수출통제체제를 논의하는 장venue이 될 가능성이 크다.

여하튼, '칩4 동맹' 가입에 앞서 여러 문제들이 제기되는 과정에, 2023년 4월 24일부터 한미 정상회담이 있었다. 정부가 이번 정상회담의 경제적 의미는 '첨단기술 동맹 강화'에서 찾을 수 있다고 한 만큼, 한국의 관점에서 한미 정상회담에서 논의될 핵심 관심 사안 중 하나는 위의 반도체 관련 '독소 조항'을 어떻

11 전국경제인연합회 산하 연구원은 상세한 회계자료 제출도 지적하였다(https://zdnet.co.kr/view/?no=20230414100537).

12 이에 대해 중국은 12월 11일 글로벌 공급망의 안정성 위협과 미국의 국가안보 주장의 타당성에 의심을 제기하며 WTO 분쟁해결 절차에 소송을 제기하기도 하였다.

게 해결하는가였다. IRA 관련 논의가 어느 정도 정리가 된 상황에서 보조금을 받기 위해서 초과 이익의 일부를 미국에 내야 하는 것, 재무지표와 웨이퍼내 합격품 비율 등을 제출하는 것은 한국의 반도체 기업에 무리한 요구였기 때문이다. 한미 정상회담의 결과는 이에 대한 명시적인 논의를 내놓지는 않았다.

반면, 지속적으로 국내 기업의 사업을 보호하기 위한 정부와 기업 차원의 다른 노력도 있어 왔다. 한국 정부는 2022년 10월 미국이 첨단 반도체 생산에 필요한 장비의 중국 수출을 금지하자, 삼성과 SK가 1년 동안 중국 공장 업그레이드에 필요한 장비를 수입할 수 있다는 포괄적 허가를 받아냈다. 1년 후가 되는 2023년 10월에 기업들이 중국에서 생산할 수 있는 반도체 수준에 상한cap on level을 설정할 가능성이 컸기 때문에,[13] 이러한 상한 설정에 있어, 한국이 중국에서 최대한 이익을 얻을 수 있도록 협상이 요구되었다.

2023년 4월 26일 한미 정상회담이 열리기 바로 얼마 전, ≪파이낸셜타임스Financial Times≫는 23일 마치 한미 정상회담의 장에 새로운 숙제를 안겨주듯, 미국의 대對중 반도체 관련 정책의 소식을 전한다.[14] 한미 정상회담 개최 직전에 나오기도 했고, 한국의 삼성, SK하이닉스와 같은 반도체 기업들도 연관된 소식이고 향후 한국과 미국의 반도체 관련 협력의 방향성을 시사하거나 큰 영향을 줄 수 있는 보도라 정책 서클 및 학계에 파장이 일었다. 보도 내용의 핵심 이슈는, 미국이 한국에게 요청하기를, 중국이 미국 기업인 마이크론의 반도체 판매를 금지하면,[15] 삼성전자나 SK하이닉스가 중국에 판매를 확대하지 못하도록 한국 정부가 움직여 달라고 한 것이다. 강대국 간 전략경쟁 속에서 다국적

13 https://en.yna.co.kr/view/AEN20230224000300325

14 https://www.ft.com/content/64c58ee2-a604-4d31-84f4-bc0aa6d8343a

15 마이크론의 중국에서의 판매가 금지될 수도 있게 된 계기는 미국의 대(對)중국 반도체 정책에 대한 대응책으로도 볼 수 있다. 중국은 직접적 제재의 형태를 띠지 않는 방식으로, 마이크론을 대상으로 안보 심사를 시작하기로 했다.

기업의 로비를 받은 강대국 정부가 중견국 정부를 통해서 중견국 내의 경쟁기업의 행태에 영향을 가하고자 하는 것이었다.

강대국 정부의 정책도 중견국 내의 기업의 요구에 따라 변하기도 한다. 최근 한국의 삼성과 SK하이닉스 그리고 대만 반도체 기업의 중국 영업 연장 허가 계획이 보도되었다. 기존의 미국 수출통제 정책의 예외 사항들을 연장하여, 반도체나 반도체 제조 장비를 판매할 수 있게 한 것이다. 2022년 10월의 제재 당시, 한국의 삼성전자와 대만의 TSMC는 중국에 공장을 짓기 위해 수입억 달러의 투자를 했으며, 미국은 이들에게 1년간의 예외를 둔 바 있다. 한국과 대만의 반도체 생산은, 미국뿐 아니라 미국의 정책에 순응하는 일본과 네덜란드의 기술과 장비에 의존하고 있다. 그럼에도 불구하고, 미국의 이러한 연장 결정이 내려진 이면에는 여러 아시아 및 유럽 정부들의 항의가 있었지만, 특히 한국의 목소리가 컸다. 미국의 동맹국이지만 중국에 가장 큰 수출시장을 갖고 있는 한국의 이러한 요구는, 디커플링보다는 작은 범위에 높은 담장('a small yard, high fence')을 세우려는 미국의 정책적 방향성과도 부합하기 때문이라고 볼 수 있다.[16] 삼성은 중국에서 사업을 축소 중이며, 현재 최첨단기술을 요구하지 않는 반도체만을 중국에서 생산하고 있다. 미국의 중국 철수를 조건으로 하는 반도체 공급망 재편 정책 수단과 무리한 요구들에 대한 한국과 대만 정부와 기업의 재고 요청은 계속되고 있다.

2) 차세대 인프라

차세대 인프라는 첨단 핵심 기술들이 구동하기 위한 기반이다. 디지털 데이터가 이동하는 통로이기 때문에, 첨단 핵심 기술들에게 명령을 내리기 위해서,

16 https://www.wsj.com/articles/u-s-to-allow-south-korean-taiwan-chip-makers-to-keep-operations-in-china-5d7d72cc

기술들이 운용되기 위해서, 그리고 이행에 대한 데이터 수집을 위한 필요조건이다. 즉, 넓게 보아 첨단기술을 구성하는 핵심 요소이기도 하다. 5G 네트워크는 대표적 예인데, 5G는 2018년부터 4차 산업혁명 시대의 핵심 디지털 인프라로서 국제사회에서 초미의 관심사가 되었다. 큰 관심을 받게 된 배경에는, 5G 네트워크가 자랑하는 비약적인 데이터 전송 속도와 같은 기술적인 이유, 많은 첨단기술들이 사물인터넷에 연결되어 서비스를 제공하고, 스마트시티, 자율주행차, 원격의료와 같은 미래 사회 구현을 위한 인프라가 된다는 이유가 있다. 그러나 그러한 기술적 이유에만 국한되지 않는다. 5G를 둘러싼 거대한 구조적인 이유, 즉 국제정치상의 패권경쟁, 좀 더 구체적으로는 미국과 중국과의 전략경쟁에서의 핵심 사안으로 주목되었기 때문이다. 그리고 5G 이후의 차세대 네트워크뿐 아니라, 기존과는 다른 형태의 통신 네트워크, 나아가 우주에서의 인공위성도 강대국 간 전략경쟁에서 핵심 사안이 되고 있다.

이하에서는 5G 네트워크, 개방형 무선 접속망Open Radio Access Network: ORAN, 그리고 인공위성의 주제들을 다룬다. 이러한 사안 영역에서 국제규범과 표준을 설정함에 있어 큰 영향력을 가지고 있는 국가는 미국이기 때문에, 해당 사안들에 대한 미국의 국내외 정책, 특히 중국에 대해 취해진 정책과 국제 협력을 살핀다. 우선 미국 국내 인프라 정책을 보며, 미국이 차세대 인프라에 대한 관심이 국가 핵심 사안을 구성하고 있음을 보이고, 해당 영역에서 부상하고 있는 초기 한미 협력을 언급한다.

(1) 미국의 국내 인프라 정책

미국의 바이든 정부는 취임 초기부터 낙후된 미국의 인프라를 재건하기 위한 비전을 내걸며 출발하였다. 이는 잘 알려진 대로 바이든 대통령의 2021년 10월 28일 '더 나은 재건BBB' 프레임워크 발표로 나타났다.[17] 그 전 9월에는 하원의 민주당이 '더 나은 재건법Build Back Better Act'을 발의한 바 있다. BBB 법안BBB Act은 크게 세 부분으로 나누어진다. '미국 구조 계획American Rescue Plan:

ARP', '미국 일자리 계획American Jobs Plan: AJP', 그리고 '미국 가족 계획American Families Plan: AFP'인데, 마지막 법은 '2022 인플레이션 감축법Inflation Reduction Act of 2022: IRA'으로 수정되었다.

ARP는, 코로나19로 인한 경기침체에 대응하여 국가 경제 회복의 가속화를 위해 보조금 지급과 같은 정책을 시행하기 위한 경기부양책의 일환으로 도입되었다. 법안의 통과 과정에서, 민주당이 다수를 차지하는 하원에서는 문제가 없었지만, 상원은 양당이 동률을 이루고 있었으며, 더욱이 민주당 내 중도파 의원의 초안 반대 때문에 초안은 수정되었고, 그 수정안이 통과되었다.

AJP는 노후화된 미국 인프라를 대대적으로 보수하여 일자리를 창출하려는 계획이다. 비록 인프라 보수와 건설이라는 방향성에는 미 의회 양당의 지지가 있었지만, 해당 법안의 기후변화에 대한 대응 차원에서 언급된, 재생에너지 투자나 전기차 보조금 지원, 법인세 인상 등이 미국 민주당과 공화당 간 논쟁적인 이슈가 되었다. 공화당은 상기 사항들에 반대하는 입장이었기 때문에, 양당의 중도파 의원들을 중심으로 예산을 축소하는 방안과 함께 타협하게 된다.

IRA는, 애초 AFP에서 제시된 예산을 대폭 삭감하여, 2022년 러시아·우크라이나 전쟁과 코로나19 보조금 등의 여파로 인한 인플레이션에 대응하기 위해 제안되었으며, 총 7,400억 달러(약 966조 4,400억 원) 규모의 법안이다.[18] 2022년 8월 7일 가결되고, 16일 바이든 대통령이 서명하였는데, 기후변화 대응과 의료보장 확충 등의 내용 또한 담겨 있다. 특히 기후변화와 관련하여, 전기차 보급 촉진을 위한 중고·신규 차량 세액공제 등이 포함되어 있어, 전 세계의 자동차 수출 산업/기업의 관심을 많이 받았다. IRA가 시행되면 전기차 구

17 https://www.whitehouse.gov/briefing-room/statements-releases/2021/10/28/president-biden-announces-the-build-back-better-framework/

18 IRA의 보조 대상이 소비자에게 있다는 점은 새로운 보호주의 양상을 보여주기도 한다. 전통적으로는 생산자에 초점을 맞춘 관세나 비관세 장벽이 경제 책략의 주를 이루었다. 즉, 전통적으로 보조금은 생산자에게 지급되는 경향이 있었지만, IRA는 소비자에의 보조금을 담고 있다.

매자에게는 최대 7,500달러(약 984만 원)의 세액공제가 주어지게 된다. 미국은 2030년까지 자국 내 신차 판매 가운데 전기차 비중을 50%로 높인다는 계획을 가지고 있기 때문에, 자동차 시장의 판도에 큰 영향을 주는 법안이 되었다.

이와 같이 미국 내의 인프라에 대한 관심이 크지만, 중국 또한 인프라 개발에 대한 관심이 결코 작지 않다. 시진핑 3기는 경제 정책 중 신규 인프라 구축을 가장 먼저 서두를 것으로 보인다. 중국 정부가 제20차 당 대회에서 밝힌 바에 따르면, 향후 내순환 활성화와 기술력 증진에 초점을 둘 것이고, 신형 인프라 정책은 5G 통신망, 데이터 센터, 고속·도시철도 등에 중점을 두고 있다. 인터넷플러스 정책에 따라 모든 분야에서 디지털 전환을 꾀하게 될 것이고, '중국제조 2025'에 따라 핵심 기술력의 증진, 예를 들어 반도체 자립, 인공지능 및 빅데이터 기술을 위해 연구개발 R&D 확대를 추진할 것으로 나타난다. 한국에서는 이에 맞춘 수출전략을 구상해 나갈 필요가 있다는 정책 제언의 보고서가 나온 바 있다.[19]

미국과 중국은 국내적으로뿐 아니라, 자국 주도의 국제 인프라 사업을 위해, 양자 그리고 소다자 차원에서의 외교적 이니셔티브를 경쟁적으로 펼쳐나가고 있다. 바이든 정부는 '블루 닷 네트워크Blue Dot Network'를 호주, 일본과 함께 출범시키고, EU도 글로벌 게이트웨이Global Gateway를 경쟁적으로 내걸었다. BBB의 세계적 확장판인 '더 나은 세계 재건B3W'을 G7도 함께 추진하기로 하였다.[20] 인도-태평양 지역에서는 '인도-태평양 프레임워크IPEF'를 통해 개도국

19 https://www.kita.net/cmmrcInfo/internationalTradeStudies/researchReport/focusBriefDetail.do?pageIndex=1&no=2358&classification=3&searchReqType=detail&pcRadio=&searchClassification=&searchStartDate=&searchEndDate=&searchCondition=TITLE&searchKeyword=%EC%8B%9C%EC%A7%84%ED%95%91+3%EA%B8%B0&continent_nm=&continent_cd=&country_nm=&country_cd=&sector_nm=&sector_cd=&itemCd_nm=&itemCd_cd=&searchOpenYn=

20 https://www.whitehouse.gov/briefing-room/statements-releases/2021/06/12/fact-sheet-president-biden-and-g7-leaders-launch-build-back-better-world-b3w-partnership/

에 대한 디지털 인프라 사업을 구상하고 있다. 중국도 '일대일로BRI'와 디지털 인프라 사업 버전인 '디지털 실크로드DSR'를 통해, 인프라 및 첨단기술의 공급망 구축을 기획하고 있다.

(2) 한미 첨단기술 협력: 5G를 넘어, ORAN 그리고 인공위성 등

미중 전략경쟁의 부상은 무역 부문에서 먼저 포문이 열리면서 시작되었지만, 미국의 첨단기술 경쟁의 시작은 5G 네트워크와 관련해서였다. 본격적인 공세적 행태는 중국의 통신장비 업체인 화웨이에 대해 트럼프 정부가 경제제재 관련 정책을 취하면서 나타나기 시작했다. 미국은 바이든 정부로 바뀌게 되지만, 경제제재의 범위는 반도체와 같은 첨단기술로 더욱 확대되고 수단은 더욱 정교해졌다. 또한, 국제적 연합을 형성해서 미중경쟁에서 우위를 점하고자 하는데, 트럼프 정부 때는 파이브아이즈Five-Eyes 회원국들과 군사적 동맹국들에게, 뮌헨안보회의에서,[21] 그리고 청정네트워크Clean Network 이니셔티브를 통해 화웨이 제품 사용 금지의 국제적 확산을 시도했다. 핵심 인프라에 대한 미국의 경제제재 정책은 위에서 언급한 반도체 관련 미국의 정책과 중첩되기 때문에 생략한다.

5G 이후 차세대 인프라로서 5.5G에 대한 논의도 나온다. 회의론자들은 일상생활적 경험 차원에서는 별 차이가 없을 것으로 전망하지만, 화웨이는 ITU 목표에 부합하는 차원에서 그리고 새로운 전화기가 요구된다는 전망으로 긍정적으로 보고 있다. 특히, 소비자 측면에서는 별 차이를 못 느낄지 모르지만, 산업 측면에서 5.5G의 혜택이 더욱 클 것이라 기대하고 있다. 현재의 5G로는 자율공장automated factory, 광산, 해양 부두에서 제대로 된 성능 효과를 못 보고 있기 때문이다. 화웨이나 다른 텔레콤 회사들은 벌써부터 초기 프로젝트들을

21 2019년 2월 마이크 펜스 미국 부통령이 뮌헨안보회의에서 미국의 동맹국들에게 화웨이 제품을 사용하지 말 것을 촉구한 바 있다.

시작하였다.[22]

5G를 넘어 6G에 대한 국가별 경쟁 양상이 벌써 한창 진행 중이다.[23] 한국 정부도 6G 이동통신 상용화를 기존에 2030년으로 예정했었는데, 최대 2년 앞당기기로 했다.[24] 미중 전략경쟁 그리고 글로벌 기술경쟁이 격화되면서, 차세대 네트워크 분야에서 기술 선도국 지위를 놓치지 않기 위해서이다. 중국은 5G에서의 지배적 점유율(47.7%, 에릭슨 24.1%, 노키아 15.6%, 삼성전자 6.6%)과 특허권(15.4%로 전 세계 5G 특허 보유 1위)을 가진 것을 기반으로 6G에서도 주도권을 갖기를 원한다. 이에 대해 미국은 자국의 경제제재와 국제적 연합을 통해, ORAN 전환과 6G 상용화에 대규모 투자를 쏟아붓고 있다.

2021년 5월 한미 정상회담에서도 차세대 네트워크에 대한 협력이 선언되었다. 당시 우려는 중국 통신장비 업체인 화웨이와 ZTE의 5G 장비 시장에서의 점유율이었다. 각각의 기업이 2021년 당시, 전 세계의 32.6% 그리고 11%를 차지하고 있었고, 미국 기업의 비율은 미미했다.

기업들 간의 협력은 이미 이보다 일찍부터 진행 중이었다. 2020년 11월에 삼성은 미국통신사업자연합Alliance for Telecommunications Industry Solutions: ATIS이 출범시킨 '넥스트 지 얼라이언스Next G Alliance: NGA'에 합류하였다. NGA에는 버리이존, 퀄컴, 마이크로소프트, 페이스북, 노키아가 회원으로 참여하고 있다. 화웨이도 2019년 8월에 이미 6G R&D 센터를 캐나다에 세운바 있다.

따라서 ORAN은 미중 간 전략경쟁의 또 다른 아이템이 되었다고 할 수 있다. 이는 차세대 네트워크 인프라에 관한 것이지만, 크게 보면 특정 장비 업체

22 https://www.wsj.com/articles/5g-future-mobile-internet-309dac2b?mod=Searchresults_pos1&page=1

23 https://www.globalict.kr/upload_file/kms/202210/11163110437581041.pdf; https://m.koita.or.kr/m/mobile/mem_knowledge/ktip_read.aspx?no=49291&page=

24 https://www.yna.co.kr/view/AKR20230220069200017

에 의존하지 않기 위한, 네트워크의 표준화 과정에 관한 경쟁이라고도 할 수 있다. 미국은 소프트웨어 기술에 강점을 가지고 있기 때문에, 기존 하드웨어 중심으로 발달했던 시장을, ORAN을 추진하며 다양성을 가지는 시장으로 변모시키고, 궁극적으로는 자국의 이익에 되는 방향으로 변화시키려는 구상을 가지고 있는 것이다.

또한 6G에서는 지상통신과 위성통신이 결합되기 때문에 저궤도 인공위성 기술이 중요해진다.[25] 2022년 기준 미국의 위성 개수가 2,804개, 중국 467개, 영국 349개, 러시아 168개, 일본 93개, 인도 61개, 그리고 한국이 18개이다.[26] 우주기술에서 미국의 압도적 우위가 보인다. 미국은 우주 영역에서의 주도권 유지를 노리며, 「국방우주전략Defense Space Strategy」 등의 문서를 통해 국가 자원을 효율적으로 동원하기 위한 제도와 체계를 마련하는 한편, 스페이스X SpaceX와 같은 민간 행위자들의 부상을 지원하고 있다.[27] 한편, 해저케이블 이슈도 증가하고 있다. 중국과 대만의 양안兩岸의 군사적 긴장이 점증하는 와중에, 해저케이블의 파손이 지속적으로 일어나고 있다. 이에 대한 중국 정부를 향한 의혹이 커지는 것을 보면,[28] 차세대 네트워크의 중요성은 동아시아 지역에서도 크다.

한국도 2023년 5월 25일 누리호 3차 발사에 성공하며 '7대 우주 강국'이라는 자부심을 내세우며, 우주기술 발전에 박차를 가하기 위한 동력을 얻게 되었

25 미국의 사이버공간 솔라리움 위원회는 우주 시스템도 주요 인프라(critical infrastructure)로 포함되어야 함을 주장한다(https://www.fdd.org/analysis/2023/04/14/time-to-designate-space-systems-as-critical-infrastructure/).

26 https://www.statista.com/

27 미국은 민간 우주산업의 규모에서 지배적인 위치를 차지하고 있다. 스페이스X의 일론 머스크가 러시아가 우크라이나를 침공한 초기, 미국 정부가 정책 결정을 내리지 않은 상황에서 스타링크 위성 서비스를 제공하여 우크라이나군이 러시아의 인터넷 차단을 우회하고 드론 공격을 수행할 수 있었고, 또한 중요 정보를 서로 통신할 수 있도록 지원하기도 했다.

28 https://www.yna.co.kr/view/AKR20230616076800009

다. 앞에서 언급되었던 6G, 오픈랜, 인공위성과 같은 차세대 네트워크 분야는 최첨단기술뿐 아니라 국가안보 및 산업경쟁력과도 긴밀히 연결되어 국가 주도의 경쟁이 불가피할 것으로 보인다.

한미 양국 간에 가장 최근에 이루어진 합의로 '우주탐사 및 우주과학 협력 공동성명'을 들 수 있다. 이는 2023년에 있었던 한미 정상회담을 계기로 윤석열 대통령이 미국의 우주항공청 NASA를 방문했을 때 나온 성명이다. 성명에서 달 탐사와 우주의학, 심우주 통신 등의 분야에서 공동 과제를 발굴해 구체화하기로 합의하였다. 한국은 우주항공청KASA 설립 계획도 밝혔다.

2023년의 공동성명이 한미 간의 우주기술에 관한 최초의 협력 협정은 아니다. 그 전에 2016년 '한미 민간우주협력대화ROK-US Civil Space Dialogue'에서 외교부 장관과 주한미대사가 서명한 '대한민국 정부와 미합중국 정부 간의 민간과 평화적 목적의 항공 및 대기권과 외기권의 탐사와 이용에서의 협력을 위한 기본협정Framework Agreement Between the Government of Republic of Korea and the Government of the United States of America for Cooperation in Aeronautics and the Exploration and Use of Airspace and Outer Space for Civil and Peaceful Purposes'이 있다. 기본협정은 기본적으로 연구 및 관측을 위한 목적으로 데이터 공유를 촉진하기 위한 것이며, 협력 사업의 개발을 모색하기 위함이다. 그리고 2021년 5월 한미 정상회담에서는 한미 미사일 지침 해제와 아르테미스 약정Artemis Accords 체결이 있었다.

차세대 네트워크 분야는, 최첨단기술뿐 아니라 국가안보 및 산업경쟁력과도 긴밀히 연결되어 있기 때문에, 한미 간 협력의 제도화에 큰 유인이 되고 있다. 2022년 5월의 한미 정상회담은 한국에서 새 정부가 출범한 지 10여 일 만에 개최된 것이었는데, 오픈랜 기술을 활용한 국내외 5G·6G 네트워크 개발 협력이, 공동성명에서 언급된 협력 어젠다로서 포함되었다. 물론 한국이 미국과 차세대 네트워크 인프라 영역에서의 협력의 중요성을 정상회담 레벨에서 인식한 것은 2023년이 처음은 아니다. 2021년 5월 21일의 정상회의에서 문재인 정부와 바이든 정부는 특히 6G, ORAN, 퀀텀 기술 등에서 협력할 것을 선언한 바 있다. 2023년 8월에 열린 한미일 삼자 정상회담에서도, ORAN과 우주 안보 협력이 언급되었다. 앞으로 해당 영역과 관련하여, 기술뿐 아니라 규범에 대한 더욱 구체적인 협력들이 전개될 것으로 기대된다.

3) 인공지능(Artificial Intelligence)

4차 산업혁명 시기의 핵심 요소가 컴퓨팅 파워, 인공지능, 빅데이터라고 한다면, 인공지능은 컴퓨팅 파워에 기반하고 있는 기술이며, 동시에 빅데이터를 수집·분석·창출하기 위한 기술이다. 이런 맥락에서 인공지능은 4차 산업혁명 시기의 기술, 산업, 그리고 안보 영역 등에 도입되며, 기술과 역량의 비약적 발전을 가져올 것으로 예상되고, 발전의 차이는 국력의 차이로 자연스럽게 이어질 것이다.

국가별 인공지능 경쟁에서 미국은 전 세계적 선두를 차지하고 있다. 인공지능 기술 수준은 미국 기준(100)으로 중국 62.92, 영국 40.93, 이스라엘 39.89, 싱가포르 38.67, 한국 38.6, 네덜란드 36.35 등으로 평가된다.[29] 연구논문 수, 인공지능 관련 기술 특허 출원 수를 보더라도, 비록 중국이나 유럽연합 등이 가파른 추격세를 보이고 있으나, 종합적으로는 미국이 우위를 점하고 있다.[30] 그밖에, 인공지능 관련 교육 체계 및 연구 인력의 질적 우수성이나, AI 스타트업을 위한 기업 환경의 측면에서 보아도(김상배, 2022: 50), 미국의 우월성을 부인할 수 없다.

이러한 미국의 기술적 우월성을 의심할 수 없는 인공지능 기술 분야이지만,

29 재능, 인프라, 작동 환경, 연구, 개발, 정부 전략, 상업적 활용 등을 종합적으로 고려한 수치이다(https://www.tortoisemedia.com/intelligence/global-ai/).

30 AI 관련 구체적 지표와 시계열적 추세 관련 자료는 Maslej et al.(2023)를 참조하라.

미국은 중국과 경쟁하고 있으며, 중국의 해당 분야에서의 발전을 견제하고 있다. 비록 미국이 현재 우위를 점하고 있는 것은 사실이나, 미국은 중국의 광대한 내수시장과 가파른 추격 성장세에 큰 위기감을 느끼고 있다. 비록 중국이 해결해야 할 여러 문제들이 산적해 있음에도 불구하고, 미국은 중국의 해당 부분에서의 성장 가능성을 보고, 큰 위협으로 간주한다. 따라서 해당 부문에서 미국의 독자적인 노력은 한동안 계속되겠지만, 다른 한편 미국은 동맹국과 파트너들과의 협력은 자국의 우위를 지속적으로 점하기 위해 긴요하다고 인식하고 있기 때문에 동지국가들 간의 협력을 모색해 나가고 있다.

미국은 트럼프 정부 이후로는 국가안보의 맥락에서 중국의 추격으로 자국의 AI 부문 기술우위가 위협받고 있다는 인식하에 적극적인 AI 전략을 추진하고 있다(Sayler, 2020; Sheppard et al., 2018). 그러나 이미 그 전 오바마 정부 때부터 국가정책 차원에서 인공지능 관련 기술을 다루기 시작했다. 2016년 6월 백악관the White House Office of Science and Technology: OSTP은 다섯 개의 워크숍을 사회, 윤리, 경제, 기술 측면의 AI에 대한 학계 리더들과 함께 개최하고, AI에 관한 피드백을 공개한 바 있다. OSTP는 「인공지능의 미래를 준비하기Preparing forr the Future of Artificial Intelligence」라는 보고서를 냈다. 2016년 같은 달 국가과학기술위원회National Science and Technology Committee: NSTC하의 '네트워킹과 정보 기술 연구 개발 하부위원회Networking and Information Technology Research and Development Subcommittee: NITRD Subcommittee'는 '인공지능 연구개발 전략계획National Artificial Intelligence Research and Development Strategic Plan'을 내놓았다.[31] 인간-AI 협작, 공공 데이터셋과 환경 개발, AI R&D 노동력 필요 등에 관한 7개의 전략이 제시되었다. 그리하여 2016년 12월에는 백악관이 「인공

31 NITRD 프로그램은 OSTP의 지도하에 있으며, OSTP는 과학과 기술 관련 부처 간 정책 조율을 하며, R&D 예산, 과학적·기술적 분석과 연방정부 차원의 관련 정책, 계획, 프로그램 관련 대통령의 판단을 돕는다. 더 상세히는 다음을 참조하라(https://www.nitrd.gov/about/).

지능, 자동화 그리고 경제Artificial Intelligence, Automation, and the Economy」라는 보고서를 내며, 이전까지 제시된 제언들을 확인한다. 그러나 오바마 정부의 노력들은 대체로 AI 관련 정부 노력들의 기저를 조성하는 것으로 볼 수 있고, 더 구체적인 정책들은 이후에 제시된다.

트럼프 정부는 중국과의 기술패권 경쟁의 맥락을 강하게 염두에 두며, 2017년 「국가안보전략National Security Strategy」에서 AI를 신흥 기술 관련 8개 주요 연구 혁신 분야 중 하나로 지목한 바 있다.[32] 그리고 2018년 5월에는 '미국 산업을 위한 인공지능Artificial Intelligence for American Industry'이라는 이름으로 선두 기술 회사들을 모아 회의를 개최하였다. 비록 회의는 새로운 정책이나 행동을 만들어내지 못했지만, NSTC하에 인공지능 특별위원회Select Committee on Artificial Intellegence의 수립으로 이어졌다. 2018년 9월에는 NITRD가 「인공지능 연구개발 전략계획AI R&D Strategic Plan」을 업데이트하기를 요청하였다. 당시 AI 국가 전략이 부재한 상황에서 「AI R&D Strategic Plan」은 가장 실질적이고 종합적인 문서였으나, 해당 문서는 정책, 펀딩, 혹은 규제를 지시하고 있지 않다.

미국은 국가 차원에서의 AI 관련 종합적 전략이 부재하였기 때문에, 2019년 2월에는 대통령 행정명령 'AI 이니셔티브American AI Initiative'를 통해, AI 개발을 위한 전반적 전략과 6대 전략 목표를 제시하였다.[33] 이 행정명령은 그 후 미국의 AI 전략의 지침이 되었다. 2019년 6월에는 개정된 「인공지능 연구개발 전략계획」이 발표되는데, 2016년의 '전략계획'을 계승하고 있음을 밝히며, 전략 및 정책적 연속성이 있음을, 동시에 정책적 진화가 있음을 보였다.

'국가 AI 이니셔티브 법안National AI Initiatve Act of 2020'이 2021년 1월 법이

32 https://www.whitehouse.gov/briefings-statements/artificial intelligence-american-people/

33 https://trumpwhitehouse.archives.gov/ai/

되면서, 연방정부 차원에서 조율된 프로그램을 제공할 제도적 기반이 마련된다. 경제 번영과 국가안보를 목적으로 AI 연구와 적용을 가속화시키기 위해 도입되었으며, 6개의 기둥으로 이루어져 있다.[34] 혁신, 신뢰할 만한 AI, 교육과 훈련, 인프라, 애플리케이션, 국제 협력이라는 6개의 기둥 중, 국제 협력 부분에서는 국제 환경 조성의 방향성을 다음과 같이 상정한다. '미국의 가치와 이익과 부합되는 방향으로 AI 기술을 발전시킬 수 있는 환경', '미국 AI 산업을 위한 열린 시장', 'AI R&D 지원하는 환경'을 언급했다. 그리고 다중이해당사자들과의 협력을 포함하는데, OECD, GPAI, 그리고 양자 간 협력들을 언급했다.[35] 미국 국방부 차원에서의 협력 그리고 국제개발처USAID 차원에서의 협력도 언급했다.

2022년 4월에는 상무부Department of Commerce와 국가표준기술연구소National Institute on Standards and Technology: NIST가 '국가 인공지능 자문 위원회National Artificial Intelligence Advisory Committee: NAIAC'를 발족시킨다. 해당 위원회는 바이든 대통령에게 국가 AI 거버넌스를 어떻게 진행해야 할지에 대한 조언을 담당한다. 2022년 5월 4일 첫 미팅을 가졌으며, '국가 AI 이니셔티브'와 함께 국가의 자율 체계의 설계와 배치 그리고 규범 설립의 핵심적 역할을 담당하게 되었다.[36]

2023년 5월에는 「국가 인공지능 연구개발 전략계획 2023 업데이트National Artificial Intelligence Research and Development Strategic Plan 2023 Update」가 발간된

34 https://www.ai.gov/

35 https://www.ai.gov/strategic-pillars/international-cooperation/

36 미국 국내 가치, 윤리, 민주주의, 평등, 공정성 등의 관점에서 AI의 함의를 논의한 OSTP의 'AI 세계에서의 권리장전(a Bill of Rights for an AI-Powered World)' 의견 발표는 흥미로우며, 한국 사회에도 많은 유사한 이슈들이 공유될 수 있을 것이라 생각된다(https://www.whitehouse.gov/ostp/news-updates/2021/10/22/icymi-wired-opinion-americans-need-a-bill-of-rights-for-an-ai-powered-world/).

다. 이 보고서는 국가과학기술위원회National Science and Technology Council의 인공지능 위원회Select Committee on Artificial Intelligence에서 만들어졌다. 2023년의 전략계획은 2016년, 2019년에 발간된 '국가 AI R&D 전략계획'의 연속선상에 있음을 밝히고 있으며, 최대의 도전은 어떻게 연방정부의 R&D 투자를 조율하여 집중된 방식으로 운영하는가이다. 이렇게 함으로써 신뢰할 수 있는 AI 시스템의 개발과 사용에 있어 미국이 리더십을 지속적으로 가질 수 있기 때문이다.

2023년 5월의 전략계획 문서는 현 미국 정부의 AI 관련 여러 지향성을 엿볼 수 있는 문서이다. 9개의 전략 지침들은, AI가 장기적으로 활용될 기술이며; 윤리, 법, 사회 등 다양한 영역에 활용될 기술이며; 안전과 안보가 담보되어야 할 필요가 있는 기술이며; 공공의 데이터셋이 필요하며, 원칙과 기준이 있어야 하며; AI 개발과 활용에 부합하는 노동력이 필요하며; 민관의 다양한 행위자들 간의 협력이 필요하며; 국제 협력이 필요함을 보이고 있다(Select Committee on Artificial Intelligence, 2023). 미국은 AI 기술의 원칙으로서의 'AI 권리장전 청사진'[37]과 진단을 위한 기준 체계인 「AI 위험 관리 프레임워크」[38]를 세웠으며, 이러한 문서들은 AI 관련 규범과 시스템이 어떤 방향으로 나아갈지를 알게 한다. 국제 협력과 관련해서도 AI를 활용한 국가 간 협력을 통해 해결할 문제로서, 환경의 지속가능성, 보건의료, 제조 분야를 지목한 점도 흥미롭다. 이러한 분야에서의 한미 간에 협력은 그리고 한미 협력의 확장은 양국뿐 아니라 다수의 나라의 공통의 이익이 될 가능성이 높다. 그리고 특히 전략적 파트너들과는 AI의 지침과 원칙에 대한 책임 있는 개발과 이행에 있어 협력할 필요가 있음을 언급했다.

미국은 국제기구에서도 AI 관련 논의를 주도해 나가고자 한다. 따라서 해당

37 https://www.whitehouse.gov/wp-content/uploads/2022/10/Blueprint-for-an-AI-Bill-of-Rights.pdf

38 https://nvlpubs.nist.gov/nistpubs/ai/NIST.AI.100-1.pdf

영역에서의 한미 간의 공조를 통해, 양국의 이익에 부합하는 AI 관련 국제 레짐이나 제도를 형성해 나가는 데 영향력을 행사할 수 있을 것이다.

예를 들어, 미국은 'AI에 관한 글로벌 파트너십Global Partnership on Artitificial Intelligence: GPAI'과 같은 다자협의체를 통해서도 규범에 대한 표준을 세워나가려 하고 있으며, 동시에 양자 간 기술 협력 또한 추진하고 있다. 한미 양국 간의 AI 관련 최근의 협력으로, 상기한 바와 같이, 국가안보 층위에서는 2023년 4월 26일 '한미 차세대 핵심·신흥 기술 대화 출범에 관한 공동성명'을 통해 한미 '차세대 핵심·신흥 기술 대화'를 신설하기로 합의했다. 그리고 양국 정상회담의 후속 조치의 일환으로 한미 과학기술공동위원회의 개최를 들 수 있다. 2023년 5월 19일의 11차 회의에서는 과학기술협력 우선순위와 향후 협력 방향에 대한 논의하였으며, 차세대 반도체, 핵융합·핵물리학, 인공지능, 바이오 분야 정책을 공유하고 협력 계획을 구상했다. 당일 과기공동위에서는 인력 교류·연구윤리·측정 표준·정보 공유 등 국제 협력의 기본적 요소들에 대한 연대 강화 방안을 논의했다. 과학기술공동위원회는 '한국-미국 과학기술협력 협정'에 의거하는 정부 간 정례회의이며, 1993년 12월 제1차 회의가 개시되었고, 2016년 3월 제9차 회의 이후 코로나19 대유행에 따라 2020년 12월 제10차 회의가 비대면으로 열렸으며, 7년간 대면 회의가 정지 상태였다. 논의에 AI가 구체적으로 명시된 것은 처음이다.

국제사회에서 AI 관련 윤리와 규범에 대한 논의 가운데, 핵심 논쟁 사항 중 하나는 프라이버시 기준privacy standards과 전쟁법the laws of war에 부합하는지의 여부이다. UN은 AI와 로봇공학에 관한 자체적인 프로그램을 운영하는데, 이는 2015년에 세워진 UN 지역 간 범죄와 정의 연구소UN Interregional Crime and Justice Research Institute가 담당하고 있다. 2016년에는 '인공지능과 로봇 공학 센터Center on Artificial Intelligence and Robotics'를 창설했다. 해당 센터는 인공지능과 로봇공학에서의 발전을 모니터링하고, 위험과 혜택에 대한 이해를 증진하고, 회원국 간의 조율과 정보 공유를 목적으로 한다. EU도 2018년 4월 새로운 계획을 내놓았으며, 2019년에는 '인공지능 연합 협의체AI Alliance Consultation', 2020년의 '인공지능에 있어서 수월성과 신뢰Excellence and Trust in Artificial Intelligence', 『인공지능 백서White Paper on Aritificial Intellegence』 등 발전하는 기술과 논의를 업데이트하여 지속적으로 전략을 내놓고 있다. 2014년부터 논의가 시작된 '특정 재래식 무기에 관한 협약Convention on Certain Conventional Weapons: CCW'에서도 특히 자율살상무기체계Lethal Autonomous Weapons Systems: LAWS 관련 논의가 국제 행위자들 간에 이루어지고 있다.[39] 2016년 4월의 CCW 모임에서는 LAWS 관련한 신흥기술의 이슈들을 논의하기 위한 정부전문가그룹Group of Governemntal Experts을 세우기로 하여, 수차례 논의하였으나 큰 진전이 이루어지지 못했다.[40] 미국은 기존의 국제인도법으로 충분하다는 입장이다.

그밖에 G7Group of Seven, 아태경제협력Asia-Paicif Economic Cooperation, 경제협력개발기구Organization for Economci Co-operation and Development도 신뢰할 수 있는 AI 개발을 위한 원칙들을 개발하고 있다.[41] 그리고 NATO와 파이브 아이즈Five Eyes와 같은 안보 및 첩보intelligence 연합체에서 미국의 역할은 매우 크다고 할 수 있다. 동맹국 혹은 파트너들과 함께, AI 개발 및 적용을 지원할 수 있는 데이터 공유 환경 혹은 공동의 플랫폼을 조성해 나가는 데 있어 주도적인 역할을 할 수 있다. 자율살상무기나 AI 전반에 관한 윤리와 규범을 형성해 나가는 데에 있어, 이러한 협의체들을 먼저 활용하여, 지렛대로 삼아 국제사회

39 30여 개 나라들은 자율무기체계의 완전한 금지를 담은 조약을 주창하는 반면, 다른 국가들은 공식적 규제나 정치적 선언들을 요구하고 있다. "Country Views on Killer Robots", Campaign to Stop Killer Robots, April 13, 2018, https://www.stopkillerrobots.org/wp-content/uploads/2018/04/KRC_CountryViews_13Apr2018.pdf; and U.N. CCW Working Papers and Statements at https://www.unog.ch/__80256ee600585943.nsf/(httpPages)/7c335e71dfcb29d1c1258243003e8724?OpenDocument&ExpandSection=3#_Section3

40 http://www.defenseone.com/ideas/2017/11/were-losing-our-chance-regulate-killer-robots/142517/

41 https://www.oecd.org/going-digital/ai/principles/

전반으로 확장시켜 나갈 수도 있다. 한국은 이러한 움직임에 반응할 뿐 아니라, 양국, 소다자, 다자 논의에 적극 참여하여 논의의 흐름을 시의적절하게 파악하고, 국익에 부합하는 방향으로 논의를 이끌어가도록 노력해야 할 필요가 있다.

한편, AI 기술의 부상과 함께 국제정치에서의 위협들도 부상하고 있기 때문에, 이들에 대한 한미 간에 공동 대응의 필요도 모색할 필요가 있다. 예를 들어, AI 기술이 더욱 발달함에 따라 딥페이크deepfake 능력도 더욱 정교해지는데, 이로 인해 속임수와 언론 조작의 가능성이 더욱 커지게 된다. 문제는 이러한 능력이 국내적 차원에서의 민주주의에 위협을 가할 뿐 아니라 국제적으로도 갈등을 일으킬 수 있다는 것이다. 특히 국가 간 무력분쟁의 상황에서도 거짓 명령을 하달할 수 있으며, 대중과 군인들에게 혼란을 일으킬 수도 있고, 전쟁과 소요에 거짓 정당성을 제공할 수도 있다. 따라서 미국과 한국은 협력하여 기존의 규범과 선례를 바탕으로 딥페이크 기술에 관한 행동 수칙들을 마련하여, 국제사회에 보급할 수 있을 것이다.

또 다른 AI에 의해 점증하는 국제 위협의 예로, 챗GPTChatGPT를 들 수 있다. 첫째, 생성형 AI 시스템인 ChatGPT는 부정확하거나 거짓된 정보/문서/역사를 만들 수 있다는 위험이 있다. ChatGPT에 의한 거짓된 생성물은 국내적으로는 대중 선동의 연료가 될 수 있고, 국제적으로는 갈등의 씨앗이 될 수 있다. 더 근본적인 차원의 문제로, ChatGPT의 존재가 정확한 정보를 수집하고 전달/분석/기록하려는 정보 및 외교기관, 나아가 학자들의 존재 근거를 위협할 수 있다. 이들의 활동이 국제평화를 위해 지대하다는 점을 볼 때, ChatGPT에의 과도한 의존은 안정적 국제관계의 토대를 흔들게 된다. 마지막으로 ChatGPT라는 OpenAI의 등장은 사회적·국제적 파장이 아직 충분히 검증되지 않은 AI 기술의 경쟁을 부추겼다는 것이다. 중국의 바이두는 ChatGPT와 유사한 OpenAI 시스템을 2023년 3월에 개시한 바 있다.

3. 결론

결론에서는 본문의 내용을 요약하기보다, 각 분야에 대한 정책적 제시에 주안점을 두고자 한다. 그리고 마지막으로 이 글에서 다루지 못한 점들을 추가적으로 언급하며 마무리한다.

첫째, 반도체 분야와 관련해서 본론에서 미국 국내법이 가지고 있는 독소 조항의 우려에 대해 언급하였다. 2023년 4월에 열린 한미 정상회담 이후에 아직까지 명쾌한 돌파구가 알려지지 않은 상황에서, 대만의 TSMC의 행보를 참조해 다음과 같은 정책 제시가 가능하겠다.

세계 최대 파운드리 기업인 대만의 TSMC는 미국의 보조금 지급과 관련하여 다른 행보를 보이기도 했다. 미국 애리조나주에 400억 달러를 투자해 2개 공장을 건설하면서 최대 150억 달러의 보조금 수여를 예상하고 있는데, 보조금 지급 조건 중 2가지 조건, 즉, 기밀 사업정보 열람과 초과 이익 환수에 대해 강하게 반발하고, 조건 철회를 요구하였다. 애플의 디자인과 기술 유출의 가능성도 언급하며, 미국 기업과의 연대를 보이기도 하면서, 만일 이 조건을 끝내 바꾸지 않는다면, 워싱턴과의 협력을 끝낼 수도 있다고 강하게 나가기도 했다.[42]

그런데, 이러한 가드레일(안전장치) 조건에 대해 협상을 통한 변화를 기대하기는 쉽지 않다. 그렇다고 해서 방법이 없는 것은 아니다. 만일 가드레일 조건이 미국 국내정치 사정으로 협상의 대상이 되지 못한다면, 한국의 삼성이나 SK하이닉스의 경우도, 투자를 줄이거나 아니면 아예 보조금을 받지 않고 조건에 얽매이지 않는 방식을 생각해 볼 수 있다. 또한, 제3의 방안으로, 만일 보조금 조건을 바꾸기 위해 미국의 행정부, 나아가 입법부에 영향력을 미치는 방법

42 https://www.wsj.com/articles/tsmc-seeks-up-to-15-billion-from-u-s-for-chip-plants-but-objects-to-conditions-3bf6cfc1

이 쉽지 않다면, 기존 제도의 틈을 파고드는 데 외교력을 쏟는 것도 고려해야 한다. 보조금을 지급할 경우에 운영장부 등을 열람하는 조건을 내거는 이유는 보조금의 재원이 납세자들의 돈이기 때문에 수급자가 이를 다른 목적으로 전용하거나 협력사에 특혜를 줄 수 있다는 우려 때문이다. 이러한 회계상의 문제는 협상을 통해 공개의 범위를 제한할 수 있는 방법을 고려해 봄직하다. 사업계획 및 제품청사진의 공개 조건에 대해서도, 기업들이 적절한 선에서의 공개를 조건으로 협상할 필요가 있다. 마지막으로, 보조금 수급자가 최신 공장의 투자를 중국에 할 수 없다는 조항이다. 이는 최신 기술이 아니면서 중국의 기술보다 아슬아슬하게 높은 수준의 반도체에 대한 허가를 미국에 허용받고, 계속해서 사업을 해 이윤을 얻을 수 있는 방법을 생각해 볼 수 있으며, 임시허가temporary license를 통한 수출로의 확보도 생각해 볼 수 있다. 그렇지 않다면, 일본이 한국을 화이트리스트에서 배제했을 때, 일본 기업이 규제를 피해 한국에 투자했던 것처럼 공급망의 복잡성을 틈타거나, 한국 기술의 점유율을 높여 순수 한국 기술로 만들어진 반도체의 수출 방법도 생각해 볼 수 있다.

위와 같은 여러 협상의 여지가 아예 없는 것은 아니다. 실제 미국의 반도체법의 세부 규정이 2023년 3월에 공개되었을 때는 협상의 결과가 반영될 수 있는 여지가 보이기도 했다. 미국 반도체법Chips Act에서 규정한 투자 지원금을 받으면 국가안보를 저해하는 용도로 사용되지 않도록 설정한 가드레일 조항의 세부 규정안이 2023년 3월 22일에 공개되었는데, 예를 들어, 투자 보조금을 받게 되면, 화웨이 등의 중국 업체와의 공동 연구 개발 금지라던가, 이후 10년간 중국에서 반도체 생산능력을 확장하지 못하게 하는 것 등이다. 다만 후자의 경우, 기술개발을 통한 한 웨이퍼당 생산 규모를 늘리는 것은 생산능력 또는 '실질적인 확장material expansion'으로 보지 않겠다고 하였기 때문에 기술적 업그레이드에 대해서는 규제하지 않는 것이 된다. 그리고 확장 범위도 첨단 반도체의 경우 생산능력의 5% 이상 확장, 이전 세대의 범용legacy 반도체 생산능력은 10% 이상 늘리지 못하게 하였다. 삼성전자나 SK하이닉스는 '실질적인 확장'에 기술적인 업그레이드가 규정되어 제한될 가능성을 우려하고 있는 것으로 알려졌다. 즉, 기업의 입장에서 규제의 적용을 피할 수 있는 여지를 찾아나갈 수도 있다.

둘째, 상기 본문에서 차세대 네트워크 분야와 관련해서 6G, ORAN, 저궤도 인공위성 등을 다루었다. 해당 분야에서는 민주주의와 권위주의 국가 간뿐 아니라 민주주의 국가 내 기업들 간의 경쟁 양상이 벌써 진행 중이다. 한국 정부도 6G 이동통신 상용화를 기존에 2030년으로 예정했었는데, 최대 2년까지 앞당기기로 했다. 미중 간 전략경쟁 그리고 글로벌 기술경쟁이 격화되면서, 차세대 네트워크 분야에서 기술 선도국 지위를 놓치지 않기 위해서이다. 한국은 미국 주도의 디지털 인프라 공급망 등을 활용해 차세대 네트워크 분야 수출길을 개척하려고 하기 때문에, 한미 간의 협력은 더욱 긴밀히 이루어질 필요가 있다.[43] 한국이 독자적으로 양자 관계를 통해 수출길을 개척해 나갈 수 있기도 하겠지만, 미국의 전략적 추진 방향과 부합한다면 한미 간의 협력은 더욱 시너지를 얻을 수 있다.[44] 한미 간의 경쟁적인 부분도 없지 않겠지만, 그 부분은 한국의 독자적 외교 네트워크 구축 여부에 달려 있다.

43 일본은 앞서 미국과 6G 시장에서의 글로벌 협력을 강화하기로 한 바 있다(https://now.k2base.re.kr/portal/trend/mainTrend/view.do?poliTrndId=TRND0000000000043440&menuNo=200004; https://www.chosun.com/economy/tech_it/2021/04/19/2WNB5NTEAFBPZCPGG4H7CUDOMU/?utm_source=naver&utm_medium=referral&utm_campaign=naver-news).

44 2023년 4월 26일 한미동맹 70주년의 해에, 미국 백악관에서 한미 정상은 소인수 회담, 확대회담을 가지고, '워싱턴 선언'을 발표하고 공동채택하였다. 한미 정상회담의 주요 어젠다로서 여러 가지가 있지만, 그중 하나가 차세대 인프라인 오픈랜 기술을 활용한 국내외 5G·6G 네트워크 개발 협력이다(https://www.mofa.go.kr/www/wpge/m_24812/contents.do). 한미 정상회담 선언문은 물론 여러 어젠다를 포함하고 있지만 차세대 네트워크에 대해서도 언급하고 있다(https://www.whitehouse.gov/briefing-room/statements-releases/2023/04/26/leaders-joint-statement-in-commemoration-of-the-70th-anniversary-of-the-alliance-between-the-united-states-of-america-and-the-republic-of-korea/). 통신 안보(telecommunication security)나 판매 회사의 다양성의 중요성을 인식하고, ORAN 접근을 사용한 5G, 6G 네트워크 장비나 설계를 개발하기 위해 공동으로 노력하기로 했다.

셋째, 인공지능 관련 기술 표준과 규범에 있어서의 한미 협력의 필요이다. 한국 국내 차원에서는 미국의 기술 원칙, 위험 평가 프레임워크, 규범과 같은 표준standards과 규준benchmarks의 흐름을 기민하게 파악하여 대응해야 하는 한편, 규준과 표준 수립의 리더십을 발휘해야 하는 양면 전술이 필요하다. 한국은 아직까지 미국과 같은 위험 평가 프레임워크와 같은 규준들이 마련되지 않은 상황이며, AI를 활용에서 비롯되는 윤리적·규범적 문제에 대한 인식과 해결책의 축적이 더욱 활발히 이루어질 필요가 있다.

본문에서는 다루지 못했지만, 2023년 4월 26일 '한미 차세대 핵심·신흥 기술 대화 출범에 관한 공동성명'을 통해 양국의 국가안보실NSC이 한미 '차세대 핵심·신흥 기술 대화'를 신설하기로 하였다.[45] 이러한 선언에 대한 후속 조치의 일환으로 한미 과학기술공동위원회가 5월 19일에 7년 만에 대면으로 모이기도 했다.

지금 이 시대는, ▲빠르게 발전하는 과학기술, ▲미중경쟁의 맥락에서 복잡하게 진화하고 있는 정치·경제·기술 분야 간의 연계, 그리고 ▲그에 따라 어지럽게 변화하고 있는 행위자들의 전략과 행동으로 특징지어진다. 반도체, 차세대 인프라, 인공지능과 같은 첨단기술 영역에서, 국가 간의 전략과 정책의 갈등과 차이는 존재한다. 국가안보와 산업경쟁력이 걸려 있기 때문이다. 하지만 국가별·산업별로 숨 가쁘게 전개되는 전략과 정책은 다양성뿐 아니라 국경을 가로지르는 경향성도 보이고 있다. 해당 산업 부문에서 국가 중심의 신경제책략을 도모하며, 국가에 의한 관련 산업의 전략적 육성을 기획하고 이행해 나가고자 하는 것이다. 한미는 혁신을 위한 상호 경쟁을 피할 수 없겠지만, 상호 갈등을 관리하고 공동의 이익(혹은 난제)을 찾아 외교·안보 차원에서뿐 아니라

45 https://www.mofa.go.kr/www/brd/m_24806/view.do?seq=184&srchFr=&srchTo=&srchWord=&srchTp=&multi_itm_seq=0&itm_seq_1=0&itm_seq_2=0&company_cd=&company_nm=

기술·연구에서 차원에서도 협력 체계를 첨단 신기술에 맞추어 업그레이드(확장 및 심화)시켜 나가야 한다. 근래의 미중 전략경쟁은 중국을 위협으로 보게 하고 한미가 공동으로 대처하기 위한 협력을 강화해 나가는 국제 구조를 형성해 나가고 있다. 이에 따라 강대국 간 경쟁에서 생존하기 위해 그리고 강대국과의 협력을 위해서도, 한국의 정책실무자들과 연구자들이 중요하고도 새로운 변화를 기민하게 파악하고 이끌어나갈 수 있도록, 부단한 연구와 상호 네트워크를 만들어 나갈 수 있는 지적 플랫폼이 더욱 중요해지고 있다.

김상배. 2022.『미중 디지털 패권경쟁: 기술·안보·권력의 복합지정학』. 한울엠플러스.

대한민국정부. 2022.「자유, 평화, 번영의 인도-태평양전략」.

유인태. 2021.「디지털 패권 경쟁 속에서 중견국 연대 외교의 갈림길: 화웨이 사례에서 보는 파이브아이즈의 연대와 일탈」. ≪동서연구≫, 제33권 2호, 5~31쪽.

Aggarwal, Vinod K., and Andrew W. Reddie. 2020. "New Economic Statecreaft: Industrial Policy in an Era of Strategic Competition." *Issues & Studies: A Social Science Quarterly on China, Taiwan, and East Asian Affairs*, Vol.56, No.2.

Keohane, Robert O. 1984. *After Hegemony: Cooperation and Discord in the World Political Economy*. Princeton, NJ: Princeton University Press.

Maslej, Nestor, Loredana Fattorini, Erik Brynjolfsson, John Etchemendy, Katrina Ligett, Terah Lyons, James Manyika, Helen Ngo, Juan Carlos Niebles, Vanessa Parli, Yoav Shoham, Russell Wald, Jack Clark, and Raymond Perrault. 2023. "The AI Index 2023 Annual Report." AI Index Steering Committee, Institute for Human-Centered AI, Stanford University, Stanford, CA, April 2023.

Sayler, Kelley M. 2020. "Artificiall Intelligence and National Security." *Congressional Research Service*.

Select Committee on Artificial Intelligence of the National Science and the Technology Council. 2023. *National Artificial Intelligence Research and Development Strategic Plan 2023 Update*. Washington D.C.: The White House Office of Science and Technology.

Sheppard, Lindsey R., Robert Karlen, Andrew P. Hunter, and Leonardo Balieiro. 2018. *Artificial*

Intelligence and National Security: The Importance of the AI Ecosystem. Washington D.C.: The Center for Strategic and International Studies.

The White House. 2021. *Building Resilient Supply Chains, Revitalizing American Manufacturing, and Fostering Broad-Based Growth: 100-Day Reviews under Executive Order 14017*. Washington D.C.: The White House.

_____. 2022. *Indo-Pacific Strategy of the United States*. Washington D.C.: Executive Office of the President, National Security Council.

_____. 2023. *National Cybersecurity Strategy*. Washington D.C.: The White House.

Yoo, In Tae. 2022. "Emergence of Indo-Pacific Digital Economic Order: US Strategy and Economic Statecraft Toward China." *Asian Journal of Peacebuilding*, Vol.10, No.2, pp.387~410.

3 한미동맹 간 에너지-그린테크 분야 협력의 가능성*

원자력과 배터리를 중심으로

임은정 | 국립공주대학교

1. 서론

한국과 미국의 동맹관계는 1953년 10월 '한미상호방위조약'이 체결된 이후 지난 70년 동안 북한으로부터의 군사적 위협에 대응하는 것을 최우선 과제로 삼으며 진화해 왔다. 한미동맹은 한국을 또 다른 군사적 침략으로부터 보호하기 위한 것이면서 전형적인 '비대칭 동맹asymmetrical alliance'이었지만, 한국이 경제적으로 성장하고 민주화를 달성함에 따라 한미동맹 역시 변화하지 않을 수 없었다(Heo and Roehrig, 2018: 23~24). 한국이 경제적으로 성장하였을 뿐 아니라 미국의 재정 및 무역적자가 심화하자 방위비 분담 정책이 추진되었고, 한

* 이 글은 서울대학교 미래전연구센터 연구프로젝트의 일환으로 수행되었으며, 그 과정에서 연구 결과를 학계에 좀 더 널리 소개하는 차원에서 「한·미 간 에너지-기후기술 분야 협력의 가능성 진단: 원자력과 배터리를 중심으로」라는 제목으로 ≪입법과 정책≫ 제15권 2호(2023.8.31), 143~167쪽에 게재하였음을 밝힌다.

국 역시 지속해서 분담금 지출을 늘려왔다. 또한 양국 관계는 이명박 정부 이후 단순한 '안보 동맹' 차원을 넘어서 양국 간 공동의 이해와 가치를 공유하는 포괄적 전략 동맹과 글로벌 파트너십 관계로 격상되었는데, 한편으로는 전시작전통제권 환수 문제나 한미연합군의 지휘체제 등의 현안이 있기 때문에 동맹의 비대칭성이 여전히 남아 있는 측면도 있다(이우태, 2016: 66~71).

군사적으로는 한미 간 비대칭성이 여전히 남아 있지만, 경제적인 측면에서 한미 간의 비대칭성은 양적으로나 질적으로 상당 부분 완화되었다. 냉전 시대에 세계 경제의 42%를 미국이 차지하고 있었던 상황과 비교할 때, 현재 미국의 국내총생산Gross Domestic Product: GDP이 세계 경제에서 차지하는 비중은 25% 정도로 낮아져 미국이 단독으로 글로벌 이슈들을 감당하기에는 재정적 여력이 부족해진 데 반해(김현욱, 2022: 1), 동맹 결성 당시 세계 최빈국 중 하나였던 한국의 GDP는 2021년 기준으로 세계 10위에 해당하는 1.81조 달러에 달했다(World Bank Data, https://data.worldbank.org/).

한미 간 경제적 비대칭성이 줄어든 것에 더해, 미국의 국가전략도 최근 십 년 내 굵직한 변화를 보였다. 이른바 '미국 우선주의America First'를 내건 트럼프 행정부는 취임 초기 오바마 행정부가 적극적으로 추진해 왔던 환태평양 경제 동반자 협정Trans-Pacific Strategic Economic Partnership: TPP에서 탈퇴하고 양자주의를 선호하는 모습을 보였다(이승주, 2021: 138). 그러나 트럼프 행정부를 대체한 바이든 행정부는 인도-태평양 전략을 더욱 확대하고 구체화하면서 첨단기술 부문에서 중국을 배제하는 글로벌 공급망을 구축하고자 하고 있으며, 기존 무역 중심의 지역 다자간 체제에서 벗어나 보다 다양한 이슈를 다루는 '인도-태평양 경제프레임워크Indo-Pacific Economic Framework: IPEF'를 설립하였고, 이와 같은 다자간 협력 기제를 토대로 유사입장국들like-minded countries과 연대하여 중국을 견제·압박하려는 전략을 펼치고 있다(김현욱, 2022: 2).

미국의 이런 전략적 변화는 4차 산업혁명과 함께 저탄소사회를 실현하기 위한 에너지 전환과 같은 경제 패러다임의 대변화 국면에서 기술패권technological hegemony을 중국에 뺏길 수 없다는 위기의식의 발로이다. 4차 산업혁명은 디지털화digitalization와 전기화electrification가 핵심인데(강정민, 2021), 전기화를 뒷받침하기 위해서는 전력원源과 전력망이 모두 안정적이어야만 하므로, 4차 산업혁명의 변화에 걸맞도록 전력산업의 에너지 전환을 달성하는 것은 그 사회의 4차 산업혁명 성공 여부를 좌우할 수 있다(임은정, 2021: 369). 이런 시대적 변화의 국면에서 더 이상 중국의 기술경쟁력을 좌시할 수 없었던 미국으로서도 한미동맹의 의미를 다각도에서 재조명하게 된 것이다.

이 글은 이렇듯 미국과 중국 간 전략경쟁이 펼쳐진 가운데 군사적 수단보다 무역 제재나 투자 및 수출 통제, 기술 인력 교류 제한 등 다양한 경제적 통치술economic statecraft이 동원되는 지경학의 시대에(이승주, 2021: 143~144), 경제 및 기술적인 측면에서의 비대칭성이 완화된 한미동맹이 에너지-그린테크 분야에서도 협력을 확대해 나갈 수 있을지, 그 가능성과 함께 도전되는 부분을 검토하는 것을 그 목적으로 한다. 군사동맹을 기반으로 발전해 온 한미관계가 기술경쟁의 시대에 동맹으로서의 관계를 기술 분야에까지 확장할 수 있을 것인가? 미래 기술 중에서도 4차 산업혁명적 변화와 맞물려 핵심적인 기술 분야 중 하나가 되는 에너지-그린테크 분야에서도 한미는 상호 보완적이면서 동반 상승효과를 창출할 수 있을 것인가? 한미가 에너지-그린테크 분야에서 상호 이익을 추구할 때 걸림돌이 되는 부분은 무엇인가? 이 글은 위와 같은 질문에 답을 구하고자 한다.

이 글은 다음과 같이 구성된다. 우선 다음 2절에서는 이 글의 주제어가 되는 동맹의 개념에 관한 선행연구들을 고찰하고, 이 연구의 분석 대상으로 원자력과 배터리를 선정한 이유를 해설한다. 3절에서는 한국과 미국의 원자력 및 배터리 현황을 개괄하면서 세계적인 추세와 함께 두 나라의 관련 정책을 분석한다. 4절에서는 글로벌 공급망 재편의 국면에서 한국과 미국이 원자력과 배터리 분야에서 서로 충돌하고 있는 부분을 짚고, 양국 간 협력의 가능성에 대해 논한다. 마지막 5절에서는 이 글의 분석이 한미동맹에 제시하는 함의를 정리하고 정책적 방향을 제언하는 것으로 결론을 갈음하고자 한다.

2. 선행연구 고찰 및 사례 선정

1) 한미동맹의 확장 가능성

리스카(Liska, 1962)가 동맹은 결국 누군가나 무엇인가에 대항하는 것(Liska, 1962: 12)이라고 한 것과 같이, 공통의 적 혹은 위협을 상정하여 힘을 합쳐 그 능력을 배가하려 하는 것이 그 목적이라는 것은 동맹에 관한 전통적인 이해이다(Morrow, 2006: 104). 모든 동맹에는 상대국이 기회주의opportunism에 따라 행동할 것이라는 공포가 있는데, 미국과 한국처럼 비대칭성이 뚜렷한 경우 그 두려움은 더욱 커질 수 있다는 것이 모로(Morrow, 2006)의 지적이다(Morrow, 2006: 106). 미국 입장에서는 원하지 않는데도 한반도 문제에 연루entrapment될 가능성, 한국 입장에서는 미국으로부터 방기abandonment될 것에 대한 두려움이 존재한다는 것(Chun, 2000: 83)이 한미동맹의 비대칭성에 관한 일반적인 해석이었다. 한국은 이런 방기의 공포를 해소하고자 군비를 증강하거나 합동훈련을 강화하거나 양국 간 안보협의체를 구성하는 등의 노력을 해왔던 것이다(김영준, 2014).

그렇다면 이런 기존의 한미동맹에 관한 이해가 기술패권을 둘러싼 미중 전략경쟁이 확전되면서 경제와 안보가 긴밀하게 연계되는 '경제·안보 넥서스'(이승주, 2021: 132; Wu, 2020) 국면에도 그대로 적용될 수 있는 것일까? 이승주(2021)는 미국과 중국의 전략경쟁이 상이한 이데올로기와 정치적 가치, 경제적 모델을 둘러싼 부분이 있는 만큼, 양국을 축으로 블록화되는 현상을 초래하고 있는 현실(이승주, 2021: 146)을 강조하면서, 미중 전략경쟁의 양상이 경제·안보 연계의 기제와 그 영향에 대한 이론적 체계를 마련할 필요성을 제기하고 있다는 점과 미국과 중국 사이에 새롭게 형성되는 양자 관계에 대한 개념화 역시 필요하다는 것을 지적했다(이승주, 2021: 148~149).

미국과 중국 간의 전략경쟁의 심화, 그리고 경제의 블록화 현상이 진행되면서도 완전한 디커플링을 추구하지도 않는 지금 상황(이승주, 2021: 149), 달리 말해 일부 핵심 기술 관련 분야에서는 강경하게 대립하고 경쟁하지만, 오히려 무역 규모는 늘어나는 지금의 미중관계는 냉전 시대에 군사안보적 측면에서 대립하면서 경제적으로 분절되어 있던 미국과 소련의 관계와는 질적으로 매우 차이가 있는데, 이런 상황들은 한미동맹에 다음과 같은 질문들을 던지고 있다. 과연 한국은 기술 안보, 에너지 안보, 경제 안보 같은 분야에도 미국의 '동맹'임을 자처할 것인가? 바꿔 말해 이런 분야에서 중국은 한국에게 미국과 함께 맞서야 할 공통의 위협인가? 그렇다면 한국이 탈decouple중국 하는 것은 과연 가능한가? 그렇지 않다면 한국이 관련 정책을 미국과의 '동맹'이라는 맥락에서 분리하는 것이 얼마나 가능한가? 혹은 한미동맹의 유지 혹은 발전에 있어 기술, 에너지, 경제 분야의 유대와 협력은 얼마나 중요한가?

위와 같은 질문들에 대해 한국이 스스로 그 답을 구하는 것은 매우 중요하다. 이런 질문들에 대한 답을 스스로 제시할 수 있을 때 비로소 한국의 국가전략이 비로소 그 방향을 정할 수 있기 때문이다. 그런데 한국은 미국으로부터의 요구 혹은 미국의 대전략에 그저 '반응형 국가reactive state'(Calder, 1988)로 대응하는 데 머무르고 있는 것이 아닌지 스스로 점검해 볼 필요가 있다. 미국으로부터의 방기를 두려워한 나머지 산업별 특성과 그에 따른 전략적 계산이 면밀하게 이뤄지지 않은 채 미국이 주도하는 공급망 재편에 수동적인 반응을 보이는 데 급급하다가 오히려 과도하게 연루되고 있는 것은 아닌지에 대한 비판적인 검토가 국가전략의 방향을 수립하는 데 필요한 과정이기 때문이다. 미국의 반도체법이나 인플레이션 감축법Inflation Reduction Act: IRA에 대한 구체적인 보완책이 나오지 않았다는 비판 등은 국내에서 이미 여러 매체를 통해 제기되었다(임동진, 2023).

칼더(Calder, 2010)는 『태평양 동맹: 미-일 관계의 부흥Pacific Alliance: Reviving U.S.-Japan Relations』이라는 책에서 전통적인 의미의 동맹이 한국전쟁을 기점으로 크게 바뀌었다고 지적한 바 있다. 한국전쟁 이후의 동맹은 경제적 혹은 사회적인 부분과 매우 깊게 연관되었고, 군사동맹으로서의 의미를 파악하는 것조차 이런 사회·경제적인 부분들에 의해 좌우될 수 있다고 하였다. 그는 바로 이런 사회·경제적인 '페넘브라(penumbra, 반그림자)'가 한국전쟁 이후의 산업화된 국가들 사이의 안보 파트너십에 있어 엄청난 가치를 부여하고 있다고 보았다(Calder, 2010: 88). 아울러 칼더는 미일동맹의 역사에서 경제적인 부분이 차지하는 의미가 매우 컸다는 점을 강조하면서, 글로벌화와 함께 국제기구를 통한 다자간 협력이 두드러지며 미일 양자 간 경제적 협력 부분이 상대적으로 퇴색된 측면이 있지만 앞으로도 경제 분야, 특히 에너지·기후 분야에서의 동맹국 간 협력과 연대를 복원하는 것이 매우 필요하다고 주장한 바 있다(Calder, 2010: 114, 238).

이 글의 분석은 상술한 칼더의 동맹 개념을 원용한다. 미일동맹과 같이 한미동맹이 단순 군사동맹으로서만이 아니라 사회적으로나 문화적으로도, 무엇보다 경제적으로 깊게 상관된 만큼, 군사동맹으로서의 가치나 동맹의 지속가능성조차 경제적 실익에 의해 영향을 받을 수 있기 때문이다. 군사동맹인 미국으로 인해 오히려 경제적 손실이 커지게 된다면, 이는 한국 국내의 동맹에 대한 회의와 비판론을 부추겨서 군사동맹으로서의 결속마저 약화될 수 있다. 반대로 미국과의 협력이 경제적 이득을 가져다준다면 그것은 동맹에도 긍정적으로 작동할 것이다. 요컨대 동맹 간의 경제적 상호 이익은 군사동맹의 유지 및 강화와도 상관관계가 있다고 보는 것이 이 글의 관점이다.

2) 원자력과 배터리의 의미

한국과 미국은 모두 2050년까지 탄소중립을 실현하겠다는 목표를 표방하고 있다. 이를 달성하기 위해서는 기술의 혁신이 필수적이다. 지금까지의 경제는 석유를 기반으로 했지만, 탈탄소 사회로 나아가기 위해서는 기존의 기술을 대체할 만한 저탄소 기술의 개발과 보급이 선행되어야만 한다.

에너지 및 환경 정책 분야에서 그린테크(green technology, 녹색기술), 청정기술clean technology, 기후기술climate technology과 같은 용어들은 비슷한 맥락에서 사용되곤 한다. 유엔 아시아경제사회위원회The United Nations' Economic and Social Commission for Asia and the Pacific: ESCAP에 따르면 그린테크에 대해 일반적으로 수용되거나 국제적으로 합의된 정의는 없지만 "환경 성능을 크게 향상시킬 수 있는 잠재력을 가진 기술"로 광범위하게 정의할 수 있다. 또한 이 용어는 청정기술이라는 용어와 같은 의미로 사용되곤 한다. 이에 비해 기후기술은 "온실가스를 줄이기 위한 혹은 기후변화의 영향을 완화하기 위한 기술들의 집합"(PwC, 2021)이라는 차원에서 그린테크보다는 하위 개념으로 이해할 수 있다. 탄소중립을 달성하기 위해서는 그린테크의 개발과 보급이 절대적으로 중요한데, 그린테크는 첨단기술은 물론 핵심 광물 등의 자원을 필요로 하면서 복잡한 가치사슬과 얽혀 있기 때문에 그린테크의 발전은 기존 화석연료 중심의 지경학과는 또 다른 양상의 지경학적 경쟁을 부추기고 있다. 그렇다면 탄소중립을 달성하기 위한 그린테크 분야에서 원자력과 배터리가 갖는 의미는 어떻게 정리할 수 있을까?

우선 원자력은 다음과 같은 의미에서 중요하다. 첫째, 원자력 발전이 배출하는 온실가스는 다른 에너지원에 비해 압도적으로 적다. 바로 이런 이유로 유럽연합European Union: EU조차 '녹색분류체계(Green Taxonomy, 그린택소노미)'에 일정 조건이 충족되어야 한다는 전제로 원자력을 결국 포함했던 것이다.[1] 원

1 EU 그린택소노미의 최초안에는 원자력이 배제되었으나, 이후 전문가들과의 논의 등을 거쳐 EU는 결국 ① 방사성폐기물을 안전하게 처분할 계획과 자금, 부지를 갖추고 있으며, ② 2045년 이전에 건설 허가를 받은 경우에 인정받을 수 있도록 하는 조건으로 원자력을 수용하였다(김현국, 2022: 43).

자력 발전의 치명적인 단점인 방사성폐기물 처분은 여전히 남제로 남아 있으므로 원자력을 이른바 '그린테크'의 범주에 넣는 것에 대해 여러 저항도 있지만, 적어도 기후변화 대응과 관련한 만큼은, 바꿔 말해 '기후기술'이라는 측면에서 원자력의 강점은 부정하기 힘들다.

둘째, 원자력 발전은 한 번 연료가 장착되면 장기간 안정적으로 전력을 생산할 수 있다는 점 때문에 에너지 안보 측면에서 긍정적인 전력원源으로 꼽힌다. 한국이나 일본 같은 국가들이 원자력 발전을 국책으로 삼아 증진해 온 것도 1970년대 발생했던 두 차례 석유 위기에 의해 국가 경제가 심각한 타격을 입었던 것이 계기로 작동했기 때문이었다. 또한 원자력 발전의 연료가 되는 우라늄 역시 석유나 가스와 같은 전통적 화석연료에 비해 상대적으로 안정적인 공급이 가능한 광물이라는 점도 에너지 안보 차원에서 긍정적인 평가를 받는다.

한편 배터리[2]는 모든 전자제품에 들어가는 필수재이다. 4차 산업혁명 시대에는 전기화가 더욱 진행되고 에너지 산업이 서비스업과 결합하기 때문에 배터리 수요가 더욱 늘어날 수밖에 없다(Lim, 2022: 13). 게다가 배터리는 내연 기관 자동차를 대신하고 수송 부문의 탈탄소화를 견인해야 할 전기차의 핵심 부품이다. 전기차 수요가 늘어나면 늘어날수록 배터리 수요도 함께 연동하여 늘어날 수밖에 없는 것이다. 또한 배터리는 분산형 에너지원Distributed Energy Resources: DER에 해당하는 재생에너지의 치명적인 단점인 간헐성intermittency을 보완하는 측면에서도 매우 중요하다. 재생에너지가 탈탄소화는 물론 에너지

2 이 글에서 다루는 배터리는 2차전지를 가리킨다. "2차전지는 한 번 사용하고 나면 재사용이 불가능한 1차전지와 달리, 방전이 되면 충전을 통해 반영구적으로 재사용할 수 있다. 다시 말해 외부의 전기에너지를 화학에너지의 형태로 전환해 저장했다가 필요할 때 전기를 만들어내는 장치다. 2차전지는 지난 120여 년 동안 납축전지, 니켈카드뮴전지, 니켈수소전지 등 다양한 형태로 일상생활에서 유용하게 쓰이고 있었다. 대표적인 2차전지로 꼽히는 '리튬이온전지'는 휴대용 전자기기 사용자 수가 늘면서 잦은 충전 없이 오래 쓸 수 있는 배터리를 요구하는 목소리가 커지자 개발된 것으로, 1990년 일본 SONY사가 최초로 상용화한 이래로 현재까지도 그 원천기술을 근간으로 삼고 있다"(포스코 뉴스룸, 2022).

안보에도 이바지하는 전력원인 만큼, 배터리 부분 역시 이와 연동하여 생각하지 않을 수 없다.

『파워하우스: 미국, 중국, 그리고 대배터리 전쟁The Powerhouse: America, China, and the Great Battery War』의 저자인 스티브 레바인Steve LeVine 조지타운대학 교수는 "배터리와 전기차는 새로운 지정학적, 경제적 놀이터playground"라고 묘사하면서, 전기차를 한 번 충전해서 수백 킬로미터를 달릴 수 있게 하는 '슈퍼 배터리super battery'가 글로벌 경제에 혁명적인 충격을 주게 될 것으로 예측한 바 있다(Zelenko, 2018).

이와 같이 원자력과 배터리는 탄소중립 실현을 위한 그린테크 범주에 속하면서도 에너지 안보와도 직결된 기술이기 때문에, 한미동맹 간 에너지-그린테크 분야 협력의 가능성을 타진해 보는 소재로서 적절하다고 판단하는 바이다. 이런 인식은 지난 4월 미국을 국빈 방문한 윤석열 대통령과 바이든 대통령의 '한미동맹 70주년 기념 한미 정상 공동성명'을 통해서도 확인할 수 있다.

> 양국은 원자력 에너지의 평화적 이용에 대해 약속한다. 양 정상은 에너지 안보 위기 극복과 탄소 중립 목표 달성의 중요한 요소로서 원자력 에너지의 중요성을 확인하였다. 양 정상은 각국의 수출 통제 규정과 지적재산권을 상호 존중하는 가운데, 국제원자력기구(International Atomic Energy Agency: IAEA) 추가의정서에 일치하는 방식으로 세계적 민간 원자력 협력에 참여하기로 약속한다. 양 정상은 재원 조달 수단을 활용하고, 수원국의 역량을 강화하며, 보다 회복력 있는 원자력 공급망을 구축함으로써 전 세계적인 민간 원자력의 책임 있는 개발과 배치를 증진하기로 약속하였다(대한민국정책브리핑, 2023).

동 공동성명에는 위의 문구와 함께 "양 정상은 최첨단 반도체, 배터리, 양자에 관한 공공 및 민간 협력을 증진하기 위해 디지털 기술 표준과 규정의 정신을 보다 긴밀히 일치시켜 나가기로 하였다"는 문구가 등장한다(대한민국정책브리핑, 2023). 양국 모두 원자력과 배터리 부문이 한미동맹의 경제·기술 협력에서도 중요하다는 인식을 공유하고 있다는 방증이라 하겠다.

3. 한국과 미국의 원자력과 배터리 현황 비교

1) 원자력

2023년 8월 현재 한국에는 한울(울진), 월성(경주), 새울(울주), 고리(부산), 한빛(영광), 총 다섯 곳에 원자력발전소(이하 '원전')가 있으며, 가동할 수 있는 원자로는 25기, 총 설비용량은 24.65GWe이다(열린원전운영정보 웹사이트, https://npp.khnp.co.kr/index.khnp). 2021년 기준으로 한국은 총 발전 실적에서 대략 27%를 원자력 발전으로 생산했다(국가통계포털, https://kosis.kr/index/index.do).

한국에서는 문재인 정부 시절 점진적으로 '탈脫원전'을 추구하겠다고 한 것이 국내외적으로 큰 정치적 파장을 불러일으켰다. 문재인 정부 출범 한 달 후인 2017년 6월 19일 한국 최초의 상용 원자로인 고리 1호기[3]가 영구 정지되었다. 또한 1984년부터 상업 운전을 시작한 월성 1호기[4]의 경우 설계수명 연장을 승인받아 2022년 11월까지 운전을 계속할 수 있게 되어 있었지만, 한국수

3 1978년부터 상업 운전을 시작한 가압경수로(Pressurized Water Reactor: PWR) 고리 1호기는 2007년에 설계수명 30년이 만료되었으나 10년간 수명을 연장하기로 결정된 바 있었다. 영구 정지가 결정된 것은 2015년 6월이었는데, 당시 국가에너지위원회는 경제성·방사능폐기물 수용성·해체산업 육성 등을 종합적으로 고려해 고리 1호기의 영구 정지를 한국수력원자력(한수원)에 권고했고, 한수원은 2차 계속운전 신청을 하지 않기로 의결하였다. 이후 2017년 6월 9일 원자력안전위원회가 한수원이 제출한 영구 정지 운영변경 허가 신청을 의결하면서 고리 1호기의 폐쇄가 결정되었다(조계완, 2017).

4 월성 1호기는 캐나다 원자력공사(Atomic Energy of Canada Limited: AECL)의 기술로 만들어진 가압중수로(Pressurized Heavy Water Reactor: PHWR)였다.

력원자력(이하 '한수원') 이사회에서 2018년 6월 조기 폐쇄를 결정하며 2019년 12월 영구 정지되었다. 이와 동시에 강원도 영덕의 천지와 삼척의 대진 원자력발전소 조성 계획도 무산되었다. 천지·대진 원전 단지에 1.5GW 용량의 원자로를 각각 2기씩 모두 4기를 건설한다는 계획이 있었다. 아울러 건설 예정이었던 신한울 3·4호기의 건설을 2017년 5월에 한수원이 보류하기로 결정하면서(≪연합뉴스≫, 2017.5.25), 지역 주민들로부터 큰 반발을 사기도 했다. 신한울 3·4호기의 건설이 취소됨으로서 건설 예정 기간(2018~2023) 동안 매년 울진 지역에서 창출된 것이라 기대된 경제적 파급 효과 및 2024년 이후 60년간의 운전 예정 기간 동안 기대되었던 경제적 파급 효과가 사라지게 될 것이기 때문이었다(권하나·이재민·장지상, 2019). 그러나 한편으로 문재인 정부는 문 대통령이 선거 당시 공약으로 내걸었던 '신고리 5·6호기[5]건설 중단'과 관련해서 2017년 7월 말부터 3개월에 걸쳐 공론화 과정을 거치도록 했고, 결국 공론화위원회의 결정을 수용하여 건설을 재개한 바 있다. 이를 두고 진보 진영과 시민 단체들로부터 공약 파기라는 비판이 일었다.

윤석열 대통령은 선거 당시부터 탈원전 정책의 폐기를 에너지 정책의 핵심 공약으로 내걸었던 만큼, 집권 후 그 행보를 이어가고 있다. 2023년 1월 공고된 「제10차 전력수급기본계획(2022~2036)」은 기존 원전의 계속운전은 물론 신규 원전 준공까지 감안하여, 설비용량을 2030년까지 9차 계획 대비 8.5GW 증가한 28.9GW, 2036년까지 31.7GW로 확충할 계획을 담고 있다(산업통상자원부, 2023: 35). 신한울 1·2호기(공정률 99.60%), 새울 3·4호기(공정률 88.56%)도 건설이 상당 부분 진행된 상태다(열린원전운영정보 웹사이트). 신한울 3·4호기 역시 윤석열 정부 출범 이후 2022년 7월 건설 재개가 공식화되었고, 이후 11개월 만에 실시계획이 승인되어 2032~33년 준공을 목표로 하고 있다(김부미,

5 2022년 11월, 한수원 새울원자력본부는 가동 및 건설 원전의 명칭을 본부 조직과 통일시키기 위해 기존 신고리 3·4·5·6호기의 명칭을 각각 새울 1·2·3·4호기로 변경하였다(이상복, 2022).

2023).[6]

또한 한국은 원자력 기술을 수출하고 있는 나라이기도 하다. 한국은 이명박 정부 당시 아랍에미리트United Arab Emirates: UAE로부터 약 400억 달러 규모의 계약을 수주하면서 국내 원자력 역사상 최초로 원전 수출을 성공시킨 바 있다. UAE에서도 최초일 뿐만 아니라 중동 최초인 바라카Barakah 원전에는 총 4기의 APR1400이 건설이 확정되었으며, 2021년 4월 6일에는 1호기가 상업 운전을 개시하였다. 윤석열 대통령은 2023년 1월 16일, UAE 국빈 방문 중에 모하메드 빈 자이드 알 나흐얀Mohammed bin Zayed bin Sultan Al-Nahyan 대통령과 함께 바라카 원전[7]을 시찰하였다(외교부, 2023).

한편 미국은 지금까지도 세계에서 원자력에너지를 최대로 생산하는 국가이다. 미국에는 2023년 4월 현재 총 93기(95.84GWe)의 원자로가 가동 중이며, 이제까지 41개의 원자로가 폐쇄되었다. 세계 원자력에너지의 30% 이상, 미국 내 총발전량(4,392TWh)의 19%(823TWh)를 이 원자로들이 감당하고 있는 것이다[World Nuclear Association(WNA), 2023a]. 그런데 미국 원자력발전 설비의 대부분은 1967년에서 1990년 사이에 건설된 것이다. 1977년 이후 2013년까지 신규로 착공된 것이 없었는데, 그 이유는 당시 가스 화력발전이 가격에서 훨씬 효율적이라는 판단과 함께, 1970~1980년대에 계획되어 있던 공사들이 1979년 발생한 스리마일섬Three Mile Island 사고 이후 안전에 대한 우려가 커지면서 반대에 부딪혔기 때문이었다(Ibid.).

6 새로 건설 중인 원자로들의 노형은 모두 APR1400이다. APR1400은 한국의 주력 모델인 OPR1000을 개량하여 개발한 차세대형(제3세대) 원자로로 1992년 12월부터 2001년 12월까지 국가선도 기술개발과제(G-7)를 통해 개발된 한국형 원자로이다. 국내에서는 2006년 8월 신고리 3·4(새울 1·2)호기 건설에 처음으로 적용되었으며, 이후 신한울 1·2호기, 새울 3·4호기, 신한울 3·4호기까지 총 8기가 설계되었다. 또한 2009년 한국의 최초 해외 수출 모델인 UAE BNPP 1~4호기에도 동 기술이 적용되었다(한국전력기술, https://www.kepco-enc.com/portal/contents.do?key=1240).

7 윤석열 대통령 방문 당시 바라카 원전의 1·2호기는 상업 운전을 시작한 상황이었고, 3호기는 가동을 앞두고 있었으며, 4호기는 건설 진행 중이었다.

1992년부터 2005년까지 약 270GWe의 새로운 가스화력발전소가 건설되는 동안 신규로 가동된 원자력 및 석탄 화력발전소는 14GWe에 불과했다. 그러나 석탄과 원자력에 대한 신규 투자가 거의 사라졌을 때 가스 수요가 지속 불가능한 수준으로 증가하고 가격이 폭등하기도 했다(Ibid.). 물론 미국은 셰일혁명 이후 가스를 자급자족할 뿐만 아니라 수출할 수 있게 되었고, 가스 가격도 상당히 안정된 데 비해 원자력발전소는 자본집약적이기 때문에 미래에 대한 불확실성이 투자를 위축시키기 일쑤였다. 그러다 2008년 4월에 조지아 전력Georgia Power은 웨스팅하우스Westinghouse: WH 등이 참여하는 컨소시엄과 2기의 1.2GWe급 원자로(노형: WH AP1000) 계약을 체결하였다. 이에 2013년 조지아주에 보글Vogtle 3·4호기가 착공하였으나 건설 비용 문제 등으로 공사 일정이 지연되다가, 2022년 10월에 마침내 3호기의 연료 장전이 시작되었다(에너지경제연구원, 2022: 8).

현 바이든 행정부도 원자력이 탄소중립 달성을 위해 필수적이라는 입장이다. 바이든 행정부의 초대 기후 고문을 지낸 지나 매카시Gina McCarthy는 미국 전역에 있는 원자로가 바이든 행정부의 기후변화 대응 정책이 계획대로 진행되는 데 있어서 "절대적으로 필수적absolutely essential"이라고 언급했다(Herman, 2021). 또한 미국 에너지부Department of Energy: DOE는 2022년 2월 11일 초당적 지지에 기반을 두고 60억 달러 규모로 민간 원자력발전소의 운영을 지원할 계획을 발표한 바 있는데, 이 발표와 함께 제니퍼 그랜홈Jennifer M. Granholm 에너지부 장관은 원자력에너지가 "100% 청정한 전기clean electricity"를 생산하고 있다는 점과 수천 개의 "청정에너지clean energy" 일자리를 제공하고 있다는 점을 평가하며, 향후에도 원전의 조기 폐쇄를 피하고자 한다고 하였다[Department of Energy(DOE), 2022].

이에 더해 바이든 대통령은 2022년 8월 16일 원자력 지원을 포함한 IRA에 서명했는데, 에너지 관련 예산은 약 3,700억 달러(약 526조 원)이며, 이 중 원자력 관련 분야는 가동 중 원전, 신규 및 차세대 원전, 청정수소, 고순도저농축우라늄High-Assay Low Enriched Uranium: HALEU 등의 내용이 포함되었다. 구체적으로는 원전 운영사의 전력 판매 수익에 대한 세액공제인 생산세액공제Production Tax Credit: PTC 항목을 들 수 있다. 이를 통해 가동 중인 원전과 향후 가동될 차세대 원전의 전력 판매 수익과 원전 등 청정에너지 기술을 활용해 생산한 청정수소 판매 수익에 대한 세금 부담을 덜어주는 효과를 기대한다는 것인데, 구체적으로 가동 중인 원전의 발전량에 대해서는 2023년 12월 31일부터 10년간 1kWh당 0.3센트를 기본으로 적용하되, 추가 조건을 만족시킬 때는 최대 다섯 배까지 보조를 늘리는 것이 가능하다(Ibid.: 8).

트럼프 정부 시절부터 미국 정부는 국제적인 협력을 통해 미국 원자력 기술을 확산하려 했지만(DiChristopher, 2019; DOE, 2018), 2022년 10월까지도 세계 곳곳에서 지어지고 있는 50기 이상 되는 원자로 중 미국산은 하나도 없었다(WNA, 2023b). 그러다 마침내 2022년 10월 29일, 폴란드가 첫 원전(루비아토브-코팔리노Lubiatowo-Kopalino)의 건설 1단계 사업자로 WH를 선정했다는 소식이 전해졌다. 그랜홈 미 에너지부 장관은 "폴란드 총리가 미국 정부와 WH를 400억 달러 규모 원전 건설 1단계 사업자로 발표했다는 소식을 들었다"면서 "이는 대서양 동맹이 우리의 에너지 공급을 다변화하고 기후변화에 대응하며 에너지를 무기화하는 것에 대항하는 데에 하나로 뭉쳐 있다는 것을 러시아에 보여주는 선명한 메시지"라고 하였다(조양춘, 2022). 상기 사업은 미국의 WH, 한국의 한수원, 프랑스 EDF가 모두 제안서를 제출한 바 있는데, 러시아-우크라이나 전쟁 이후 안보 불안이 커진 폴란드가 러시아 에너지로부터의 자율성을 확보하려는 에너지 안보 측면에서는 물론, 미국과의 협력을 강화하려는 목적을 가지고 국가 대 국가 차원에서 이런 결정을 내린 것으로 해석되고 있다(손혜용·정종훈, 2022; *World Nuclear News*, 2022.11.3).

한편 이로부터 불과 이틀 뒤인 31일, 한수원은 폴란드의 국영전력공사Polska Grupa Energetyczna: PGE와 민간 발전사 제팍ZEPAK과 함께 '원전 개발 계획 수립 협력 의향서Letter of Intent: LOI'를 체결했고, 산업통상자원부와 폴란드 국유재산부Ministry of State Assets는 이들의 원전 개발 프로젝트를 지원하기로 양해각서 Memorandum of Understanding: MOU를 체결한 바 있다(김정수, 2022; *World Nuclear News*, 2022.10.31).

2) 배터리

배터리 분야를 분석하는 데 있어 중국을 언급하지 않을 수 없다. 2021년 기준으로 중국은 세계시장에 진출한 전체 리튬이온 배터리의 약 79%를 생산했다. 중국은 2025년에도 리튬이온 배터리 제조의 선두 국가가 될 것으로 예상되는 가운데, 유럽 국가들 역시 생산능력을 크게 확장하려 노력 중이다. 제조 시설에 계획적인 투자를 하고 있는 독일은 2025년에 세계 생산능력의 약 11%를 차지하는 세계에서 두 번째로 큰 리튬이온 배터리 생산국이 될 것이라는 전망도 제기되었다(Statista, 2023). 이에 비해 한국과 미국의 비중은 아직 매우 낮은 수준이다.

배터리 중에서도 전기차용 배터리 생산업체 순위를 따로 보면, 미국의 존재감은 매우 약해지고 동아시아 기업들의 존재감이 커지고 있다. 상위 10위 기업이 모두 중국, 한국, 일본 기업들인데, 중국 기업들은 전기차 배터리 시장의 56%를 차지하고 있으며, 한국 기업은 26%, 일본 기업이 10%로 그 뒤를 잇는다. 세계 1위 공급사인 중국 CATL[Contemporary Amperex Technology, 宁德时代(닝더스다이)]의 시장점유율은 2021년 32%에서 2022년에는 34%로 확대되었으며, CATL의 배터리들은 테슬라, 푸조, 현대, 혼다, BMW, 토요타, 폭스바겐, 볼보 같은 세계 유수의 자동차 업체들로 납품된다(Green Car Congress, 2022).

이런 상황에서 한국이나 미국 모두 배터리 산업에 집중적으로 투자하려 하고 있다. 2022년 11월 1일 열린 제3차 산업전략 원탁회의에서 산업통상자원부는 2030년 세계 시장 점유율 40%를 달성하는 동시에 50조 원 이상의 국내 민간 투자를 목표로 하는 '배터리 산업 혁신 전략'을 발표했다(이수환, 2022). 또한 한국 정부는 2023년 2월 5일, 산업은행과 기업은행, 신용보증기금 등 정책금융기관을 통해 글로벌 초격차 산업 육성에 약 10조 원을 투입하기로 했는데, 이 중 전기차를 포함한 미래 차 분야에 1조 4,200억 원, 배터리 분야에 1조 3,100억 원을 지원하기로 하였다(송기영, 2023).

미국의 바이든 행정부 역시 미국 내 배터리 생산을 확대하기 위해 28억 달러의 보조금을 12개 주에 걸쳐 있는 배터리 제조업체 20곳에 지급하기로 했다고 하면서, 아울러 동맹과 함께 안정적인 핵심 광물 공급망을 구축하겠다는 계획도 밝혔다(박현영, 2022). 또한 한국 국내에서도 큰 파장을 일으켰던 IRA(2022년 8월 16일 발효)도 전기차·배터리 보조금 지급 문제를 핵심 사항 중 하나로 담고 있는 만큼, 이 분야에서 미국의 공급망 재편 의지는 매우 확고하다고 볼 수 있다.

4. 한미 간 에너지-그린테크 협력의 가능성

윤석열 대통령의 국빈 방문에 앞서 4월 18일, 워싱턴 D.C. 소재의 윌슨 센터에서 열린 한미동맹 70주년 기념 포럼에 기조연설자로 참석한 에드가드 케이건Edgard Kagan 백악관 국가안보회의National Security Council: NSC 동아시아·오세아니아 담당 선임국장은 한미관계에서 기술 협력이 큰 비중을 차지하고 있다면서 "10년, 12년 전에는 양국 간 대화에 없던 부분"이라고 언급하였다. 그는 한미 간 기술 협력에 대해 "솔직히 일부 마찰이 있는 분야이지만, 양국이 동의하는 부분도 엄청나다"고 하면서, 양국 기업이 상호 투자하는 부분에 대한 긍정적인 평가를 제시했다(김동현, 2023). 여기에서는 원자력과 배터리 분야에서 한미 간 쟁점이 되는 분야를 검토하고, 협력의 가능성과 함께 도전이 되는 부분을 함께 검토해 보고자 한다.

1) 원자력

현재 원자력과 관련하여 한국과 미국이 가장 첨예하게 대립하고 있는 부분은 지식재산권에 관한 것이다. WH는 2022년 10월 21일, 한수원과 한전을 상대로 미국 수출입통제법에 따라 한국형 차세대 원자로인 APR1400의 수출을 제한해 달라는 취지의 소송을 워싱턴 D.C. 연방지방법원에 제기하였다. 앞서 언급하였다시피 APR1400은 한국에서 신규로 건설되고 있는 원자로들뿐 아니라 UAE에 수출하고 건설한 원자로의 해당 노형이다. WH의 주장은 APR1400 개발에 자사 기술이 적용되었기 때문에 이와 관련된 기술을 제3국으로 수출하려면 원천기술[8]의 소유주인 WH의 허가가 필요하다는 것이다. 아울러 미국연방규정집Code of Federal Regulations: CFR이 원자력 기술의 수출 규제를 명시하고 있는 만큼 APR1400에 포함된 기술이 미 에너지부의 허가 대상이라는 주장도 함께 내세웠다(홍국기, 2022; S&P Global, 2022).

이에 대한 국내 원자력 업계의 반응도 단호했다. 이종호 한수원 전 기술본부장은 "1997년 한전은 WH와 기술사용협정을 맺고 미국을 제외한 나라에 APR1400 수출하는 데 문제없도록 이미 별도의 대가를 지급했다"며 "UAE 수출 때와 달리[9] 핵심 기술도 모두 국산화된 상태라는 점에서 이번 소송은 전혀 문제 되지 않을 것"이라고 언급하였는데(전수용, 2022), 이런 견해가 한국 원자력 산업계의 입장을 대변하던 것으로 판단된다. 한전과 한수원은 APR1400은 100% 한국의 자립된 기술이기에 과거와는 상황이 전혀 다르고, 이에 더해 이

8 2000년에 WH는 미국의 컴버스천엔지니어링(Combustion Engineering: CE)을 인수했는데, 한수원의 APR1400이 CE의 원자로 '시스템 80'의 디자인을 토대로 개발되었다는 것이다.

9 WH는 UAE에 APR1400을 수출했을 때도 지식재산권 문제를 제기한 바 있다. 당시에 기술이전은 완료된 상황이었지만, 한수원이 핵심 기술 분야에 있어서 완전한 자립을 이루지는 못한 상황이었기 때문에, WH에 기술자문료와 같은 금전적 보상을 지급하는 방식으로 미국 측의 용인을 얻어낸 바 있었다(홍국기, 2022).

미 해당 기술의 사용협정문에는 로열티 지급 없이 국내외에서 기술을 사용할 수 있는 '실시권'이 명문화되어 있으므로 WH에 로열티를 지급할 이유가 없다는 뜻을 견지했다(홍국기, 2022).

소송의 전망이 그다지 긍정적이지 않은데도 불구하고 WH가 이런 행보를 보인 의도를 두고 몇 가지 해석이 제기되었다. 첫째, 앞서 언급한 바 있는 폴란드 국영기업 PGE와 한국의 공기업인 한수원이 원자로 수출을 위한 예비 계약에 해당한다고 할 수 있는 LOI 서명을 준비한다는 사실을 알게 되면서 WH가 폴란드에서의 사업권을 따내기 위해 선제적으로 한수원을 견제 내지 배제하려 소송을 제기했다는 분석이다(S&P Global, 2022; Nuclear Engineering International, 2022). 둘째, WH의 몸값 불리기 작전의 일환이라는 것이다. 2017년 3월 WH[10]가 파산한 뒤 WH의 지분을 보유하고 있던 브룩필드Brookfield는 WH 지분의 51%를 자회사인 브룩필드 재생가능Brookfield Renewable Partners에, 49%를 캐나다의 우라늄 업체인 카메코Cameco에 매각했는데, 매각을 진행하는 과정에서 프로젝트 수주 등으로 WH의 몸값을 올리려는 브룩필드 입장에서 이런 조치를 취했을 것이라는 해석이다(홍국기, 2022; 민서연, 2022).

한편 한수원은 미국 법원에 WH의 소송 각하 및 중재 강제 명령을 신청하며 대응했는데, 한수원 측은 미국 원자력법 위반을 근거로 제소할 수 있는 권리는 연방정부만 보유하고 있어 WH는 청구권 자체가 없다는 주장을 펼쳤다(이지훈, 2023). 그러나 또 다른 편에서는 WH와의 소송전이 장기화하여 폴란드 수출 등에 걸림돌이 되는 것을 막기 위한 타협안도 함께 논의하는 중이라는 소식 등도 전해진 가운데, 윤석열 대통령의 4월 미국 국빈 방문을 계기로 진전이 있기를 바라는 업계의 주문이 이어지기도 했다(Ibid.; 정세영, 2023; 이승배·최성욱,

10 WH는 2006년 일본의 도시바(東芝)가 인수한 바 있지만, WH 관련 사업들이 도시바 경영난의 주범이 되었고 파산보호 신청을 하게 되면서, 2018년 캐나다의 사모펀드인 브룩필드에 다시 인수되었다.

2023). 결국 6월 16일, 한수원과 WH 간의 소송이 새 국면을 맞았다는 소식이 전해졌다. 지리한 소송전에 힘을 쏟기보다는 양사 간 합의로 소송을 속도감 있게 마무리한 후 양사가 함께 원전 수주에 나서기로 했다는 것이다. 서로 소모전을 벌이다가는 해외시장 수주전에서 중국 등에게 밀릴 수 있다는 판단이 양사 간 공유되었던 것으로 전해진다(이하영, 2023).

한수원 대 WH의 소송은 기업 간의 분쟁이기는 하지만, 원자력 산업의 특성상 국가정책과 깊이 상관될 수밖에 없는 만큼, 에너지-그린테크 분야에서의 동맹 간 협력의 가능성을 타진해 보는 리트머스 시험지 같은 역할을 한 측면이 있다. WH가 소송을 제기함으로써 자사가 한수원보다 우월한 기술력을 보유하고 있다는 것을 시장에 피력하려는 의도가 있을 것이라는 정범진 경희대 원자력공학과 교수의 해석도 있지만(홍국기, 2022), WH가 최근 원전을 기한 내에 지은 경험이 없으므로 해외 원자로 수출 시장에서 경쟁력이 크지 않다는 지적도 있는 만큼, 미국이 한국과 협업을 통해 실익을 추구하리라는 전망도 있다(이하영, 2023). 폴란드 원전 수출이 어떻게 마무리되느냐에 따라 향후 원자로 수출 시장에서 미국의 입지는 물론 한국과의 협력의 형태도 크게 달라질 수도 있을 것이다.

한편 폴란드의 결정에서 볼 수 있듯이 원자력과 관련된 결정이 탄소중립 목표나 에너지 안보 차원에서만 다루어지는 것이 아니기 때문에, 잠정적 수요국 중 미국과의 안보 협력을 강화하려는 국가는 향후에도 미국 원자로를 도입하길 선호할 수 있고, 그럴 때마다 한국은 우선순위에서 밀릴 리스크가 있다. 이미 체코 정부도 신규 원전 입찰 계획에서 사용후핵연료의 재처리 조건을 포함한 것으로 확인되면서 한국의 원전 수출이 앞으로도 계속 어려울 것이라는 우려마저 제기되고 있는 상황이다(이상현, 2023).

한국과 미국 사이에 마찰이 발생하는 동안에도 신흥국을 중심으로 하는 신규 원자력 수요는 계속되고 있다. 세계원자력협회World Nuclear Association: WNA에 의하면 대략 30개국이 원전 도입을 고려하거나, 계획하거나, 혹은 시작하고 있다. 방글라데시, 이집트, 튀르키예도 첫 원전을 건설 중인데, 러시아와 중국의 국영 원자력 회사는 일반적으로 금융 및 연료 서비스를 함께 제공하면서 신흥국 시장에서 원전을 건설하는 데 적극 앞장서 왔다. 러시아는 중동과 아프리카의 나라들은 물론 베네수엘라나 볼리비아 같은 남미 국가들에도 영향력을 미치고 있으며, 중국 역시 수단이나 우간다, 캄보디아 등에 그 영향력을 발휘하고 있다(WNA, 2023c).

러시아나 중국은 모두 핵확산금지조약Non Proliferation Treaty: NPT 체제상 공식적인 핵무장 국가로서 핵연료주기를 완성[11]한 나라들인 만큼, 두 나라의 원자로가 확산되는 것은 그만큼 핵분열물질과 사용후핵연료의 관리가 미국 중심의 비확산 체제 내에서 통제되지 않을 가능성이 늘어나는 것을 의미할 수 있다. 따라서 이런 상황을 위협으로 인식하고 미국이 원전 수출 시장에서 다시 경쟁력을 회복해야만 한다는 주장이 미국 내에서도 계속하여 제기되어 왔던 것이다(Carless, 2020; Luongo and Murphy, 2020; Nakano, 2020).

윤석열 정부도 원전 수출을 목표로 삼고, 한미 간 협력을 강조하고 있는 만큼 원전 수출 분야에서 한국과 미국의 관계는 양립 가능할 뿐 아니라 상호보완적일 수 있다. 그러나 상술한 바와 같이 기업 간의 이해가 충돌하는 부분, 한·미보다도 중국이나 러시아가 가격이나 기술 측면에서 신흥국에게 매력적인 부분, 지전략적 판단에서도 한국보다는 미국을 선호하는 경우가 있다는 부분, 그러나 동유럽 외의 지역에서는 굳이 한·미를 선호할 만한 국가가 많지 않을 수 있다는 부분 등은 한·미 간 원자력 협력에 도전 과제라 하겠다.

한편 두산에너빌리티와 같은 한국 기업들이 초기 단계에서부터 미국 뉴스

11 핵연료주기란 "핵물질 흐름으로 상호 연결된 핵시설물과 활동의 시스템"을 일컫는 개념으로 "여러 가지 방법에서, 예를 들어, 열중성자로(열중성자로 재순환)에서의 농축우라늄과 플루토늄의 재순환, 사용후핵연료 재처리 결과 회수된 우라늄의 재농축 또는 고속증식로에서의 플루토늄 사용에 의해, '완전(closed)' 주기가 될 수도 있다"(한국원자력통제기술원, 2001, https://www.kinac.re.kr/html/addProtocol/201812/term_defi41.html, 검색일: 2023.3.5).

케일파워NuScale Power의 소형모듈원자로Small Module Reactor: SMR 개발에 투자하고 참여하는 것(박시형, 2022)은 귀추가 주목된다.

2) 배터리

IRA는 바이든 행정부가 추진했던 '더 나은 재건Build Back Better: BBB' 법안이 축소·변경된 것이다. 이전 BBB 법안은 약 3조 5,000억 달러의 재정 자원을 필요로 했지만, 여러 반대에 부딪히자 이를 대폭 축소하여 7,400억 달러 규모로 수정한 것이 IRA이다. 원안보다 대폭 축소되었다고는 하지만, IRA는 미국 역사상 단일 규모로서는 가장 큰 기후변화 대응 관련 법안이며, 그중 절반 수준인 3,690억 달러가 에너지 안보와 기후변화 대응 분야에 할당되었다(삼일PwC 경영연구원, 2022). 태양광 패널과 함께 한국이 가장 민감하게 반응할 수밖에 없었던 것이 배터리 및 전기차와 관련된 부분이었다. IRA에 따르면 장기적으로 배터리에 필요한 광물의 80%, 부품은 100%를 미국 혹은 미국과 FTA를 맺은 국가[12]에서 만들어야만 최대 7,500달러의 보조금(광물과 부품에 대하여 각각 3,750달러씩)을 받을 수 있다(Ibid.).

IRA가 국내 기업들에 미칠 영향은 일반화하기 어렵겠지만, 핵심 변수 중 하나가 되는 것은 한국의 기업들이 미국 내에서 어느 정도의 제조 능력을 보유할 수 있을지이다(Lim, 2022). 예를 들어, 한화솔루션과 같은 태양광 업체는 미국에 제조 시설을 가지고 있어, IRA에서 제공하는 혜택을 고려할 때 오히려 성장이 가속할 수 있는 데 반해, 전기차 업체는 현재 생산구조상 세액공제 대상이 되기 더 까다로울 것인데, 그 이유는 IRA가 최종 조립뿐만 아니라 배터리의 광

12 미국은 총 20개국과 FTA를 체결하고 있는데, 호주, 캐나다, 칠레, 페루, 한국은 주요국 범주에 들어가며, 그 외에 바레인, 콜롬비아, 코스타리카, 도미니카공화국, 엘살바도르, 과테말라, 온두라스, 이스라엘, 요르단, 멕시코, 모로코, 니카라과공화국, 오만, 파나마, 싱가포르가 있다.

물 및 구성 요소 비율에 대해서도 요구 사항을 엄격하게 따지고 있기 때문이다. 배터리 공급업체들이 중국산 부품 및 소재에 크게 의존하고 있는 만큼, IRA의 요구를 충족시키기 위해 공급망을 재구성해야 하는 것이 매우 큰 도전일 수밖에 없다(Ibid.: 19).

미국은 2023년 3월, IRA 전기차 세액공제와 관련하여 세부적인 원산지 규정을 발표했다. 우선 핵심 광물 원산지 요건과 관련해서는 "전기차 배터리에 사용되는 핵심 광물 가치의 최소 40% 이상이 미국 또는 미국과 FTA를 체결한 국가에서 채굴extract 또는 처리process되거나, 북미 지역에서 재활용recycle"되어야 하는데, 이 비중은 향후 계속적으로 올라가 2024년에는 50%, 2025년에는 60%, 2026년에는 70%, 2027년에는 80%까지 되도록 하고 있다. 아울러 핵심 부품 역시 50% 이상 북미에서 제조 또는 조립되어야 하며, 2029년부터는 100% 전량이 상기 조건을 충족해야 한다(오채운, 2023: 45). 전기차 보조금은 북미 제조 요건을 충족하고, 핵심 광물 요건 혹은 핵심 부품 요건 중 한 가지만 충족할 경우에는 3,750달러, 두 요건 모두 충족할 경우 최대 7,500달러의 세제 혜택을 받을 수 있다(한국무역협회, 2023).

상기 결정을 두고 한국에서는 치명적이지 않은 수준에서 일단락되었다는 분석들이 제기되고 있다. 이런 분석의 근거는 크게 두 가지이다. 첫째는 상기 세부지침이 양·음극재를 핵심 광물로 분류했기 때문이다. 양·음극재는 배터리 원가의 절반 이상, 75%를 상회하는 수준까지 차지하는 핵심 소재로, 이것이 만약 부품에 포함되었다면 한국 기업들은 생산라인을 대거 북미 지역으로 이전해서 생산해야만 세액공제를 받을 수 있는 상황이 발생할 수도 있었다. 따라서 이런 부분에 대한 우려가 일정 부분 완화된 측면이 있다는 것이다(정재호, 2023; 이정민, 2023).

둘째는 미국과 FTA를 체결하지 않은 국가에서 추출한 광물이라 하더라도, FTA를 체결한 국가에서 이를 가공해 50% 이상의 부가가치를 창출할 때 원산지를 협정 체결국과 동일하게 판단하기로 했기 때문이었다. 가령 한국 기업이 미국과 FTA가 체결되지 않은 중국 등에서 광물을 수입했다 하더라도 이를 가공해 부가가치 기준만 충족시키면 세액공제를 받을 수 있는 것이다. 또한 양·음극재 생산 대부분을 담당하고 있는 한국, 중국, 일본 중에서 현재까지는 한국이 유일하게 미국과 FTA를 체결한 국가라는 부분도 다른 두 나라에 비해 한국에게 유리한 지점으로 평가됐었다. 그러나 세부지침 발표 시 미국 재무부는 광물 협정을 새롭게 맺은 유럽연합EU과 일본에 대해서도 FTA 체결국과 같은 위치를 부여하기로 했기 때문에(정재호, 2023), 한국으로서 누릴 수 있는 혜택은 일정 부분 상쇄되리라 볼 수 있다.

이런 상황에서 주목해 볼만한 사례로 다음 몇 가지를 언급하고자 한다. LG에너지솔루션[13]은 미국 제너럴모터스General Motors: GM와 합작사인 얼티엄 셀즈Ultium Cells를 설립하여 전기차용 배터리를 본격적으로 생산하기 시작했다. 이는 한국 일부 언론들을 중심으로 한국의 배터리 제조업체와 미국의 완성차 제조업체 사이의 이른바 '전기차 동맹'이 결성된 것으로 보도되기도 했다(오경진, 2022). 이와 유사하게 포스코케미칼[14]과 GM 사이에도 합작회사 설립을 위한 계약이 체결된 바 있다. 북미에서 양극재를 생산하기 위해 얼티엄 캠Ultium CAM을 설립하고 양사가 3억 2,700만 달러를 투자해 1단계로 전기차 약 22만 대에 공급할 수 있는 연간 3만 톤 규모 하이니켈 양극재 합작공장을 캐나다 퀘벡주 베캉쿠아Bécancour에 건립한다는 것이 주요 내용이다(포스코퓨처엠 뉴스룸, 2022.5.27). 이 밖에도 SK온이 2022년 7월 미국의 포드와 블루오벌K라는 합작사를 출범시키기도 했다. 중국, 유럽과 함께 세계 3대 자동차 시장인 미국에서 '동맹'을 자처하며 막대한 투자와 함께 북미 지역에 제조 설비들을 늘렸던 것이다(서민우, 2023). 이렇게 한국 기업들이 미국 기업들과의 합작사 방식으로 북미

13 LG에너지솔루션은 2020년 12월 LG화학으로부터 배터리 사업 부문만 분리하여 설립한 기업이다.

14 포스코케미칼은 최근(2023년 3월)에 '포스코퓨처엠'으로 사명을 변경하였다.

에서의 생산을 늘리려는 것은 미국의 이른바 공급망 재편, 즉 리쇼어링reshoring, 니어쇼어링nearshoring, 앨라이쇼어링allyshoring과 같은 정책기조에 발맞추어 미국 시장에서의 경쟁력을 확보하기 위함이라고 할 수 있다.

다만 이런 한국 기업들의 노력을 상쇄할 만한 일들도 동시에 벌어지고 있다는 것 역시 유의할 필요가 있다. SK온과 '동맹' 관계인 포드는 중국의 CATL과 기술 합작 방식으로 북미에서 리튬인산철Lithium Iron Phosphate: LFP[15] 배터리를 생산하기로 하였다. '에너미쇼어링enemyshoring'이라 볼 수 있는 이런 합작 방식은 IRA의 허점을 이용한 것인데, IRA는 핵심 광물과 부품만 다루고 있을 뿐 기술 합작과 관련해서는 다루고 있지 않기 때문에, 가격이 저렴한 LFP 양산을 목적으로 중국 기업과 기술 합작을 추진한 것이다(이왕휘, 2023; 서민우, 2023). 따라서 이런 식으로 IRA를 우회하면서 중국 기업과도 합작하는 방식이 일반화된다면 한국 기업의 경쟁력에도 도전이 된다는 우려도 제기되고 있는 상황이다(서민우, 2023). 박준의(Park, 2022)는 전기자동차 시장이 확대될수록 한·미 간 협력의 한계가 시험대에 오를 것이라고 예상하였다. 결국 국가의 이익과 기업의 이익이 반드시 일치 않는 상황에서 향후 기업 간 분쟁을 처리할 수 있는 법적 구조를 마련하여 탄소중립 실현에 걸림돌이 되지 않도록 해야 할 것이라는 것이 그의 주장이다.

15 전기차의 핵심 부품인 2차전지는 현재 "LFP배터리(리튬인산철 배터리)와 NCM배터리(리튬이온 배터리)를 주력으로 하고 있으며, 업체별·국가별로도 '한국-NCM 배터리, 중국-LFP 배터리'로 양분되어 있다. 둘 다 리튬이온 기술을 사용하는 충전식 배터리이지만, LFP배터리는 리튬이온 배터리 중에서도 하나의 서브 그룹으로 분류된다. NCM배터리는 니켈, 코발트 망간을 양극재로 사용하는 반면 LFP 배터리는 값비싼 코발트 대신 인산철을 넣어 만든다는 점에서 다르다"(이원호, 2023).

5. 결론: 한미동맹에의 정책적 함의

이상에서는 탄소중립 실현을 위한 에너지-그린테크 분야, 그중에서도 원자력과 배터리 분야에서 한국과 미국의 현황, 정책 동향, 갈등과 협력의 사례들을 살펴보았다. 이 글의 분석은 한미동맹에 다음과 같은 정책적 함의를 제시한다.

첫째, 원자력 및 배터리 분야에서 한미의 최근 행보를 볼 때, 양국 간 경쟁과 갈등이 없는 것이 아니지만, 대치 상황이 파국으로 치닫기보다는 갈등을 봉합하고 상호 보완성을 통해 동반 상승효과를 추구하는 쪽으로 움직였다는 것을 알 수 있었다. 이는 앞서 2절에서 소개한 칼더의 포괄적인 '동맹' 개념이 한미동맹에도 일정 부분 적용 가능하다는 것을 시사하는 것이라고 하겠다. 양국 간의 특수 관계가 상호 경제적 이익의 극대화를 위한 플랫폼으로써 인지될 뿐 아니라 실제로 그렇게 작동할 가능성이 있는 것이다.

둘째, 한미동맹은 한국의 국가안보에 있어 대전제 조건으로 작동하는 측면이 있지만 그 자체가 목적일 수 없고, 동맹이라는 기제가 경제 분야에까지 그대로 적용되는 데에는 한계가 있다는 점은 유의할 부분이다. 국가안보의 주체는 국가이지만, 경제활동의 주체는 시장과 기업이며, 이윤 추구가 기업의 존재 이유인 이상 국가의 이익과 기업의 이익이 반드시 일치하지 않는다는 것은 앞서 다룬 사례에서도 나타났다. 더군다나 한국과 미국은 자유시장경제 체제이기 때문에 시장이나 기업을 국가가 완전히 통제할 수 있는 것도 아니다.

셋째, 그럼에도 불구하고 경제적 협력을 통해 동맹으로서의 협력관계가 강화되고 글로벌 거버넌스에도 기여할 수 있는 부분을 모색할 수 있다는 가능성이 이 글의 분석을 통해 확인되었다. 원자력은 신흥국 시장을 중심으로 수요가 계속적으로 증가하고 있을 뿐 아니라, 핵물질의 비확산, 그리고 지금까지도 작동하고 있는 비확산 레짐의 지속가능성을 위해서도 한미협력이 절실한 분야이다. 배터리 역시 탄소중립의 실현을 위한 과정에서 필수적일 뿐 아니라, 미국이 공급망 재편을 추진하는 이상 한국이 미국의 전략에 함께하여 중국과의 균형을 맞추는 것이 장기적으로는 한국 배터리 산업의 지속가능성에 도움이 될 뿐만 아니라 글로벌 공급망의 균형 회복에도 기여할 수 있을 것이다.

양국 간 협력을 강화해 가면서도 이해관계가 충돌하거나 마찰은 발생할 수 있다. 따라서 그런 리스크를 완화할 수 있는 실효적인 거버넌스의 기제를 정부와 기업, 다른 여러 경제주체들도 함께 고민하며 구축할 필요가 있다는 것을 제안하며 이 글의 결론을 갈음하고자 한다.

강정민. 2021. 필자와의 서면 인터뷰(2021.2.8).

국가통계포털. https://kosis.kr/index/index.do (검색일: 2023.6.26)

권하나·이재민·장지상. 2019.「신한울 3·4호기 울진군 지역경제에 미치는 영향」. ≪지역사회연구≫, 제27권 3호, 21~41쪽.

김동현. 2023. "美 "한미, 기술 분야 일부 마찰 있지만 동의하는 부분도 커"". ≪연합뉴스≫(4월 18일), https://www.yna.co.kr/view/AKR20230418178700071 (검색일: 2023.4.19)

김부미. 2023. "신한울 3호기 건설 본격화…부지공사 착수". ≪전기신문≫(6월 12일), https://www.electimes.com/news/articleView.html?idxno=321344 (검색일: 2023.8.9)

김영준. 2014.「비대칭 동맹에서 방기 우려에 대한 대책: 한미 동맹의 사례」. ≪유라시아연구≫, 제11권 4호, 79~96쪽.

김정수. 2022. "한수원, 폴란드와 '원전 협력 의향서' 체결…수출까지는 먼 길". ≪한겨레≫(10월 31일), https://www.hani.co.kr/arti/society/environment/1065091.html (검색일: 2023.4.17)

김현국. 2022.「EU 택소노미 동향과 국내 시사점」. ≪에너지포커스≫, 제19권 3호, 40~46쪽.

김현욱. 2022.「한미정상회담 분석」. ≪IFANS 주요국제문제분석≫(2022-13).

대한민국정책브리핑. 2023. "[전문] 한미동맹 70주년 기념 한미 정상 공동성명". https://www.korea.kr/news/policyNewsView.do?newsId=148914326 (검색일: 2023.4.28)

민서연. 2022. "원전산업 부활 신호탄? 파산했던 美 웨스팅하우스, 11조원에 매각". ≪조선일보≫(10월 12일), https://biz.chosun.com/international/international_economy/2022/10/12/IIRJFC52CFD47CG4DGI4M67C3I/ (검색일: 2023.4.20)

박시형. 2022. "SMR가 뭐길래…두산 이어 SK·현대도 참전". ≪서울파이낸스≫(5월 27일), https://www.seoulfn.com/news/articleView.html?idxno=456688 (검색일: 2023.4.20)

박현영. 2022. "美 "전기차 배터리 미국 내 생산 보조금 4조원 지원…동맹과 핵심광물 확보"". ≪중앙일보≫(10월 20일), https://www.joongang.co.kr/article/25110746#home (검색일: 2023.4.15).
산업통상자원부. 2023. 「제10차 전력수급기본계획(2022~2036)」.
삼일PwC경영연구원. 2022. "미국 IRA(인플레이션 감축법안) 시행에 따른 영향 점검". https://www.pwc.com/kr/ko/insights/insight-flash/ira-2208.html (검색일: 2023.4.20)
서민우. 2023. "이익 앞에 영원한 동맹 없다…美13개 공장, 부메랑 될 수도". ≪서울경제≫(3월 8일), https://www.sedaily.com/NewsView/29MY514ALT (검색일: 2023.4.20)
손혜용·정종훈. 2022. "폴란드 원전, 미국이 따내…한·미 공조 가능성은 남아". ≪중앙일보≫(10월 31일), https://www.joongang.co.kr/article/25113494#home (검색일: 2023.4.20)
송기영. 2023. "올해 배터리 분야에 정책자금 1.3조원 풀린다". ≪조선일보≫(2월 5일), https://biz.chosun.com/industry/company/2023/02/05/HP6UTXY7IRHJDDFWESZH7GT26Q/ (검색일: 2023.4.17).
에너지경제연구원. 2022. 「세계원전시장 인사이트」. http://www.keei.re.kr/keei/download/nprd/WNPMI221104.pdf (검색일: 2023.4.17)
≪연합뉴스≫. 2017.5.25. "신한울 3·4호기 시공 설계 보류…"정부 방침 기다려"". https://www.yna.co.kr/view/AKR20170525127000003 (검색일: 2023.4.16)
열린원전운영정보(한국수력원자력). https://npp.khnp.co.kr/index.khnp (검색일: 2023.6.26)
오경진. 2022. "[단독] 한미 '전기차 동맹' 결실… LG엔솔·GM 합작 공장 첫 배터리 양산." ≪서울경제≫(11월10일), https://www.seoul.co.kr/news/newsView.php?id=20221111021001 (검색일: 2023.4.20)
오채운. 2023. 「기후기술 미-중 경쟁의 현황 및 전망 그리고 함의」. 제3차 인태 신흥안보 포럼.
외교부. 2023. "UAE 바라카 원전 방문"(1월16일), https://www.mofa.go.kr/www/brd/m_24806/view.do?seq=130 (검색일: 2023.4.16)
이상복. 2022. "한수원, 신고리 5,6호기 명칭 '새울 3,4호기'로 변경." ≪이투뉴스≫(11월 2일), https://www.e2news.com/news/articleView.html?idxno=247188 (검색일: 2023.8.13).
이상헌. 2023. "[단독] 체코 원전 입찰 조건에 '재처리' 끼웠다…IAEA 비공개 문건 입수". ≪여성신문≫(6월 2일), https://www.womaneconomy.co.kr/news/articleView.html?idxno=217222 (검색일: 2023.8.14)
이수환. 2022. "2030 글로벌 1위…배터리 산업 육성에 51조원 이상 투자". ≪디일렉≫(11월 1일), https://www.thelec.kr/news/articleView.html?idxno=18570 (검색일: 2023.4.15)
이승배·최성욱. 2023. "한수원-웨스팅하우스 소송, 돌파구 노력 중". ≪서울경제≫(4월14일), https://www.sedaily.com/NewsView/29OATYESW5 (검색일: 2023.4.19)
이승주. 2021. 「경제·안보 넥서스(nexus)와 미중 전략 경쟁의 진화」. ≪국제정치논총≫, 제61집 3호, 121~156쪽.
이왕휘. 2023. "[이왕휘 칼럼] 포드와 CATL의 에너미쇼어링이 우리에게 주는 교훈". ≪아주경제≫(2월 26일), https://www.ajunews.com/view/20230226083516392 (검색일: 2023.4.20)
이우태. 2016. 「한미동맹의 비대칭성과 동맹의 발전방향」. ≪정치·정보연구≫, 제19권 1호, 51~80쪽.

이원호. 2023. "〈이원호의 경제톡〉 리튬인산철(LFP) 배터리의 역습". ≪빅터뉴스≫(3월 28일), http://www.bigtanews.co.kr/news/articleView.html?idxno=13908 (검색일: 2023.4.19)
이정민. 2023. "미 재무부 IRA 원산지 요건 공개 발표 임박… 핵심 광물 규정에 관심 집중". KOTRA 해외시장뉴스(3월 28일), https://dream.kotra.or.kr/kotranews/cms/news/actionKotraBoardDetail.do?SITE_NO=3&MENU_ID=90&CONTENTS_NO=1&pNttSn=201327 (검색일: 2023.4.20)
이지훈. 2023. ""소송 장기화 실익없다"…한수원, 美 웨스팅하우스와 原電 수익배분 협상". ≪한국경제≫(1월 8일), https://www.hankyung.com/economy/article/2023010892411 (검색일: 2023.4.19)
이하영. 2023. "중국에 뺏길라…한수원 원전 수주 속도전". ≪이코노믹리뷰≫(6월 16일), https://www.econovill.com/news/articleView.html?idxno=614754 (검색일: 2023.6.26)
임동진. 2023. "한미 정상, 경제안보·첨단기술 협력 확대…반도체법 우려는 여전". ≪한국경제≫ (4월 27일), https://www.wowtv.co.kr/NewsCenter/News/Read?articleId=A202304270003 (검색일: 2023.4.29)
임은정. 2021. 「일본 전력산업의 현황과 변화 방향에 대한 비판적 고찰: 4차 산업혁명과의 적합성 관점에서」. ≪입법과 정책≫, 제13권 1호, 367~392쪽.
전수용. 2022. ""우리 허가 받아야 수출 가능" 웨스팅하우스는 美서 소송… 업계 "기술 국산화, 문제없다"". ≪조선일보≫(11월1일), https://www.chosun.com/economy/industry-company/2022/11/01/6S6CCANLJRF2TC3X57NPZ4C4BU/ (검색일: 2023.4.19)
정세영. 2023. "폴란드 원전 특수목적법인 설립…재원 조달·웨스팅하우스 소송에 촉각". ≪전기신문≫(3월 14일), https://www.electimes.com/news/articleView.html?idxno=316818 (검색일: 2023.4.19)
정재호. 2023. "'IRA 세부지침 발표' 미국 "배터리 양·음극재, 핵심 광물로 정의"". ≪한국일보≫(3월 31일), https://m.hankookilbo.com/News/Read/A2023033122570002331 (검색일: 2023.4.20)
조계완. 2017. "국내 최초 원전 '고리 1호기' 오늘 자정 영구정지". ≪한겨레≫(6월 18일), https://www.hani.co.kr/arti/economy/economy_general/799199.html (검색일: 2023.4.15)
조양춘. 2022. "폴란드 원전 1단계 사업자에 美 웨스팅하우스…한수원 탈락." ≪서울경제≫(10월 29일), https://www.sedaily.com/NewsView/26CJDHR68J (검색일: 2023.3.9)
포스코 뉴스룸. 2022. "[궁금한 THE 이야기] ① 2차전지의 필수품 '리튬', 왜 중요할까?" https://newsroom.posco.com/kr/2%EC%B0%A8%EC%A0%84%EC%A7%80%EC%9D%98-%ED%95%84%EC%88%98%ED%92%88-%EB%A6%AC%ED%8A%AC-%EC%99%9C-%EC%A4%91%EC%9A%94%ED%95%A0%EA%B9%8C/ (검색일: 2023.4.20)
포스코퓨처엠 뉴스룸. 2022.5.27. "포스코케미칼, GM과 양극재 합작사 Ultium CAM 출범"(5월27일), https://www.poscochemical.com/pr/view.do?num=601 (검색일: 2023.4.20)
한국무역협회. 2023. "美 재무부, IRA법 이행 가이드라인 발표…EU의 FTA 협정국 지위 논란"(4월 4일), https://www.kita.net/cmmrcInfo/cmmrcNews/overseasMrktNews/overseasMrktNewsDetail.do;JSESSIONID_KITA=3FCF7F33F0E35999B49ED028FD5A2004.Hyper?pageIndex=1&nIndex=1832274&type=0 (검색일: 2023.8.9)

한국원자력통제기술원. 2001. “핵연료주기”. https://www.kinac.re.kr/html/addProtocol/201812/term_defi41.html (검색일: 2023.3.5)

한국전력기술. “사업·연구개발 – APR1400”. https://www.kepco-enc.com/portal/contents.do?key=1240 (검색일: 2023.4.16)

홍국기. 2022. “웨스팅하우스 소송에 원전수출 빨간불?…승소 가능성 작을 듯”. ≪연합뉴스≫(10월 26일), https://www.yna.co.kr/view/AKR20221026164500003 (검색일: 2023.4.19)

Calder, Kent. 1988. “Japanese Foreign Economic Policy Formation.” *World Politics*, Vol.40, No.4, pp.517~541.

______. 2010. *Pacific Alliance: Reviving U.S.-Japan Relations*. New Haven: Yale University Press.

Carless, Travis. 2020. “The US Shouldn't Abandon the Nuclear Energy Market.” *Issues in Science and Technology*, Vol.36, No.2, pp.19~22.

Chun, Chae-sung. 2000. “Theoretical Approaches to Alliance: Implications on the R.O.K.-U.S. Alliance.” *Journal of International and Area Studies*, Vol.71, No.2, pp.71~88.

Department of Energy(DOE). 2018. “5 Ways the U.S. is Partnering with the Indo-Pacific Region on Energy.” 31 July, https://www.energy.gov/articles/5-ways-us-partnering-indo-pacific-region-energy (accessed 24 April 2022)

______. 2022. “DOE Establishes $6 Billion Program to Preserve America's Clean Nuclear Energy Infrastructure.” 11 February, https://www.energy.gov/articles/doe-establishes-6-billion-program-preserve-americas-clean-nuclear-energy-infrastructure (accessed 15 April 2023)

DiChristopher, Tom. 2019. “The US Is Losing the Nuclear Energy Export Race to China and Russia. Here's the Trump Team's Plan to Turn the Tide.” *CNBC*, April 4, https://www.cnbc.com/2019/03/21/trump-aims-to-beat-china-and-russia-in-nuclear-energy-export-race.html (accessed 9 March 2023)

Green Car Congress. 2022. “Top 10 EV battery manufacturers all Asian companies; China accounts for 56% of market, Korea 26% and Japan 10%.” October 9, https://www.greencarcongress.com/2022/10/20221009-evbatteryshare.html (accessed 17 April 2023)

Heo, Uk and Terence Roehrig. 2018. *The Evolution of the South Korea–United States Alliance*. Cambridge: Cambridge University Press.

Herman, Steve. 2021. “White House Cautiously Embraces Nuclear Power to Meet Green Goals.” *Voice of America,* June 7, https://www.voanews.com/a/usa_white-house-cautiously-embraces-nuclear-power-meet-green-goals/6206602.html (accessed 15 April 2023)

LeVine, Steve. 2016. *The Powerhouse: America, China, and the Great Battery War*. New York: Penguin Books.

Lim, Eunjung. 2022. “Green Technology Competition in the Era of Economic Security: Implications of Global Supply Chain Restructuring for Korea.” *Environmental Sustainability in Asia: Analysis of Carbon Reduction Plans in Southeast Asian NDCs*. Sejong: Korea

Environment Institute, pp.4~25.
Liska, George. 1962. *Nations in Alliance: The Limits of Interdepedence*. Baltimore: Johns Hopkins University Press.
Luongo, Ken and Paul Murphy. 2020. "Strategically Countering China's Global Nuclear Ambitions." Partnership for Global Security's Post, 7 August, https://partnershipforglobalsecurity.org/strategically-counteringchinas-global-nuclear-ambitions/ (accessed 28 July 2022)
Morrow, James. 2006. "The U.S. and ROK Alliance: An Asymmetric Alliance over Time." *The Korean Journal of Security Affairs*, Vol.11, No.1, pp.103~121.
Nakano, Jane. 2020. *The Changing Geopolitics of Nuclear Energy: A Look at the United States, Russia, and China*. Washington. D.C.: Center for Strategic and International Studies.
Nuclear Engineering International. 2022. "Westinghouse Tries to Exclude South Korea from Poland's NPP Project." https://www.neimagazine.com/news/newswestinghouse-tries-to-exclude-south-korea-from-polands-npp-project-10122581 (accessed 19 April 2023)
Park, June. 2022. "Geoeconomics and Politics in Lawsuits on Electric Vehicle Batteries." Kyungjin Boo, Sang Keon Lee, June Park, and James E. Platte. *A Path to Net Zero: Opportunities for U.S.-ROK Technology Collaboration*. Seattle and Washington D.C.: National Bureau of Asian Research. pp.27~34.
PwC. 2021. *State of Climate Tech 2021: Scaling Breakthroughs for Net Zero*. London: PwC.
S&P Global. 2022. "US Nuclear Firm Westinghouse Sues South Korean Supplier over Poland Reactor Deal." October 23, https://www.spglobal.com/commodityinsights/en/market-insights/latest-news/electric-power/102322-us-nuclear-firm-westinghouse-sues-south-korean-supplier-over-poland-reactor-deal (accessed 19 April 2023)
Statista. 2023. "Share of the Global Lithium-ion Battery Manufacturing Capacity in 2021 with a Forecast for 2025, by Country." January 5, https://www.statista.com/statistics/1249871/share-of-the-global-lithium-ion-battery-manufacturing-capacity-by-country/ (accessed 17 April 2023)
The United Nations' Economic and Social Commission for Asia and the Pacific(ESCAP). "Green Technology." https://www.unescap.org/sites/default/files/34.%20FS-Green-Technology.pdf (accessed 11 April 2023)
World Bank Data. https://data.worldbank.org/
World Nuclear Association(WNA). 2023a. "Nuclear Power in the USA."(Updated July), https://world-nuclear.org/information-library/country-profiles/countries-t-z/usa-nuclear-power.aspx (accessed 2 September 2023)
_____. 2023b. "Plans For New Reactors Worldwide."(last updated February), https://world-nuclear.org/information-library/current-and-future-generation/plans-for-new-reactors-worldwide.aspx (accessed 05 March 2023).
_____. 2023c. "Emerging Nuclear Energy Countries."(last updated March), https://world-nuclear.org/information-library/country-profiles/others/emerging-nuclear-energy-countries.as

px (accessed 19 April 2023)

World Nuclear News. 2022.10.31. "South Korea's KHNP Signs Letter of Intent on Polish Nuclear." https://world-nuclear-news.org/Articles/South-Korea-s-KHNP-signs-letter-of-intent-on-Polis (accessed 19 April 2023)

_____. 2022.11.3. "Poland's Government Confirms Westinghouse for Nuclear Plant." https://www.world-nuclear-news.org/Articles/Poland-s-government-confirms-Westing house-for-nucl (accessed 20 April 2023)

Wu, Xiangning. 2020. "Technology, Power, and Uncontrolled Great Power Strategic Competition between China and the United States." *China International Strategy Review*, Vol.2-1, pp.99~119.

Zelenko, Michale. 2018. "The US Is Losing the High-stakes Global Battery War." The Verge. August 13, https://www.theverge.com/2018/8/13/17675708/great-battery-war-steve-levine-powerhouse-book-interview (accessed 15 April 2023).

4 보건 및 제약·바이오 기술과 한미협력*

조한승 | 단국대학교

1. 머리말

코로나 팬데믹 과정에서 주목할 만한 사실 가운데 하나는 글로벌 보건위기의 확산과 극복에 기술이 크게 영향을 미쳤다는 점이다. 치명적 감염병이 전 세계로 빠르게 확산한 데에는 글로벌 교통기술의 발달이 있었고, 집단적 공포에서 사회가 제 기능을 되찾을 수 있었던 것도 온라인 기술에 의한 비대면 시스템을 비롯하여 코로나 백신과 같은 의약품 기술이 발전했기 때문이다. 특히 새로운 백신 개발에 보통 10년 이상이 소요되는 것과 비교할 때 불과 1년이 채 안 되어 코로나 백신이 개발된 것은 획기적이다. 백신 개발의 기록적인 '속도'는 수많은 후보물질과 질병 정보를 신속하게 처리할 수 있는 인공지능AI 기술과 더불어 메신저RNAmRNA와 같이 유전정보를 다루는 바이오테크와 같은 첨

* 이 장의 초고는 ≪사회과학연구≫ 제62권 2호(2023)에 게재되었음을 밝힌다.

단기술이 활용되었기에 가능했다.

보건의료 및 제약·바이오 기술 발전은 단순히 빠른 신약 개발에만 영향을 미치는 것이 아니다. 앞으로 새로운 보건위기가 발생할 가능성이 크고, 경제성장과 의학의 발달로 각국의 기대수명이 늘어남에 따라 건강하게 장수하는 데 필요한 약품의 수요도 더욱 커질 것이다. 코로나 백신의 개발은 팬데믹 극복을 앞당겼을 뿐만 아니라 보건의료 기술혁신의 황금기를 열어주는 계기가 되었다(Wallace-Wells, 2023). 미래 제약·바이오 시장 규모가 빠르게 성장할 것으로 예상됨에 따라 각국은 첨단 제약·바이오 기술 개발을 통해 미래 시장에서의 영향력을 확대하기 위한 치열한 경쟁을 벌이고 있다. 한국에서도 2017년 문재인 정부에서 만들어진 대통령 직속 4차산업혁명위원회의 신산업 육성 과제에 의료, 유전자, 바이오 기술이 포함되었고, 윤석열 정부도 바이오헬스를 제2의 반도체 산업으로 육성하겠다고 밝히는 등 이 분야에서의 기술개발에 적극적으로 나서고 있다.

제약·바이오 분야에서 한국이 빠르게 성장하고 있지만, 제약·바이오 선진국과의 기술격차를 줄여야 하는 과제가 남아 있다. 글로벌 신약 개발 기술 분야에서 가장 앞서 있는 국가는 미국이며, 한국은 미국(100%) 대비 78% 수준으로 평가된다(AI신약개발지원센터, 2022). 유럽 93%, 일본 90% 수준과 비교해 우리의 제약·바이오 기술 경쟁력을 높이기 위한 노력이 더 필요하다. 2021년 기준 글로벌 매출 규모 50위권 제약회사 대부분은 화이자, 얀센, 노바티스 등 미국과 유럽 선진국 기업이었다. 동아시아 제약회사로는 2위를 차지한 시노팜을 포함하여 중국 제약회사가 4개, 13위인 다케다 등 일본 제약회사 8개가 매출 규모 50위 안에 들었으나, 한국 제약회사는 포함되지 못했다(Drug Discovery & Development, 2022). 동아시아에서는 전통적으로 일본의 제약산업이 앞서 있고, 최근 중국이 미국에 뒤이은 제2의 의약품 시장으로 빠르게 성장하고 있다. 반도체, 배터리, 전기차와 같은 첨단기술 분야에서 한국 기업이 상위권에 포함된 것과 비교하면 한국의 제약·바이오 분야는 선진국과의 기술격차가 상대적으로 더 크다.

이러한 기술격차를 줄이고 한국의 제약·바이오 산업을 글로벌화하기 위해서 필요한 노력 가운데 하나는 보건의료 및 제약·바이오 기술 선진국과의 협력을 확대하여 우리의 제약·바이오 기술을 더욱 발전시키고 글로벌 시장 경쟁력을 확대하는 것이다. 최근 미국은 코로나19 팬데믹을 계기로 보건의료 분야에 대한 투자를 확대하는 한편, 중국과의 전면적인 경쟁에서 기술패권을 빼앗기지 않기 위해 보건안보의 관점에서 제약·바이오 기술을 국가안보의 핵심 기술에 포함하고 있다. 미국의 이러한 행보는 글로벌 의약품 및 원료 공급망에 엄청난 충격을 가져다줄 수 있으며, 한국의 제약·바이오 산업에도 미칠 파장이 적지 않을 것이다. 이러한 변화에 현명하게 대처하기 위해 한국은 다양한 방안을 모색해야 할 것이다. 여러 가지 정책이 강구되어야 하겠지만, 미국이 바이오 기술을 안보 차원에서 접근한다는 점에서 굳건한 한미동맹의 지속을 위해서라도 보건 분야에서의 한미협력이 강화되어야 한다는 점을 강조하는 것도 고려할 수 있다.

이러한 맥락에서 이 연구는 한국과 미국 사이의 보건 및 제약·바이오 분야에서의 협력을 확대하여 한국의 제약·바이오 산업을 발전시키는 방안을 모색한다. 이를 위해 먼저 보건의료 및 제약·바이오 산업의 특징과 쟁점을 살펴본다. 이어 한국과 미국의 보건 분야 협력이 그동안 어떻게 이루어졌으며, 특히 팬데믹 기간에 이루어진 상호협력의 의미를 평가한다. 마지막으로 한국과 미국 사이의 보건 및 제약·바이오 협력을 어떠한 방향으로 발전시켜야 하며, 어떠한 도전을 극복해야 하는지 논의한다.

2. 제약·바이오 기술의 중요성과 한국

1) 제약·바이오 산업의 특징과 현황

2020년 3월 WHO가 코로나19 팬데믹을 선언하자 전 세계는 공포에 휩싸였다. 하지만 얼마 지나지 않아 러시아, 미국, 중국 등에서 백신 개발에 성공하고 백신접종이 시작되자 앞다투어 백신을 확보하기 위한 경쟁이 치열하게 벌어졌다. 백신 개발과 접종이 빠르게 이루어진 덕분에 변이종 바이러스의 확산에도 불구하고 치명률이 크게 낮아졌다. 코로나 백신의 개발 속도는 전례 없는 일이었다. 홍역, 간염도 백신 개발에 10년 이상 걸렸고, 백일해, 소아마비, 장티푸스는 50년에서 100년이 소요되었다. 말라리아, 결핵, 뎅기열, 에이즈 등은 수많은 사람이 희생되고 백신 개발을 위한 오랜 연구에도 불구하고 아직도 예방백신이 만들어지지 못했다.

코로나19 위기가 발생하자 신속한 백신 개발을 위해 대규모 자금을 긴급 투입하고 선구매 계약을 체결하는 미국의 워프스피드 정책Warp Speed Operation과 WHO 주도의 코백스COVAX 프로그램이 시행되었다. 이러한 정책이 효과를 거둘 수 있었던 배경에는 그동안 꾸준히 발전해 온 제약·바이오 및 인공지능AI 분야의 신기술의 적극적인 활용이 있다. 이러한 신기술 덕분에 기존 10년 이상 걸리던 신약 파이프라인을 3년 이내로 단축할 수 있게 되었다.[1] 기존에는 후보물질을 찾는 데에만 수년이 소요되었고, 임상시험을 위한 백신 플랫폼 구축에 많은 자원이 투입되었지만, 최근에는 AI를 활용하여 신속하게 후보물질을 발견하고, DNA와 mRNA와 같은 유전물질을 활용하여 효과를 높이는 것이

1 신약 파이프라인은 일반적으로 다음과 같은 과정을 의미한다. 연구단계 ⇒ 전(前)임상시험(동물실험) ⇒ 임상1상(안전성 확인) ⇒ 임상2상[작용기전(作用機轉), 최적투약 분석] ⇒ 임상3상(다수환자 유용성 확인) ⇒ 보건당국 검토 및 승인.

가능해졌다.

제약·바이오 산업은 흔히 '고위험, 고수익high risk, high return' 산업으로 묘사된다. 질병을 치료하거나 예방할 수 있는 약품으로 사용할 수 있는 원료를 수많은 후보물질 가운데에서 찾아야 하고, 이를 인간에게 투여했을 때 안전성이 보장되는지를 다수의 대상을 상대로 장기간에 걸쳐 확인하는 작업은 전문 지식과 많은 자원을 필요로 한다. 신약 개발을 위해 수천억에서 수조 원에 이르는 엄청난 비용이 장기간에 걸쳐 투자되어야 하지만 성공 가능성은 평균 10% 미만이다. 하지만 신약 개발에 성공하여 이른바 블록버스터급 약품을 생산하면 엄청난 부가가치를 창출할 수 있다. 예를 들어 미국 제약회사 애브비AbbVie가 개발에 성공한 자가면역치료제 휴미라Humira는 2019년 기준 글로벌 매출 196억 달러로 글로벌 약품 시장 1위를 기록했고, 상위 10위권 약품 시장의 21%를 장악했다. 이는 같은 해 한국 전체 의약품 시장 191억 달러 규모보다 큰 수치였다(Parrish, 2020; 신유원 외, 2021: 50~52).

이처럼 엄청난 부가가치가 창출되는 제약·바이오 산업이 최근 빠르게 성장하고 있다. 2002년 제약·바이오 산업의 시장은 약 4,270억 달러 규모였으나, 2012년에는 9,640억 달러로 2배 이상 성장했으며, 다시 10년 뒤 2022년에는 1조 4,820억 달러를 기록하여, 지난 20년 동안 시장규모가 3.5배 성장했다(Mikulic, 2023). 제약·바이오 시장의 성장세는 앞으로도 계속되어 2029년 말까지 연평균 6.1% 성장하여 2조 4,000억 달러 규모 이상이 될 것으로 전망된다(Fortune Business Insights, 2022). 글로벌 제약·바이오 산업 시장은 미국, 유럽 등 선진국이 주도하고 있다. 선진국 시장이 전체의 60% 이상이고, 그 가운데 미국이 약 40%(선진국 시장의 65%)를 차지한다. 하지만 최근에는 이른바 파머징pharmerging이라 불리는 신흥 제약 시장이 빠르게 규모를 키우고 있다. 세계 전체 시장의 35%가량을 차지하는 파머징 시장에서 가장 큰 시장은 중국이다. 중국 시장은 개별 국가로는 미국에 이어 2위이며 전체 제약·바이오 산업 시장의 11%(파머징 시장의 40%)에 해당한다(IQVIA, 2021).

최근 제약·바이오 의약품 시장은 몇 가지 주목할 만한 변화를 겪고 있다. 첫째, 전문의약품specialty medicine 시장의 비중이 커지고 있다. 세계적으로 평균 수명이 연장되고 만성질환 유병률이 증가하면서 종양, 자가면역, 에이즈, C형 간염 치료약 등 전문의약품에 대한 수요가 급증하고 있다. 이러한 전문의약품은 대부분 고가 약품이기 때문에 전문의약품 소비의 상당 부분은 미국 등 선진국에서 이루어진다. 미국의 경우 전체 의약품 소비에서 전문의약품 소비가 차지하는 비중이 2015년 38%에서 2020년 48%로 꾸준히 증가하는 모습을 보인다(Bangia and Neumann, 2020). 하지만 소비자인 환자 입장에서 전문의약품 구매비용이 매우 부담이 되기 때문에 미국 등 주요 국가들은 보건복지정책의 개선을 통해 고가 의약품의 약가를 통제하는 정책을 펴고 있다. 그 가운데 하나는 복제약generic 및 바이오시밀러(Biosimilar, 바이오복제약)의 도입을 늘려 경쟁을 확대함으로써 약가 인하를 유도하는 것이다. 이는 한국, 인도, 중국 등 복제약을 위탁생산 하는 나라에 새로운 기회가 될 수 있다.

둘째, 제약산업 시장의 근간이 기존 화학물질 합성공정 방식의 합성의약품으로부터 유전자 기술을 활용하는 바이오의약품 분야로 빠르게 옮겨가고 있다. 바이오의약품은 화학합성의약품보다 제조공정이 더 까다롭고 오랜 연구 기간이 소요되지만, 난치병과 희소병 치료에 더 효과적이기 때문에 제약·바이오 선진국은 바이오 기술을 활용한 의약품 연구와 개발에 적극적이다. **그림 4-1**과 같이 세계 의약품 제조에 사용된 일반 제약 기술과 바이오 기술 비율은 2014년 76 : 24에서 코로나 팬데믹을 계기로 2021년 62 : 38로 그 차이가 좁혀졌고, 앞으로도 이 추세는 계속될 전망이다. 또한 글로벌 의약품 시장 매출 상위 100개 상품 가운데 바이오 기술을 이용한 의약품은 2014년에 50개 미만이었으나, 2021년에는 60개 이상이 바이오 기술을 사용한 상품이었다(Evaluate Pharma, 2022: 14~15).

셋째, 의약품 개발 및 제조에서 AI, ICT 등 디지털 기술이 적극 활용되고 있다. 의약품을 개발하기 위해서는 충분한 질병 정보를 수집하여 그것에 적용 가

그림 4-1 의약품 시장에서 바이오 기술과 재래식 기술 비중 추이 및 전망(2022년 자료 기준)

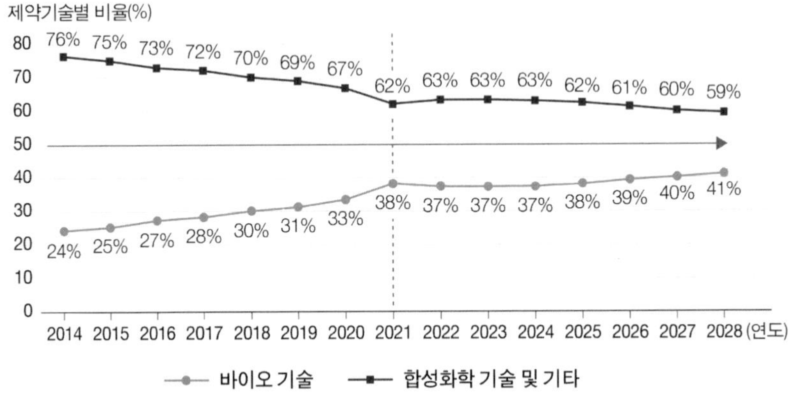

자료: Evaluate Pharma(2022: 14).

능한 수많은 후보물질을 탐색하는 작업이 필요하다. 수많은 후보물질에 대해 각각의 약리작용, 위험성, 유전자 정보, 논문 검색, 특허정보 등 수많은 자료를 꼼꼼하게 검토하고 분석하는 데 많은 인력, 시간, 비용이 소요된다. 하지만 AI, 빅데이터, 데이터 마이닝, 머신러닝 등 디지털 기술이 발달하면서 후보물질을 탐색하고 임상시험에 걸리는 시간을 획기적으로 단축하게 되었고, 이는 제약 비용의 절감으로 이어졌다. 생산자는 다양한 신약을 효율적으로 개발하고 제조할 수 있으며, 소비자는 더 저렴하게 신약을 구매할 수 있다. 이러한 기술은 약물의 정밀도를 향상시켜 희귀질환자 혹은 특이체질자에 적합한 맞춤형 치료약 개발에도 유용하다. 또한 코로나 팬데믹 기간에 각국 보건당국이 시행한 것처럼 머신러닝 기반 클라우드와 블록체인 기술을 활용한 백신 및 약물 투약 관리도 발전하고 있다. 최근에는 디지털 기반 기술을 뛰어넘어 양자역학quantum mechanics 기술을 제약 분야에 활용하는 연구까지 진행되고 있다(Dargan, 2021). 이처럼 AI 기술과 제약 기술의 결합이 새로운 블루오션으로 부각되면서, 한편으로는 제약·바이오 산업과 디지털 기업 사이의 기술제휴를 통한 새로운 부가가치 창출이 활발하게 이루어지고 있지만(Buvailo, 2022), 다른 한편으로는 이러한 신기술 사용에 따르는 프라이버시 문제, 윤리적 책임 등에 관한 규제와 규범 제정의 필요성도 대두되고 있다(Mireku, 2022).

2) 제약·바이오 산업을 둘러싼 국제적 쟁점

새로운 질병이 등장하면 이를 치료, 예방하기 위한 새로운 약품을 개발하기 위한 노력이 이루어진다. 하지만 코로나 백신을 둘러싼 자국 우선주의 논란에서 볼 수 있듯 제약·바이오 기술 개발에는 엄청난 비용과 시간이 투입되기 때문에 신약을 개발하고 출시하여 보급하는 과정에서 다양한 국제적인 논쟁과 갈등이 발생한다. 다음의 내용은 최근 제약·바이오 기술과 관련한 주요 쟁점 사항이다.

(1) 신약개발기술 특허권

글로벌 보건위기를 예방하고 관리하기 위해서는 공공재로서의 글로벌 보건이라는 관점에서 신약에 대한 공평한 접근이 확대되어야 한다는 주장이 꾸준히 제기되어 왔다. 하지만 세계무역기구WTO는 제약을 포함하여 모든 기술 분야의 물질과 제조법에 대해 최소 20년 동안 특허권을 보호하고 있다. 제약업계는 신약 개발 비용이 엄청나기 때문에 특허권이 보장되어야만 계속해서 새로운 신약을 개발할 동기가 만들어진다고 주장한다. 1990년 중반 에이즈 치료 복제약 제조를 위한 강제실시권compulsory licensing 논쟁, 2000년대 인도 정부의 노바티스Novatis 백혈병 치료제 특허권 연장 거부 소송, 2010년대 WHO와 제약회사의 H5N1 바이러스 샘플 채취를 거부한 인도네시아의 바이러스 주권Viral Sovereignty 주장, 2020~2022년 코로나19 백신에 대한 WHO의 코로나19 기술접근공유Covid-19 Technology Access Pool: C-TAP 아이디어 공론화 등이 제약·

바이오 기술 특허권을 둘러싼 대표적인 쟁점 사례이다.

일반적으로 제약회사의 특허권이 우선시되지만, 신약에 대한 공평한 분배 요구가 글로벌 차원에서 수용되는 경우가 간혹 있으며, 이런 경우 국제여론과 더불어 미국의 입장이 크게 영향을 미친다. 예를 들어 2001년 에이즈 치료 복제약 제조가 허용되는 데에는 제약회사가 환자의 고통을 외면한다는 국제적 여론뿐만 아니라, 2001년 탄저균 테러 사건을 겪은 미국이 탄저병 치료약에 대한 강제실시권을 행사하면서 에이즈 치료약에 대해서도 같은 논리를 적용할 수밖에 없는 상황이 만들어졌기 때문이다. 이후 미국 정부는 에이즈 퇴치 프로그램을 글로벌 차원으로 확대하여 미국이 보건안보의 리더로서 자리매김하는 데 활용했다.

2021년 코로나 백신을 저개발 지역에 보급하기 위해 WHO, 국가, 제약회사, 글로벌 보건 민관 파트너십PPP이 컨소시엄을 구성하여 저개발 지역에 백신생산허브를 설립한다는 결정이 내려진 배경에도 트럼프 행정부 시기 실추된 글로벌 보건안보 리더십을 회복하려는 바이든 행정부의 전략적 고려가 있었다. 바이든 행정부는 트럼프 행정부의 WHO 탈퇴 선언을 번복하는 한편, 자국의 제약업계와 유럽의 일부 제약 선진국의 반대에도 불구하고 백신 특허권 면제를 공개적으로 지지했다. 이와 같은 미국의 정책적 고려 아래에서 남아공에 존슨&존슨의 기술을 이전받아 코로나 백신을 생산하는 백신생산허브가 만들어졌고, 2021년 12월 세계보건총회에서 팬데믹 조약 제정에 대한 결의안이 만장일치로 채택될 수 있었다(조한승, 2022).

(2) 의약품 공급망 리스크

글로벌 의약품 시장을 일부 제약 선진국이 장악하고 있지만, 이들 거대 제약회사는 중국의 원료 공급이 없으면 의약품 생산에 큰 차질을 빚을 정도로 중국에 의존하고 있다. 2015년 중국은 제조업 굴기라 불리는 '중국제조 2025中国制造 2025' 정책을 추진하면서 바이오의학 기술과 고성능 의료기기 분야를 집중

육성하는 계획을 포함했다. 2020년대까지 의약품 품질과 표준체계를 국제 수준으로 끌어올리는 한편, 제약·바이오 핵심 기술을 확보하여 2030년대까지 의약품 관련 국제표준 제정에 적극적으로 참여한다는 내용이다(국제무역연구원, 2019). 이를 구현하기 위해 중국은 막대한 자금을 제약·바이오 연구개발에 투입했다. 이는 중국 제약회사의 신약 연구개발 파이프라인 숫자를 획기적으로 증가시켰다. 2015년 중국 내 신약 연구개발 파이프라인은 720개였으나, 2021년에는 3,111개로 4배 이상 증가했다(Li et al., 2022). 또한 세계적 제약회사와 중국 사이의 바이오 기술협력 규모는 2015년 32억 달러에서 2019년 106억 달러로 급성장했으며, 2019년 글로벌 임상실험의 24%는 중국에서 진행되었다(한국바이오협회, 2021). 이러한 연구개발 투자를 통해 중국은 제약·바이오 분야에서의 소비시장뿐만 아니라 기술 연구개발의 허브로 자리매김하고 글로벌 제약·바이오 산업의 핵심 행위자로 성장하고자 한다.

특히 원료의약품에서 중국은 압도적인 지위를 차지하고 있다. 인도는 세계에서 가장 많은 복제약을 생산하고 있어 '세계의 약국pharmacy of the world'이라고 불리지만, 의약품의 원료 화학물질의 생산에 있어서는 인도보다도 중국이 더 저렴하고 더 많이 생산하고 있어서 인도도 복제약의 원료가 되는 화학물질의 70%를 중국에 의존한다(Soni, 2021). 한국 역시 팬데믹 이전인 2019년 기준 완제의약품 수입의 경우 수입원이 미국(18.3%), 영국(16.6%), 독일(14.7%), 스위스(11.3%) 등으로 비교적 고르게 분포되어 있었으나, 원료의약품 수입원은 중국(36.7%), 일본(13.0%), 인도(10.7%) 등으로 중국 의존도가 매우 높다. 미국, 유럽에서 수입하는 완제의약품 역시 대부분 중국산 원료로 제조된 것이라는 점을 고려하면 의약품 전반에서 중국에 대한 의존은 그보다 높을 것이다(김경훈·도원빈, 2021: 20). 이처럼 글로벌 규모에서 원료물질의 중국 의존이 매우 높기 때문에 세계 의약품 공급망의 숨통은 사실상 중국이 쥐고 있다고 해도 과언이 아니다. 따라서 미국을 포함한 여러 제약 선진국은 새로운 의약품을 연구·개발하고 생산하는 문제뿐만 아니라, 글로벌 의약품 공급망에서 지나치게 높

그림 4-2 미국의 대(對)중국 의료상품 수출입 추이

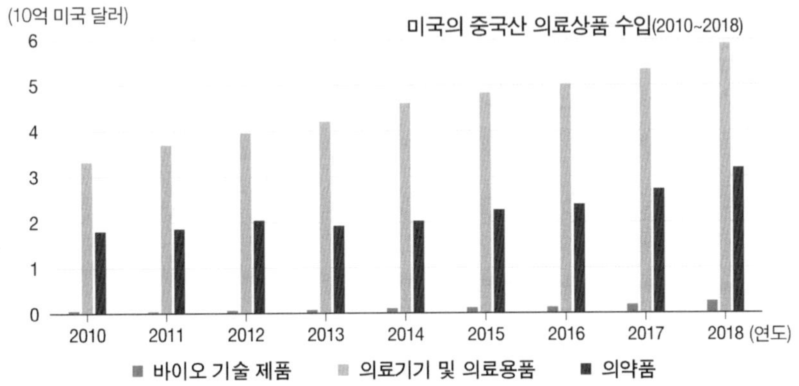

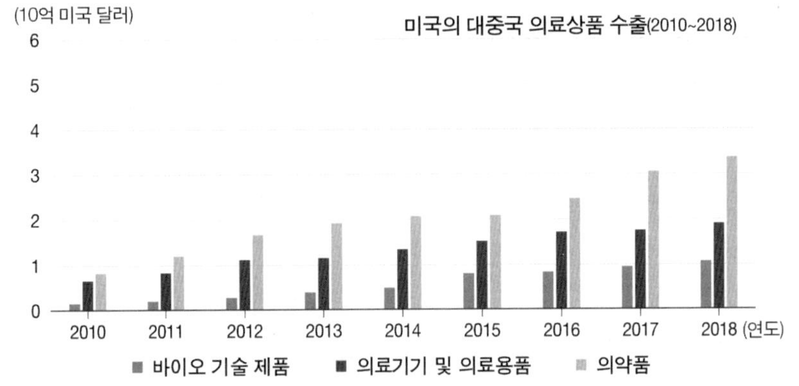

자료: U.S.-China Economic and Security Review Commission(2019: 252, 266).

은 중국 의존도를 어떻게 해소할 것인가를 고민하고 있다. 최근 미국 의회는 의료기기와 원료의약품API 분야에서 중국과의 무역 불균형이 계속 심화하고 있음을 지적하고 글로벌 의약품 공급망 문제 해결을 위해 미국 정부가 적극적으로 나설 것을 주문했다(U.S.-China Economic and Security Review Commission, 2019: 248~282).

(3) 제약·바이오 기술패권 경쟁

중국과 글로벌 패권경쟁을 벌이고 있는 미국은 중국을 견제하기 위해 군사력뿐만 아니라 무역, 금융, 기술 등 전 분야에서 미국의 주도적 우위를 지키기 위해 노력하고 있다. 이런 맥락에서 바이든 정부는 국내경제 활성화와 첨단기술 주도력을 주요 정책 목표로 제시하였다. 미국은 2022년 '반도체 및 과학법CHIPS and Science Act'과 '인플레이션 감축법Inflation Reduction Act: IRA'을 제정하여 반도체, 인공지능, 배터리 등 첨단기술 분야에서 미국이 기술패권을 지속하기 위한 정책을 구체화했다. 이에 따라 미국 시장에서 판매되는 첨단기술 상품의 미국 내 제조, 중국과의 고급기술협력 제한 등이 추진되었다. 그 연장선에서 바이든 대통령은 2022년 9월 12일 '국가 바이오 기술 및 바이오 제조 이니셔티브National Biotechnology and Biomanufacturing Initiative'에 대한 행정명령에 서명했다. 이 행정명령은 바이오 기술 분야에서 해외의존도를 획기적으로 낮추고 미국의 바이오 관련 기술을 발전시키며 바이오 경제를 성장시키기 위한 정책을 정부 각 부서가 마련할 것을 요구하는 내용이다.

미국의 국가 바이오 기술 및 바이오 제조 이니셔티브 행정명령과 관련하여 몇 가지 눈여겨봐야 할 내용이 있다. 첫째, 이 명령의 공식 명칭이 "지속가능하고 안전하며 안심할 수 있는 미국 바이오 경제를 위한 바이오 기술 및 바이오 제조 혁신 발전에 관한 대통령 행정명령President's Executive Order on Advancing Biotechnology and Biomanufacturing Innovation for a Sustainable, Safe, and Secure American Bioeconomy"이라는 점에서 파악할 수 있듯이 미국의 바이오 기술 개발 및 제품 생산이 미국 경제에 실질적인 이익이 되도록 정책을 추진할 것이라는 점이다. 바이오 기술 유출을 억제하는 한편, 바이오 제품 혹은 원료의 미국 내 생산을 확대할 것으로 보인다. 둘째, 이 명령에 따라 미국 정부 기관이 투자하는 20억 달러 가운데 가장 큰 규모의 사업이 12억 달러 규모의 바이오 제조 인프라 구축 사업이며, 이에 대한 투자를 국방부가 담당한다는 사실은 미국이 바이오 기술과 바이오 물질을 단순히 보건의료 차원이 아닌 군사적 성격의 바이오 안보 차원에서 접근할 것임을 시사한다(U.S. Department of Defense, 2022). 미국 보건부가 담당하게 되는 감염병 대응을 위한 초기물질 바이오 제조 투자 사업은 국방부의 12억 달러보다 훨씬 작은 4,000만 달러에 불과하다. 따라서 향후 미국의 바이오 물질, 바이오 기술 등에 대한 관리는 더욱 엄격해질 것이며, 해외 기술협력 등에서 군사안보적 고려가 이루어질 것이라 예상된다.

3) 한국의 제약·바이오 산업

한국은 미래지향적 기술혁신에 매우 적극적인 국가로 인정받고 있으며, 정보통신, 반도체 등 4차 산업혁명에 필요한 핵심 기술을 발전시키기 위한 연구와 개발에 적극 나서고 있다. 한국의 연간 연구개발R&D 지출은 2020년 기준 1,000억 달러 규모로서 세계 5~6위 수준이며, GDP 대비 R&D 투자는 4.8%로서 이스라엘에 이어 세계 2위이다(OECD, 2022). 첨단기술에 대한 적극적인 투자와 연구를 바탕으로 한국은 최근 몇 년 동안 제약·바이오 기술 분야에서 상당한 발전을 이루었다.

한국은 제약·바이오 기술 연구를 위한 인프라에 적극 투자하여 생명공학, 제약·바이오 기술에서 선진국 수준으로 평가받는다. 2000년대 중반부터 한국의 제약·바이오 기업들은 미국 FDA가 정한 가장 높은 수준의 우수 의약품 제조·관리 국제기준 cGMP current Good Manufacturing Practice에 부합하는 생산 기반을 구축하여 선진국 수준의 생산 및 품질관리 경쟁력을 갖췄고, 이를 통해 글로벌 제약회사와의 기술개발 협력을 확대했다. 한국의 의약품 시장은 2021년 179.5억 달러(점유율 1.5%)로서 세계 13위 수준이지만 글로벌 제약회사와의 협력을 통해 이루어지는 임상시험 점유율은 3.73%로서 세계 6위 수준을 보인다. 특히 서울은 임상시험 점유율 1.36%로서 세계에서 가장 많은 임상시험이 이루어지는 도시이다. 2021년 현재 국내 제약·바이오 기업들의 연구개발비는 상장기업 기준 3조 5,442억 원으로서 매출 대비 11.9% 수준에 달한다(한국제

그림 4-3 코로나 백신 특수 이전 주요국 바이오의약품 수출경쟁력 동향(2019~2020)

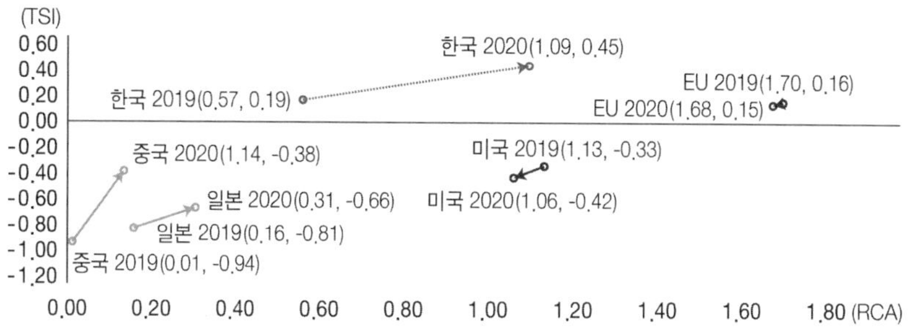

주: RCA(Revealed Comparative Advantage, 현시비교우위지수)는 '세계 수출 시장에서 특정 품목의 비중'과 '해당 국가 수출에서 해당 품목의 비중'을 비교한 수치로서 해당 국가의 해당 품목의 상대적인 수출경쟁력을 보여준다. TSI(Trade Specialization Index, 무역특화지수)는 특정 국가의 총교역에서 수출입 차이를 보여주는 수치로서 해당 품목의 수입보다 수출이 많으면 양수(+)로, 수출보다 수입이 많으면 음수(-)로 나타난다.
자료: 김경훈·도원빈(2021).

약바이오협회, 2022).

한국은 바이오 분야에서 빠르게 성장하고 있다. 이미 코로나 백신 특수 이전인 2020년에 한국의 전체 의약품 수출 가운데 합성의약품 수출액이 10억 달러인 데 비해 바이오의약품 수출액은 51억 달러로서 의약품 수출의 80% 이상이 바이오의약품이었다. 당시 수출 순위로 비교하면 한국은 전체 의약품 수출에서 세계 19위 수준이었고, 이 가운데 바이오의약품 수출은 세계 7위였다. 합성의약품 수출이 세계 28위라는 사실과 비교할 때 한국의 의약품 수출은 바이오의약품이 견인하고 있음을 알 수 있다. 실제로 현시비교우위지수RCA와 무역특화지수TSI 등으로 비교한 수출경쟁력에 있어서 한국의 바이오의약품 산업의 수출경쟁력이 빠르게 성장하고 있다(김경훈·도원빈, 2021). 앞서 언급한 것처럼 세계 의약품 시장에서 바이오의약품의 중요성이 점점 커지고 있다는 점에서 앞으로 한국 바이오의약품 산업의 성장은 더 커질 것으로 기대된다.

이러한 성과를 거둘 수 있었던 데에는 한국 정부의 적극적이고 지속적인 지원이 있었기 때문이다. 정부는 제약·바이오 기술개발 투자를 통해 생명공학과 제약산업을 육성하기 위한 정책을 꾸준히 펼쳐왔다. 머리말에서 언급한 것처럼 정권의 정치적 성향과 상관없이 정부는 제약·바이오 산업의 성장을 위해 막대한 자금을 투입하여 연구개발 인프라를 구축하고 제도를 개선하는 정책을 펼쳐왔다. 최근에는 신약 연구부터 제품화까지 효율적 지원을 위해 제약바이오 혁신위원회 설치를 추진하고 있으며, 제약주권 확립을 위해 인도, 중국, 일본 등 특정 국가에 전체의 60%가량 의존하고 있는 원료의약품 자급률을 높이기 위한 제도 개선에 나섰다.[2]

이러한 연구개발과 지원 덕분에 한국의 제약·바이오 산업은 미국 등 제약 선진국이 개발한 약품의 복제약을 제조하는 수준에서 신약을 개발하여 수출하는 수준으로 발전했다. 특히 암, 뇌전증, 당뇨병 등의 질병에 대한 혁신적인 치료법을 개발하고 있다. 하지만 한국이 개발한 신약 대부분은 기존 신약을 개선한 개량신약이다. 개량신약을 제외하고 미국의 FDA 허가까지 취득한 국내 개발 신약의 수는 손에 꼽을 정도이다.[3] 개량신약 개발도 높은 수준의 제약·바이오 기술이 필요하지만, 글로벌 블록버스터급 신약을 개발하는 수준으로 발전하기 위해서는 국내 제약·바이오 산업의 연구개발 및 정부 지원뿐만 아니라 선진 제약업계와의 기술개발 협력 네트워크를 확대하고 이를 활용하려는 노력이 수반되어야 한다. 특히 가장 앞서 있는 미국과의 제약·바이오 파트너십을 발전시키는 것이 대단히 중요하다.

2 2021년 기준 한국의 원료의약품 자급률은 24.4%이다[국가통계포털(KOSIS), 2022].

3 국산 약품 가운데 2022년까지 FDA 승인을 받은 약품은 20여 개다. 하지만 복제약과 개량신약을 제외한 신약(합성 및 바이오)은 7개(합성신약 5개, 바이오신약 2개)이다. 최초의 FDA 승인 국산 신약은 2003년에 승인된 LG생명과학의 항균제이며, 가장 최근의 FDA 승인 국산 신약은 2019년에 승인된 SK바이오팜의 뇌전증치료제이다. 하지만 이들 약품은 글로벌 블록버스터급 신약은 아니다(한국제약바이오협회, 2022).

3. 한미 보건협력의 발전

1) 한미 보건 및 제약 협력의 역사

보건의료 분야에서 한국과 미국의 협력적 우호 관계는 매우 오랜 역사를 가지고 있다. 구한말 주한 미국공사였던 호러스 앨런Horace Allen은 의학자로서 1885년 고종의 후원을 받아 한국 최초의 서양식 병원인 광혜원(제중원)을 설립하여 한국에 근대 의술을 도입했다. 해방 이후 미군정은 한국인 의사 10명을 선발하여 미국의 하버드대, 존스홉킨스대, 미시간대 등에서 임상수련과 보건의료행정에 관한 교육을 제공했다. 이때 미국에서 교육받은 한국인들은 1946년 WHO가 창설될 때 한국 대표로 참석하는 등 초창기 한국의 국제보건협력 사업의 주역이 되었고, 한국의 보건의료를 일본식 공중위생 수준에서 미국식 공중보건 수준으로 전환하는 데 기여했다.

한국전쟁으로 보건위생 환경이 악화되자 미군이 주도하는 주한유엔민사원조사령부UNCACK는 피난민을 대상으로 DDT 살포, 예방접종 등 감염병 방역 활동을 전개했다. 이어 1952년 한국의 전후 재건과 근대화를 지원하기 위해 미국에서 설립된 한미재단AKF은 WHO와 함께 한국에 공중보건원이 수립되는 데 크게 기여했고, 이를 통해 한국에서 본격적으로 공중보건 전문 인력이 양성되기 시작했다. 또한 미국 대외활동본부Foreign Operations Administration는 미국의 대학이 주체가 되어 저개발 국가를 상대로 교육 및 기술을 지원하는 프로그램을 전개했는데, 1954년에 한국을 지원하기 위한 미네소타 프로젝트가 출범했다. 이것은 미네소타대학이 중심이 되어 1955년부터 1962년까지 서울대학교 농대, 공대, 의대, 수의대에 기술을 전수하고 시설을 지원하는 사업이었다. 1970년대 한국은 전국 규모의 보건의료서비스 체계를 구축하기 위한 보건기획을 추진했으나 자금과 기술이 부족했다. 이에 한국 정부는 1974년 미국의 국제개발처USAID와 자금지원 협약을 체결했고, 이 자금을 바탕으로 1976년 현재의 한국보건사회연구원의 전신인 한국보건개발연구원을 설립하여 본격적인 국가 보건서비스 체계를 구축하기 시작했다.

2000년대 이후 한국의 보건의료 수준이 획기적으로 발전하고, 특히 바이오 분야에서 한국의 기술력이 국제적 수준으로 성장하면서 한국과 미국 사이에 연구협력이 활발하게 이루어졌다. 한국의 국립보건연구원과 미국의 국립보건원NIH과 같은 양국의 보건연구기관 사이에 정기적으로 심포지엄을 개최하여 감염성 바이러스에 대한 공동연구와 기술 동향 공유를 하고 있다. 대표적으로 2015년 메르스 사태를 겪으면서 한국은 신·변종 바이러스 대응을 위한 연구를 강화할 필요성을 인식하여 양국 국립보건연구원 사이의 공동연구를 통해 메르스 치료항체를 개발했다. 또한 양국은 향후 보건의료 분야에서 의학, 유전체, 정보통신, 빅데이터 등을 결합하는 첨단 정밀의료를 발전시키기 위해 연구협력을 진행하고 있다. 한국의 국립보건연구원과 미국의 NIH는 2015년 미국에서 첫 공동회의를 개최한 이후 정기적으로 양국을 오가면서 회의를 진행하고 있다(최승호 외, 2020).

일반적인 보건의료 분야의 인프라 지원과 연구협력뿐만 아니라 제약 분야에서도 한국과 미국의 협력은 오래전부터 시작되었는데, 초기에는 대부분 미국의 원조 형식으로 전개되었다. 해방 이전부터 국내에서 소화제 등 기본적인 약품을 제조했으나, 그마저도 한국전쟁으로 제약 시설이 거의 파괴되어 미국의 구호의약품에 크게 의존했다. 전후 한국 정부는 열악한 보건환경을 개선하기 위해 항생제, 소화제, 진통제 등 필수 의약품과 영양제를 자체적으로 생산하는 것을 목표로 제약산업을 육성하기 시작했다. 미국의 국제협력국International Co-operation Administration: ICA은 한국 제약업계의 재건을 위해 원료 구매와 시설 자금 및 설비를 지원하고 한국인 학생을 선발하여 미국에서 교육시켰다. 1955년 유한양행, 동아제약, 근화제약 등 한국의 제약업계에 최초로 지원된 ICA 자금은 46만 5,000달러였다. 뒤이어 1958년 동양약품이 미국의 머크Merck와의 기술제휴로 항생제를 제조한 것을 시작으로 한국 제약회사들은 미국, 독일 등의 대형 제약회사와 기술협력 관계를 맺기 시작했다(신규환, 2015).

1960년 외국자본의 한국 투자를 유인하기 위해 외국자본에 대해 소득세, 법인세 등을 감면해 주는 외자도입법이 제정되었다. 외자도입법 제정을 계기로 한국의 제약업계는 제약 선진국의 제약회사들과 잇달아 기술제휴를 체결하고 합작투자에 의한 합작기업을 설립하는 방식으로 제약산업을 발전시켰다. 국내에서 완제의약품을 제조할 수 있게 되면서 완제품 수입이 크게 줄었지만, 원료의약품의 수입은 증가했다. 이에 한국의 제약업계는 원료의약품 수입 비중을 낮추기 위해 원료의약품 자체 개발 노력을 부단히 벌였으며, 원료의약품 생산 확대는 다시 완제의약품의 생산 증가로 이어져 한국의 제약 수준이 더욱 높아지는 선순환 구조가 이루어졌다. 이를 계기로 1970년대에는 미국을 포함한 해외 제약회사와의 합작투자가 더욱 증가하고, 의약품 수출도 활기를 띠었다. 해외 제약회사와의 합작투자가 처음 이루어진 1964년부터 1975년까지 10년 동안 22개의 해외 제약회사가 한국 기업과 합작했는데, 이 가운데 미국 국적의 제약회사는 화이자, 킴벌리 등 8개 기업이었고, 나머지는 일본 7개, 서독 5개, 이탈리아 1개, 홍콩 1개 등이었다(한국제약협회, 1996: 225).[4]

1972년 미국이 수입 의약품에 대해 우수제조관리기준GMP 인증을 의무화하면서 한국도 1980년대부터 KGMP 제도를 마련하여 시행했다. 초기에는 순수 의약품에 대한 자율 인증제로 시작했으나 1988년부터는 전체 의약품으로 대상 범위를 확대했고, 1998년부터는 제약산업계 전체에 대해 KGMP 지정을 의무화했다(백우현, 2015). 이러한 일련의 조치는 한국 의약품의 품질을 높이고 한국산 의약품이 국제적으로 인정받는 데 기여했다. 그 결과 1980년대 이후 한국 제약산업의 규모는 획기적으로 증대했다. 1982년 의약품 생산 실적이 1조 원

4 한국제약협회의 『제약오십년사』에는 1969년에 설립된 한국화이자에 투자한 화이자의 국명이 파나마로 기록되어 있으나, 파나마에 소재한 화이자 자회사의 명의로 투자가 이루어졌을 뿐, 사실상 미국 기업이라는 점에서 본 연구는 이를 미국 제약회사의 투자로 간주한다.

을 넘었고, 1986년에는 의약품 수출이 1억 달러를 돌파했다. 이처럼 한국의 제약산업이 발전하면서 한국과 미국의 제약업계 사이에 신약 개발을 위한 공동 연구·개발 프로젝트가 활발하게 이루어졌다. 특히 한국의 의료인프라가 발전하고 고급 연구역량이 축적되면서 미국 등 선진 제약업계는 한국 의·약학계와 제휴를 맺어 암 및 기타 질병 치료 목적의 신약 개발을 위한 임상시험을 공동으로 진행했다. 이로써 앞서 언급한 것처럼 서울은 전 세계에서 가장 많은 신약 임상시험이 이루어지는 도시가 되었다.

21세기 접어들면서 한국과 미국 사이에 FTA 협상이 시작되었다. 의약품 분야에서도 양국은 상호 요구 사항을 협상하고 타협안을 만들기 위해 2006년 의약품에 관한 공동 작업반을 설립하는 양해각서를 체결하여 의약품에 관한 연구개발, 규제업무, 시장접근 등에 관한 양국의 입장을 조율했다. 이러한 과정을 거쳐 타결된 한미 FTA는 한국의 제약산업이 기존의 내수 및 복제약 제조 중심의 산업구조에서 벗어나 수출, 독자적 신약 개발, 바이오 기술 개발로 새롭게 방향을 설정하는 계기가 되었다. 그동안 한국과 미국 사이의 제약협력은 미국 제약회사가 한국에 투자하거나 한국 제약회사와 기술제휴를 맺어 한국에서 위탁생산 하는 것이 대부분이었으나 2000년대 이후에는 한국의 제약회사가 복제약 또는 개량신약을 가지고 미국 제약시장에 진출하는 사례가 많아졌다. 특히 2010년대 후반 미국이 약가藥價 인하 정책을 강력하게 추진함에 따라 바이오시밀러 약품에 대한 수요가 높아졌고, 이는 바이오 분야에서 기술 수준이 높은 한국에게 큰 기회로 작용했다. **그림 4-4**와 같이 2022년 12월 현재 미국 FDA에 의해 시장 판매가 승인된 40개의 바이오시밀러 약품 가운데 한국 기업 제품이 9개로서, 한국은 20개 제품을 승인받은 미국에 이어 두 번째로 많은 종류의 바이오시밀러 약품을 출시하는 나라이다(U.S. Food & Drug, 2022).

그림 4-4 미국 FDA 승인 바이오시밀러 제조 국가 및 기업 현황(2022년 12월 19일 기준)

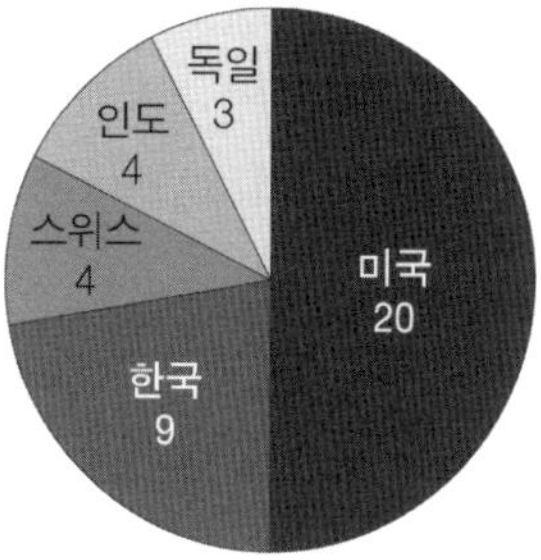

화이자(미국)	7개
암젠(미국)	5개
삼성바이오에피스(한국)	5개
셀트리온(한국)	4개
산도스(스위스)	4개
바이오콘(인도)	4개
…	11개
총	40개

자료: U.S. Food & Drug(2022).

2) 한미 보건안보 및 팬데믹 협력

미국은 1990년대 에이즈 확산, 2001년 탄저균 테러 사건 등을 겪으면서 조류독감, 에볼라 등 신종 감염병 확산에 의한 보건위기가 국가안보 및 세계질서의 안정에 위협이 될 수 있다는 인식을 가지고 일찍부터 보건안보에 관련된 정책과 제도를 발전시켰다. 특히 오바마 행정부는 2014년 신종 감염병 발생과 확산을 억제하기 위한 다자간 협력 플랫폼인 글로벌보건안보구상Global Health Security Agenda: GHSA 설립을 주도했다. 한국은 GHSA의 창립 가맹국이자 선도그룹steering group 국가로서 2014년 미국 워싱턴 D.C.에서 개최된 창설 회의에 이어 2차 고위급회담을 서울에서 개최할 만큼 미국 주도의 글로벌 보건안보 거버넌스에 적극적으로 참여했다.

비록 트럼프 행정부가 글로벌 보건안보 예산을 대폭 축소하고 관련 정책을 폐기하면서 미국이 핵심적인 역할을 해왔던 GHSA가 팬데믹 기간에 유명무실했지만 바이든 행정부 등장 이후 GHSA의 기능을 회복하기 위한 노력이 이루어지고 있다. 2021년 한국은 글로벌 보건안보 강화를 위해 GHSA에 2억 달러를 2025년까지 신규 공여하겠다고 약속했으며, 2022년 11월에는 서울에서

GHSA 장관급 회담을 개최하여 2024년부터 시작하는 GHSA 3기 비전에 대한 논의를 주도했다. 이처럼 코로나 팬데믹 이후 미국이 추진하는 글로벌 보건안보 거버넌스의 재정비에 한국은 적극적으로 협력하고 있다.

한국과 미국은 글로벌 보건안보를 위해 다자간 플랫폼인 GHSA에서뿐만 아니라 양자 간 협력도 지속적으로 전개했다. 2019년 한국의 질병관리본부와 미국의 질병통제예방센터CDC는 질병 예방 및 관리를 위한 협력을 벌여나가기로 합의했다. 이것의 핵심 내용은 보건안보 차원에서 신종 감염병의 발생에 의한 보건위기를 대비·대응하기 위한 감시·통제에 협력하고 합동훈련을 벌이는 것이지만, 실험실 역량 강화, 항생제 내성, 만성질환 및 건강 증진, 보건의료 양성 등과 같은 최근 양국이 공통으로 관심을 가지는 보건의료 분야에서의 협력도 포함되었다.

코로나 팬데믹 기간에 한국과 미국은 감염병 방역, 검진, 백신 개발 및 보급 등에서 다양한 협력을 벌였다. 2015년 메르스 사태를 경험한 한국은 유사한 신종 호흡기 바이러스에 의해 대규모 보건위기가 발생할 가능성에 대비하여 유전자 검출 방식으로 호흡기 바이러스 감염 여부를 검사할 수 있는 진단키트 개발에 나섰다. 이를 바탕으로 코로나 팬데믹 초기에 한국은 신속하게 감염 여부를 검사하여 효과적인 방역 조치에 나설 수 있었고, 한국의 진단키트는 전 세계에 수출되었다. 2020년 미국에서 코로나 감염 환자가 급증하고 사망자가 속출하자 한국은 코로나바이러스 진단키트를 메릴랜드주에 긴급 제공하여 미국의 코로나 방역을 지원했다. 2020년 3월 코로나19가 전 세계로 확산하자 미국 백악관 과학기술정책실OSTP은 코로나19 데이터 공유와 연구개발을 위한 글로벌 협력을 요청하는 서한을 발표하면서 한국을 포함한 13개 국가의 최고위 과학기술정책관들과 의견을 조율했다(The White House, 2020). 이후 한국과 미국은 양국 보건당국 사이의 코로나 정보 교환을 포함하여 코로나19 대응을 위한 다양한 형태의 협업을 전개했다.

2021년 상반기에 백신 공급이 전 세계적인 문제가 되면서 백신의 생산과 공급을 위한 한국과 미국 사이의 협력이 집중적으로 논의되었다. 바이든 행정부는 트럼프 행정부가 미국의 글로벌 보건안보 리더십을 심각하게 훼손했다고 평가하고 이를 회복하기 위해 노력했다. 대내적으로는 백신접종이 진행되면서 위기가 안정되는 한편, 대외적으로는 중국의 적극적 백신외교 공세를 견제할 필요가 커지면서 바이든 행정부는 여분의 백신을 동맹국과 우호국에 제공하여 보건안보 위기에서 미국의 주도적 역할을 되찾고자 노력했다. 한편 한국은 팬데믹 초기의 방역 성공으로 인해 코로나 백신 도입에 소극적이었고, 이는 백신 수요가 급증하는 상황에서 가격협상력을 상실하는 결과를 초래했다. 2021년 5월 초 주요국 백신 접종률이 이스라엘 60%, 영국 50%, 미국 45%, 독일 35%에 달하면서 마스크를 벗는 분위기였지만 여전히 한국은 7%에 불과하여 다른 선진국에 비해 백신접종이 매우 뒤처졌다(질병관리청, 2021).

이러한 상황에서 개최된 2021년 5월 21일의 한미 정상회담은 백신에 관한 양국의 이해관계에 서로 도움이 되는 결과를 가져왔다. 정상회담에서 미국은 한국에 대해 한미군사동맹 차원에서 50만 도즈의 백신을 한국에 제공하기로 했고, 2021년 6월 5일 약속한 50만 도즈의 두 배인 101만 도즈의 얀센 백신을 한국에 공여했다. 뒤이어 2021년 8월에 미국은 추가로 40만 도즈를 한국에 공여했다. 미국의 백신 공여는 한국의 백신 접종률 제고에 크게 도움이 되었을 뿐만 아니라, 한미동맹의 결속력이 확고하다는 사실을 대내외에 확인시키는 계기가 되었다. 당시 한국 정부는 이러한 취지에서 미국이 제공한 백신 대부분을 예비군, 민방위 대원, 군·외교 종사자에 우선 접종했다.

2021년 5월의 한미 정상회담은 백신 공여뿐만 아니라, 코로나 백신 생산과 원료 공급을 확대하고, 감염병 대응 역량을 제고하기 위해 과학기술 분야에서 양국이 협조하는 내용을 담은 한미 글로벌 백신 파트너십 구축에 대해서도 합의를 이루었다. 한국은 이미 아스트라제네카, 노바백스, 스푸트니크 V 등의 각국의 코로나 백신을 위탁생산 하고 있었으나, 한미 백신 파트너십 합의를 통해 미국의 mRNA 방식의 모더나 백신을 한국에서 무균충전 포장하여 최종 완제

그림 4-5 한국의 백신 수출액 추이(2013~2022)

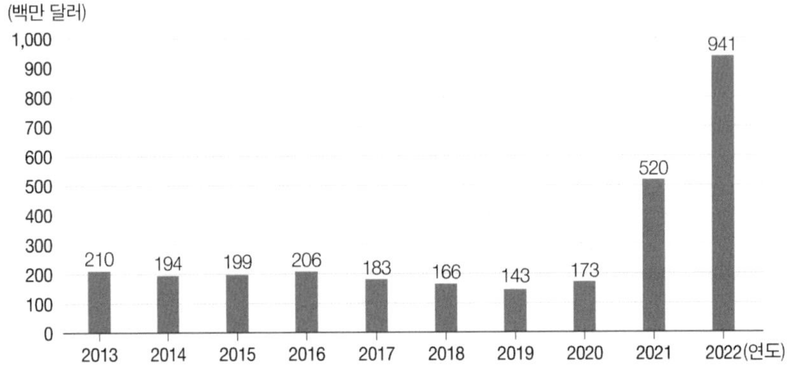

자료: 관세청(2023).

품으로 출시하게 되었다. 또한 한미 글로벌 백신 파트너십의 연장선에서 양국 보건당국은 보건의료협력 MOU를 체결하고 그동안 양국이 협력해 온 공공보건, 모자보건, 만성질환 등 6개 분야 이외에 백신·의약품 개발 및 임상연구, 디지털 헬스케어, 바이오 헬스산업 등 10개 분야를 추가하여 총 16개 분야에서 양국이 협력할 방안을 논의하기로 했다(보건복지부, 2021). 그 연장선에서 한미 정상회담 다음 달에 개최된 콘월 G7 정상회의에 초청된 한국은 개도국의 백신 확보를 지원하기 위해 2억 달러 규모의 현금 및 현물을 코백스 AMC에 지원하겠다고 약속했다(≪KTV뉴스≫, 2021.6.13).

코로나 팬데믹 기간에 한국과 미국의 민간 제약·바이오 기업 차원의 협업이 활발하게 이루어졌다. 미국산 코로나 백신의 한국 위탁생산뿐만 아니라 코로나 백신의 공동 연구개발, 백신 임상시험 협력, 코로나 치료제 위탁 제조 및 유통 등에 대한 양국 제약업계 사이의 파트너십이 모색되었다. 코로나 팬데믹 기간에 한국은 백신 생산 허브로 확고하게 자리매김하게 되었고, 백신뿐만 아니라 백신접종에 관련된 콜드체인 기기, 주사기 등의 수출도 크게 늘었다. 특히 한국의 백신 수출은 코로나 팬데믹 이전에는 2억 달러 미만이었으나, 코로나 백신 생산 이후에는 2021년 5.2억 달러로 전년 대비 3배 이상 증가했고, 2022년에는 9.4억 달러로 전년 대비 81.5% 증가했다. 하지만 2021년 하반기부터 코로나19 백신접종을 위해 해외 백신을 대거 들여오고, 2022년 하반기부터는 수출 수요도 급감하면서 2022년 백신 무역적자가 8억 달러에 달했다(관세청, 2023). 이러한 현상은 비록 한국의 제약·바이오 기술이 빠르게 성장하고 있다고 하지만 아직 백신주권을 이룰 수 있을 정도의 역량을 갖추지는 못했음을 의미한다.

4. 한미 보건 및 제약·바이오 협력의 과제

1) 기술패권 경쟁의 도전과 개방형 혁신

제약·바이오 분야에서 한국과 미국 사이에 긴급한 현안으로 부상하고 있는 것은 2022년 미국이 도입한 '국가 바이오 기술 및 바이오 제조 이니셔티브'이다. 앞에서 언급한 것처럼 미국은 중국과의 패권경쟁이 고조됨에 따라 미국이 앞서 있는 과학기술의 주도권을 계속해서 유지하는 전략을 전개하고 있다. 이에 따라 반도체, 배터리, 바이오 등 첨단 과학기술의 유출을 억제하는 한편, 해외의존도를 줄이기 위해 미국 내에서의 생산을 늘리는 정책을 개발하고 있다. 미국의 인플레이션 감축법IRA이 도입되면서 외국산 전기차에 대한 보조금 지급이 제한되어 한국의 전기차 생산업계가 큰 충격에 빠진 경우처럼 앞으로 한국의 제약·바이오 제품과 의료기기의 미국 수출도 영향을 받을 전망이다. 미국은 한국 의약품 수출에서 1~2위를 다투는 큰 시장이기 때문에 미국의 이러한 법률 제정은 한국의 의약품 수출뿐 아니라 한국의 제약·바이오 산업에 새로운 변수로 작용할 것이다.

제약의 경우는 반도체, 배터리와 큰 차이가 있다. 반도체와 배터리는 한국 기업이 핵심 기술을 가지고 미국에 제품을 수출하고 있지만, 한국의 의약품 수출은 대부분 미국 제약회사의 기술로 개발된 제품을 장기계약을 맺어 한국에서 생산하여 미국에서 판매하는 방식이다. 따라서 미국이 중국 등 전략적 경쟁관계 국가의 기술 발전을 억제하고 자국 기업의 시장경쟁력을 강화하기 위해 도입한 일련의 법안이 당장 한국 의약품의 미국 수출을 완전히 제한할 것으로 예상되지는 않는다(정상태, 2022). 그럼에도 불구하고 미국의 이번 조치가 바이오 제품의 미국 내 제조를 유도하고 있다는 점에서 장기적으로는 미국 의약품의 한국 위탁생산에도 부정적인 영향을 미칠 수 있다. 미국이 자국 시판 의약품 제조 과정에서 중국산 원료의약품을 사용하지 못하게 제한할 가능성이 크다. 이 경우 한국 제약회사는 미국 시장 판매를 위해 새로운 원료의약품 도입 경로를 개척해야 하는데, 이때 가격경쟁력에 부정적 영향이 발생할 것이다. 또한 한국의 제약·바이오 기업이 자체적으로 개발한 개량신약의 미국 수출도 영향을 받을 것으로 보인다.

이러한 도전을 새로운 기회로 전환하는 방법을 모색해야 한다. 먼저 이번 행정명령이 중국을 타깃으로 한다는 점에서 그동안 중국에서 위탁생산을 해온 미국 제약업계가 수입선을 한국으로 전환할 가능성도 있어서 일시적인 반사이익도 기대할 수 있다. 아울러 한국의 제약산업의 글로벌화를 앞당길 수 있다. 최근 한국 제약회사들이 코로나 백신과 치료제 개발에 나섰다가 대부분 포기했거나 출시에 성공했어도 시장에서 외면받는 상황이다(박정연, 2023). 한국의 제약시장 규모는 상대적으로 협소하여 연구개발과 시장점유에 한계가 있기 때문이다. 한국 제약업계의 입장에서는 제약 선진국 시장에 진출하여 새로운 기술을 개발하고, 더 많은 투자를 끌어내어 대규모 연구를 진행하는 것이 바람직하다. 이런 이유에서 한국의 제약회사들은 이미 수년 전부터 미국 제약회사와의 제휴를 통해 미국 진출을 적극적으로 추진해 왔으며, 많은 한국 제약회사들이 미국의 바이오 기업을 인수하거나 합작을 통해 미국 내에 생산 시설 및 연구기반을 구축해 왔다. 따라서 이번 미국의 행정명령은 한국 제약업계로 하여금 미국 진출을 서두르게 만드는 동인으로 작용할 것이다.

코로나 팬데믹 이후 한국뿐만 아니라 다른 나라들도 제약·바이오 기술 개발에 더욱 적극적으로 나서고 있다. 오늘날 블록버스터급 신약 개발은 다양한 제약·바이오 기업과 연구기관의 개방형 혁신open innovation 네트워크 협업으로 이루어지고 있다(Hunter and Stephens, 2010: 87~88). 개방형 혁신이란 "기업이 더 큰 시장을 창출하기 위해 기술을 발전시키는 과정에서 조직의 경계를 넘어 지식의 흐름이 의도적으로 관리되는 분산형 혁신 과정"을 의미한다(Chesbrough and Bogers, 2014). 자금 펀딩으로부터 빅파마와 바이오 스타트업의 공동연구, 각국 의료기관 파트너십을 통한 임상시험, 그리고 수요맞춤형 전문 마케팅에 이르기까지 다양한 행위자가 협업 네트워크를 구축하여 신약을 개발하여 출시한다. 한국의 제약·바이오 산업도 복제약, 개량신약, 바이오시밀러 등을 생산하여 수출하는 수준을 넘어 블록버스터급 신약을 개발하기 위해서는 미국과 같이 개방형 혁신이 용이한 환경에서 여러 행위자들과 협업 네트워크를 더 많이 구축해야 한다. 과거 한미 FTA가 한국의 제약기술이 진일보하는 계기가 되었던 것처럼, 최근 제약·바이오 기술에 대한 미국의 일련의 조치들은 한국의 제약·바이오 업계가 글로벌 수준으로 성장하도록 만드는 또 다른 기회가 될 것이다.

2) 바이오 경제와 새로운 고부가가치 창출

오늘날 제약·바이오 등 보건산업의 기술은 질병을 예방·치료하고, 생명을 연장하는 것을 넘어서 다른 분야의 첨단기술과 결합하여 새로운 경제적 가치를 만드는 중요한 매개체가 되고 있다. 바이오 기술은 보건의료 분야를 넘어서서 이른바 '바이오 경제'라 불리는 새로운 경제 영역을 생성하고 있다. 바이오 경제란 생명과학과 바이오 기술의 연구 및 혁신에 의해 추진되고, 공학, 컴퓨팅, 정보과학의 기술적 진보로 가능해지는 경제활동을 말한다(국가생명공학정책연구센터, 2023). 2022년 미국의 '국가 바이오 기술 및 바이오 제조 이니셔티브'에 의약품과 직접적으로 관련되지 않은 산업 분야가 다수 포함되었음을 눈여겨볼 필요가 있다. 이는 에너지, 화학, 농업, 환경 등 다양한 분야에 바이오 기술이 적용되어 새로운 경제 가치를 생성할 수 있음을 의미하는 것이다. 미국은 바이오 물질과 바이오 기술을 바탕으로 의약품에서부터 플라스틱, 연료에 이르는 다양한 신물질을 생산하는 이른바 '바이오파운드리biofoundry'를 구성하고, 이러한 기술과 물질에 대한 우월적 지위를 지속시키고자 한다. 반도체 분야에서 대만의 TSMC와 한국의 삼성이 선두 경쟁을 하는 가운데, 미국의 인텔과 영국의 ARM이 협업하여 이를 뒤쫓는 것처럼 바이오 분야에서도 주요 국가와 기업들은 바이오파운드리에 대한 치열한 경쟁과 연대를 벌이고 있다.

최근 합성 바이오 기술을 집중적으로 육성하는 국가들 사이에 상호 연합을 통해 시너지 효과를 만들기 위한 노력이 전개되고 있다. 2019년 세계 16개 바이오 기술 연구기관이 글로벌 바이오파운드리 연합체Global Biofoundry Alliance: GBA를 결성했다. 대부분 미국과 영국의 기관이고, 아시아에서는 일본, 중국, 싱가포르, 호주의 기관이 참여하고 있다(Hillson et al., 2019). 이와 같은 바이오 기술의 우위를 차지하기 위한 국가들의 경쟁과 연대는 보건 및 의약품뿐만 아니라 경제 전반, 더 나아가 바이오 안보biosecurity를 포함한 군사안보 영역에서의 국가 영향력에까지 상당한 파급 효과를 미칠 것이다. 앞서 언급한 것처럼 미국의 '국가 바이오 기술 및 바이오 제조 이니셔티브'에서 국방부의 역할이 가장 크다는 점을 상기할 필요가 있다. 핵심적 국가이익을 전방위적으로 공유하는 포괄적 전략동맹 관계를 맺고 있는 한국과 미국은 바이오 경제 발전을 위해서도 협력을 확대해야 한다.

바이오 기술을 바탕으로 의약학, 생명공학, 뷰티산업 등 다양한 산업 분야가 경계를 초월하여 기존에 없었던 신흥 유망 산업 분야를 만들어낸다. 예를 들어, 첨단 바이오 기술은 혈액암이나 알츠하이머와 같은 난치병 치료에 활용되고 있으며, 줄기세포를 이식하는 키메라chimera 기술을 활용하여 바이오 인공 장기를 만들기도 한다. 최근에는 바이오 물질을 가지고 친환경 플라스틱을 제작하는 사업도 활기를 띠고 있다. 특히 미국과 유럽에서 친환경 소재 사용 비중을 높이는 정책을 시행함에 따라 바이오플라스틱에 대한 수요가 크게 증가하고 있다(박지현·홍미연, 2022). 이러한 신흥 유망 산업 분야에서 한국과 미국의 바이오 기술 협력을 통해 새로운 부가가치를 창출하여 서로의 이익을 증진하고, 더 나아가 글로벌 보건 및 환경에도 기여할 수 있을 것이다.

인구의 고령화로 인해 장기이식臟器移植에 대한 수요가 증가하고 있으나 장기 기증자를 찾기가 점점 어려워지고 있다. 이 때문에 인공장기 수요가 커지고 있지만, 전자장기나 이종異種장기는 면역거부반응이나 질병 전염 가능성이 있어 사용에 어려움이 있다. 하지만 첨단 바이오 기술과 3D 바이오프린팅 기술을 가지고 생체재료에 환자 자신의 줄기세포를 배양하여 분화·증식시켜 환자에게 이식하는 세포 기반 장기는 상대적으로 안전하고 환자 맞춤형 장기 제작이 가능한 미래 유망 기술로 각광받고 있다. 한국도 이러한 분야에서 기술력을 발전시키고 있으나 아직 미국 등 기술 선진국과의 격차가 존재한다(한국과학기술기획평가원, 2018). 따라서 향후 한미 바이오 기술 협력을 확대·발전시키는 데 있어 이러한 새로운 유망 산업 분야에서의 협력을 적극적으로 추진해야 한다.

또한 바이오 기술을 화장품 개발에 적용하여 인공합성물질의 부작용 없이 피부 문제를 해결하고 아름다움을 추구할 수 있다. 예를 들어 동식물, 미생물, 효소, 유기농 작물 등에서 추출한 천연성분이나 바이오 기술에 기반한 성분을 함유한 바이오화장품의 글로벌 시장이 빠르게 성장하고 있으며, 특히 미국의 화장품 시장에서 바이오 기반 화장품의 수요가 증가하고 있다(윤수영, 2015). 최근 K-컬처 열풍을 타고 인기를 얻고 있는 한국의 화장품 기업이 바이오 기술 분야와 협력하여 바이오 기반 화장품 개발에 적극적으로 나서고 있다는 점에서 향후 화장품 산업에서의 한국과 미국의 바이오 기술 협력의 여지가 많다.

5. 맺음말

코로나 팬데믹은 국가의 역량이 압도적 군사력과 엄청난 경제 규모로만 평가되는 것이 아니라, 보건의료 및 의약품에 관한 기술과 정책의 수준도 위기 극복에 매우 중요하다는 사실을 새삼 확인시켜 주었다. 강대국이라 불리는 미국, 중국 등도 코로나 팬데믹을 극복하는 데 상당한 혼란과 진통을 겪었다는 사실을 감안할 때 한국은 보건위기를 비교적 잘 극복한 것으로 평가된다. 여기에는 여러 가지 요인이 복합적으로 작용했지만, 한국이 그동안 보건의료와 제약·바이오 분야에서 꾸준히 역량을 키워왔던 것도 한몫했다고 평가할 수 있다. 한국의 보건의료와 제약·바이오 기술 역량은 한국전쟁이 이후 70년 동안 획기적으로 발전했다. 그 배경에는 미국의 보건 및 제약 기술에 대한 지원이 있었다. 오늘날 보건 및 제약·바이오 분야에서 한미관계는 일방적으로 지원을 주고받는 관계에서 벗어나 서로에게 실질적인 이익이 될 수 있는 협업의 관계로 발전했다.

제약·바이오 기술의 국가 간 협력은 여러 측면에서 필수적이다. 당사국 주민의 보건 증진은 물론이거니와 코로나 팬데믹과 같은 글로벌 보건위기 극복과 1950~1960년대 한국처럼 열악한 보건의료 환경을 개선하는 데에도 크게 기여할 수 있다. 또한 공동연구를 통해 코로나 백신과 같은 새로운 의약품을 더 빠르고 효율적으로 개발하여 질병의 공포를 완화시켜 줄 수 있다. 그리고 의약품의 개발, 인증, 규제, 표준화 등 일련의 프로세스를 개선하는 데에도 국가 간 협력이 필수적이다. 그동안 한국과 미국의 보건 및 제약·바이오 기술의 협력은 이와 같이 다양한 측면에서 상당한 기여를 해왔다. 한국이 보건의료 및 의약품 제조에서 상당한 실력을 갖추게 되었기 때문에 한국의 기여는 앞으로 더 커질 것이다.

최근 미국과 중국 사이의 패권 대결은 보건 및 제약·바이오 기술 분야로도 확대되고 있다. 미국이 기술패권을 지키기 위해 중국과의 의약품 제조 및 원료에 대한 제한을 강화하는 상황에서 한국은 반도체, 전기차 등 다른 분야와 마찬가지로 바이오 분야에서 다소 난처한 상황이 만들어질 수 있다. 그럼에도 불구하고 지난 70년의 한미동맹이 여러 난관을 극복하고 포괄적 전략동맹 관계로 발전한 것처럼 바이오 분야에서도 한국과 미국 사이의 협력적 관계는 더욱 발전할 수 있다. 이를 위해서는 한국의 제약·바이오 산업이 더욱 적극적으로 글로벌 시장으로 진출하는 방향성을 확고하게 설정해야 한다. 가장 앞서 있는 미국의 제약·바이오 시장에 진출하여 경쟁력을 갖고, 개방형 혁신 네트워크를 통해 블록버스터급의 신약 제조에 더 많이 참여함으로써 스스로의 경쟁력을 키우고, 미래형 첨단기술을 더 많이 확보해야 한다. 이를 통해 제약뿐만 아니라 에너지, 환경, 식량 등 더 넓은 분야의 기술과 연결시켜 더 큰 가치를 창조할 수 있을 것이다.

관세청. 2023.「수출입 무역통계: 품목별 수출입 실적(품목: 인체 백신)」.

국가생명공학정책연구센터. 2023.「미국 바이오경제에 대한 새로운 정의와 전망」.≪BioINwatch≫, 제23권 11호(2월 16일).

국가통계포털(KOSIS). 2022.「원료의약품 국내 자급도 현황」(11월 14일).

국제무역연구원. 2019.「중국제조 2025 추진성과와 시사점」 연구보고서(1월 14일).

김경훈·도원빈. 2021.「전 세계 의약품 공급망의 변화와 우리 수출의 경쟁력 분석」. ≪Trade Focus (한국무역협회 국제무역통상연구원 보고서)≫, 제24호(7월 21일).

박정연. 2023. “코로나 외산백신 값 5배 오르는데 국산 백신·치료제는 퇴출 수순”. 동아사이언스(1월 16일).

박지현·홍미연. 2022.「바이오플라스틱」. ≪KISTEP 브리프≫, 제28호(8월 25일).

백우현. 2015.「우리나라 GMP 변천사」. ≪약학회지≫, 제59권 1호, 40~46쪽.

보건복지부. 2021.「한-미,「글로벌 백신 파트너십」 구축 합의」 보도자료(5월 23일).

신규환. 2015.「1950-60년대 한국 제약산업과 일반의약품시장의 확대」. ≪의사학(醫史學)≫, 제24권 3호, 749~782쪽.

신유원 외. 2021.「2020년 제약산업 분석 보고서」. 한국보건산업진흥원.

윤수영. 2015. “화장품 한류의 미래, 바이오 화장품이 이끈다”. LG경영연구원(5월 26일), https://www.lgbr.co.kr/report/view.do?idx=18978 (검색일: 2023.2.20)

정상태. 2022.「미국 바이오산업 행정명령과 국내 산업에 미치는 영향」. ≪BIO-IP Issue Pape≫, 제5호.

조한승. 2022.「보건안보: 국제동향」. 국가안보전략연구원 편.『글로벌 신흥안보 REVIEW』2022년판. 국가안보전략연구원.

질병관리청. 2021.「코로나19「해외 주요 국가 방역 현황 통계(5.9 기준)」」 보도자료(5월 12일).

최승호·이치훈·정경태·문기은·송양수. 2020.「질병관리본부 국립보건연구원 국제 연구협력 현황」. ≪주간 건강과 질병≫, 제13권 26호(6월 25일).

한국과학기술기획평가원(KISTEP). 2018.『바이오 인공장기의 미래』. 한국과학기술기획평가원.

한국바이오협회. 2021.「중국의 바이오산업 최신동향」 보고서(1월 8일).

한국제약바이오협회. 2022.『2022 제약바이오산업 DATABOOK』(12월).

한국제약협회. 1996.『제약오십년사』. 한국제약협회.

AI신약개발지원센터(KAICD). 2022. http://www.kaicd.org/ko/about/intro (검색일: 2023.2.9)

≪KTV뉴스≫. 2021.6.13. “G7 확대회의 참석…‘코백스 AMC에 2억 달러 지원’”. https://www.ktv.go.kr/content/view?content_id=626964

Bangia, Isha, and Ulrich Neumann. 2020. “Key Trends in US Specialty Pharmacy.” *Certara Report*. https://www.certara.com/app/uploads/2021/01/Key-Trends-in-U.S.pdf (검색일: 2023.1.25)

Buvailo, Andrii. 2022. “Artificial Intelligence in Drug Discovery and Biotech: 2022 Recap and Key Trends.” Biopharma Trend(December 29).

Chesbrough, Henry and Marcel Bogers. 2014. “Explicating Open Innovation: Clarifying an Emerging Paradigm for Understanding Innovation.” in Henry Chesbrough, Wim Vanhaverbeke, and Joel West(eds.). *New Frontiers in Open Innovation*. Oxford: Oxford University Press.

Dargan, James. 2021. “11 Companies Using Quantum Technologies To Determine The Properties & Reactions of Chemical Substances, Optimizing R&D For Chemistry & Pharma.” The Quantum Inside(February 20). https://thequantuminsider.com/2021/02/20/11-companies-using-quantum-mechanics-to-determine-the-properties-reactions-of-chemical-substances-optimizing-rd-for-chemistry-pharma/

Drug Discovery & Development. 2022. “2022 Pharma 50: The 50 largest pharmaceutical companies in the world.” https://www.drugdiscoverytrends.com/pharma-50-the-50-largest-pharmaceutical-companies-in-the-world-for-2022/ (검색일: 2023.2.9)

Evaluate Pharma. 2022. “World Preview 2022 Outlook to 2028.” 15th ed.(October).

Fortune Business Insights. 2022. “Pharmaceutical.” *Market Research Report*(October) https://www.fortunebusinessinsights.com/impact-of-covid-19-on-pharmaceuticals-market-102685 (검색일: 2023.2.12)

Hillson, Nathan, Mark Caddick, Yizhi Cai. et al. 2019. "Building a Global Alliance of Biofoundries." *Nature Communication*, Vol.10, No1.

Hunter, Jackie and Susie Stephens. 2010. "Is Open Innovation the Way Forward for Big Pharma?" *Nature Review Drug Discovery*, Vol.9, No.2.

IQVIA. 2021. "The Global Use of Medicines 2022"(December 09).

Li, Yajie, Gary Cheng, Eric Woo, and Chao Wang. 2022. *The Chinese Pharmaceutical Market: Size, R&D, Regulations, Market Access and Innovations.* Newton, M.A.: Praxel International Corporation.

Mikulic, Matej. 2023. "Pharmaceutical market: worldwide revenue 2001-2022." Statista(February 3) https://www.statista.com/statistics/263102/pharmaceutical-market-worldwide-revenue-since-2001/ (검색일: 2023.2.5)

Mireku, Akosua. 2022. "2022 in Review: Regulation Starts to Catch Up with AI in Pharma." Pharmaceutical Technology(December 22).

OECD. 2022. "Gross Domestic Spending on R&D." https://data.oecd.org/rd/gross-domestic-spending-on-r-d.htm (검색일: 2023.2.20)

Parrish, Meagan. 2020. "Pharma's Biggest Blockbusters." Pharma Manufacturing(October 26).

Soni, Sandeep. 2021. "Despite Being World's Pharmacy, Why Indian Pharma is Dependent on China for Bulk Drugs." Financial Express(December 22).

The White House. 2020. "President Trump's Science Advisor Leads Conference Call with Government Science Leaders from Around the World on COVID-19." Office of Science and Technology Policy(March 12).

U.S. Department of Defense. 2022. "New Biotechnology Executive Order Will Advance DoD Biotechnology Initiatives for America's Economic and National Security."(September 14).

U.S. Food & Drug. 2022. "Biosimilar Product Information."(December 19) https://www.fda.gov/drugs/biosimilars/biosimilar-product-information (검색일: 2023.2.23)

U.S.-China Economic and Security Review Commission. 2019. *2019 Report to Congress.* Washington D.C.: U.S. Government Publishing Office.

Wallace-Wells, David. 2023. "Suddenly, It Looks Like We're in a Golden Age for Medicine." *New York Times Magazine*(June 23).

제2부

경제·규범 분야 한미동맹의 성찰

제5장 한미 디지털 경제 및 디지털 협력의 미래

_ 강하연

제6장 한미 디지털 미디어, 문화콘텐츠 교류

웹툰을 중심으로

_ 양종민

제7장 한미 가치·규범 협력

민주주의와 인권

_ 김헌준

5 한미 디지털 경제 및 디지털 협력의 미래

강하연 | 정보통신정책연구원

1. 들어가며

세계은행에 따르면 미국은 시장규모가 1조 5,000억 달러로 세계 디지털 경제의 30%를 차지하는 세계 최대 디지털 경제국이다. 반면 한국의 디지털 경제는 시장규모가 1,200억 달러로 상대적으로 작다(World Bank Open Data, https://data.worldbank.org/). 그러나 인터넷 연결성 기준으로 볼 때, 한국은 인터넷 보급률 96.4%로 세계 1위이며 광대역 및 5G 네트워크를 포함한 디지털 인프라를 갖추었고, 삼성과 LG를 비롯한 하드웨어 및 가전제품 분야의 선두 주자 기업을 보유한 국가이다. 무엇보다 한국은 독자적 검색엔진과 인터넷, 한국형 전자상거래와 모빌리티 서비스, 미디어 콘텐츠K-wave로 디지털 분야 패권국가인 미국과 경쟁하는 세계 몇 안 되는 국가 중 하나이다.

한국 디지털 경제 성장의 역사는 미국과의 경쟁과 갈등의 맥락에서 분석할 수 있다. 자국 테크기업을 지원하고 글로벌 디지털 경제에서의 경쟁 우위를 유지하고자 하는 미국은 오랫동안 한국의 중상주의적 정책을 미국식 제도로 바꾸고자 하였으며, 미국의 압박은 한국의 데이터 규제제도 변화로 이어졌다. 이 글은 지난 20여 년간 한미 디지털 교류 역사의 맥락에서 디지털 규범의 정치경제를 분석하고자 한다. 구체적으로 자유무역협정FTA 차원에서 추진된 디지털 규범과 정책을 중심으로 미국이 제기한 이슈와 쟁점, 그리고 한국의 대응을 살펴보고 한미 간 디지털 경제 분야 갈등 및 협력의 동력을 짚어낸다.

2. 디지털 정치경제와 한미관계

1) 통신산업의 발전과 개방

디지털 분야 한미 간 교류의 시작은 1980년대 교환기 시스템 개발, 그리고 1990년대 이동통신 기술과 시장을 둘러싼 경쟁에서 출발하였다. 당시 한국의 통신산업은 통신사업자의 서비스에 상품(단말기, 장비 등)이 연계된 수직적 산업구조였는데, 한국 정부는 통신사업자(서비스)의 시장진입을 규제하면서 국내 통신장비 및 단말기 산업 진흥 정책을 추구하였다. 미국 AT&T사의 교환기에 전적으로 의존하던 시대에서 국내 기술을 적용, 교환기 개발에 성공하여 국내 장비 상용화의 시대를 열었으며, 이후 90년대는 유럽 및 서구권 시장에 뿌리내렸던 GSM 이동통신 기술에 맞서 3세대 이동통신 기술인 CDMA 기술 상용화에 성공하였다(체신청, 1985; 정보통신정책연구원, 2005; 최형진, 2019).[1]

이 시기는 이동통신산업의 부상과 함께 양국 간 경제적 이해 격돌의 시기로 평가할 수 있다. 당시 통신산업은 이동통신서비스의 부상과 함께 글로벌 자본투자의 대상으로 각광받았으며, 다수의 국가는 자국 통신시장 진흥을 목표로

1 CDMA 원천기술은 미국의 퀄컴사가 갖고 있으나 한국에서 기술개발 및 상용화에 성공하였다.

해외 자본 참여를 확대하는 정책기조를 잇달아 채택하던 시대였다. 특히 AT&T, Verizon 등 미국 통신사업자들은 적극적인 글로벌 비즈니스 성장전략을 추구하였고, 이러한 배경에서 아시아 시장, 특히 한국의 통신시장은 미국 사업자들의 투자처로 주목받았다. 한국은 일본과 함께 태평양을 가로지르는 해저케이블 육상 지점을 제공하기 때문에 한국의 통신시장은 전략적으로 중요하였다. 한국 금융시장의 개방으로 인해 국내 투자처를 찾고 있던 외국자본은 KT와 SKT를 주목했고, 이 두 기업은 외국인 투자 지분 한도가 채워질 정도로 인기 투자 종목이었다. 이러한 상황에서 한국 정부가 추진하는 통신산업 육성전략은 미국의 글로벌 시장주의 기조와 충돌할 수밖에 없었다. 미국은 한국의 통신시장 시장진입market access 제약, 즉 국내 통신사업자에 대한 외국인 투자 한도에 대하여 지속적으로 문제를 제기했으며, 한국의 통신시장 개방 문제는 이후 한미 FTA에서 핵심 쟁점 중 하나로 부상하게 된다.

2) 한미 FTA 협상: 통신시장 개방 및 규제 개선

한미 FTA 협상의 다양한 통상의제 중 기간통신사업자에 대한 시장개방과 통신서비스 규제체계의 조화(통신서비스 협정문의 성안)는 양국 간 뜨거운 감자 중 하나였다. 미국은 자국 통신서비스 시장에 대한 외국인 투자 제한을 두지 않았으며 세계에서 가장 활발한 시장경쟁이 이루어지는 국가인 반면, 한국은 기간통신사업자에 대하여 외국인 지분제한 49%, 기간통신사업자 인허가제도 및 요금 사전인가제 등 정부 주도 통신산업 진흥정책을 추구하고 있었다. 한국의 산업정책을 못마땅하게 생각한 미국은 한미 FTA를 계기로 한국 정부의 시장개입을 차단하고자 하였으며, 서비스 분야의 꽃으로 여겨지는 금융서비스와 통신서비스 시장의 개방을 강하게 요구하였다.

미국의 한국 기간통신사업자에 대한 개방 요구는 한미 FTA 협상 막판까지 타결되지 못한 핵심 쟁점이었다. 난항 끝에 한국 정부는 KT와 SKT를 제외한 나머지 기간통신사업자에 대한 외국인(미국) 투자를 100% 허용하게 된다. 이는 기존의 기간통신사업자에 대한 외국인 투자제한 49% 한도를 개선하는 내용으로, 미국 투자자가 한국 내 법인[2]을 통해 국내 기간통신사업자의 지분을 100% 보유하는 방식으로 투자를 허용함을 의미한다. 미국은 기간통신사업자에 대한 외국인 투자 전면 허용 외에도 방송시장에 대한 상당한 시장개방을 요구했는데, 특히 PP(콘텐츠 전문 제작사)에 대한 100% 시장개방을 얻어냄으로써 국내 콘텐츠 시장에의 미국(해외) 자본 참여의 길을 뚫었다.

시장개방보다 더 경제사회적 파장이 큰 것은 양국 간 국내 규제체계 조화의 문제일 것이다. 상품 분야의 시장개방은 관세율 인하 조치를 통해 상대국 시장에 상품을 파는 것으로, 판매자가 소비자 소재 국가에 물리적으로 진출하지 않아도 되지만, 일반적으로 서비스의 경우 서비스 공급자가 소비자가 있는 국가로의 물리적 진출 없이는 서비스를 제공할 수 없다. 따라서 서비스의 수출 또는 해외시장 진출에 있어 해당 국가의 법 규제와 정책은 무역장벽으로 작용할 수 있는데, 해외 사업자가 서비스를 공급하는 데 있어 해당 국가의 법 또는 제도가 자국 사업자에게 유리하게 만들어졌거나, 해당 국가의 정책을 준수함으로써 외국 사업자가 사업모델을 변경해야 하는 등의 비용이 발생하는 경우를 생각해 볼 수 있다. 이는 곧 규제조화를 요구하는 국가의 입장에서는 자국 사업자들의 시장 진출 기회를 확보하는 것을 의미하지만, 규제조화를 요구받는 국가에게는 자국 법 규제의 변경을 의미하며 해당 산업의 이해관계를 재정립하는 골치 아픈 일을 해야 한다.

통신 분야의 경우, 해외 사업자 또는 후발 사업자는 기존 사업자가 보유하는 백본망, 기지국 등 핵심 인프라에 접근하지 못하면서 발생하는 어려움들이 있다. 미국은 한미 FTA 통신서비스 협정문을 통해 통신 분야에 대한 한국의 규

2 국내법상 '외국인의제법인'을 통한 지분 보유를 의미한다.

표 5-1 한미 FTA 통신서비스 협정 주요 내용

조문 유형	조문 제목
일반규정	• 제14.1조 – 정의 및 적용 범위
이용 및 접근에 대한 원칙 및 공중통신사업자의 일반 의무	• 제14.2조 – 공중통신망 및 서비스에 대한 접근 및 이용 원칙 • 제14.3조 – 공중통신사업자에 대한 일반 의무
지배적 공중통신사업자의 추가적 의무	• 제14.4조 – 공중통신사업자에 대한 비차별대우 및 필수설비 접근 관련 • 제14.5조 – 통신시장 경쟁보장 • 제14.6조 – 재판매 서비스 제공 보장 • 제14.7조 – 기간통신사업자 망요소 세분화 제공 • 제14.8조 – 지배적 사업자의 상호접속 제공 의무 • 제14.12조 – 해저케이블 시스템 육양 및 접근 • 제14.14조 – 통신시장 규제 독립성 보장 …… 중략 ……
기타 의무	• 제14.13조 – 부가통신서비스 공급조건 • 제14.21조 – 통신서비스에 관한 기술표준 • 제14.22조 – 통신서비스 규제적용의 보류

자료: 한미 FTA 홈페이지(www.fta.go.kr) 자료를 저자가 재정리함.

제체계를 미국의 규제체계에 수렴하여 미국 사업자들의 한국 시장 진출을 도모하고자 하였다. 통신서비스 협정에는 지배적 사업자가 보유하는 필수설비에 대한 합리적 접근과 이용을 보장하는 내용이 포함되어 있는데, 해당 내용은 미국 통신법의 내용과 거의 비슷한 문구와 구조로 되어 있다. 한미 FTA 통신서비스 협정의 '상호접속의 합리적 보장', '필수설비에 대한 접근과 이용', '망요소에 대한 접근권 보장', '통신시장의 경쟁보장', '통신서비스의 재판매 보장' 등의 조항은 통신시장 경쟁 활성화를 목표로 만들어진 미국의 제도들이다. 결과적으로 한미 FTA 통신협정문을 통해 미국 정부는 자국(해외) 사업자의 한국 통신서비스 시장 진출에 용이한 규제 환경을 구축하였다고 볼 수 있다. 한미 FTA 이후 국내 통신서비스 시장 규제체계의 변화는 한미 FTA 통신협정 이행의 결과물로 해석될 수 있다. 2010년 전기통신사업법의 전면 개정이 이루어졌는데, 이 중 기간통신사업자 허가제도의 개선, 재판매 사업자의 시장진입 기반 마련

등은 한미 FTA협상의 직간접적 영향에 의해 추진된 정책이다. 한미 FTA 협상으로 촉발한 제도 변화는 새로운 사업자의 시장진입 촉진으로 이어졌다는 긍정적 시각이 있지만, 산업 진흥 또는 공공정책을 목표로 하는 정책 자율성의 축소도 내포하고 있어 종합적 평가는 복잡하다고 하겠다. 실제로 한미 FTA 타결 이후 FTA 위반 소지가 있는 정책 또는 입법의 추진은 불가능해졌기 때문이다.

3) 한미 FTA 전자상거래 규범

한미 FTA 당시 언론의 관심을 상대적으로 덜 받았던 전자상거래 관련 규범은 온라인 기술과 플랫폼의 부상과 함께 지금은 통신 분야 규범보다 더 중요한 내용으로 평가받고 있다. 한미 FTA 전자상거래 규범은 21세기 데이터 경제의 제도적 기반 구축을 위한 중요한 첫 시도로 평가받는다(AMCHAM, 2022).

2006년 협상 당시에는 전자상거래, 즉 디지털화된 상품 또는 서비스의 무역에 대한 중요성을 인지하는 분위기는 아니었으며, 온라인보다 오프라인 방식의 디지털 재화 무역에 대한 관심이 더 컸던 상황이었다. 당시엔 음악 스트리밍 서비스보다는 CD나 USB에 저장된 음악의 유통이 지배적이던 시기였기 때문이다. 그러다 보니 한미 FTA 전자상거래협정에서 주목받은 규범은 '디지털 재화에 대한 영구 무관세 및 비차별대우 의무'(한미 FTA 제15.3조)였는데, 인터넷 기반 전자적 형태의 재화에 대한 무역자유화 규범을 WTO가 아니라 한미 양국이 이루어낸 점은 통상전문가들의 주목을 받았다(Lee-Makiyama, 2014). 한미 FTA에서 채택된 이 규범은 이후 한국과 미국이 체결한 다양한 무역협정에서도 수용되었다.

한미 FTA 전자상거래 협정은 총 9개의 조문으로 구성되어 있는데, 이 중 4개 조항은 협력 규정으로 법적 구속력이 없으며, 챕터(협정)의 적용 범위, 정의 등 일반규정을 제외하면 구속력이 수반되는 강행규정은 앞에서 언급한 '디지털

표 5-2 한미 FTA 전자상거래 협정 조문 내용

조문 유형	조문 제목
일반규정 (3개 조문)	• 제15.1조(일반조항) - WTO 협정 적용 원칙 천명
	• 제15.2조(서비스의 전자적 공급) - 한·미 FTA의 투자 및 서비스 Chapter 규범 적용
	• 제15.9조(용어 정의) - 전자상거래 장(chapter) 내의 주요 용어 정의
강행규정 (2개 조문)	• 제15.3조(디지털 재화) - 디지털 재화에 대한 영구 무관세 및 비차별대우 - 정부보조금 및 무상교부금, 방송(프로그램 전송) 등 적용 대상에서 제외
	• 제15.4조(전자인증 및 전자서명) - 전자거래 당사자의 전자서명 인증수단 선택의 자유 - 전자서명의 법적 동등효력 인정 - 예외: 금융, 의료 등 특수 거래는 자국 법에 따라 공인전자서명 의무화 등 특정 전자인증수단 요구 가능
협력규정 (4개 조문)	• 제15.5조(온라인 소비자 보호) - 기만·사행행위 방지조치 및 당사국(기관) 간 협력의 중요성 인정
	• 제15.6조(전자무역) - 무역행정문서의 전자화 및 공개 - 전자적 무역행정문서의 법적 동등효력 인정 노력
	• 제15.7조(인터넷에 대한 접근 및 이용) - 자국 법을 조건으로 망 중립성(network neutrality) 인정
	• 제15.8조(국가 간 정보이전) - 정보의 국가 간 이전에 대한 불필요한 제한 자제 노력

자료: 한미 FTA 홈페이지(www.fta.go.kr) 자료를 저자가 재정리함.

재화에 대한 의무' 및 '전자인증과 전자서명'의 법적 효력을 인정하는 2개 조항에 불과하다(표 5-2 참고). 다음 절에서 설명할 '데이터(정보)의 국경 간 이동' 조항은 한미 FTA 당시 양국에 구속력이 없는 협력 조항 형태로 성안되었는데, 생각해 보면 2006년 당시 디지털 경제가 한미 양국에 차지하는 위상이 지금처럼 대단하던 시절은 아니었고, 양국 간 무역 의제 중 데이터(정보)의 국경 간 이동 보장의 문제는 소고기나 자동차 시장 개방과 같은 전통적 통상 의제보다 주

목을 덜 받았던 관계로 구속력 있는 규범을 만들 수 있는 정치적 동력이 약했다고 봐야 한다.

4) 한미 FTA 이후: 미국식 디지털 규범의 글로벌화

한미 FTA에서 비중 있게 다루어지지 않았으나 이후 글로벌 디지털 규범 논의에서 가장 많은 주목을 받은 '데이터(정보)의 국경 간 이동 보장 의무' 등 소위 데이터 기반 무역 규범들은 다양한 논의의 장에서 다루어졌다. 한미 양국에만 국한된 내용은 아니나 최근 디지털 분야 한미 갈등을 이해하는 데 중요하므로 여기서 주요 내용을 소개한다. 아래 언급할 무역 규범은 2000년대 여러 해에 걸친 협상에도 불구하고 타결하지 못한 WTO 복수국간서비스협상TiSA, 미국이 주도했으나 트럼프 정부 때 불참여 선언을 한 2018년 환태평양경제동반자협정CPTPP, 1994년 발효된 미국-캐나다-멕시코 간 북미자유무역협NAFTA의 개선된 버전인 2020년 USMCA, 그리고 2020년 발효된 미일 디지털협정과 아직도 현재형인 WTO 서비스 규범 협상에서 채택되거나 논의되었다. 무역협정 차원뿐만 아니라 OECD, APEC, G20 및 G7에서도 권고안(가이드라인)이나 원칙의 형태로 다루어졌다.

사실 21세기 디지털 무역 규범의 원형은 CPTPP에서 만들어졌다고 볼 수 있다. 디지털 무역의 속성상 관련 규범은 전 세계 모든 국가에 구속력이 있기 때문에 WTO 차원에서 다루어야 하겠지만 실제로 중국, 러시아 및 일부 개발도상국은 미국이 추구하는 온라인 기반 무역 규범 논의에 동참하지 않고 있다. WTO에서의 디지털 무역 규범에 대한 논의는 중국, 러시아, 인도 등 비서방권 국가의 반대 또는 회의적 입장 때문에 오랫동안 공회전을 하였고, 마지막 시도로 여겨졌던 WTO 복수국간서비스협상(2015~2016)도 결국 성과를 내지 못하였다.

이러한 배경에서 미국은 다자주의 기반 디지털 무역체제 수립 전략에서 선회하면서 양자 또는 지역 차원에서 미국의 이해를 반영한 새로운 디지털 규범을 추구하기 시작하였다. 한미 FTA에서 협력 조항 수준의 규범들이 보완, 개발되면서 구속력 있는 규범은 CPTPP에서 첫선을 보인다. CPTPP는 태평양 지역 국가들을 묶는 지역 자유무역협정 차원에서 추진되는데, 원래 뉴질랜드, 브루나이, 싱가포르, 칠레 4국이 참여하는 지역무역협정이었으나 이후 미국 외 11개 국가가 추가로 참여하고 무역자유화 범주와 방식이 확대되면서 태평양 지역 최대 자유무역 체제로 주목받았다. 아이러니하게 미국은 CPTPP에서 탈퇴[3]하였지만, CPTPP차원에서 논의된 디지털 무역 규범은 미국의 작품으로, 이후 미국의 다른 무역협정에서 다수 채택된다. 미국은 캐나다와 멕시코 간 지역무역협정인 북미자유무역협정NAFTA의 재협상에서 CPTPP 디지털 무역 규범과 거의 동일한 내용으로 구성된 독립된 장章으로 만드는 데 성공한다. 이후 미국과 일본 간 체결된 미일 디지털 협정에서도 CPTPP와 USMCA에 기반을 둔 내용이 채택되었다.[4]

CPTPP를 포함, 미국에 의해 추진되는 전자상거래 규범은 데이터 기반 글로벌 무역 활성화에 초점을 맞추고 있다. 한미 FTA 당시 협력 의무 수준이었던 (즉, 구속력이 약한) '국경 간 정보흐름의 보장' 의무가 "전자적 수단에 의한 국경 간 정보의 이전 보장"이라는 강행 의무로 발전되었다(CPTPP 제14.11조). 동 조항은 "개인정보를 포함하여 전자적 수단에 의한 국경 간 정보의 이전을 허용shall"하여 국경 간 정보·데이터의 자유로운 이동을 보장하는 규범이다. 정보의 국외 이전을 제약할 수 있는 정부 권한을 명시적으로 인정하지만,[5] 엄격한 조

3 미국은 2017년 1월 23일 트럼프 대통령이 TPP 참여를 철회하는 행정명령을 행사하였고, 미국을 제외한 나머지 국가들은 CPTPP로 이름으로 변경하여 채택, 발효하였다.

4 법기술적(문구) 차이는 존재하나, 데이터 기반 무역 활성화에 초점을 둔, 매우 엄격한 조건하에 당사국의 권한을 행사할 수 있게 성안되었다는 점에서 각 협정별 규범의 내용상의 차이는 미미하다.

5 CPTPP 전자상거래 챕터 제14.11조에 의하면 국경 간 정보의 이전을 제한하기 위해서는 의무에 일치하지 않는 조치가 ① 합법적인 공공정책 목표를 달성하기 위한 것이어야 하며, ② 자의적이거나 정

건이 부과되어 정책자율권이 상당히 침해받는 규정이다. 당사국은 매우 제한적 조건에서만 정보·데이터의 국경 간 이전에 개입하거나 제약을 부과할 수 있다.

정보 또는 데이터의 국경 간 이동을 보장하는 문제는 글로벌 경제 활성화 측면에서 우리나라뿐만 아니라 많은 국가에서도 정책적 고민이 많은 사안이다. 우리나라 개인정보보호법은 정보의 국외 이전에 있어 정보 주체로부터의 동의를 얻도록 하는 규제를 두고 있다. 최근의 개인정보보호법 개정으로 인해 데이터의 국외 이전 시 사전동의 요건의 간소화가 이루어졌으나, 우리나라의 개인정보보호 체계는 다른 나라와 비교하여 엄격한 사전동의제를 갖고 있다는 평가가 일반적이다(이창범, 2016; 법무법인 율촌, 2023). 우리나라 및 유럽연합 회원국들은 정보 주체의 동의를 전제로 데이터의 국경 간 이동이 허용되는 소위 옵트인opt-in 방식을 취하고 있지만 미국 및 중남미 국가 등은 기업이 수집한 데이터의 자유로운 활용을 원칙적으로 허용하고 정보 주체의 명시적 반대가 있을 때만 데이터 활용에 제한이 가해지는 옵트아웃opt-out 방식을 취하고 있다. 기업의 입장에서는 데이터의 자유로운 활용이 더 용이한 옵트아웃 방식을 선호할 수 있겠으나 데이터를 제공하는 이용자(소비자)의 입장에서는 옵트인 방식을 선호할 수 있다. 규제당국의 입장에서는 소비자 권익 보호의 원칙과 디지털 경제하의 기업활동 촉진이라는 두 가지 정책목표 간 균형을 추구해야 한다.

CPTPP 제14.13조에 규정되어 있는 컴퓨팅 설비 현지화 금지 조항은 GATT/WTO에서는 물론 기존 지역무역협정에서도 찾아볼 수 없는 규범으로, 당사국은 "통신의 보안과 비밀을 보장하기 위한 요건을 포함하여 컴퓨팅 설비 사용에 대해 규제적인 요건을 보유"할 수 있지만 "자신의 영토 내에서 사업을 수행하기 위한 조건으로 대상인에게 그 영토 내의 컴퓨팅 설비를 이용하거나

당화될 수 없는 차별의 수단을 구성하지 않아야 하며, ③ 무역에 대한 위장된 제한 수단으로 적용되지 않아야 하고, ④ 필요성 요건을 충족해야 한다.

컴퓨팅 설비를 그 영토 내에 수립"하도록 요구할 수 없다는 내용의 규범이다. 동 조항은 클라우드와 데이터 센터를 기반으로 하는 경제활동의 비중이 늘어나면서 데이터의 국경 간 이동의 문제 못지않게 쟁점화되고 있다. 전 세계의 클라우드와 데이터 센터 관련 경제적 이해의 중심에 미국이 있기 때문이다. 구글, 아마존, 이베이와 같은 플랫폼 기업은 본사는 미국에 있지만 전 세계에 설립 또는 확보한 데이터 센터를 기점으로 서비스를 제공하고 싶어 한다. 클라우드 및 소프트웨어를 통해 제공 서비스의 내용과 품질 관리를 원격으로 할 수 있으며, 관련 컴퓨팅 기술의 개발은 눈부시게 발전하고 있기 때문이다. 한마디로 해당국에 직접 진출하지 않고 원격 서비스를 제공하는 글로벌 비즈니스 환경이 도래한 것인데, 미국의 테크기업은 한국을 포함한 다수 국가가 조세, 소비자 보호, 보안 등의 이유로 해외 서비스 공급자에게 자국 내 설비 등 물리적 주재를 요구하는 데 상당한 불만을 표출해 왔다. 미국은 CPTPP, USMCA, 미일 디지털협정에서 이러한 미국 테크산업의 이해를 반영하여 현지 주재 없이 서비스 제공이 가능한 환경을 구축하고자 하였고, '데이터의 국가 간 이동' 규범과 함께 인터넷과 클라우드 기반 데이터 경제의 확산을 추구하고 있다.

참고로, 컴퓨팅 설비 현지화 요건 부과 금지 조항(CPTPP 제14.12조)은 한미 FTA에 존재하지 않으나, 한미 FTA 이후의 다양한 무역협정에서 다루어졌으며, 한국이 참여국으로 있는 역내 포괄적 경제 동반자 협정RCEP에서 수용된 규범이다. 동 규범은 공공 분야를 제외한 민간 클라우드 시장에 해외 사업자의 참여를 촉진하려는 목적을 내포하고 있다. 한국의 입장에서 보면 양날의 칼일 수도 있는 것이 우리나라 클라우드 시장의 해외 사업자 진출이 활발해지면서 한국에서 생성된 데이터 자원에 대한 통제권 행사가 어려워졌지만, 다르게 보면 RCEP 참여국의 폐쇄적 데이터 환경을 완화해 주는 효과를 기대할 수 있다.[6]

6 중국, 러시아 등은 엄격한 데이터 센터 및 관련 설비의 국내 주둔 요건을 강제하는 국가들이다. 자국민 데이터의 국외반출이 금지되고 있으며, 중국의 경우 중국 내 수집, 생산된 개인정보 등은 중국 안

CPTPP 전자상거래 챕터에는 기업의 소프트웨어의 소스코드를 보호하는 조항도 존재한다. 제14.17조 소스코드 조항은 자국 내 소프트웨어 수입, 유통, 판매 및 이용의 조건으로 타방국 기업이 보유하고 있는 소프트웨어의 소스코드의 공개(이전 및 접근) 요구를 금지하는 내용이다. 동 조항은 기업의 상업적 서비스 제공에 있어 사용되는 소프트웨어의 소스코드에 대해서만 적용되는 규범으로, 국가안보나 공공정책 목표로 사용되는 필수설비에 있는 소프트웨어에 대한 정부의 공개요구권은 예외적으로 인정된다. 이 조항은 앞에 언급한 2개 조항보다 더 엄격한 조항이라고 평가할 수 있는데, 조항에서 명시된 조건 외에 그 어떠한 당사국 예외 권한도 인정되지 않는 매우 강한 규범이기 때문이다. 동 조항은 기존 WTO/FTA에서 논의되지 않은 새로운 규범이나, 중국과 같은 후발국의 기술 탈취에 골치 아파하는 미국, 일본, EU 등 선진국의 강력한 지지를 받고 있다.[7]

이 글은 한미 FTA에서 태동한 후 확산된 디지털 무역 규범이 미국뿐만 아니라 한국, 싱가포르, 호주 등 미국과 자유무역협정을 체결한 국가들에 의해 확산하고 있는 점을 주목한다. 미국에 의해 추진된 디지털 규범은 이제 한국, 호주 등 미국과 자유무역협정을 체결한 국가에 의해 확산되고 있다. 한미 FTA

에서 반드시 저장되어야 하며, 데이터의 해외이전을 매우 엄격하게 관리한다. 아울러 우리나라 기업들이 많이 진출한 다수의 동남아 국가들도 폐쇄적 데이터 정책을 두고 있는 만큼, 동 규범을 통해 컴퓨팅 설비 현지화 요건을 폐기하는 국가들이 많아질수록 인터넷 및 클라우드 기반 사업자들의 글로벌 경제활동이 원활해질 것으로 보인다.

7 소스코드는 기업의 재산권이라 볼 수 있는 영업비밀에 해당된다. 그런데 국가안보 등의 이유로 기업의 소스코드를 공개할 것을 요구하는 경우가 종종 있다. 우리나라의 경우, 국가안보가 필요한 부문에 도입되는 제품에 대한 소스코드 공개가 필요한 인증제도를 운영하고 있으며, 중국, 러시아의 경우 국가안보를 이유로 훨씬 더 많은 규제를 가하고 있는 게 주지의 사실이다. 물론 WTO 체제는 국가안보를 목적으로 취하는 정부 정책이 무역제한적 결과를 초래하여도 그 조치의 예외성을 인정하기에 소스코드의 공개요구를 통상법에서 허락하는 조건하에 부과한다면 문제가 없다. 그러나 중국과 같은 국가들이 자국 산업의 보호 또는 해외기업 기술 탈취를 목적으로 '안보예외'권 남발을 통해 자국 기업의 선진기술 확보를 도와주고 있는 것이 현실이다.

이후 한국이 체결한 대부분의 FTA에 전자상거래 규범이 채택되었으며, 호주, 싱가포르 등 미국의 우방국들 또한 신규 디지털 규범의 확산에 적극적이다. 최근에 체결된 싱가포르-호주 디지털경제협정, 싱가포르-칠레-뉴질랜드 경제협력협정에서는 CPTPP 또는 USMCA 수준의 디지털 규범이 채택되었다. 한국 또한 싱가포르와 체결한 디지털무역협정(한싱DPA)에서 USMCA와 유사한 수준의 디지털 규범을 채택하였다.

미국은 디지털 무역 규범의 확산을 통해 자국 테크기업의 서비스와 인터넷 및 클라우드 시장에서의 경쟁 우위를 살려 글로벌 데이터 경제의 주도권을 유지하고자 한다. 최근 들어 앞에서 소개한 '디지털 재화의 비차별대우 의무', '정보의 국경 간 이동', '컴퓨팅 설비 현지화 의무부과 금지' 등의 의무에 더하여 '전자인보이스', '해저통신 케이블시스템', '스팸', '데이터 혁신', '인공지능', '핀테크협력', '사이버 보안' 등 다양한 신규 규범을 제안하고 있으며, 현재 IPEF 차원에서 논의되는 것으로 알려져 있다. 한미 FTA 당시에는 2개의 강행 의무만 존재했으나, CPTPP의 경우 8개의 의무 규정이 만들어졌으며, USMCA는 10개의 의무 규정이 존재한다. 미-일 디지털협정, 싱가포르-호주 디지털경제협정도 비슷한 수준의 의무 규정으로 구성되어 있고, IPEF는 더 다양한 디지털 규범을 포함할 수도 있다. **표 5-3**은 협상이 타결 또는 발표되어 대중에게 공개된 자유무역협정 내 디지털 무역 규범의 내용을 소개하고 있다.

표 5-3 디지털 무역 협정의 변화: 디지털 규범의 확산

조항 제목	한-미 FTA (2012)	RCEP (2020)	CPTPP (2018)	USMCA (2020)	미일 디지털협정 (2020)
일반규정	15.1조		14.2조	19.2조	
목적 및 원칙		12.2조			
범위	15.3조 4-6항	12.3조	14.2조	19.2조	2조
서비스의 전자적 공급	15.2조				

정의	15.9조	12.1조	14.1조	19.1조	1조
다른 장과의 관계					
관세	15.3조 1항	12.11조	14.3조	19.3조	7조
국내규제(체계)		12.10조	14.5조	19.5조	9조
디지털 재화 비차별대우	15.3조		14.4조	19.4조	8조
전자인증 및 전자서명	15.4조	12.6조	14.6조	19.6조	10조
온라인 소비자 보호	15.5조	12.7조	14.7조	19.7조	14조
종이 없는 무역	15.6조	12.5조	14.9조	19.9조	
개인정보 보호		12.8조	14.8조	19.8조	15조
요청하지 않은 상업용 전자 서신		12.9조	14.14조	19.13조	16조
전자상거래/디지털무역을 위한 인터넷 접근 및 이용에 관한 원칙	15.7조		14.10조	19.10조	
국경 간 정보 이전	15.8조	12.15조	14.11조	19.11조	11조
협력		12.4조	14.15조	19.14조	
인터넷 상호접속 요금 분담			14.12조		
컴퓨팅 설비의 위치		12.14조	14.13조	19.12조	12조
금융 컴퓨팅 설비의 위치					13조
사이버 보안에 관한 협력		12.13조	14.16조	19.15조	19조
소스코드			14.17조	19.16조	17조
분쟁해결		12.17조	14.18조		
투명성		12.12조			
ICS면책				19.17조	18조
전자상거래에 관한 대화		12.16조			
정부데이터 공개				19.18조	20조
일반예외					3조
안보예외					4조
건전성예외 및 금융 및 환율 정책 예외					5조
조세					6조
암호화 ICT제품					21조
개정, 발효, 종료					22조

자료: 한미 FTA 홈페이지(www.fta.go.kr) 자료를 저자가 재정리함.

5) 플랫폼 경제의 부상, 새로운 디지털 분야 갈등

2008년 한미 FTA의 실질적 타결(2011년 국회 비준) 이후 한국의 통신서비스 시장 환경은 크게 바뀌었다. KT와 SKT를 제외한 기간통신사업자에 대한 외국 자본 100% 참여가 허용되면서 전기통신사업법의 개정 작업이 이루어졌다. 협정 타결을 계기로 국내 재판매 시장이 도입되었으며, 3개 통신사 외 다수의 이동통신서비스 재판매 사업자(알뜰폰)가 시장에 진입하였다. 2012년 전기통신사업법 개정을 통해 사전 규제 성격의 통신 규제들이 완화되었는데, 특히 과거 통신사업자들의 설비투자 보전 차원에서 시행하던 정책들이 소멸되었고, 그중 대표적 사례가 기간통신사업자의 사전 요금인가제의 철폐이다. 이는 과거보다 기간통신사업자의 자격으로 통신시장 진입이 훨씬 더 수월해졌음을 의미한다. 미국발 시장개방의 압력은 통신시장 경쟁 활성화 및 제도 정비에 긍정적이었다고 평가할 수 있을 것이다.

세월이 흘러 이제 통신시장은 더 이상 한미 양국 간 분쟁의 영역이 아니다. 양국의 이해관계는 디지털 기술과 시장의 변화와 함께 진화하였는데, 디지털 기술의 발전으로 인터넷과 클라우드 기반의 새로운 비즈니스들이 활성화되고, 특히 데이터를 사업모델로 하는 플랫폼 사업자들이 부상하면서 한미 간 이해 갈등의 지형이 통신산업에서 인터넷과 데이터 산업 및 관련 솔루션 시장으로 이동하였다. 기간산업의 성격이 강한 통신 분야는 외국 사업자의 시장진입이 쉽지 않으나, 다양한 산업현장에서 활용되는 클라우드의 경우, 관련 기술과 데이터 처리 역량이 뛰어난 아마존, 마이크로소프트, 이베이 등 외국 테크기업들의 활약이 엄청나다. 그러다 보니 한국의 민간 클라우드 시장은 미국(해외) 클라우드 사업자가 약 70%를 장악하고 있다. 지난 몇 년간 이들은 한국의 민간 클라우드 시장뿐만 아니라 공공 분야 클라우드 시장 진출에도 노골적 관심을 보이고 있다. 교역 대상국의 무역장벽 요소를 지적하는 미국의 「무역장벽보고서NTE」[8]는 한국 정부의 공공 클라우드 보안 인증제도 및 관련 표준에 대한 불

표 5-4 대한 미 상공회의소가 제기하는 한국 클라우드 시장의 진입장벽

클라우드 서비스 담당자 한국 배치 의무	⇒	컴퓨팅환경을 감안, 해외에서도 클라우드 제공 가능하도록 허용
공공 및 민간 대상 클라우드 분리 제공 의무	⇒	현재 '하' 등급에서만 가능한 논리적 분리를 '중' 등급까지 허용
공공 및 민간 보안검증 체계가 다름	⇒	보안검증체계 일원화 요구(공공분야 보안검증 완화)
암호화 모듈 검증제도	⇒	한국산 알고리즘 탑재요건 폐지 요구

자료: ≪전자신문≫ 등을 바탕으로 저자가 정리함.

만을 여러 차례 제기한 바 있다(USTR, 2022; ≪전자신문≫, 2023.4.13). 참고로 자유무역협정은 민간 영역의 경제적 교류와 기업활동 활성화를 목표로 하므로 정부조달 등 공공 영역에 대하여 자유무역규범을 적용하지 않는다. 그럼에도 불구하고 미국은 공공 클라우드 시장 진출에 대한 압박을 꾸준히 가하고 있으며, 정부 차원의 압박뿐만 아니라 상공회의소와 같은 민간 차원의 압박도 병행하고 있다(≪전자신문≫, 2023.2.19). 한국 정부는 공공 클라우드 사업을 보안 및 공공성 등을 기준으로 세분화하여 민감성이 덜한 분야에 대한 외국 사업자 참여의 길을 열어주는 제도개선을 최근에 시행하였으나, 미국 클라우드 사업자들은 여전히 만족하지 못하고 있어 이 분야에 대한 한미 간 갈등의 씨앗은 여전히 존재한다.

한편 부가통신시장이 새로운 한미 간 갈등의 영역이 되었다. 참고로, 부가통신사업자들은 국제전화, 기업 내 프라이빗 커뮤니케이션 서비스, 사업자 간 근거리 콜 서비스 등 특정 가입자 대상 서비스를 제공하거나, 인터넷 검색엔진,

8 참고로, 미국의 「NTE 보고서」는 철저히 자국의 입장에서 작성된 내용으로, 여기에 적시된 무역장벽 요소들이 한미 FTA 포함 통상협정 위반의 내용이라고 보기 어렵다. 대신 「NTE 보고서」에 기재하여 교역 상대국에게 미국의 불만 또는 시장적 이해를 알리는 시그널링 효과가 크다. NTE에 보고된 내용을 언론에서 크게 다루는데, 이는 상대국 정부에게 압박으로 작동하기 때문이다.

웹진, 동영상 서비스 등 인터넷을 기반으로 다양한 가입자 서비스를 제공하는 사업자들이다. 이러한 서비스는 보통 기간통신사업자의 설비와 망을 임차하여 제공받는 방식으로 구현된다. 즉, 서비스 공급자가 서비스 제공에 필요한 인터넷 설비 또는 망(인프라)을 통신망사업자로부터 임차하고, 이를 기반으로 솔루션이나 콘텐츠를 직접 제공하는 사업모델이다. 디지털 기술의 발전과 함께 다양한 부가통신서비스가 세상에 나오면서 인터넷망에 대한 폭발적 수요가 발생하고 있다. 한국의 인터넷망은 KT 등 인터넷서비스공급자ISP가 제공하는데, 네이버, 카카오, 넷플릭스, 페이스북(메타), 구글 등이 제공하는 서비스가 엄청난 양의 데이터 트래픽을 유발하면서 트래픽의 분산, 경로 관리 등 서비스의 품질 및 안정적 제공의 문제가 사회적 이슈가 되었다. 데이터 트래픽이 기하급수적으로 늘면서 데이터의 생성과 관리, 상업적 활용과 관련하여 발생하는 문제에 대하여 정책이 따라가지 못하고 있는 상황이다. 사실 플랫폼 사업자들의 시장 과점/독점의 문제, 개인정보의 관리와 활용의 문제, 보안 및 품질관리 이슈들은 한국뿐만 아니라 미국, EU 등 주요 ICT 선진국에서도 고민하는 사안이다(정동훈, 2018). 인터넷망을 제공하는 ISP와 인터넷을 기반으로 콘텐츠를 제공하는 ICP(인터넷콘텐츠사업자), 서비스 이용자 간 새로운 거버넌스가 절실하지만, 변화하는 디지털 환경에 부합하는 규제 방식이 무엇일지에 대한 논쟁은 아직도 진행 중이다(김창완·정진한, 2017; 문아람·나성현, 2019; 김현수, 2023; 라성현, 2022).[9]

문제는 이러한 대규모 트래픽을 유발하는 사업자들이 글로벌 디지털 경제의 최강자이자 미국 기업이라는 점이다. 우리나라는 1995년 WTO 체제가 출

9 망중립성과 관련된 쟁점을 간단히 정리하자면, 첫째, ISP와 ICP간 인터넷망에 대한 투자와 혁신을 누가 감당하는가, 둘째, 망 이용 비용 및 전송 방식, 및 서비스 품질의 보장을 어떻게 할 것인가, 그리고 셋째, 변화하는 인터넷 환경에 부합하는 경쟁 촉진과 시장규제를 어떻게 합리적으로 할 것인가의 문제로 볼 수 있다(정동훈, 2018).

범하면서 부가통신서비스 시장을 전면 개방하였으며, 한국 전기통신사업법은 최소한의 건전성 요건을 강제하는 것 외에는 부가통신사업자에 대한 별다른 규제가 존재하지 않는다. 국내 주소나 영업소 없이 서비스를 제공하는 해외 콘텐츠 공급자CP와 국내 소비자(이용자) 간 분쟁 등 해외 소재 사업자의 국내법 위반 사항에 대한 속지주의적 법 집행 원칙은 정책당국의 규제력을 무력화시킨다. 구글과 같은 해외 CP들의 국내시장 점유율이 높아지고, CP의 개인정보 유출 및 서비스 품질에 대한 소비자들의 불만이 높아지면서 정책당국의 고민이 깊어질 수밖에 없는 현실이다(≪중앙일보≫, 2021.4.4; ≪한겨레≫, 2021.4.4; ≪디지털투데이≫, 2022.10.21).

해외 사업자들의 현행법 위반 문제를 해결하려는 움직임은 2020년 5월 부가통신사업자에게 '국내 대리인을 지정'하도록 하는 전기통신사업법 개정이 이루어지면서 시작된다. 기존의 전기통신사업법은 부가통신사업자에게 별다른 현지 주재 요건을 부과하지 않았기에 해외 CP의 국내 현행법 위반 시 규제당국이 해당 사업자에 대한 합법적 개입을 하기 어려웠다. 이 국내 대리인 지정 요건은 과중한 규제로 통상 차원의 문제가 될 수 있다는 논란까지 감수하면서 추진되었지만, 해외 CP가 서비스 제공을 위한 핵심 설비와 시스템을 국외에 두고 있는 현실 때문에 실효성 있는 법은 아니었다. 이후 정부는 2020년 9월 및 2021년 12월에 부가통신사업자의 서비스 안정성 확보의 책임을 부과하는 시행령 개정 및 가이드라인을 제시하였는데, 이에 따라 이용자 수와 트래픽 양을 기준으로 일부 사업자에게 서비스 안정성 의무를 부과하고 있다. 2022년 현재 구글, 넷플릭스, 메타, 네이버, 카카오, 총 5개 사업자가 관련 법 적용 대상자이다(과학기술정통부, 2021; 2022).

최근의 논란은 해외 CP가 국내 인터넷망을 부당하게 사용한다는 데 있다. 네이버와 다음 등 국내 CP는 망 이용료를 부담하고 있는데, 넷플릭스와 같은 해외 CP는 망 이용료를 지불하지 않다 보니 국내 ISP의 불만이 상당하다. 해외 CP와 국내 ISP 간 망 이용 대가와 관련된 갈등은 국내 부가통신사업자와 해

표 5-5 망 이용 계약 및 이용 대가 관련 국회의원 발의(안)

발의자(발의일)	주요 내용
전혜숙 의원 등(2020.12.11)	부가통신사업자의 차별적인 정보통신망 제공 행위 금지
김영식 의원 등(2021.07.15)	부가통신사업자의 정당한 망 이용 대가 지급 의무화
김상희 의원 등(2021.11.19)	부가통신사업자의 정보통신망 서비스 이용계약 체결 의무화
이원욱 의원 등(2021.11.25)	부가통신사업자의 불공정 망 이용계약 행위 규제
양정숙 의원 등(2021.12.21)	망 이용계약 체결 의무화
박성중 의원 등(2022.04.14)	망 이용계약 체결 의무화

자료: KISDI 내부 연구자료(2022).

외 부가통신사업자 간 규제 역차별의 문제로 제기되면서 해외 CP에 대한 합리적 규제 요구는 정치적 동력을 받게 되었다(≪매일경제≫, 2021.1.17; BBC 코리아, 2022.9.2). 이와 관련하여 가장 많이 알려진 사례는 2017년 페이스북(현 메타)이 접속 경로를 임의로 변경하면서 SK브로드밴드와 LG유플러스 고객의 페이스북 서비스 이용이 지연된 사례로, 본 망 이용 대가 분쟁은 궁극적으로 방송통신위원회의 과징금 부과로 이어졌다(방송통신위원회, 2018).[10] 국정감사 등을 통해 공개된 바에 따르면 통신 3사에 대한 망 사용료로 네이버가 2017년 1,100억 원, 아프리카TV는 2016년 150억 원, 트위치는 500억 원을 낸 것으로 알려져 있다. 국내 전체 데이터 트래픽에서 네이버의 비중이 2% 수준이니, 국내 트래픽의 27%를 유발하는 구글은 1조 3,500억 원, 7%를 유발하는 넷플릭스는 3,500억 원 가량을 낼 수 있다는 분석이 가능하다(이일호, 2022.11.5). 망 이용료의 합리적 대가 산정의 문제는 아직도 결론이 나지 않았다. 현재 국회에 6개의 법안이 발의 중인데, 해외 CP의 망 이용료의 문제를 공정경쟁과 합리적

10 페이스북은 이후 이들 ISP에 캐시서버와 전용회선을 연결하고 망 이용 대가를 내고 있다.

시장 조성의 사안으로 접근하고 있다고 평가할 수 있겠으나 불필요한 통상마찰을 일으키지 않도록 신중하게 추진할 필요가 있다.

정리하자면, 유튜브, 넷플릭스와 같은 해외 CP(부가통신사업자)가 국내 기간망에서 상당한 데이터 트래픽을 발생시키면서 한국의 인터넷 환경에 절대적 영향을 미치는 행위가 국외에서 촉발되는 현실이 도래하였다. 그런데 해외 사업자들의 문제 행위에 맞서 대응할 수 있는 규제 방안은 생각보다 쉽지 않다. 해외 CP에 대한 거버넌스의 문제는 국내 규제의 역외적용의 문제, 국내 사업자와 해외 사업자 간 규제 형평성의 문제 등을 내포하고 있어 한국 정부의 노력만으로 해결하기 어렵다. 이는 궁극적으로 규제당국 간 조율에 의해 해결될 수 있는 사안으로, 한미 규제당국 간 정책 조율과 협력이 필요하다. 미국 또한 아마존, 구글 등 자국 테크기업의 시장지배적 행보를 규제하기 위한 일련의 정책들을 고려하고 있는 만큼, 한미 간 데이터 규제 관련 정책 협력을 제도화하는 것을 고민해 봄 직하다.

3. 나가며: 한미 디지털 협력의 미래

데이터 경제에 대한 한국과 미국의 정책적 접근은 조금 다르다. 미국은 세계 최고 플랫폼 기업들이 존재하는 나라인 만큼, 데이터 기반 경제활동 촉진에 가장 적극적이다. 디지털 경제의 특성상 데이터의 상당 부분은 개인의 행태 정보와 관련된 데이터로 프라이버시 이슈가 존재하지만, 미국은 데이터의 수집·거래·활용에 대하여 최소한의 정책적 개입을 하고 있다. 데이터를 사유재로 간주하고 있기 때문이다. 그러므로 기업이 클라우드와 데이터 센터 등 인프라를 구축하고 수집한 데이터를 자유롭게 활용할 수 있는 초국적 디지털 환경 조성에 적극적이다. 한국의 경우 데이터의 상업적 사용 활성화를 목표로 하는 개인정보보호법 개정 등 제도적 개선이 이루어졌으나 국내법의 기본적 기조는 유럽과 유사하여 데이터 기반 혁신환경이 생성되기 어렵다는 비판도 있다(ZdnetKorea, 2021.4.8).[11] 네이버, 카카오, 삼성과 같은 세계적 테크기업이 존재하지만, 디지털 역량은 규모나 역동성 측면에서 미국보다 뒤떨어진 것이 사실이며, 한국의 디지털 혁신과 성장을 촉진하고자 하는 정책적 고민은 아직도 진행 중이다.

이 글에서 살펴보았듯이 미국은 한국을 포함, 우방국만 포괄하는 미국식 디지털 경제 질서를 추구하고 있다. 현재 진행 중인 IPEF 협상 과정에서 디지털 규범 논의를 노동, 환경, 경제안보의 문제와 같이 다루고 있다고 한다. 이러한 행보는 중국, 러시아와 같은 경쟁국을 배제한 패권적 디지털 질서 구축의 과정으로 해석할 수 있다. 그런데 디지털 환경에서 대두되는 다양한 경제·사회적 현안은 초국가적 성격을 갖고 있어 특정 국가와의 협력만으로는 효과적 대응이 어렵다. 한국이 디지털 분야의 중추 국가를 지향하고 있는 만큼 미국과의 정책적 공조뿐만 아니라 다양한 국가와의 협력을 이끌어내는 가교 역할을 할 수 있기를 기대해 본다.

11 유럽의 GDPR 및 최근 발효된 데이터법에서 알 수 있듯이 유럽은 디지털의 사회적이고, 공공 인프라의 성격을 강조하며 데이터의 수집과 활용에 앞서 데이터의 신뢰 확보를 상업적 활용보다 우선한다.

과학기술정보통신부. 2021. 「부가통신사업자의 서비스 안정성 확보 등을 위한 지침(가이드라인) 마련」 보도자료(2021.12.8).
_____. 2022. 「주요 부가통신서비스의 안정성 확보를 위한 2022년도 의무대상 사업자 지정」 보도자료(2022.2.3).
김창완·정진한. 2017. 『4차산업혁명시대의 망중립성 이슈』. 정보통신정책연구원.
김현수. 2023. 「EU DMA, 데이터법상 데이터 이용관계 규제와 시사점」. 고려대법기술정책센터 초거대 AI시대, 데이터 개방공유의 이슈와 과제 세미나 발표 자료(6월 28일).
디지털투데이. 2022.10.21. "CP·ISP가 공정분담해 이용자피해 최소화해야". https://www.digitaltoday.co.kr/news/articleView.html?idxno=463363
라성현. 2022. 「망 사용료는 망 중립성 위반인가?」. ≪KISDI Perspective≫22-10.
≪매일경제≫. 2021.1.17. "넷플릭스, 美·유럽서 망 이용료 내면서 韓서는 버틴다". https://www.mk.co.kr/news/it/9712110
문아람·나성현. 2019. 『주요국의 인터넷 정책 방향 비교 분석: 망 중립성을 중심으로』. 정보통신정책연구원.
방송통신위원회. 2018. 「페이스북의 접속 경로 임의변경으로 인한 이용자 이익저해 행위 제재」. 통신시장조사과 발표자료(2018.3.21).
법무법인 율촌. 2023. "개인정보 보호법 전면개정: 주요 내용 살펴보기". 율촌리걸업데이트(2023.3).
이일호. 2022.11.5. "통신사도, 구글·넷플릭스도 맞는 듯한 '망 사용료' 논란 정리". Numbers. https://numbers.co.kr/2022110512/
이창범. 2016. 「한국의 개인정보 국외이전 법제 현황과 개정방향」. ≪법학논총≫, 제36권 3호, 373~409쪽.
≪전자신문≫. 2023.2.19. "美 상공회의소 "韓 공공 클라우드 추가 개방하라". https://www.etnews.com/20230217000156
_____. 2023.4.13. "USTR "韓, 국제 표준 준수하라"…공공 SW·보안·클라우드 개방 압박". https://www.etnews.com/20230413000222
정동훈. 2018. 「망중립성 논의의 쟁점과 함의」. ≪정보화정책≫, 제25권 1호, 3~29쪽.
정보통신정책연구원. 2005. 『한국의 IT산업과 정책』.
≪중앙일보≫. 2021.4.4. "한국도 12만명 털렸다. 페이스북 개인정보 유출 5억 넘어". https://www.joongang.co.kr/article/24027325#home
체신청. 1985. 『한국 이동통신 역사』. 통신연구원.
최형진. 2019. 「국내이동통신 및 위성통신의 역사」. ≪한국통신학회지≫, 제36권 4호, 43~48쪽.
≪한겨레≫. 2021.4.4. "페이스북 또 이용자 개인 정보 대량 유출". https://www.hani.co.kr/arti/economy/it/989501.html
한미 FTA 홈페이지. www.fta.go.kr
BBC Korea. 2022.9.21. "망사용료가 뭐길래? 빅테크-통신사-소비자 엇갈린 의견". https://www.bbc.com/korean/news-62979836

Zdnet Korea. 2021.4.8. "개인정보보호법 개정안이 우려되는 이유". https://zdnet.co.kr/view/?no=20210407175953

AMCHAM. 2022. "KORUS FTA Implementation Scorecard 2.0. March."
Lee-Makiyama, Hosuk. 2014. "Digital Trade in the U.S. and Global Economies." presentation at USITC. December. https://ecipe.org/wp-content/uploads/2014/12/USITC_speech.pdf
USTR. 2022. "National Trade Trade Estimate Report on Foreign Trade Barriers." https://ustr.gov/sites/default/files/2022%20National%20Trade%20Estimate%20Report%20on%20Foreign%20Trade%20Barriers.pdf
World Bank Open Data. https://data.worldbank.org/

6 한미 디지털 미디어, 문화콘텐츠 교류

웹툰을 중심으로

양종민 | 정보통신정책연구원

1. 서론

최근 들어 한국의 대중음악, 영화, 드라마 등 문화콘텐츠는 세계시장에서 굉장한 성공 가도를 달리고 있다. 미국을 중심으로 하는 서구의 대중문화는 여전히 세계시장에서 영향력을 잃지 않고 있지만, 이러한 물결 가운데에서도 K-콘텐츠는 새로움의 단계를 넘어서 문화시장을 이끌고 나갈 가능성까지도 점쳐지고 있다. 한국 영화 〈기생충〉(2019)이 오스카에서 작품상을 받고, 한국 드라마 〈오징어 게임〉(2021)이 골든글로브를 수상하고, 방탄소년단의 곡이 한국에서의 인기를 넘어 남미, 유럽을 거쳐 미국 빌보드 메인 차트 1위를 기록하면서 미국의 인기 TV쇼의 단골손님이 된 것은 2010년대 말, 2020년대 초, 한류 문화콘텐츠의 세계, 특히 미국 시장에서의 성공이 만든 결과물이었다. 1990년대와 2000년대의 아시아를 중심으로 열풍을 일으켰던 한류의 K-대중문화가 세계화의 흐름을 타고 본격적으로 세계시장에 정착하게 되었다는 점에서 신한류 또는 한류 2.0의 정점으로 불리기도 한다.

한류 문화상품이 시장에서 좋은 반응을 끌어내고, 그로 인해 수출과 소비로 인한 수익을 전례 없이 만들고 있다는 사실은 기존의 문화제국주의적 흐름을 깨고 있다는 점에서 주목받을 만하다. 서구에서 비서구 쪽으로 한 방향으로만 흐르고 있었던 세계화의 물결에 균열을 만들고, 한국이 문화콘텐츠의 수용자에서 제공자로서 전환하게 된 지금의 모습은 마치 고난과 역경을 헤치고 결국에는 성공하는 드라마의 줄거리이기도 하기 때문이다. 이러한 점에서 한류 문화콘텐츠의 어떠한 요인이 전 세계의 대중들에게 어필할 수 있었는지를 찾음으로써 성공의 동인을 설명하는 많은 연구가 진행되었다.

하지만, 한류의 성공을 국가 사이의 문화 교류를 넘어선 협력을 통한 형성으로 바로 치환할 수는 없다. 단순히 문화상품의 생산, 유통, 소비라는 가치사슬 구조에서 한국이라는 비서구권의 문화상품이 가지는 특수성에 의한 현상일 수도 있기 때문이다. 물론 현재의 성공을 이끄는 K-콘텐츠가 초기의 한류열풍이 불었던 당시의 문화상품들과 비교해서 전혀 발전이 없다고 할 수는 없다. 그럼에도 마냥 성공의 요인만 강조할 수 없는 것은 이러한 요인들로 현재의 성공을 설명할 수 있다 하더라도, 미래의 성공 보장이라는 지속성 문제에 답을 하기 어렵기 때문이다. 문화 교류를 넘어선 문화 협력으로까지 논의를 확장하기 위해서는 한류 문화콘텐츠의 정치경제가 양 국가, 혹은 전 세계에서 어떻게 새로운 문화를 만들어내고 있는지를 살펴봐야 할 필요가 있다.

그렇다면, 어디에서 한국과 미국 사이의 디지털 미디어, 문화콘텐츠 교류의 모습을 살펴볼 수 있을까? 단순한 상품의 생산과 소비를 넘어 문화를 어떻게 구성하는 것인가? 이러한 새로운 모습은 한류의 새로운 단계 혹은 또 다른 도약으로 생각해 볼 수 있는 것인가? 이 글은 이러한 질문에 대답하기 위해, 웹툰이라는 문화콘텐츠를 정치경제학적으로 주로 살펴보고, 한미 문화콘텐츠 교류의 속성과 동인을 분석한다. 한국 웹툰의 성장에서 나타나는 요소들이 기존의 한류 문화콘텐츠와는 다른 모습을 가지고 있으며, 이러한 새로운 모습들이 한국과 미국 사이의 디지털 미디어, 문화콘텐츠 교류의 가능성을 가지고 문화를 구성하고 있다는 점을 주장한다. 대중음악, 영화, 드라마가 한류 디지털문화콘텐츠의 성공을 이끌었다면, 웹툰은 그동안 잘 알려지지 않았으나 차세대 한류의 선두 주자로 자리매김하고 있다. 2022년 한국 웹툰은 뷰티, 드라마, 영화, 게임, 음악 등 쟁쟁한 경쟁 분야들을 제치고 한류 문화콘텐츠 소비 비중에서 1위를 차지하면서, 세계적인 성장세와 인기를 보여주었다(한국국제문화교류진흥원, 2023: 23).

이 글은 크게 네 부분으로 구성했다. 2절에서는 이 글에서 주로 다루는 웹툰 콘텐츠를 다루기 위한 배경으로서 한국과 미국 사이의 문화 교류 역사를 간략하게 살펴보고, 한국 웹툰의 성장을 역사적·경험적으로 검토하면서 전체적인 한미 문화 교류의 흐름에 웹툰을 위치시킨다. 3절은 한국 웹툰에서 나타나는 세 가지의 문화적 속성(플랫폼화, 트랜스미디어화, 새로운 소비자문화)에 집중하여 한미 사이의 디지털 미디어, 문화콘텐츠 교류와 연결해 본다. 마지막으로 결론은 웹툰 콘텐츠가 한류와 문화 교류라는 차원에서 가지는 함의와 한계, 그리고 전망을 제시한다.

2. 한미 문화 교류와 웹툰 문화콘텐츠의 발전

1) 한미 문화 교류

문화의 교류Cultural Exchange의 사전적 의미는 '이질적인 문화가 만나 상호 간의 이해를 넓히기 위한 전체적인 활동'이다. 문화가 만나는 과정에서 항상 동질화 또는 일방적 전파와 수용의 모습이 일어나는 것은 아니지만, 서로 다른 문화의 속성이나 요소가 전달되고 타깃이 되는 문화에서 주도적, 혹은 암묵적 인식과 수용의 과정을 거쳐 새로운 문화가 만들어지는 기회가 되기도 한다. 더불어 문화 교류에서 나타나는 일반적인 모습은 단순한 자극에 대한 반응, 또는 접변의 기계적인 과정이 아니라 전달자와 수용자 사이의 정치적·역사적 상호작용의 역동성에 따라 간섭받는 포괄적인 과정으로 생각해야 한다. 따라서 문화 교류의 과정은 해석과 수용, 재창조의 결과까지 다루어야 하는 심오하고 방대한 작업을 동반하지만, 이 글이 다루는 논지의 범위를 벗어나기 때문에 여기에서는 한국과 미국 사이에 어떠한 문화 교류가 있었는지를 간략하게 정리하고, 흐름을 파악하는 것으로 갈음한다.

한미상호방위조약으로 시작된 한미동맹의 정치적 관계가 생기기 전의 양국 사이의 문화 관계는 주로 선교사의 활동으로 대표된다. 기독교의 전파를 통해서 서구의 가치관과 세계관이 구한말 지식인들과 민중들에게 전파되었으며, 계몽운동을 통해 청교도적 윤리와 평등 사상, 개인의 자유와 인권에 대한 자각을 심어준 것으로 살펴볼 수 있다(이만열, 1988). 초기에 미국 문화에 접할 수 있었던 사람들은 주로 기독교와 관계를 맺었던 사람들이며, 이들은 미국 유학을 통해 새로운 지식과 문화를 접하고 한국으로 돌아와 독립운동의 지도자층을 구성했다. 해방 이후의 한국에 나타나는 권력의 진공 상태를 메우는 데에 미국 문화의 영향을 받은 이들 지도자들은 유리한 입장을 누릴 수 있었을 뿐만 아니라, 한국의 정치, 사회, 문화의 여러 분야에 미국의 영향력을 미칠 수 있게 하는 기초가 되었다(김광억, 1988: 165).

해방 이후 전쟁의 참혹한 파괴와 복구 작업의 역사 속에서 미국은 공산주의와의 이데올로기 전쟁에서 자유 진영의 보루로서, 더불어 한국의 가난과 낙후를 이겨나가는 데에 필요한 경제적·제도적 도움의 원천이었다. 미국은 평등주의와 민주주의 정신이 이상적으로 실현되고, 인류에 대한 사랑과 관대함을 바탕으로 세계시민적 이념을 실천하는 문화의 생산지로 인식되었으며, 따라서 새로운 국가의 건설과 발전에 필수적인 사회의 건설을 위한 미국 문화의 적극적인 수용이 이루어졌다(Bark, 1984). 더불어 한국에 주둔하게 된 미군과 함께 1950년대 후반에 설치된 미국 공보원을 통해 당시 미국의 대중문화가 유입되기도 하였는데, 당시에 미국 대중문화가 가졌던 소비적·향락적·일시적인 정치에 대한 대중 망각과 욕망의 풍조가 급속도로 한국에 뿌리 깊이 자리 잡는 원동력으로 작용했다(이상경, 2007).

1970년대와 1980년대 초까지 한국에의 미국 문화 수입은 더욱 많아지고 빠른 속도로 이루어졌다. 유학, 해외 연수 프로그램의 참여자가 급증함과 동시에, 미국으로 이민 갔던 사람들이 돌아오고, 국내인들의 빈번한 해외여행은 제도적인 차원의 문화 수입과 전파를 넘어 개인적인 차원의 자발적이고 직접적인 문화 교류와 수용을 만들었다. 가장 두드러지는 것은 향락과 소비 산업이 확산하는 모습이다. 미국 상표를 내건 음식, 의복, 생활용품이 한국에서 유행하고, 사회생활 패턴 또한 미국으로부터 직간접적으로 수입되어 온 것들로 바뀌게 된다. 코카콜라와 청바지로 상징되는 미국 문화를 상품화하는 등 세계화의 시장 확장의 흐름에 적극적이었으며, 이는 대량 진출을 모색한 미국의 대중문화산업의 세계적 확산과 일치하는 부분이다. 여기에서 주목해야 할 점은 한국에서 대중매체의 기술과 시설의 확충이 이러한 미국 문화 수입의 가장 강력하고 직접적인 수단으로 등장했다는 것이다(김광억, 1988: 167).

이러한 일방적인 문화 수입의 역사는 항상 순풍을 달고 나아갔던 것만은 아니다. 1970년대 유신체제와 1980년대의 군사정권을 지나면서, 한국의 반체제 운동은 반미 감정을 기반으로 전통 민족문화에 대한 강력한 반향을 일으켰다. 대학생들은 미국문화원에 불을 지르거나 성조기를 찢는 등의 폭력 형태로 반미 감정을 표출하거나 미국 문화를 적극적으로 부인하기도 했으며(대학 문화 연구회, 1988: 100), 지식인과 문화 예술인들은 민중문화운동을 통해 반미와 민족주의적인 문화를 연결했다(Henderson, 1986; 이강로, 2004). 그러면서도 한국은 일련의 개방정책을 통해 개방적인 사회로 변모했으며, 이전 시기와는 질적으로 다른 대중 소비문화가 정착되었다. 경제 논리가 투영되면서 문화는 산업화하기 시작했다. 한국 대중문화시장의 확대는 사실상 미국을 비롯한 선진국의 초국가적인 문화산업의 영향권에 편입되었음을 의미한다.

1990년대 중반 이후, 한국 대중문화는 폭발적으로 성장한다. 이러한 성장에는 소위 오렌지족과 X세대로 대변되는 20대의 자유분방한 문화 기반이 있었다. 영상매체 중심의 문화적 상황에 잘 적응한 이들은 경제성장과 민주화 과정에서 개방이 이루어지면서 그동안 억눌려 있었던 무차별적 소비와 그것을 부추기는 사회 분위기 속에서 나타났다. 이들은 기존의 문화적 질서에서 일탈의 모습을 보이기도 했는데 이를 자신의 개성을 잘 드러내는 방법으로서의 새로운 스타일로 생각했다(주은우, 1994). 할리우드 대자본이 투입된 블록버스터 영화들은 속속들이 한국의 영화관을 점령하기 시작했지만, 한국은 스크린쿼터 등의 보호 정책으로, 또한 영화계의 열정과 콘텐츠 개발로 맞섰다. 대중음악 분야도 지속적인 성장이 이루어져 1990년대 후반에 한국 음반시장은 세계 10위권으로 발돋움하기도 했다(≪국정신문≫, 2002.4.15). 시장의 개방 속에서 초국가 미디어 산업의 한국 시장 진출은 그리 성공적이지 못했는데, 한국 시장에서는 국내 가요가 미국 팝송 중심의 서구 대중음악을 압도하고 있었기 때문이다. 그런데도 한국 음반산업은 국제 경쟁력을 가지지 못했는데, 대부분이 미국 대중음악의 모방이거나 아류에 지나지 않았기 때문이다(조성운, 2007: 268).

2000년대에 들어오면서 한국에서는 정보통신혁명으로 인해 대중매체가 다양해지고 그로 인해 대중이 누릴 수 있는 문화콘텐츠도 다채로워졌다. 특히 이 시기에는 한국 대중문화가 아시아 시장으로 확장하는 모습을 보이는데, 1999년 중국에서 한류라는 용어가 처음 등장한 이후에 중화권과 일본을 중심으로 한국 드라마와 가요가 인기를 끌었으며, 한류는 단순히 몇몇 문화콘텐츠의 해외시장에서의 성공을 넘어 한국 문화 전반의 초국적 문화 횡단 현상을 포괄하는 것으로 개념이 확장되었다(신윤환, 2002: 8; 강준만, 2010: 311). 동아시아에서 기반을 다진 한류는 2010년대에 들어 세계시장으로 확장하기 시작했다. 온라인 플랫폼의 성장과 맞물리면서 한류의 매력은 전 세계로 퍼질 수 있었으며, 한류 열풍은 대중문화상품을 넘어 전통문화, 음식, 한국어 등으로 확대되고 있다.

동아시아 시장에서의 한류열풍이 단순히 한국적인 문화콘텐츠의 매력 때문만이 아니라 미국식 상업 대중문화를 한국에서 재해석, 변조한 것에 지나지 않는다는 일종의 문화제국주의적 시각이 있다. 하지만, 2010년대 이후 한국의 대중문화가 동아시아를 넘어 세계로, 특히 미국 시장에서 성공을 이룩하고 있다는 점에서 한국과 미국 사이의 문화 교류는 더 이상 글로벌과 로컬의 관계가 아닌, 로컬과 로컬의 대등한 관계[1]로 이어질 수 있는 초석을 다지고 있다고 할 수 있다. 2020년 영화 〈기생충〉은 아카데미 시상식에서 작품상, 감독상 등 6개 부문에서 수상해 K-무비를 세계적으로 알렸으며, 2021년 배우 윤여정은 한국 배우 최초로 아카데미에서 여우조연상을 받기도 했다. 2009년에는 걸그룹 원더걸스가 「Nobody」로 미국에 진출해 한국 가수 최초로 빌보드 핫 100 차트에 진입했고, 2012년에는 싸이의 「강남스타일」이 빌보드 핫 100 차트 7주 연속 2위에 오르고 유튜브에서 뮤직비디오 조회수 30억 뷰를 돌파하면서 K-팝 열풍이 본격적으로 전 세계에 불기 시작했다. 이후 2019년 BTS가 빌보드 200 순위 1위에 오르고 3년 연속 '빌보드 뮤직 어워드' 탑 소셜 아티스트상을 받는 등 전 세계의 주목을 받으면서 K-팝은 하나의 장르로 당당히 인정받았다. 2019년에는 넷플릭스 오리지널 드라마 〈킹덤〉이 화제를 모았다. 〈킹덤〉은 탄탄한 각본과 연출력으로 작품성을 인정받아 시즌 2까지 제작되었으며, 'K-좀비'라는 새로운 장르를 만들었다. 이처럼 화제성과 작품성을 인정받던 한국 드라마는 2021년의 〈오징어 게임〉, 2022년의 〈더 글로리〉를 통해 더욱 많은 해외 팬을 확보하게 되었다. 코로나19로 인해 세계적으로 급격하게 성장한 OTT 시장의 혜택을 받았기 때문이다(한국콘텐츠진흥원, 2021).

이러한 한류 문화콘텐츠의 세계시장에서의 인기는 영화, 드라마, 대중음악을 넘어 웹툰으로 이어지고 있다. 한류 문화콘텐츠는 인터넷 공간을 통해 유통되고 소비되는 디지털 문화콘텐츠라는 특징이 있으며, 디지털 기기와 사이버

1 영화 〈기생충〉의 감독 봉준호가 2019년 미국 매체 벌처와의 인터뷰에서 오스카를 "국제영화제가 아닌 매우 로컬한 것"으로 표현한 것만 보아도 한국과 미국 사이의 문화 관계에 대한 인식 변화를 생각해 볼 수 있게 한다.

공간에 익숙한 젊은 층을 중심으로 팬덤을 만들어낼 수 있었다(임영묵, 2023: 3). 음악, 드라마, 영화를 통해서 인기를 누리던 한류가 이제 그 영역을 웹툰으로 넓히고 있다. 수동적으로 보고 듣는 콘텐츠에서 능동적으로 소비하고 경험하는 플랫폼으로 진화하고 있다. 2022년 팬데믹의 영향으로 문화 소비심리가 위축되고 있는 상황에서 뷰티, 드라마, 음악 등의 다른 한류 분야는 소비 비중이 감소한 데 반해, 웹툰은 한류 콘텐츠의 평균 소비 시간을 웃돌면서 가장 큰 소비 비중을 차지하는 분야로 기록되었다(박재현, 2023; 한국국제문화교류진흥원, 2023: 23).

2) 웹툰 문화콘텐츠의 발전

웹툰은 인터넷을 뜻하는 '웹'과 만화를 뜻하는 '카툰'이 합쳐진 신조어로서 인터넷 공간에 게재할 목적으로 만들어진 새로운 디지털 미디어 환경의 속성에 맞게 창작된 만화를 뜻한다.[2] 앞에서 간략하게 살펴본 한미 간 문화 교류의 역사와 한국 웹툰 콘텐츠의 발전은 완전하게 무관하다고 볼 수 없다. 한국 대중문화의 긴 역사에서 웹툰은 비교적 짧은 부분을 차지하고 있지만, 사회 변화에 따른 한국 대중문화 발전의 양상과 만화로부터 비롯된 웹툰이 중요한 부분마다 맥을 같이하고 있기 때문이다.

시사적 이슈를 풍자적인 그림과 간단한 글로 표현한 만평의 형태로 신문에 실렸던 한국의 만화는 일제강점기에 금지되었다가 한국전쟁 시기 프로파간다의 형태로 다시 나타난다. 또한 이 시기에 만화는 피난지의 어린이들을 위한

2 하지만, 웹툰이라는 용어에 대해 학술적으로 통일된 정의는 존재하지 않는다고 보는 것이 옳다. 웹툰의 시작에서부터 하나로 통일된 형태의 만화가 등장했다기보다는, 만화가 만들어지고 인터넷 웹을 통해 유통·소비되는 새로운 시도가 여러 갈래로 진행되었으므로 정의를 내리기 위한 특성을 추리기 어렵기 때문이다. 그럼에도 이 글에서는 웹코믹스와 스캔되어 유통·소비되는 출판만화 등과 구별하기 위해 편의상 가장 최근의 웹툰이 가지고 있는 특성을 포괄하는 정의를 사용한다.

문화콘텐츠가 되었다. 딱지만화 혹은 떼기만화로 불리던 이러한 만화는 조악한 출판의 형태로서 모험과 판타지가 주된 장르였다(박인하, 2005a). 만화 전문 잡지의 출간과 만화작가들이 안정적인 작품 활동은 고급화된 단행본 출판으로 이어지지만(손상익, 1998: 132), 1950년대 중반부터 만화방을 중심으로 유통되고 중소 출판사들이 뭉쳐 '합동'이라는 이름으로 확립한 독점 출판, 유통체제로 인해 문화콘텐츠로서 질은 떨어지기 시작했다(홍지민, 2012a). 1960~1970년대의 한국 만화는 저질 만화라는 낙인이 찍히고, 정부의 심의로 인해 주로 권선징악이라는 틀에 갇혀 있었으나, 어린이 잡지를 통한 아동만화와, 주간·월간 잡지, 스포츠신문을 통한 성인 만화로 활로를 모색한다(박인하, 2005b). 1990~2000년대에 한국 만화는 다양한 만화잡지가 출간되면서 시장이 급속도로 커진다. 하지만 그 이면에는 일본 문화시장 개방과 함께 물밀듯 들어온 일본 만화의 영향력도 무시할 수 없다. 또한 청소년보호법이 시행되고, 도서 대여점의 성장으로 인한 유통구조의 기형화, 경기침체가 겹치면서 국내 만화시장이 급격히 위축되지만(홍지민, 2012b), 이 과정에서 웹툰이라는 새로운 매체를 탄생시키면서 새로운 디지털 미디어 환경에 대응하는 돌파구를 마련한다(이용훈, 2012: 53).

한국에서 웹툰은 1990년대 후반에서 2000년대 초반에 여러 갈래에서 새로운 만화의 형태로 등장한다. 첫 번째로 살펴볼 수 있는 곳은 온라인 신문이다. 디지털 기술의 발전과 인터넷 공간의 등장과 함께 각 일간 신문사들은 온라인 뉴스 서비스를 시행한다. 언론사들은 광고 수익을 내기 위해 독자들을 자사의 온라인 서비스에 방문하도록 유도할 필요가 있었는데, 이를 위해 독점 콘텐츠를 만들어내는 데 주력했고, 그중 하나가 바로 연재되는 만화였다. 1997년 박광수의 〈광수생각〉이 연재된 조선일보부터 시작해서, 1998년 이우일의 〈도날드닭〉, 1999년 황중환의 〈삼팔육氏〉 등이 동아일보에, 1999년 홍승우의 〈비빔툰〉이 한겨레에 연재되었다. 한 컷이나 네 컷으로 구성된 흑백의 신문 지면 시사만화들과 달리 이러한 만화들은 대체로 올 컬러인 10개의 패널로 구성되었고, 일상이나 삶의 애환을 소재로 독자들의 인기를 끌었다(장상용, 2018: 21).

두 번째는 인터넷 만화 방송국인 애니비에스AniBS 방송국이 생기면서부터이다. 1999년 4월에 만들어진 이 방송국은 사람들이 인터넷을 통해서 즐기는 만화라는 뜻을 가진 웹툰이라는 용어를 사용했다(정형모, 1999). 이러한 초기의 웹툰은 동영상으로 만들어진 만화, 플래시 소프트웨어를 사용해 제작된 웹 애니메이션 만화를 의미한다(박석환, 2000: 14). 올 컬러로 된 움직이는 이미지에 음성을 덧붙임으로써 새로운 형태의 멀티미디어 기능으로 구성되어 지면으로 된 만화책과 동영상인 애니메이션의 중간 단계의 모습을 가지고 있었다(배일한, 2000). 이러한 멀티미디어적 속성은 지금의 웹툰 제작과 유통에도 사용되고 있다.

세 번째는 개인 인터넷 페이지의 붐과 함께한다. 1990년대 후반에 들어오면서 만화작가들은 자기 작품을 인터넷 공간에 올려놓고 대중들이 볼 수 있도록 했다. 기존의 출판 유통구조에 쉽게 편입되기 어려웠던 아마추어 작가들은 개인 홈페이지 제작의 열풍과 함께 기회를 잡을 수 있었다. 이러한 만화의 제작 작업은 단행본이나 잡지에 출판하는 것보다 적은 비용이 들었다. 대표적인 작품으로 심성현의 〈파페포포 메모리즈〉, 권윤주의 〈스노우캣〉, 정철연의 〈마린블루스〉 등을 들 수 있는데, 이러한 작품은 감성툰, 에세이툰, 일상툰이라는 이름으로 불리면서 서사적인 줄거리 흐름과 연출 기법이라는 기존 만화 창작에서 벗어나 더욱 자유롭고 창의적인 내용으로 독자들의 공감대를 형성했다(한창완, 2013: 84; Jin, 2015: 196).

마지막으로 PC 통신 서비스와 인터넷 만화방을 통해 웹툰이 등장했다. 1999년 초부터 천리안과 하이텔 등의 PC 통신업체들이 유료 만화 서비스를 제공하기 시작했고, 이러한 인기에 힘입어 중소 통신업체, 대형 만화 출판사들도 속속 인터넷 만화 서비스를 시작했다. 특히 천리안은 '웹툰'이라는 용어를 처음 사용한 포털로서 당시 인기 작가였던 홍윤표의 〈천하무적 홍대리〉, 웹진 〈오즈〉를 독점으로 제공했다(이경우, 2000). 이들은 지면으로 출판되었던 인기

만화를 스캔해서 서비스에 접속한 소비자들이 컴퓨터 화면에서 마치 실제로 만화책을 넘기듯이 볼 수 있도록 하는 형식을 가지고 있었다. 많은 소비자는 피시방에서 이러한 초기의 웹툰을 이용했다. 당시 각 가정에 보급되던 전화선을 사용하는 인터넷망으로는 빠르게 다음 페이지로 넘길 수 없었기 때문에, 만화를 보기 위해 피시방에 가는 문화가 생겨난 것이다(송태형, 1999).

여러 채널로 분산되어 있었던 인터넷 공간에서의 만화를 웹툰 플랫폼이 통합하면서부터 한국 웹툰은 두 번째 단계로 진입한다. 이 단계에 들어오면서 웹툰은 기존의 만화와는 양과 질 모두 다른 모습을 보여주며, 독자적인 수준의 문화시장으로 자리매김할 수 있는 기반을 다지게 된다. 한국에서 인터넷 포털로 자리매김하고 있던 다음(Daum, 현재의 카카오)은 2002년 8월, 포털의 한 섹션으로 '만화 속 세상'이라는 이름의 서비스를 출시한다. 경쟁 포털이었던 네이버NAVER는 '네이버 웹툰'을 소규모 신생 계열사(인하우스 스타트업)의 형식으로 만들고 2004년 6월부터 웹툰을 서비스하기 시작한다(이영아, 2021; 네이버, 2014). 인터넷 포털은 웹툰 작가로부터 작품에 대한 유통 권리를 확보하고 이를 독자들에게 무상으로 제공했다. 그만큼 웹툰은 인터넷 사용자들을 자사의 포털에 락인Lock-in하기 위한 하나의 전략으로 사용되었으며, 저질 문화콘텐츠로서 소외당하던 만화를 대중들에게 더욱 가까이 위치할 수 있게 했다(박석환, 2018: 19; 서찬휘, 2017). 웹툰은 페이지 형식으로 장을 나누던 전통적인 만화 제작을 파괴하고 롤페이퍼 형식으로 세로로 길게 배치된 형식으로 바꾸었고, 독자들은 마우스의 스크롤 기능을 이용해 웹툰을 보았다. 강풀의 〈순정만화〉와 양영순의 〈천일야화〉와 같은 인기 작품은 이러한 세로 스크롤을 통한 서사의 전개로 형식에 구애받지 않고 스토리텔링에 집중할 수 있도록 웹툰이 변화하는 데 일조했다(서은영, 2018: 43~44).

웹툰은 2009년 스마트폰이 한국 사회에 널리 보급되고, 대중들이 언제나 손쉽게 고속 인터넷 네트워크를 사용하게 되면서 세 번째 단계로 들어간다. 웹툰의 발전에서 세 번째 단계에서 보이는 특징은 스마트폰에 특화된 웹툰의 제작,

유통, 소비, 그리고 내용적인 측면에서 장르의 다양화이다. 스마트폰은 사람들의 문화 소비 형태를 바꾸었다. 언제 어디서나 간편히 즐길 수 있는 스낵처럼 출퇴근의 이동 시간이나 점심시간같이 짧은 시간 안에 쉽게 즐길 수 있는 새로운 문화 소비 추세인 '스낵 컬처Snack Culture'가 스마트폰의 보급과 함께 널리 퍼지면서, 2010년대의 문화콘텐츠 제작자들은 이러한 소비자의 니즈에 딱 맞는 웹툰, 웹소설, 웹드라마 등의 짧은 콘텐츠를 집중적으로 제작하게 된다(박지혜, 2015: 47). 네이버나 다음 같은 대형 포털 제공자들은 스마트폰으로 쉽게 접근할 수 있도록 모바일 페이지를 연동시켰고, 더 나아가서 스마트 기기에 최적화된 인터페이스를 가진 웹툰 애플리케이션을 개발해서 서비스하게 된다(한국콘텐츠진흥원, 2013). 이전 시대에 확립된 웹툰의 수직 스크롤 구조는 스마트폰의 특성과도 잘 맞아떨어졌다. 사람들이 스마트폰을 수직으로 들고 손가락을 이용해 빠르게 밑으로 스크롤하면서 콘텐츠를 소비하기 때문이다. 스마트폰 등의 기기에 기술혁신이 더해지면서, 그림과 글로만 이루어졌던 웹툰에 멀티미디어 요소들이 추가될 수 있었다. 그림뿐만 아니라, 소리나 배경음악, 심지어 소비자의 기기 사용에 따라서 진동으로 반응하는 웹툰이 만들어지기 시작했다(Cho, 2021; Acuna, 2016; Yecies, 2018). 네이버와 다음과 같은 거대 웹툰 플랫폼은 시간이 지나면서 각각 포털에 유입되는 독자층에 따라 장르의 성격을 달리하기 시작했다. 다음은 서사구조가 탄탄한 작품 위주로 구성한 반면, 네이버는 짧은 호흡의 코믹, 일상, 공감 장르를 특화했다. 또한 레진코믹스, 미스터블루, 봄툰, 탑툰 등 중소 플랫폼들도 속속 생겨나면서 성인을 주된 소비자로 하는 새로운 장르를 통해 빠르게 성장했다. 특히, 유하진의 〈완전무결하게 사로잡히다〉를 필두로 한 꽃미남들의 로맨스 장르인 소위 'BL'이 대표적이다(김세종, 2019: 323; 김형원, 2019). 이렇게 주제, 길이, 장르, 테마의 측면에서의 다양화 때문에, 웹툰은 젊은이들의 문화 안에서 그들의 위치를 확고히 해왔고, 영화나 드라마와 같은 다른 문화 분야에서 기반 소스로서 웹툰의 가능성에 주목하기 시작했다.

웹툰 분야의 최근 변화는 2010년대 중후반부터 시작되었다고 할 수 있다. 이 시기를 기점으로 한국 웹툰이 한류의 전체적인 흐름에 한 부분을 차지하면서 해외에 본격적으로 진출하고, 초국적으로 젊은 계층의 문화를 형성하고 있다. 특히 웹툰이 독립적인 문화상품으로서 인기를 끌고, 웹툰의 내용이 다른 문화상품을 위한 오리지널 소스가 되면서 문화시장의 선순환 구조를 만들고 있다(최인준, 2020). 우선 웹툰의 유통 매체가 다양화되고 있다. 전통적인 출판만화시장의 유통구조를 대체한 웹툰 플랫폼이 거대 산업화하면서 아마추어 작가들은 자신의 웹툰을 독자에게 보여줄 기회를 얻지 못하게 되었다. 이들은 페이스북이나 인스타그램에 자기 작품을 올리고 독자들과 직접 소통할 기회를 얻을 수 있었다. 작가가 직접 계정을 운영하면서 웹툰을 주기적으로 업로드하고 독자들과 댓글이나 메시지를 주고받을 수 있어서 더욱 사람들이 공감할 수 있는 내용들의 일상툰이나 사연 만화와 같은 웹툰이 대거 새로운 매체로 이동했다(박대의, 2022; 이보혜·윤기현, 2021). 더불어, 한국 시장을 기반으로 하던 웹툰 플랫폼들이 해외로 진출을 본격화하면서 마블 코믹스로 대표되는 미국 영웅 장르 만화, 아니메와 망가로 대표되는 일본 만화로 양분하고 있던 세계만화시장에 새바람을 불러일으키고 있다. 한국 웹툰은 그동안 한류의 부수적인 분야로 취급받고 있었으나, 원소스멀티유즈OSMU의 기본 재료로 주목받으면서 세계 콘텐츠 시장의 메인으로 떠오르고 있다(김인구, 2020). 네이버 계열사인 라인이 2011년부터 한국 웹툰을 일본어로 번역하여 서비스하기 시작했고, 2014년부터는 글로벌 웹툰 서비스 플랫폼인 '라인 웹툰'을 통해 영어와 중국어로 번역된 한국 인기 웹툰을 세계시장에 선보였다. 다음도 카카오페이지 웹툰과 다음 웹툰에서 인기를 얻은 작품들을 중국의 동만, 미국의 타피스틱 등 현지 플랫폼과 제휴를 맺어 진출하거나, 카카오재팬의 픽코마를 통해 해외시장에 적극적으로 진출했다(황인선, 2014; 홍지민, 2017).

한국의 웹툰산업은 한국 문화콘텐츠 산업의 성장세를 이끌 정도의 모습을 보여주고 있다. 2020년 한국의 전체 콘텐츠 산업 매출액은 전년 대비 1.2% 증가한 128조 2,870억 원이며, 그중 만화산업은 1.2%인 1조 5,344억 원으로 작은 부분을 차지하고 있다. 하지만, 산업별 매출 증가율에서는 전년 대비 14.7%, 2016년부터 2020년까지의 연평균 증가율에서는 12%의 매출 증가세를 보여주면서, 전체 콘텐츠 산업에서 게임산업에 이어 두 번째로 빠르게 성장하고 있다(문화체육관광부·한국콘텐츠진흥원, 2022: 60~61). 웹툰산업은 2022년에 1조 538억 원을 기록하여 전년 대비 64.6%의 성장률과 함께 전체 한국 만화산업 매출액의 67% 이상을 차지할 정도로 커졌다. 콘텐츠 산업의 수출액을 보면 한국 웹툰산업의 성장세를 더욱 확실하게 확인할 수 있다. 2020년 전체 콘텐츠 산업 수출액 119억 2,428만 달러 중에 만화산업은 0.5%인 6,271만 달러의 수출액을 기록하고 있지만, 증가율의 차원(36.3 %)에서 게임산업(23.1%)을 앞서고, 영화산업(5,415만 달러)보다 많은 수출을 기록했다. 전체 한류 산업 중에 K-팝과 K-만화는 새로운 한류를 이끌고 있다. 2010년과 비교해 보면, 음악 분야의 수출은 8.5배, 만화는 7.6배 늘어난 반면에, 영화 분야는 2.95배를 기록하고 있다. 만화 분야는 세계시장에 비교적 고르게 수출되고 있는데, 이는 다른 한류 콘텐츠 산업들이 동아시아나 북미 지역에 쏠려 있는 것과 비교되는 수치이다(문화체육관광부·한국콘텐츠진흥원, 2022: 68~69).

3. 문화 교류를 넘어 문화의 형성 가능성

1) 웹툰의 플랫폼화

온라인 디지털 플랫폼은 온라인에서 물품과 서비스를 제공하는 공급자와 이를 사용하는 수요자 사이에서 상호작용이나 거래를 가능하게 하는 일종의 장이다(Gillespie, 2010: 351). 플랫폼을 운용하는 기업은 특정한 물품과 서비스에 대한 경제적 거래에서 여러 이해당사자를 매개하고 조직한다. 이들은 일정한 규칙에 따라서 상호작용하면서 일종의 네트워크 효과를 만들어낸다. 플랫폼은 본연의 기능을 수행하면서도, 파생하는 제품과 서비스를 만들어낼 수 있는 기반으로 공급자와 수요자가 참여하여 플랫폼을 중심으로 만들어지는 가치를 공정하게 교환할 수 있도록 구축된 환경이라 할 수 있다. 플랫폼은 참여자들의 상호작용을 통해 진화하며, 참여자들 모두 공유된 가치와 혜택을 제공하는 상생의 모습을 지닌다(박석환, 2018: xix). 플랫폼을 통해 기존의 단절적·단선적이었던 상품 생산 방식에서 콘텐츠와 기술의 융합으로 생산과 소비가 다층적으로 이루어지는 방식으로 변화한다. 이러한 점에서, 온라인 디지털 플랫폼은 시장 참여자들의 고유한 기능을 유용하게 하는 중개자일 뿐만 아니라, 기능 자체를 형성하게 하는 조정자의 역할을 한다(van Dijck, 2013: 29). 네이버와 카카오 같은 한국의 플랫폼 기업들은 웹툰 콘텐츠 생태계를 구축하고 이를 문화산업 전체로 개방하면서 새로운 문화콘텐츠 시장을 만들어냈다. 또한 한국에서의 성공을 기반으로 미국 등 해외의 문화 틈새시장을 공략하는 데에 성공을 거두고 있다.

한국 웹툰의 플랫폼화는 한국 인터넷 포털 시장을 양분하고 있던 다음과 네이버의 경쟁 구도로부터 시작되었다. 초반에는 다음이 다소 움직임이 빨랐다. 다음 웹툰은 2002년 8월 뉴스 섹션에 '만화 속 세상'이라는 서비스를 두고 주요 일간신문의 만평과 함께 인터넷 만화가들의 작품을 무료로 제공했다. 또한 다음은 '나도 만화가'라는 사용자 기반 콘텐츠 서비스를 통해 아마추어 만화가가 작품을 통해 독자들과 만날 수 있도록 했다. 만화 트래픽이 특정 작품, 특정 요일/시간에 집중되어 다수의 만화가 외면받자, 다음은 인기 연재 작품의 갱신일을 분산하고, 완결된 만화는 유료로 전환해서 관심이 분산될 수 있도록 만들었다. 다음은 웹툰 작가에게 광고를 통한 원고료를 지급하면서도 소비자에게는 무료로 웹툰을 제공했다. 과금제를 부분적으로 도입한 다음에도 수수료를 제외한 금액 대부분을 작가에게 지급했고, 2차 창작물 판권에 대해서도 작가와 해당 기업 사이의 계약을 지원할 뿐 수입 배분을 요구하지 않았다. 다음은 웹툰을 기반으로 수익을 내기보다 웹툰을 통해 새로운 인터넷 문화와 생태계를 조성하는 데에 집중하면서 작품을 선정하고 연재하는 과정에서 편집자의 역할을 강조했다. 2004년 6월부터 시작된 네이버 웹툰은 '만화'라는 이름으로 출판만화를 유료로 서비스하던 섹션에 웹툰을 게재했다. 네이버 웹툰은 다음 웹툰의 시스템을 정교하게 보완하거나 정반대의 전략을 취했다. 다음의 '나도 만화가' 서비스를 벤치마킹한 '도전 만화'를 통해 아마추어 만화가들의 작품을 모으고, '베스트도전' 섹션을 통해 인기 있는 웹툰의 작가가 네이버 웹툰에 정식으로 연재할 수 있는 시스템을 마련했다. 네이버는 사용자 통계를 중심으로 새로운 웹툰을 찾았다. 연재되는 작품과 사용자의 취향을 세분화해서 연결하고, 더 많은 소비자층을 끌어들이기 위해 다양한 신규 작품을 연재했다. 다음과 달리 네이버는 편집자적 관여를 최소화하면서도 원고료 갱신 주기를 단축해서 실적에 따른 창작의 보상을 강화했다(문화체육관광부·한국콘텐츠진흥원, 2020: 67~69).

이러한 포털의 웹툰 서비스는 소비자에게 웹툰을 무료로 제공함으로써 포털에 이들을 끌어들이기 위한 전략으로 사용되었다. 트래픽 유입을 위한 화제성에 집중하다 보니 비성인물 중심의 콘텐츠로 작품의 질적 저하 현상이 발생했고, 주기적인 연재로 인해 웹툰 작가의 창작 노동 강도가 높아지는 문제가 있었다. 이러한 빈틈을 레진코믹스 등의 유료 웹툰 플랫폼들이 파고들었다. 작가들은 포털에서와 달리 사람들이 보는 만큼 보상받을 수 있는 유료화된 시스템에 환호했다. 네이버와 다음 웹툰의 인기 작가들과 함께 아마추어 작가들도 각 장르에 특화된 유료 웹툰 플랫폼으로 이동했다. 하지만 2013년부터 시작된 여러 유료 웹툰 플랫폼의 등장은 네이버와 다음의 포털 플랫폼의 양강 구도를 완전히 뒤집지는 못했다. 네이버와 다음은 작가들의 이탈을 막기 위해 광고 비즈니스 모델을 재편하는 한편, 여러 가지 수익모델을 통해 웹툰 작가들의 창작 활동에 대한 보상을 확립하고, 웹툰산업의 가치사슬 구조를 장악하기 시작했다(문화체육관광부·한국콘텐츠진흥원, 2020: 70).

웹툰 플랫폼은 요일별 웹툰에 연재되는 분량을 앞서 볼 수 있는 '미리 보기'와 완결된 웹툰을 구매해서 보는 '완결 보기'에 부분적인 유료화 모델을 적용했다. 웹툰은 일반적으로 무료지만, 다음 편을 기다리기 어려워하는 독자들의 심리를 이용해서 미리 보게 하거나 핵심적인 에피소드에 접근할 수 있도록 한다. 이는 휴대폰과 연동되는 소액결제 시스템을 이용하며 웹툰 앱에서 이용하는 화폐를 사용하도록 하는 것이다(Listly, 2019). 더불어 웹툰에 광고를 삽입할 수 있도록 하여 웹툰 작가와 수익을 분배한다. 작품 각 회차의 하단이나 좌우 공간에 캐릭터 이미지형의 배너나 구글의 애드센스와 유사한 텍스트형의 지능형 광고를 붙여 간접적으로 수익을 창출한다. 브랜드 웹툰[3]이라고 불리는 일반 기업들의 이미지, 브랜드, 신상품에 대한 광고 웹툰과 웹툰 스토리 안에 상품을 적절히 배치하여 광고의 효과를 만들어내는 PPL Product Placement 방식을 통해서도 수익을 창출했다(문화체육관광부·한국콘텐츠진흥원, 2014: 99). 웹툰은 제휴를 통한 홍보, 판권의 판매 등으로 비즈니스 모델을 확대해 갔는데, 콘텐츠의 부가가치 확대 과정에서 작가들의 저작권을 관리하고, 안정적인 콘텐츠 공급을 위한 기획 제작의 시스템을 갖춘 웹툰 에이전시 기업들이 등장하기도 했다(박준용, 2020).

한국의 웹툰산업이 만들어지고, 시장이 확대되는 과정에서 다음과 네이버 같은 웹툰 플랫폼은 독자적인 생태계를 구축하는 데에 중요한 역할을 했다. 웹툰 작가와 이용자, 웹툰을 기반으로 새로운 문화콘텐츠를 제작하고자 하는 문화제작자와 원작의 권리를 가진 작가, 자발적으로 콘텐츠를 생산하는 아마추어, 지속해서 콘텐츠를 공급하려는 에이전시와 같은 다양한 행위자들을 연결하는 동시에 여러 시장을 결합해 네트워크 효과를 창출했다. 이 과정에서 보이

3 대표적으로 노동부가 지원한 신의철의 〈애프터 스쿨홀릭〉, 법무부가 지원한 조석의 〈지킬수록 기분 좋은 기본〉, 변기현의 〈여수세계박람회〉, 주류 제품인 윈저의 브랜드 홍보를 위한 하일권의 〈인플루언스〉, 핸드폰의 브랜드 웹툰인 〈TAKE, PLAY, LOVE〉 등이 있다.

는 플랫폼 기업의 수직계열화는 수익을 다각화할 수 있는 양질의 콘텐츠를 확보하고, 플랫폼이 보유한 콘텐츠를 기반으로 2차 저작물을 제작하고 유통하게 함으로써 웹툰의 가치사슬 구조에서 독점적인 지위를 가지게 되는 원동력으로 작용하며, 해외시장으로 외연을 확대하는 데에 중요한 역할을 하고 있다.

카카오는 카카오톡 모바일 메신저의 인기에 힘입어 카카오톡 플랫폼을 통한 콘텐츠 유료 플랫폼인 카카오페이지를 2012년 말에 출시했다. 초기에는 카카오톡과 연동이 되지 않고, 안드로이드용 애플리케이션만 출시되면서 반응이 없었으나, 웹툰과 웹소설에 집중하고 부분 무료화 모델('기다리면 무료')을 도입하면서 큰 인기를 얻었다(문화체육관광부·한국콘텐츠진흥원, 2014: 50). 2014년 다음과 카카오가 합병했지만, 다음 웹툰과 카카오페이지는 한동안 독자적으로 운영되었다. 2015년 카카오는 카카오페이지를 운영하던 포도트리의 지분을 인수하고 다음 웹툰 사업 부문을 포도트리의 사내 독립기업 형태인 '다음웹툰컴퍼니'로 출범시킨다. 이후 포도트리는 직접 콘텐츠를 제작하지 않고 웹툰 에이전시를 통해 수급된 콘텐츠를 유통하고 수익을 나누었지만, 다음웹툰컴퍼니는 독자적으로 콘텐츠를 기획·개발해서 유통과 함께 2차 저작권 사업을 하는 등의 공격적인 확장 전략을 폈다. 미국의 타파스미디어, 중국의 큐큐닷컴 등에 콘텐츠를 공급하던 카카오는 2016년에 '픽코마' 플랫폼을 카카오재팬을 통해 출시하고 일본 시장에 진출한다(문화체육관광부·한국콘텐츠진흥원, 2018: 56). 2021년 카카오는 웹툰과 웹소설을 서비스하는 카카오페이지와 영상, 연예 매니지먼트를 담당하던 카카오M을 합병하여 '카카오엔터테인먼트'를 만들고 국내 콘텐츠 기업 중 가장 풍부한 콘텐츠 보유 역량을 구축한다(권상집, 2021; 안희정, 2021a). 이후 카카오엔터테인먼트는 북미 웹툰 플랫폼인 타파스를 5억 1000만 달러에 인수하고 글로벌 콘텐츠 기업으로 자리매김하게 되었으며, 웹툰을 기반으로 하는 IP 콘텐츠의 네트워크 확장에도 박차를 가하고 있다(카카오엔터테인먼트, 2021).

네이버 웹툰은 한국 네이버에 속해 있는 인하우스 스타트업이었으나, 2015년

사내 독립기업의 형식으로 있다가 2017년에 네이버 웹툰 주식회사로 분리되었다. 한국 웹툰 시장은 네이버 웹툰이 총괄하고, 일본 망가 시장은 네이버재팬의 자회사인 라인이 총괄하고 있었다. 한국 시장에서 카카오톡이 모바일 메신저를 장악함으로써 웹툰 시장에도 확장성을 발휘했던 것과 마찬가지로, 라인 앱은 일본 시장을 장악하고 있었다(Steinberg, 2020). 라인 디지털 프론티어의 라인 웹툰은 네이버 웹툰의 '도전 만화'와 같이 누구나 자기 작품을 선보일 수 있는 창작 공간인 '인디즈'[4]를 통해 일본 시장에서 웹툰 플랫폼으로서의 영향력을 공고히 할 수 있었다(윤선영, 2022). 네이버 웹툰 주식회사는 분사 직전 펀드로 조성된 신규 투자 여력으로 동영상 콘텐츠 제작사 리코와 웹툰 원작 기반 영상 제작사인 스튜디오 엔을 설립하고 웹툰 콘텐츠를 영화나 드라마로 이식하여 2차 문화상품을 만들 수 있는 선순환 구조를 만들었다(안희정, 2018). 2020년 5월 네이버는 글로벌 전략의 하나로 미국 기반의 디지털 미디어 기업인 웹툰 엔터테인먼트를 설립하여 한국, 일본, 미국의 웹툰 사업을 모두 총괄하도록 하고, 2021년에 약 9,400만 명 이상의 사용자와 약 10억 개의 콘텐츠를 보유하고 있는 북미 최대 규모의 웹소설 플랫폼인 왓패드를 6,848억 원에 인수했으며, 해외에서 네이버 웹툰과 경쟁하고 있었던 글로벌 웹툰 플랫폼의 운영사인 콘텐츠퍼스트에 25%의 지분투자를 하기도 했다(최민영, 2021; 안희정, 2021b). 네이버는 인공지능 기술을 이용한 웹툰 제작에도 관심을 보여왔는데, 2017년에 〈마주쳤다〉라는 작품을 선보이면서 독자들이 네이버의 인공지능 기술을 통해 웹툰과 상호작용할 수 있도록 한 사례가 있다(하선영, 2017). 이와 관련하여 네이버는 2020년에 인공지능 기술 스타트업인 비닷두를, 2021년에 CG/VFX 기술 기반의 영상, 애니메이션 제작사인 로커스를 인수하기도 했다(김민선, 2020; 노재웅, 2021).

4 일본을 제외한 다른 국가의 웹툰 시장에서는 '캔버스(CANVAS)' 시스템으로 운영되고 있으며, 이를 통해 현지의 아마추어 웹툰 IP를 발굴, 지원하고 있다.

2) 웹툰의 트랜스미디어화

트랜스미디어를 이론화한 헨리 젠킨스에 의하면, 콘텐츠는 여러 미디어 플랫폼을 통해 공개되며, 각각의 플랫폼이 만드는 새로운 서사가 전체 이야기의 흐름에 분명하고 가치 있는 이바지를 한다. 이상적인 형태의 트랜스미디어 스토리텔링에서 각각의 미디어는 각자의 임무를 수행한다. 다시 말해서, 하나의 이야기가 영화로 소개되고, 텔레비전 드라마, 소설, 그리고 만화로 확장된다. 서사가 만들어내는 일종의 세계는 소비자가 게임을 함으로써, 또는 놀이공원을 방문함으로써 경험할 수도 있다. 이러한 각 매체로의 변화는 자기충족적이어야 한다(젠킨스, 2008: 149). 결국 트랜스미디어 스토리텔링은 서로 다른 미디어 매체의 영역이 결합한다는 의미가 아니라 매체에 흐르는 콘텐츠의 서사가 전이하여 그 성격을 바꾼다는 의미를 지니며, 이러한 전이가 전체적인 통합성을 전제하면서도 다양성을 추구한다는 것이다. 트랜스미디어 콘텐츠는 스토리의 교차를 통한 단순한 재활용을 지향하지 않는다. 트랜스미디어 콘텐츠는 다양한 미디어에 걸쳐 전개되는 것을 기본 전제로 하며, 나아가서 전이 과정을 통해 내용이 변주될 가능성을 담고 있다(전경란, 2010: 246). 세계 구축과 같은 통합적 스토리로서의 수렴이라는 구조가 작동하는 트랜스미디어 스토리텔링은 전문 작가 그룹뿐만 아니라, 일반 대중의 참여-생산을 통해서도 이루어진다는 점에서 확장적이며, 디지털 문화 환경에서 상호작용이나 공유가 일상화되고 인터넷을 비롯한 사이버 공간이 영향력을 가지면서 생산과 소비의 경계가 허물어지고 참여, 체험, 향유가 가능한 기술과 함께 성장하는 환경이 조성되고 있다는 배경을 가지고 있다(박기수, 2016).

트랜스미디어 스토리텔링의 개념은 문화콘텐츠 분야에서 활발하게 논의되고 있는 원소스멀티유즈One Source Multi Use: OSMU의 개념과도 맥이 닿아 있어서 자주 혼동되지만, 엄연히 의미가 다르다. OSMU란 원천 소스의 창구의 다변화, 장르의 전환, 관련 상품의 판매, 브랜드 창출 효과를 통해서 부가가치를 극대화하는 마케팅 활동, 비즈니스의 관점에서 전개되는 전략적 개념을 일컫는다(박기수, 2011: 156). 다시 말해, OSMU는 원작 콘텐츠의 성공을 기반으로 다른 미디어 플랫폼의 특성에 맞도록 이식, 전환하는 것을 의미한다. 반면에, 트랜스미디어 스토리텔링은 여러 미디어 플랫폼에서의 콘텐츠는 개별적인 세계를 가지고 있으나, 전개 과정과 결과를 전체적으로 보면 각각의 콘텐츠가 일종의 통합된 세계로 수렴한다. OSMU가 같은 콘텐츠의 다른 미디어에서의 반복을 의미한다면, 트랜스미디어 스토리텔링은 다른 서사들이 서로 연결되어 하나의 완결된 구조를 지향하는 것이다(신동희·김희경, 2010: 181~182).

여러 가지의 매체를 통해 서사가 확장되는 대표적인 트랜스미디어의 사례로 윤태호의 〈미생〉을 들 수 있다. 〈미생〉은 2012년 1월부터 다음에 연재된 이래 누적 조회수 13억 회에 달하는 인기 웹툰이다. 웹툰 연재 중 출판만화로 출간되어 누적 판매량 250만 부를 기록하면서 웹툰을 기반으로 만들어진 단행본 중 최다 판매 부수를 기록했다. 2013년 다음에서는 모바일 앱을 홍보하기 위한 용도로 기획한 모바일 영화 〈미생 프리퀄〉을 방영했는데, 6화 분량으로 제작된 이 모바일 영화는 각 화별로 웹툰의 주요 인물의 배경 이야기를 다룬다. 웹툰에서 확인할 수 없는 인물들의 과거 이력을 다른 시공간에서 극화함으로써 성장의 서사를 풍성하게 한다. 공개되자마자 모바일 영화 사상 최고의 기록인 30만 조회수를 기록하는 등 폭발적인 흥행을 기록했다. 2014년에는 웹툰과 모바일 영화의 성공에 힘입어 원작을 소재로 동명의 드라마 〈미생〉이 tvN을 통해 제작, 방영되면서 대중의 인기를 끌었다. 텔레비전 드라마의 흥행을 위해 윤태호는 드라마 방영 시기에 맞추어 스페셜 웹툰 〈미생: 사석 5부작〉을 제작해 입체적인 스토리가 다양한 매체를 통해 흐를 수 있도록 구현했다. 드라마의 종영 후, 2015년에는 패러디 드라마 〈미생물〉이 2부작으로 만들어졌다. 웹툰의 서사를 그대로 반복하거나 연장하는 것에 그치지 않고 세계관의 전이, 확장, 치환을 시도함으로써 트랜스미디어적인 모습이 그대로 드러나고 있다고 할 수 있다. 웹툰의 후속작은 2015년 11월에 카카오페이지에서 연재를 시작했

표 6-1 웹툰 〈미생〉의 트랜스미디어화

기간	콘텐츠	플랫폼
2012.1~2013.7	웹툰 〈미생〉	다음
2012.9~2013.10	출판만화 〈미생〉	위즈덤하우스
2013.5~2013.6	모바일 영화 〈미생 프리퀄〉	다음
2014.10~2014.11	스페셜 웹툰 〈미생: 사석 5부작〉	다음
2014.10~2014.12	드라마 〈미생〉	tvN
2015.1	패러디드라마 〈미생물〉	tvN
2015.11~2018.5	웹툰 〈미생 시즌2 1부〉	카카오페이지
2021.9~현재	웹툰 〈미생 시즌2 2부〉	카카오페이지

자료: 이지영(2016, 27)을 바탕으로 저자가 재구성함.

으나 작가의 사정으로 중단되었다가 2017년 4월 연재가 재개되어 2018년 5월에 〈미생 시즌2 1부〉가 마무리되었다. 2021년 9월부터 2부가 시작되어 2023년 4월까지 연재가 진행 중이다(박기수, 2018: 78~79; 조희영, 2018: 317). 드라마 〈미생〉은 현재 넷플릭스를 통해 전 세계 시청자들을 만나고 있다.

웹툰 〈미생〉이 웹툰 트랜스미디어화의 국내 양상을 보여주고 있다면, 김은희와 양경일의 2015년 작 〈신의 나라〉와 2019년의 넷플릭스 드라마 〈킹덤〉은 한국 웹툰이 초국적 미디어 매체를 통해 한류의 새로운 형태로 자리매김하게 된 예로서 생각해 볼 수 있다. 넷플릭스와 같은 글로벌 영상 콘텐츠 플랫폼은 드라마, 리얼리티 쇼, 영화 등 여러 가지 장르를 포괄하고 있다. 이들은 수익을 만들어내기 위한 새로운 콘텐츠의 근원을 찾고 있었는데, 이 과정에서 한국 웹툰과 웹툰을 통한 트랜스미디어화의 가능성을 찾아냈다(Kim, 2022, 73; 채희상, 2021, 20). 〈킹덤〉 시리즈는 2019년 1월에 넷플릭스 오리지널 드라마로 제작되었으며, 2020년 3월에 시즌 2, 2021년 7월에 외전으로서 〈킹덤: 아신전〉이 방영되었다. 세계 190여 개 나라에 동시에 공개된 드라마는 미국 드라마 정보 사이트 IMDB의 인기 순위 9위에 오르고, 2년 연속 ≪뉴욕타임스≫의 '최고 인터내셔널 TV쇼 Top 10'에도 오르면서 성공을 거두었다. 기존 드라마나 영화와 비교해서 더욱 자유로운 장르적 개방성을 보여주었던 웹툰이 글로벌 영상 콘텐츠 플랫폼을 통해 트랜스미디어화되면서, 웹툰은 고정 독자를 확보하면서도 다른 매체에서 사용할 수 있는 스토리 제작, 영상화의 작업이 이미 완료된 매력적인 콘텐츠가 될 수 있었다. 웹툰 원작인 〈스위트홈〉, 〈이태원 클라쓰〉, 〈외모지상주의〉, 〈모범택시〉 등의 드라마와 〈신과 함께〉와 같은 영화가 다른 미디어로 전환되면서 인기를 끌고 있다. OSMU의 차원에서 단순한 매체 전환의 방식이 주를 이루고 있지만 보다 통합된 스토리 세계의 세계관 아래에서 조금 더 유연한 형태로 변화하고 있다(채희상, 2021: 22).

앞선 두 웹툰의 예와 달리 와이랩YLAB의 〈슈퍼 스트링〉 유니버스 컨셉과 2020년 카카오페이지에 연재된 웹툰 〈승리호〉는 젠킨스의 트랜스미디어 스토리텔링의 전형적인 예로서 생각해 볼 수 있다. 웹툰을 비롯한 여러 매체의 콘텐츠가 각각의 이야기를 완결적으로 가지나, 각 서사는 하나의 세계관 안에서 연결된다. 와이랩의 〈슈퍼 스트링〉 프로젝트는 와이랩의 여러 웹툰 속 주인공들을 하나의 세계관으로 통합해서 이야기를 전개하며, 영화, 드라마, 게임 등 다른 매체로 확장해 나가는 개념을 가지고 있다(문화체육관광부·한국콘텐츠진흥원, 2021: 58). 이는 마치 마블 유니버스에서 스토리가 펼쳐지고 배경이 설정되는 방식과 유사하다. 각각의 콘텐츠와 캐릭터, 내러티브는 유지되지만, 같은 유니버스 안에 있는 다른 문화콘텐츠에도 연결되어 계속 확장될 수 있는 형태이다. 2020년 영화 〈승리호〉와 웹툰 〈승리호〉는 같은 세계관과 주인공을 공유하지만 주된 줄거리가 다르다. 코로나19로 인해 극장 대신 넷플릭스를 통해 세계에 공개된 영화 〈승리호〉는 개봉하자마자 2,600만이 넘는 시청 수를 기록하고, 동시에 한국을 비롯한 해외에 공개된 웹툰 〈승리호〉는 공개와 함께 누적 조회수 500만 뷰를 넘기면서 큰 관심을 받았다. 〈승리호〉의 경우 웹툰이나 웹소설에서 영화나 드라마와 같은 매체로 확장하는 방식이 아니라 동시에 여러 가지 매체를 기획, 제작해서 서로 연결성, 확장성을 가지게 하는 트랜스미

표 6-2 넷플릭스의 웹툰 기반 드라마

방송 기간	제목	원작(작가)	웹툰 플랫폼
2023년 방영 예정	〈정신병동에도 아침이 와요〉	〈정신병동에도 아침이 와요〉(이라하)	카카오페이지
	〈이두나!〉	〈이두나!〉(민송아)	네이버
	〈사냥개들〉	〈사냥개들〉(정찬)	네이버
	〈살인자ㅇ난감〉	〈살인자ㅇ난감〉(노마비, 꼬마비)	네이버
	〈마스크걸〉	〈마스크걸〉(매미, 희세)	네이버
	〈택배기사〉	〈택배기사〉(이윤균)	카카오페이지
2022년 5월	〈안나라수마나라〉	〈안나라수마나라〉(하일권)	네이버
2022년 1월	〈지금 우리 학교는〉	〈지금 우리 학교는〉(주동근)	네이버
2021년 11월	〈지옥〉	〈지옥: 두 개의 삶〉(연상호)	네이버
2021년 8월	〈D.P〉	〈D.P 개의 날〉(김보통)	레진코믹스
2020년 12월	〈스위트홈〉	〈스위트홈〉(김칸비, 황영찬)	네이버
2019년 8월~ 2021년 3월	〈좋아하면 울리는〉(시즌 1, 2)	〈좋아하면 울리는〉(천계영)	다음
2019년 1월~ 2021년 7월	〈킹덤〉(시즌 1, 2, 외전: 아신전)	〈신의 나라〉(김은희, 양경일)	다음

자료: 넷플릭스와 각 웹툰 플랫폼을 바탕으로 저자가 재구성함.

디어 스토리텔링을 보여준다는 점에서 새로운 시도라 할 수 있다(문화체육관광부·한국콘텐츠진흥원, 2021: 59~60; 고경석, 2020).

3) 웹툰의 새로운 소비자 문화

문화콘텐츠 생산과정에 소비자들의 적극적인 참여가 이루어지고 있다. 기존 미디어 환경에서 문화상품을 생산하고 한 방향으로 유통해 수동적인 독자들에게 전달되는 것이 아닌, 개인이 적극적으로 참여하고 창작하는 과정을 중심으로 하는 일종의 참여문화가 인터넷과 같은 디지털 기술의 발전과 함께 나타나고 있다. 젠킨스의 컨버전스 문화는 콘텐츠가 다수의 매체를 넘나들면서 생산자와 소비자가 복잡하게 얽히면서 역동적으로 상호작용하는 상황을 핵심으로 한다(젠킨스, 2008: 410). 네트워크화된 정보경제의 상황에서 개인은 분산되어 존재하지만 느슨하게 연결되어 있고, 이들은 디지털 공간에서 서로 협력해서 정보를 생산하고 유통한다. 정보의 생산은 경제적인 이익을 동기로 하지 않고, 조직화된 통제를 통하지도 않는다는 특징이 있다(Benkler, 2006: 60). 그래서 이들은 소비자보다 역동적이고 생산적인 역할을 하게 되는 것이다(Benkler, 2006: 126).

웹툰은 개방성, 참여성, 공유성이라는 특성이 있는 네트워크 공간을 주로 이용함으로써 이러한 새로운 소비자 문화의 창발 가능성을 보여준다. 기존처럼 작가는 만화를 그리고 독자는 완결된 만화를 보는 형식을 넘어, 웹툰은 작가가 인터넷 공간에서 창작의 자유를 확보하면서도 최종 소비자에게서 주어지는 끊임없는 피드백과 공유를 통해 작품을 보완하고 발전하는 쌍방향 구조이다. 네이버 웹툰의 '도전 만화', 라인 웹툰의 '인디즈', 미국 시장에서의 '캔버스' 시스템은 이러한 적극적 참여문화가 어떻게 문화콘텐츠의 생산에 관여하는지를 보여주는 전형적인 예라 할 수 있다. 아마추어 만화가 누구나 시스템에 자기 작품을 올릴 수 있으며, 네티즌들은 이렇게 올라온 작품에 댓글이나 별점을 주며 끊임없는 피드백이 이루어진다. 작품성, 독자의 피드백 등을 기반으로 선정되는 웹툰은 '베스트 도전'으로 승격되어 플랫폼의 상위에 노출되고, 점차 정식 작품으로 연재될 수 있는 구조로 되어 있다.

댓글을 통한 독자의 적극적인 참여는 웹툰이 소셜네트워크 서비스를 통해 제작·유통·소비되면서 더욱 두드러진다. 독자들은 작가에게 직접 자신의 의견이나 작품에 대한 감상을 댓글로 전달한다. 작가는 웹툰의 끝부분이나 작가의 코멘트를 통해 독자들에게 직접 답을 하기도 한다. 이러한 댓글은 독자와 작가뿐만 아니라, 독자와 독자 사이에서도 소통의 창구로 이용된다. 작품이 어떻게 전개될지를 예측하기도 하고, 작품에 있는 오류를 지적하기도 하고, 작품에 대한 감상도 서로 나눈다. 가장 대표적인 작품은 키크니의 〈무엇이든 그려드립니닷!〉과 수신지의 〈며느라기〉이다. 현재 104.3만 명의 팔로워를 보유한 키크니는 인스타그램을 통해 이용자의 요구 사항을 웹툰으로 그려주는 콘텐츠를 제작한다. 원하는 이야기를 작성하거나, 장난스러운 요청과 같은 여러 가지의 요구 사항이 올라오면, 키크니는 작가의 상상력으로 사연을 풀어낸다. 예를 들어, '직장에서 올해의 각오를 쓰라는데 이게 대체 언제적 스타일인건지… 키크니님이 대신 써주세요'라는 요청이 있으면 그것을 웹툰으로 그리는 식이다. 이용자들의 요구가 독특하게 재해석되는 과정에서 웹툰 작가와 독자들은 상호작용을 하게 된다(백종성, 2022: 264).

한편, 수신지의 〈며느라기〉는 작품 속 인물들이 가진 보편화된 특성을 통해 독자가 등장인물과 자신을 동일시하여 정서적 감정을 공유하고, 자신의 일상이나 생각과 관련지어 표현하는 등 소비자 사이의 적극적 상호작용이 두드러지는 웹툰이다(백종성, 2022: 259). 〈며느라기〉는 2017년 5월부터 2018년 1월까지 페이스북과 인스타그램을 통해 연재된 작품이다. 〈며느라기〉는 독자들을 상상 이상으로 단단히 결속하게 했다. 정도의 차이가 있을 뿐, 독자들은 가부장제와 결혼 제도, 남녀 차별에서 벗어날 수 없는 한국 사회의 일원이었고, 이들이 가진 유대감은 각 에피소드의 마지막에 달리는 댓글로 폭발했다(김소원, 2018: 100). 독자들의 격한 공감, 자신의 처지와 동일시하면서 오는 분노로 표현되는 댓글문화는 웹툰의 참여문화를 그대로 나타내며, 네트워크화된 정보경제에서의 개인들의 소통이 만들어내는 일종의 공론장 영역에서 작동한다.

웹툰은 팬들이 자발적으로 참여하는 번역의 과정을 통해 참여문화와 문화교류 차원의 플랫폼을 제공한다. 원작의 텍스트가 공식적으로 번역되어 해외로 진출하는 과정은 일종의 지역적 문화의 색채를 지우면서 이루어지는 섬세한 현지화 작업을 통한다. 예를 들어, 2014년 네이버 웹툰에 연재된 박태준의 〈외모지상주의〉는 2017년에 영어를 포함한 몇 가지 언어로 번역되어 해외시장에 진출했다. 영어로 번역된 웹툰에서 박형석, 이태성 같은 한국 이름은 미국인들에게 익숙한 이름인 다니엘과 로건으로, 한국어로 된 의성어나 고유명사를 이와 비슷하거나 미국적인 문화를 담고 있는 비슷한 영어 표현으로 바꾸는 등, 약간의 의미 변화가 있더라도 해외 독자들이 읽는 데에 방해되지 않게 바꾸는 식이다. 또 하나의 해외 진출 방식은 팬덤의 문화 실천 동기에 비롯된 팬 번역을 통하는 것이다. 공식 번역이 되지 않은 로컬의 웹툰을 자발적으로 번역하고 온라인 커뮤니티 게시판을 통해 번역된 웹툰을 자신의 문화권에 있는 사람들과 공유한다(Jang and Song, 2017: 182). 팬들은 번역 활동을 하면서 지속적인 상호작용을 하고 정서적인 동질감을 경험하기 때문에 공동체의 일원으로서 소속감과 즐거움을 느끼고 물질적 보상을 받지 않음에도 자기효능감을 경험한다(성승은, 2018: 180~181). 웹툰 플랫폼의 공식적 번역에서 나타나는 일종의 문화 잡종화 전략과 달리, 팬 번역 과정에서는 로컬의 문화가 그대로 담긴 언어가 있는 그대로 번역되고, 이러한 한국적 문화정체성이 담긴 콘텐츠를 그대로 즐길 수 있게 되는 것이다.

네이버와 같은 웹툰 플랫폼 기업은 이러한 팬 번역을 공식 번역과 결합하는 형태로 팬들의 참여문화를 유지하면서도 '해적판'에 의해 발생하는 저작권 문제를 해결하면서 유동적으로 웹툰을 현지화하고 있다. 다시 말해서, 팬 번역 활동의 질을 보장하면서도 이들의 활동을 적극적으로 이용하는 전략을 펴고 있다. 현재의 네이버 웹툰이 네이버의 사내 독립기업으로 있던 2015년 2월에 모두에게 개방된 '참여 번역' 서비스를 처음으로 도입했다(김은경, 2015). 이러한 네이버의 참여 번역 플랫폼인 'Webtoon Translate'[5]를 활용하고 있는 팬 번역자들은 웹툰 플랫폼이 제공하는 다양한 번역 지원 도구와 기술적 지원을 통해 쉽게 번역을 할 수 있는데, 이를 통해 네이버 웹툰의 팬(공식) 번역의 작품

5 https://translate.webtoons.com/. 2023년 4월 현재, 참여 번역 플랫폼은 베타 테스트의 형태로 운영되고 있다.

수는 출시 초기 대비 124배나 증가하기도 했다(최다래, 2021). 이러한 플랫폼의 참여 번역을 통해 웹툰이 공식적으로 진출하지 않은 국가에서도 더 넓은 독자층에 소개될 기회를 제공할 수 있다. 플랫폼에서의 번역은 누구나 할 수 있지만, 웹툰 작가의 원래 의도나 맥락을 벗어난 번역은 허용하지 않는다. 참여 번역은 개인 자격의 번역과 함께 번역 팀 중심의 협업을 통한 번역도 이루어지는 시스템이다. 참여 번역은 번역에서 중요한 요소라 할 수 있는 번역의 품질 검수, 그리고 안정적인 번역자 관리 시스템을 가지고 있다. 참여 번역 서비스를 통해 번역된 내용은 다른 사용자들에 의해서 검토되며, 수정이 가능하다. 또한 사용자 상호 평가를 통해 우수한 능력을 가진 번역가를 정하고, 이들을 해당 번역 매니저나 정식 번역자로 승격시키는 방식으로 번역의 질을 높인다. 2023년 4월 현재, 전 세계의 웹툰 팬들은 네이버 웹툰 플랫폼에 있는 96개의 웹툰, 그리고 캔버스 시스템에 있는 11개의 웹툰을 참여 번역 플랫폼을 통해 자발적으로 번역하고 있다.

4. 결론

지금까지 살펴본 바와 같이, 한국의 웹툰은 새로운 한류의 원동력으로 자리매김하면서 한국과 미국 사이의 디지털 미디어, 문화콘텐츠 교류의 가능성을 보여준다. 이는 비교적 짧은 역사이지만 빠르게 성장하고 있는 한국 웹툰의 형성과 발전에서 극명하게 드러난다. 웹툰은 단순히 온라인에서 즐기는 만화를 넘어, 웹툰 플랫폼을 통해 전 세계 젊은이들의 문화를 형성하고 있다. 이 글은 우선 현재의 한국 웹툰이 세계로 뻗어나가게 되기까지 어떻게 한국 안에서 문화 영역을 형성하게 되었는지를 역사적으로 살펴보고, 이를 한국과 미국 사이의 문화 교류의 역사와 연결해 보았다. 그동안의 한류에 관한 연구가 단편적인 문화콘텐츠의 상업적인 성공, 그것도 영화나 음악 분야에 치우쳐져 있었다는 사실에 비추어 볼 때, 그동안 잘 알려지지 않았던 웹툰 영역에까지 논의를 확장했다는 점에서 이 연구는 의미를 더한다고 할 수 있다.

이 글은 웹툰이 한미 문화 교류의 재료로 사용되고 있다는 점을 밝히기 위해 웹툰의 형성과 발전에서 나타난 세 가지 문화적 속성의 면모에 주목하였다. 우선 한국에서 웹툰이 산업화하고 시장이 확대되는 과정에서 웹툰 플랫폼은 독자적인 문화 생태계를 만드는 데에 중요한 역할을 했다. 동시에 웹툰의 제작에서 소비까지의 가치사슬 구조를 형성하고, 이러한 방식을 일종의 표준으로 해외에 시장을 만들어내고 있다는 점에서 주목할 만하다. 두 번째로 웹툰의 트랜스미디어적인 속성이 발현되고 있다. 웹툰 문화콘텐츠는 자체 영역을 넘어 세계 글로벌 미디어 기업들의 새로운 이야깃주머니의 원천으로서, 발전의 중심으로서 매력을 가진다. 미국을 비롯한 많은 세계의 소비자들이 웹툰을 기반으로 하는 세계관을 중심으로 짜인 문화콘텐츠를 소비하기 시작했다는 사실 하나만으로도 웹툰이 가지는 문화적인 매력을 생각해 볼 수 있게 한다. 마지막으로 웹툰 문화콘텐츠는 세계 젊은이들의 참여문화 속성을 적극적으로 이용하고 있다. 개방성, 참여성, 공유성이라는 특성을 통해 웹툰의 소비자들은 단순 소극적 문화 수용자가 아니라, 적극적 문화 생산자이자 향유자가 되고 있다는 것이다.

급속도로 외연을 확장하고 있는 웹툰 영역에도 문제가 없는 것은 아니다. 웹툰의 산업화, 플랫폼화는 문화상품의 가치사슬 구조를 확립하고 성장의 마중물이 되었다는 점에서 주목받을 만하지만, 그 과정에서 보이는 수직계열화, 가치사슬의 다단화는 실제로 웹툰산업 성장에 필요한 작가들의 창의성을 해치는 방향으로 이어질 수 있다는 점에서 조심스럽게 다루어져야 할 필요가 있다. 특히나 웹툰산업에서 일반적으로 사용하는 비즈니스 모델, 소위 '기다리면 무료'의 모델은 웹툰의 인기를 더하게 하는 요소이지만, 또한 웹툰의 수익을 저해할 수 있는 요소로서도 작용한다. 대부분 수익이 인기 작가에 국한되어 돌아가고, 저작권 관련 계약의 경험이나 조정력이 부족한 대다수 창작자는 제대로 된 수익 분배를 받지 못하는 현실에 좌절하기도 한다(박준용, 2020). 더불어, 디지털 형식으로 된 웹툰 콘텐츠는 불법복제의 문제에서 벗어나기 어렵다. 일반 소비자들, 특히 저작권이 엄격하게 적용되지 않는 해외에 있는 소비자들은 웹툰을 무료 콘텐츠로만 인식하고 있다는 점도 웹툰산업의 성장을 저해하는 요소로 작동한다는 한계가 있다.

이 글의 논의에서 파생되는 향후의 연구과제는 무엇인가? 우선 이 글은 웹툰을 만드는 차원에서 그 정치경제적, 문화적 메커니즘을 분석하는 데에 초점을 맞추었다. 젊은이들이 열광하는 문화콘텐츠가 어떻게 입체적으로 만들어지고 있는지에 대해 알 수 있는 계기를 마련했다는 점에서는 의미가 있다. 하지만 실제로 규명되어야 할 부분은 이렇게 만들어진 웹툰 문화콘텐츠가 어떻게 세계 젊은이들의 문화를 만들어내고 있는지, 한국과 미국 사이의 어떠한 문화교류를 실제로 만들어내고 있는지이다. 이러한 맥락에서 웹툰 콘텐츠를 즐기는 소비자로서, 적극적으로 콘텐츠를 만드는 데에 참여하는 생산자로서 이들에 관한 사회문화적 연구가 이어져야 할 것이다. 더 나아가 이 글에서 다루지 못한 부분, 문화콘텐츠 교류에서 국가의 역할은 무엇인지에 대해서도 자세히 다룰 필요가 있다.

강준만. 2010.『세계문화전쟁: 팍스 아메리카나와 글로벌 미디어』. 인물과 사상사.

고경석. 2020. "'승리호'영화, 웹툰 동시 출격… 마블 '어벤저스'처럼 세계관 짓는다". ≪한국일보≫(8월 17일), https://www.hankookilbo.com/News/Read/A2020081309480001465

≪국정신문≫. 2002.4.15. "[음반산업] 음반시장 세계 10위로 성장". https://www.korea.kr/news/policyNewsView.do?newsId=148742571

권상집. 2021.「카카오엔터테인먼트의 콘텐츠 지배 전략: 흡수역량과 경계관리 활동을 중심으로」. ≪한국엔터테인먼트산업학회논문지≫, 제15권 5호, 33~43쪽.

김광억. 1988.「한미 문화관계와 매스미디어: 미국 문화의 한국적 수용과 갈등」. ≪한국과 미국≫,

경남대학교 극동문제연구소, 153~188쪽.
김민선. 2020. “네이버 투자받은 AI 스타트업, 비닷두, 네이버웹툰에 인수”. ≪ZDNet Korea≫(1월 14일), https://zdnet.co.kr/view/?no=20200114111430
김세종. 2019. 「웹툰의 장르 변화 양상에 관한 연구」. ≪만화애니메이션 연구≫, 제57권, 311~340쪽.
김소원. 2018. 「SNS 미디어가 만든 플랫폼 확장과 새로운 웹툰」. 장상용 외 지음. 『웹툰, 어떻게 정의할 것인가』. 한국만화영상진흥원. 91~106쪽.
김은경. 2015. “네이버 ‘웹툰&웹소설’, 참여번역으로 글로벌 공략”. ≪연합뉴스≫(2월 17일), https://www.yna.co.kr/view/AKR20150216096400017
김인구. 2020. “〈전지적 문화 시점〉 ‘영상 韓流’ 조연서 주역으로… 지구촌 ‘K-웹툰’에 반하다”. ≪문화일보≫(4월 13일), https://www.munhwa.com/news/view.html?no=2020041301032139179001
김형원. 2019. “미소년 동성애 그린 ‘BL’ 1020여성층서 인기 폭발… 웹툰 시장 견인,” ≪IT 조선≫(3월 9일), https://it.chosun.com/site/data/html_dir/2019/03/09/2019030900782.html
네이버. 2014. “네이버 웹툰 10년사, 우리가 알려주마!(2014.6.1 기준 통계)”. http://campaign.naver.com/webtoon/
노재웅. 2021. “한성숙 “네이버의 AI 기술·웹툰 노하우…왓패드 만나 큰 시너지낼 것””. ≪이데일리≫(4월 21일), https://www.edaily.co.kr/news/read?newsId=02735526629018416&mediaCodeNo=257
대학 문화 연구회. 1988. 『대학 문화 운동론』. 공동체.
문화체육관광부·한국콘텐츠진흥원. 2014. 『2013 만화 산업백서』. 문화체육관광부.
_____. 2018. 『2017 만화 산업백서』. 문화체육관광부.
_____. 2020. 『2019 만화 산업백서』. 문화체육관광부.
_____. 2021. 『2020 만화 산업백서』. 문화체육관광부.
_____. 2022. 『2021 콘텐츠 산업백서』. 문화체육관광부.
박기수. 2011. 「One Source Multi Use 활성화를 위한 문화콘텐츠 스토리텔링 전환 연구」. ≪한국언어문화≫, 제44집, 155~176쪽.
박기수. 2016. 「웹툰의 트랜스 미디어 스토리텔링 전략연구」. ≪애니메이션 연구≫, 제12권 3호, 97~117쪽.
_____. 2018. 『웹툰, 트랜스미디어 스토리텔링의 구조와 가능성』. 커뮤니케이션북스.
박대의, “일기처럼 올렸는데 “작가님 너무 좋아요”… SNS 웹툰 전성시대”. ≪매일경제≫(12월 16일), https://www.mk.co.kr/news/culture/10571844
박석환. 2018. 『웹툰 콘텐츠 플랫폼』.커뮤니케이션북스.
박인하. 2005a. “60년대 만화사 : 만화방의 등장과 장르의 확산, 그리고 심의와 독점의 시작”. https://blog.naver.com/enterani/120015475022
_____. 2005b. “70년대 만화, 문화의 암흑기에 대중을 위무하다”. https://blog.naver.com/PostView.naver?blogId=enterani&logNo=120015474255
박재현. 2023. “한류 콘텐츠 소비 1위는 ‘웹툰’”. ≪SBS 뉴스≫(3월 10일), https://news.sbs.co.kr/news/endPage.do?news_id=N1007110045

박준용. 2020. “재주는 웹툰 작가가 부리고… 매출 90퍼센트 ‘통행세’로 뜯긴다”. ≪한겨레≫(11월 16일), https://www.hani.co.kr/arti/society/society_general/970061.html
박지혜. 2015. 「문화콘텐츠산업의 새로운 트렌드, 스낵컬처(Snack Culture)의 현황 및 전망」. ≪KIET 산업경제 4월호≫, 산업연구원, 46~53쪽.
배일한. 2000. “인터넷 만화 “웹툰” 전성시대”. ≪전자신문≫(1월 22일), https://www.etnews.com/200001220015
백종성. 2022. 「SNS 웹툰에서 나타나는 참여적 특성 연구: 준사회적 상호작용을 중심으로」. ≪만화애니메이션연구≫, 제68호, 255~270쪽.
서은영. 2018. 「웹툰 시대의 서막을 연 〈순정만화〉의 의미」. 장상용 외 지음. 『웹툰, 어떻게 정의할 것인가』. 한국만화영상진흥원.
서찬휘. 2017. “[ESC] 10분 만에 읽는 초간단 조선웹툰실록”. ≪한겨레≫(12월 20일), https://www.hani.co.kr/arti/specialsection/esc_section/824448.html
성승은. 2018. 「웹툰 공식번역에 대한 팬번역의 함의」. ≪동서비교문학저널≫, 제48호, 173~197쪽.
손상익. 1998. 『한국만화 통사 하권』. 시공사.
송태형, 1999, “[사이버] 네티즌: (사이버문화) 만화도 이젠 PC방서 본다”. ≪한국경제신문≫(11월 9일), https://www.hankyung.com/news/article/1999110804291
신동희·김희경. 2010. 「트랜스미디어 콘텐츠 연구: 스토리텔링과 개념화」. ≪한국콘텐츠학회 논문지≫, 제10권 10호, 180~189쪽.
신윤환. 2002. 「동아시아의 “한류” 현상: 비교 분석과 평가」. ≪동아연구≫, 제42호, 5~34쪽.
안희정. 2018. “네이버웹툰, 영화사 ‘스튜디오 N’ 설립,” ≪ZDNet Korea≫(8월 9일), https://zdnet.co.kr/view/?no=20180809142129
_____. 2021a. “카카오페이지·카카오M 합병…‘카카오엔터테인먼트’ 출범”. ≪ZDNet Korea≫(1월 25일), https://zdnet.co.kr/view/?no=20210125104439
_____. 2021b. “왓패드에서 태피툰까지…네이버의 스토리텔링 시장 초격차 전략”. ≪ZDNet Korea≫(3월 18일), https://zdnet.co.kr/view/?no=20210318144856
윤선영. 2022. “네이버웹툰의 저력… 日 한달 거래액 ‘970억’”. ≪디지털타임스≫,(9월 7일), https://www.dt.co.kr/contents.html?article_no=2022090802101131820001
이강로. 2004. 「한국내 반미주의(反美主意)의 성장과정 분석」. ≪국제정치논총≫, 제44집 4호, 239~261쪽.
이경우. 2000. “천리안, 만화전문사이트 “웹툰””. ≪전자신문≫(8월 9일), https://www.etnews.com/200008090020
이만열. 1988. 「한미 교육관계와 기독교: 한국 기독교와 미국의 영향」. ≪한국과 미국≫, 경남대학교 극동문제연구소, 65~116쪽.
이보혜·윤기현. 2021. 「SNS 1인 미디어 웹툰의 흐름: 인스타툰을 중심으로」. 제26권 3호, 149~160쪽.
이상경. 2007. 「1950년대 한미관계와 한국문화의 변천」. 서울대학교 외교학과 석사논문.
이영아. 2021. “[같이봐영] 20년 역사 ‘다음웹툰’ 아듀! 영광의 기록들(feat.카카오웹툰)”. TechM(8월 1일), https://www.techm.kr/news/articleView.html?idxno=86711

이용훈. 2012.「장르융합형 지식만화의 만화시장 창출과정에 관한연구」. ≪만화애니메이션연구≫, 제27호, 51~78쪽.
이지영. 2016.「윤태호 웹툰의 트랜스미디어 확장성 연구: 〈미생〉, 〈내부자들〉의 캐릭터 스토리텔링을 중심으로」. 중앙대학교 예술대학원 공연영상학과 석사논문.
임영묵. 2023.「K-Pop 팬덤과 아시아 청년세대의 정체성운동」. ≪아시아 브리프≫, 제3권 31호.
장상용. 2018.「웹툰의 전사(前史)로 본 웹툰에 대한 정의」. 장상용 외 지음.『웹툰, 어떻게 정의할 것인가』. 한국만화영상진흥원, 19~31쪽.
전경란. 2010.「트랜스미디어 콘텐츠의 텍스트 및 이용 특징」. ≪한국콘텐츠학회논문지≫, 제10권 9호, 243~250쪽.
정형모. 1999. "만화전문 인터넷방송 '애니비에스' 인기". ≪중앙일보≫(6월 22일), https://www.joongang.co.kr/article/3792261
젠킨스, 헨리. 2008.『컨버전스 컬처: 올드 미디어와 뉴 미디어의 충돌』. 김정희원·김동신 옮김. 비즈앤비즈.
조성운. 2007.「소비 대중 문화의 형성과 광고」. 국사편찬위원회 편.『광고, 시대를 읽다』. 두산동아, 203~287쪽.
조희영. 2018.「국내 영상콘텐츠에 적용된 트랜스미디어 스토리텔링 연구: 웹툰 활용을 중심으로」. ≪한국엔터테인먼트산업학회논문지≫, 제12권 3호, 309~322쪽.
주은우. 1994.「90년대 한국의 신세대와 소비문화」. ≪경제와 사회≫, 제21권, 70~91쪽.
채희상. 2021.「트랜스미디어 환경 속 웹툰의 가능성」. ≪HALLYU NOW≫, volume 43, 7+8월호, 한국국제문화교류진흥원, 18~25쪽.
최다래. 2021. "네이버웹툰 박찬규 CTO "불펌 차단·번역·자동채색으로 작가 지원"". ≪ZDNet Korea≫(11월 24일), https://zdnet.co.kr/view/?no=20211124154857
최민영. 2021. "네이버, 왓패드 인수… 웹툰 웹소설 플랫폼 세계 1위". ≪한겨레≫(1월 21일), https://www.hani.co.kr/arti/economy/it/979640.html
최인준. 2020. "봉준호 안부럽다, 해외서 찬사 이어지는 K웹툰". ≪조선일보≫(7월 15일), https://www.chosun.com/site/data/html_dir/2020/04/09/2020040902077.html
카카오엔터테인먼트. 2021. "카카오엔터테인먼트 북미 플랫폼 타파스, 래디쉬 인수 확정! 영미권 성장 가속화" 보도자료(10월 5일), https://kakaoent.com/pr/detail/3
하선영. 2017. "네이버가 '독자가 주인공 만지고 이름 부르는' 웹툰 만드는 이유". ≪중앙일보≫(12월 21일), https://www.joongang.co.kr/article/22225173#home
한국국제문화교류진흥원. 2023.『2023 해외한류실태조사』. 한국국제문화교류진흥원.
한국콘텐츠진흥원. 2013. "이제는 웹툰도 스마트하게 본다! 웹툰 어플리케이션". 한국콘텐츠진흥원 상상발전소(7월 15일), https://koreancontent.tistory.com/1607
한국콘텐츠진흥원. 2021.『미국 콘텐츠 산업동향 2021년 7호』. 한국콘텐츠진흥원.
한창완. 2013.『만화의 문화 정치와 산업』. 커뮤니케이션북스
홍지민. 2012a. "[K-코믹스 신한류 이끈다] (2) 1950~60년대 만화를 말하다," ≪서울신문≫(4월 30일), https://www.seoul.co.kr/news/newsView.php?id=20120430019003

_____. 2012b. "[K-코믹스 신한류 이끈다] (4) 1990~2000년대 만화를 말하다". ≪서울신문≫(5월 14일), https://www.seoul.co.kr/news/newsView.php?id=20120514018002
_____. 2017. "인기 만화 플랫폼 타고 해외로… 현지화로 거세지는 '웹툰 한류'". ≪서울신문≫(1월 30일), https://www.seoul.co.kr/news/newsView.php?id=20170131017002
황인선. 2014. "인기웹툰, '라인 웹툰'에서 중국어와 영어로 만나자!" ≪한경 게임톡≫(7월 2일), https://www.gametoc.co.kr/news/articleView.html?idxno=19528

Acuna, Kirsten. 2016. "Millions in Korea are obsessed with these revolutionary comics — now they're going global." *Business Insider*, February 12. https://sg.finance.yahoo.com/news/millions-korea-obsessed-revolutionary-comics-003000730.html
Bark, Dongsuh. 1984. "The American-Educated Eilte in Korean Society." in Youngnok Koo and Dae-Sook Suh(eds.). *Korea and the United States: A Century of Cooperation*. Honolulu: University of Hawaii Press.
Benkler, Yochai. 2006. *The Wealth of Networks*. New Haven and London: Yale University Press.
Cho, Heekyoung. 2021. "The Platformization of Culture: Webtoon Platforms and Media Ecology in Korea and Beyond." *Asian Studies*, Vol.80, No.1, pp.73~93.
Gillespie, Tarleton. 2010. "The Politics of Platforms." *New Media and Society*, Vol.12, No.3, pp.347~364.
Henderson, Gregory. 1986. "Why Koreans Turn Against Us." *The Washington Post*, July 1. https://www.washingtonpost.com/archive/politics/1986/07/01/why-koreans-turn-against-us/2bb95d37-092d-4119-9b79-997b919d7aaf/
Jang, Wonho and Jungeun Song. 2017. "Webtoon as a New Korean Wave in the Process of Glocalization." *Kritika Kultura*, Vol.29, pp.168~187.
Jin, Dalyong. 2015. "Digital convergence of Korea's Webtoons: transmedia storytelling." *Communication Research and Practice*, Vol.1, No.3, pp.193~209.
Kim, Rosalie. 2022. "Webtoons: From Scrolling to Streaming." in Rosalie Kim(ed.). *HALLYU! The Korean Wave*. London: V&A Publishing. pp.72~85.
Listly. 2019. "How much is the average income of Webtoon artist?" the medium, September 27. https://listly.medium.com/how-much-is-the-average-income-of-webtoon-artist-35971b8bf4d3
Steinberg, Marc. 2020. "LINE as Super App: Platformization in East Asia." *Social Media + Society*, Vol.6, No.2, pp.1~10.
Van Dijck, Jose. 2013. *The Culture of Connectivity*. Oxford University Press.
Yecies, Brian. 2018. "Dreaming Webtoons in China and the Next Korean Wave." in M. Keane, B. Yecies, and T. Flew(eds.). *Willing Collaborators: Foreign Partners in Chinese Media*, pp.123~138.

7 한미 가치·규범 협력

민주주의와 인권

김헌준 | 고려대학교

1. 서론

미국과 중국을 중심으로 한 국제정치에서 가치와 규범 문제는 점차 중요해지고 있다. 국제정치에서 인권과 민주주의, 법치, 자유무역 등은 가치·규범의 영역으로 전통적 시각에서는 핵심이 아닌 주변적 요소로 이해되었다. 가치value는 일반적으로 한 국가가 추구하는 원칙으로 이해되고, 규범norm 혹은 국제규범은 그런 원칙들이 국제사회에서 모여 이룬 집합적 기대collective expectation를 뜻하지만 두 용어는 큰 구별 없이 사용되었다(Finnemore and Sikkink, 1998). 가치·규범 문제가 국제정치의 주요 이슈로 떠오르면서 대개는 이들이 가진 도구적 효용성instrumental utility에 주목했다. 즉, 가치·규범 문제는 그 자체가 중요한 것이 아니라 그것을 사용해서 이루려고 하는 목적이 더 중요하다는 주장이다. 트럼프 정부에서 인권과 민주주의가 중국을 압박하는 수단으로 사용되었다고 보는 것이 대표적인 예이다.

하지만 가치·규범의 문제는 절대 이렇게 단순하게만 볼 수 없다. 역사적으로 볼 때 가치·규범은 군사, 안보, 통상, 기술 영역과 밀접히 영향을 주고받지만, 다른 문제가 해소되어도 가치·규범 갈등은 남아 있을 수 있다. 미·중 관계가 대표적인 경우이다. 1989년 톈안먼 사태로 시작된 통상 갈등은 클린턴의 인권 문제와 최혜국 대우를 연계하지 않겠다는 선언으로 일단락되었다. 하지만, 이후에도 인권 문제는 끊임없이 미·중 관계에 등장했다. 이는 가치·규범 문제의 독자성autonomy을 잘 보여주는 사례이다. 또한 가치·규범은 다른 영역과 긴밀히 연계linkage되어 진행된다. 트럼프 시기 미·중 관계에서 통상과 가치가 연계되었고, 바이든 시기에도 첨단기술과 인권, 노동, 민주주의 등 가치·규범 문제가 밀접히 연계되었다. 바이든은 임기 초부터 필수 공급망이라는 형태로 통상 및 첨단기술과 가치·규범을 연계하고 있다.

바이든은 등장과 동시에 인권과 민주주의 등 가치·규범을 전면에 내세우며 권위주의 중국과 러시아에 대항하는 국제질서 조성에 힘쓰고 있다. 특히 2022년 2월에 시작된 러시아의 우크라이나 불법 침공은 미국이 국제사회를 바라보는 중요한 관점인 권위주의 대對 민주주의 구도를 강화시켰다. 더 나아가, 미국은 중국의 신장·위구르 인권침해에 대해 EU, 일본과 협력을 시도했고, 2022년 12월과 2023년 3월에 민주주의 정상회의를 개최했다. 가치·규범 문제는 국내와 국제정치를 넘나들면서 추진되는 정책이라서 어느 정도 일관성을 가지며 지속성을 보인다. 미·중 관계에서 보듯이 한 국가가 추구하는 대외적 가치·규범은 국제정치에만 적용되는 것이 아니라 국내정치에서도 추구하는 원칙인 경우가 대부분이다. 따라서, 가치·규범에 관련된 정책은 쉽게 바뀌지 않는다는 특징도 있다.

가치·규범 문제는 다자 무대인 국제정치뿐만 아니라 양자 관계인 한미관계에서도 중요하다. 동맹 70주년을 맞아 한미관계는 새로운 전기를 맞았다. 하지만 한미관계를 둘러싼 국제정치 환경과 국내 및 지역적 환경은 우호적이지만은 않다. 전통적으로 한미관계는 주로 군사, 안보 혹은 통상, 문화 중심의 동맹으로 이해되었다. 물론, 양국 관계에서 군사, 안보 등의 영역에서 전략적 소통을 증진하려는 노력과 통상, 첨단기술 등의 영역에서 공동 이익을 찾는 노력은 매우 중요하다. 하지만 양국이 가치·규범 영역에서 협력해 공통의 가치를 찾고 국제규범을 만드는 일은 이러한 전략적 소통과 공동 이익 추구가 장기적으로 지속되기 위해 없어서는 안 될 요소이다.

특히 한미 양국은 2023년 현재 4차 산업혁명으로 인해 인권과 민주주의의 여러 변화를 맞았다. 인공지능, 빅데이터, 사물인터넷, 자율주행 등으로 대표되는 4차 산업혁명은 기술 부문에 있어 인류에게 놀라운 편의와 혜택을 줄 것으로 예상된다. 빅데이터와 인공지능을 활용해 복지 사각지대를 재빨리 찾아내고, 정교한 맞춤형 복지를 제공하는 모델이 그 예이다. 또한, 인공지능이 인간이 가진 편견과 오류를 극복할 수 있다고 여겨져 이미 많은 기업의 채용 과정에서 인공지능을 활용한 면접이 이루어지고 있다. 이는 모두 4차 산업혁명으로 인한 기술의 발달이 오랜 기간 한국과 미국이 각자 추구해 온 민주주의와 인권 등 가치·규범 문제에 긍정적 영향을 줄 수 있는 가능성을 보여준다.

하지만, 4차 산업혁명은 편의와 가능성과 함께 인권과 민주주의에 심각한 도전도 가져올 것으로 예상된다. 빅데이터, 인공지능, 생체정보와 안면 인식 기술은 이미 중국의 신장 지역에서 감시와 통제의 도구로 사용되고 있다. 이 지역에서 중국은 스마트폰에 설치한 앱으로 개인의 동선, 카메라, 녹음기 등을 이용해 무차별적으로 개인정보를 수집해 통제와 질서 유지에 활용하고 있다. 무선 인터넷 접속과 소셜네트워크SNS에 대한 정교한 통제는 미얀마에서 반反군부 시위를 막는 수단으로 사용되었다. 챗지피티ChatGPT로 대표되는 생성형 인공지능의 등장은 무제한으로 텍스트, 이미지, 동영상을 생성해 내어 이미 있는 가짜 정보misinformation를 확산시켜 민주주의의 핵심인 선거에 큰 위기를 초래할 수 있다. 가짜 정보의 확산뿐만 아니라 의도적으로 잘못된 정보를 유통시키는 관행disinformation도 문제가 된다. 더 나아가, 인공지능과 로봇의 등장은 특정 업종에 대한 대량 실업을 초래해 불평등과 사회 혼란의 요인이 될 것으로 전망된다.

이 장은 4차 산업혁명 시대에 더욱 중요해진 인권과 민주주의라는 가치·규범 영역에서의 한미 간 협력을 다룬다. 가치·규범 영역에서 한미 협력을 개괄하고, 현재까지의 노력을 비판적으로 평가하며, 이를 개선하기 위한 제언과 방안을 제시한다. 한미동맹에서 가치·규범의 문제는 미국의 대對중국 전략과 떼어놓고 생각할 수 없다. 따라서 우선 미국의 대對중 전략으로서의 가치와 규범 문제를 개괄하고, 이를 바탕으로 한국과의 관계에서 가치와 규범 문제를 논의한다. 4차 산업혁명 시대에 가치·규범의 문제는 절대 단순하지 않다. 이 글에서는 가치·규범 문제가 갖는 복합성과 다면성을 드러내 이런 상황에서 미국이 취할 수 있는 태도를 제시하고 이에 대응해 한국이 취해야 하는 정책을 제안한다.

2. 미국의 대(對)중 전략에서의 가치·규범의 중요성

1) 트럼프 등장 이후 미중 관계에서의 가치·규범 동향

최근 국제정치에 나타난 가시적 변화는 미·중 관계, 더 정확히 미·중 갈등이다. 지난 10여 년 동안 미·중 양국은 중국의 군사적·경제적 부상, 미국의 아시아 중심 전략pivot to Asia, 중국의 남중국해 인공섬 건설, 미국의 항행의 자유 작전, 트럼프 등장 이후 악화된 통상 분쟁, 홍콩 민주화운동의 탄압, 신장·위구르 자치구의 소수민족 문제 등을 둘러싼 갈등을 겪었다. 이는 시진핑의 등장으로 공세적인 중국assertive China이 가시화되면서 악화되었고, 미국에서도 오바마 정부 시기부터 시작된 갈등과 긴장이 트럼프와 바이든 행정부에서 점증하고 있다. 현재 미·중 양국의 갈등은 군사·안보, 통상·금융, 과학·기술, 가치·규범 등 다양한 영역에서 전방위적으로 펼쳐지고 있다.

코로나19 감염병은 2019년 이전에 진행 중이던 갈등을 급속히 증폭했고 여전히 감염병의 기원 문제로 긴장이 남아 있다. 특히 미국 우선주의America First를 내세운 트럼프와 도광양회韜光養晦를 폐기한 시진핑 조합은 코로나와 함께 "신냉전New Cold War"으로까지 불리는 상황을 조성했다(Kaplan, 2019). 미·중 양국은 코로나 기원, 중국의 내부고발자 억압, 중국 책임과 배상, 미국의 코로나 대응 실패, 세계보건기구의 역할, 방역물자와 백신의 보급 등의 문제에서 충돌했다. 더 나아가, 중국의 공격적 전랑戰狼 외교wolf warrior diplomacy는 이런 상황을 악화시켰다. 같은 시기에 발생한 미국의 인종 갈등Black Lives Matter, 부정선거 시비와 미 의사당 난입 폭동도 상황을 악화시켰다.

트럼프-시진핑 시기 미·중 갈등이 최악인 상태에서 발표된 문서가 2020년 5월 공개된 「미국의 중국 전략보고서U.S. Strategic Approach to the People's Republic of China」이다(U.S. Department of Defense, 2020). 이는 수교 이후 미국의 대對중국 관여 전략이 중국 공산당의 정책과 속성 때문에 성공하지 못했다고 평가하고, 국익을 위해 경제, 가치, 안보 영역에서의 중국의 도전에 적극적으로 대응할 것을 천명했다. 가치·규범 연구에서 흥미로운 점은 미국이 설정한 우선순위 중 가치의 문제가 안보보다 더 중요한 두 번째라는 점이다. 이 문서는 미·중 관계에 대한 명백한 재설정으로, 곧바로 6월과 7월에 국가안보회의NSC의 오브라이언Robert O'Brien 보좌관(6월 24일), 연방수사국FBI 레이Christopher Wray 국장(7월 7일), 바William Barr 법무장관(7월 16일), 폼페이오Mike Pompeo 국무장관(7월 27일)의 유사한 성격의 강경한 담화 발표로 이어졌다.

중국도 적극적으로 대응해 미국의 공세에 맞섰다. 외교 담당 국무위원 양제츠는 8월 논평을 발표해 미국의 중국 공산당에 대한 악의적 공격과 중국에 대한 내정간섭을 비난했다. 더 나아가, 미국의 공세에 대응하기 위해 핵심 이익을 지킬 것을 천명했고, 미국에게 내정간섭을 멈추고 대화와 소통을 통해 건설적 관계를 만들자고 주문했다(Yang, 2020). 왕이 외교부장도 미국의 전략을 "심각한 오판"으로 지적하며 미국이 잘못된 길을 가고 있고 중국은 이에 대응할 준비가 됐다고 밝혔다. 중국은 자국을 "가장 중요한 지정학적 도전이자 유일한 경쟁자"로 규정한 문서에 온건하게 대응할 수는 없었을 것이다. 하지만 바이든 시기에도 미·중 갈등이 완화될 조짐은 보이지 않는다.

대선 과정에서 보인 바이든의 대對중국 메시지는 트럼프의 강경책과 별 차이가 없다. 바이든은 선거 토론회에서 중국에 대한 일성一聲으로 "중국은 반드시 국제 규칙에 맞게 행동해야 한다(China must play by international rules)"라고 강력히 주장했다. 블링컨Tony Blinken 국무장관도 상원 인준 청문회에서 트럼프의 중국 외교정책의 구체적 방법에는 동의하지 않지만, 그 원칙은 바르다고 했다. 미국 내부에서는 중국의 공세적 외교, 미국을 포함한 외국 선거 및 시민사회 침투, 강제노동 활용이나 특허나 지식재산권을 무시하는 불공정한 무역관행 등이 중대한 위협이라는 초당적 인식이 있다(Weiss, 2019).

양국 정상 간 첫 비대면 회담은 이례적으로 두 시간에 걸쳐 진행되었고 기후변화, 유엔, 아시아를 포함한 지역 문제 등 다양한 국제 문제에 관한 입장을 나눴다. 하지만, 미국은 중국의 불공정한 경제 관행, 홍콩과 신장·위구르 인권침해 문제에 대한 우려를 표명했고, 중국은 이는 핵심 이익이며 미국은 내정에 간섭해서는 안 되고 신중하게 행동해야 한다고 주문했다. 2022년 11월에 성사된 바이든-시진핑의 첫 대면 정상회담도 분위기는 비슷했다. 세 시간에 걸쳐 진행된 회담은 공동성명이나 공동 브리핑 없이 마무리됐는데, 여기서는 양국이 최소한 지켜야 할 선red line만 상호 설명하고 갈등이 발생했을 때 그것이 확대되지 않을 수 있는 장치guard rail만 마련했다. 이후에도 양국 관계는 큰 변화가 없고 오히려 정찰 풍선 격추 문제로 심각하게 악화된 관계가 최근(2023.6) 블링컨의 중국 방문으로 약간 개선되는 형국이다.

미·중 관계의 큰 방향은 갈등이 점증하는 쪽으로 갈 것으로 보인다. 여기에는 중국 요인과 미국 요인이 있다. 첫째, 중국 요인으로 더욱 밀접해진 국내정치와 외교정책의 연결이 있다. 중국 외교에는 항상 국내 청중을 향한 정치적 요소가 있었지만 제20차 당대회 문건에 이런 경향이 특히 강했다. 중화민족의 위대한 부흥, 사회주의, 중국식 근대화 전면 추진과 같은 경제나 발전을 강조한 것은 제19차 대회와 유사하다. 하지만 국제정세에 대한 인식에서는 큰 차이가 나타난다. 특히 국제정세를 논의하면서 위험한 폭풍dangerous storm이나 난기류turbulence와 같은 용어를 쓰면서 미국의 위협을 부각했다. 왕이 외교부장이나 친강 주미 대사의 임명에서 보듯이 전랑 외교도 유지할 것으로 보인다.

둘째, 미국 요인이다. 2022년 발표한 「국가안보전략National Security Strategy」이나 블링컨 국무장관의 아시아 소사이어티Asia Society 중국 연설을 보면 중국에 대한 강한 견제를 유지할 것임을 알 수 있다. 특히 미국은 현재가 미·중 관계에서 변곡점inflection point임을 강조한다. 즉, 향후 10년이 매우 중요한 시기critical decade로 미국은 국내 투자invest, 동맹align을 통한 경쟁, 중국과의 경쟁compete을 추구할 것임을 밝혔다. 중국은 미국에 도전할 의도와 능력을 갖춘 유일한 위협이기 때문에 국내 경제와 첨단기술의 우위를 가장 중심에 두고, 동맹과 파트너를 활용해 민주주의와 권위주의 대립 구도를 만들어 대응하는 것이다. 결국 미국은 「국가안보전략」에서 "극단적 경쟁extreme competition"이라 부르는 갈등 상황을 중국과 맞이할 것으로 보인다.

2) 미국의 인권과 민주주의 관련 대(對)중 정책[1]

미국은 가치·규범 영역에서 중국에 대해 두 가지 정책을 사용했고 앞으로도 그러할 것으로 보인다. 첫째는 중국의 심각하고 체계적인 인권침해에 대한 지속적인 비판과 정책 변화 요구이고, 둘째는 중국의 비민주적 권위주의 체제에서 나오는 문제점을 지적하는 것이다. 우선 심각한 인권침해에 대한 정책은 세 가지 정도의 중점 사안이 있다. 첫째, 홍콩, 신장·위구르, 티베트 등 현재 진행 중이거나 최근에 발생한 중국 국내의 심각한 인권 문제를 부각하는 것이다

1 이 부분은 김헌준(2021a)을 보완하고 발전시켜 논의했다.

(Kim, 2020). 둘째, 톈안먼 사태, 709 인권변호사 체포 사건, 달라이 라마, 반체제 인사 탄압 등 중국의 과거 인권침해가 아직도 해결되지 않았음을 드러내는 것이다. 셋째, 이런 과정을 통해 중국이 국제인권법과 제도를 무시하는 국가임을 드러내고, 개혁·개방 이후에도 중국이 변하지 않았음을 지적한다.

이를 위해 다음과 같은 정책이 시행되었다. 첫째, 미국은 중국의 새로운 인권침해에 대해 관련 법안을 의회 입법과 대통령 행정명령을 통해 만들고 집행했다. 2019년 홍콩 인권과 민주주의 법Hong Kong Human Rights and Democracy Act, 2020년 위구르 인권정책 법The Uyghur Human Rights Policy Act of 2020, 2020년 티베트 정책과 지지법Tibet Policy and Support Act of 2020이 그 대표적인 예이다. 2021년 중국의 홍콩 보안법 제정 이후 만든 홍콩 자치법Hong Kong Autonomy Act을 볼 때 사안의 심각성에 따라 추가 입법도 언제든지 가능하다는 것을 알 수 있다. 바이든도 트럼프의 홍콩 관련 행정명령The President's Executive Order on Hong Kong Normalization을 유지하고 있으며, 홍콩, 신장도 마그니츠키법을 적용하고 있다. 이런 법들은 인권침해를 저지른 핵심 인물과 단체를 제재하고, 관련 인권을 옹호하는 개인과 단체를 지원하는 것을 포함한다.

둘째, 최근에 등장한 정책은 새로운 인권침해에 연루된 중국 기업과 개인에 대한 제재이다. 2019년 트럼프는 신장의 통제와 감시를 이유로 감시카메라 업체인 다화Dahua와 하이크비전Hikvision, 인공지능 업체인 아이플라이테크와 센스타임의 수입을 금지했다. 이후에도 강제노동, 자의적 구금, 유전자 정보의 수집과 분석을 이유로 중국 기업 80여 곳으로부터 수입을 금지했다. 더 나아가 인공지능, 첨단 반도체, 유전자 분석 등의 기술과 장비를 보유한 미국 기업에 중국과의 연구개발이나 판매를 금지하는 조치를 취했다. 바이든도 이런 조치를 유지하고 있으며, 2021년에는 중국의 대량살상무기 개발을 이유로 슈퍼컴퓨팅 업체도 포함하는 등 제재 대상을 확대했다. 최근 미국은 인공지능, 슈퍼컴퓨터, 안면 인식, 유전자 분석 등 첨단기술을 이용한 중국의 인권침해를 막으려고 노력하고 있다.

셋째, 중국 인권침해에 대해 동맹과 국제적으로 공조하는 정책이다. 미국은 최근 중국의 인권침해에 대해 지적할 때 최소한 G7 국가, 혹은 미국이 초청한 다른 국가와 함께 공동성명을 발표하는 정책을 유지하고 있다. 또한 한·미, 미·일 등 양자 정상회담의 공동성명에도 중국의 인권 상황에 관한 우려를 반드시 포함한다. 홍콩과 신장에 대한 심각한 우려는 미일 공동성명과 EU-G7 공동성명에 담았다. 최근 한미 공동성명에서는 북한 인권, 우크라이나, 타이완 해협 등을 언급했다. 이는 단순한 비난이 목적이 아니라 이를 기초로 실행이 가능한 공동 정책을 만드는 것을 목표로 한다. 미국과 유럽에서 동시에 진행된, 강제노동이 의심되는 신장에서의 면화, 의류에 대한 수입 금지 조치가 그 대표적인 예이다. 이와 유사한 조치들은 지속적으로 증가할 것으로 예상된다.

다른 한편으로 미국은 비민주적 권위주의 체제에서 나오는 문제점도 지적한다. 이는 세 가지 정도로 구분된다. 첫째, 시진핑의 장기 집권을 도모하는 중국과 상당 기간 민주주의 체제를 유지하고 국제적 발전상을 보이는 타이완을 대비시키는 방법이다. 둘째, 최근 북한, 러시아, 중국 등 권위주의 국가에서 빈번히 자행되는 인질 외교hostage diplomacy, 해외 침투와 영향력 공작influence operation, 해킹과 사이버 공격 등을 부각해 권위주의 체제 자체가 국제적 위협이 됨을 드러낸다(Krejsa, 2018; Walt, 2021). 셋째, 4차 산업혁명 시기에 권위주의가 개발하고 보유한 첨단기술은 인권침해를 일으키고, 이를 해외에 전파하는 디지털 권위주의digital authoritariansm로 이어질 것을 강조한다(Polyakova and Meserole, 2019).

이를 위해 다음과 같은 구체적인 정책이 시행되었다. 첫째, 미국은 최근 타이완과 교류를 강화하고 국가 위상을 높이려고 노력했다. 미국의 이런 정책은 바이든 시기에 더욱 명확해졌다. 우선, 바이든은 취임식에 타이완 대표를 공식 초청했다. 또한 취임 직후 팔라우 주재 미국 대사가 타이완을 방문했는데, 이는 모두 선례가 없는 조치였다. 같은 해 4월에도 전직 상원의원, 국무부 부장관으로 구성된 상당히 비중 있는 대표단이 타이완을 방문했다. 또한 외교를 넘어 잠재적 군사, 준準군사 및 경제 분야에서도 타이완과 협력을 강화하고 있다. 2021년 2월 양국은 해양경찰 분야 협력을 약속했고, 국무부 동아태 차관보(대행)이 양해각서 체결식에 직접 참석해 중국의 반발을 샀다. 첨단기술 분야에서도 미국은 타이완 반도체 기업인 TSMC에 긴밀히 협력하고 있다. 더 나아가, 미국은 타이완이 각종 국제기구에 참여하는 것을 촉구하거나 지지하는 노력도 하고 있다. 이런 정책은 최근(2022.8) 펠로시Nancy Pelosi 하원의장의 타이완 공식 방문으로 이어졌고, 이어서 차이잉원 대통령의 미국 방문으로도 이어졌다.

둘째, 권위주의 국가에서 필연적으로 나올 수밖에 없는 위협을 부각하는 정책이다. 미국은 중국이 미국, 호주, 캐나다, 일본 국민을 불법적이고 자의적으로 억류하는 것에 관해 문제를 제기했다. 또한, 중국이 코로나19 기원 조사를 둘러싸고 호주와 벌인 갈등 과정에서 실시한 경제보복 행태나 호주 주재 중국 대사관에서 발표한 "14개 불만Fourteen Points Grievances" 등 모욕적이고 공세적인 외교에 대해 비난했다(Cheng, 2020; Kearsley, Bagshaw and Galloway, 2020). 더 나아가, 중국이 해외에서 벌이는 불법 공작과 영향력 활동도 폭로했다(Diamond and Schell, 2018). 미국, 캐나다, 프랑스, 독일, 호주, 뉴질랜드, 일본 등지에서 침투·영향력 공작, 해킹과 사이버 공격이 있었다. 그리고 세계 각국에 흩어진 중국 유학생 감시와 통제, 인터넷 댓글 공작, 해외 교수 및 연구 인력의 포섭, 공격적 뇌물 전략 등도 새로운 위협으로 인지하고 대응하고 있다(Li, 2016; Zelikow, Edelman, Harrison, and Gventer, 2020; Zweig and Kang, 2020).

셋째, 미국은 국제공조를 통해 중국의 위협에 대응하고 있다. 이는 인권침해에 대응하는 방식과 상당히 유사하다. 예를 들어 디지털 권위주의의 전파에 대해 미국은 EU-G7 공동성명을 통해 열린사회open societies 구상을 세웠다. 또한 최근 한미 정상회담 공동성명에서도 열린 인터넷과 개방적 무선접속망 등을 지지하는 문구를 포함했다. 이외에도 유엔 인권이사회, 쿼드Quad, 미일 및 한미 정상회담을 통해 중국의 전략을 견제하고 있다. 더 나아가, 미국은 중국이 국제기구에서 중국의 인권이나 민주주의 문제를 제기하는 개인, 비정부기구나 외교관을 어떻게 위협하며, 합법적 절차를 위장해 이들을 억압하는지도 폭로하며 중국에 대응하고 있다(Richardson, 2020; Feltman, 2020).

3. 미국의 가치·규범 외교와 동맹으로서의 한국

한국은 미국의 가치·규범 외교에 익숙하다. 한국전쟁은 미국 주도 유엔군의 지원으로 북한의 침공으로 인한 공산화를 막은 중요한 사건이다. 냉전 시대에 한국은 일본과 함께 북한과 중공, 러시아 등 동아시아에서 공산주의에 대한 방어벽으로 활약하기도 했다. 노무현 정부 때 한국은 국내의 거센 반발에도 불구하고 미국과 영국에 이어 세 번째로 많은 병력을 이라크에 파병해 미국을 지원하기도 했다. 반면 박정희 시절 한국은 카터 대통령과 미 의회의 인권 압박 외교의 표적이 되기도 했다. 물론 이 사건 중 일부는 정확하게 가치·규범 영역에 해당하지 않고 전략, 안보와 겹쳐 있긴 하지만 그래도 큰 틀에서 가치·규범이 전면에 나선 경우이다. 이 절에서는 최근 몇 년 사이 일어난 한미 정상회담과 민주주의 정상회의를 중심으로 양국 관계에서의 가치·규범 문제가 어떻게 진행되고 있는가 개괄하고 그 의미를 분석한다.

1) 한미 정상회담과 가치·규범 협력

(1) 2021년 5월 문재인-바이든 정상회담[2]

2021년 5월 문재인-바이든 정상회담은 중요한 성과와 함께 숙제를 남겼다. 가치·규범 영역만 떼놓고 볼 때는 이룬 성과보다 남은 과제가 더 많았다고 평

2 이 부분은 김헌준(2021b)에서 일부 발췌했다.

가할 수 있다. 우선, 가장 큰 성과는 가치·규범에 있어 한미 양국이 그 원칙이 크게 다르지 않음을 확인한 것이다. 공동성명에 나타난 "국내외에서 민주적 규범, 인권과 법치의 원칙이 지배하는 지역의 비전을 공유"한다는 내용이 이를 대표한다. 또한 이는 양국 정상이 한국전 참전군인의 명예훈장 수여식이나 공동의 가치에 기반한 공급망, 첨단기술, 보건 및 백신 협력에 합의했다는 사실에서도 잘 드러난다. 이런 성과는 당시 문재인 정부가 "중국에 기울어진 외교정책"을 펼친다는 비난을 듣고 있었기 때문에 그 의미가 더 크다고 볼 수 있다.

하지만 이 회담은 정권교체가 얼마 남지 않은 시점에서 한국 정부에 쉽지 않은 과제도 많이 남겼다. 직전에 있었던 미일 정상회담과 같이 중국에서 진행 중이던 인권침해인 홍콩이나 신장은 명시되지 않았지만, 한미 정상은 타이완 해협과 남중국해를 "규범에 기반한 국제질서" 차원에서 언급했고, 같은 부분에서 "국내외에서 인권 및 법치를 증진"할 의지도 밝혔다. 더 중요한 점은 인권, 법치, 민주주의를 "국내외"에서 "증진"한다는 표현이 길지 않은 공동성명에서 세 차례 반복됐다는 점이다.[3] 이러한 인권과 민주주의를 국제적으로 증진하기 위한 협력의 토대를 만드는 것은 한국보다는 미국에서 나온 요구라고 판단된다. 또한, 이는 단지 이 정상회담을 위한 일회성 요구가 아니라, 향후 장기적인 미·중 갈등을 염두에 둔 미국의 중요한 포석이라고 판단된다. 이런 미국의 기조는 한미 정상회담 직후 남아공, 인도, 호주와 함께 초청된 G7 정상회의에서도 여실히 드러났다.

가치·규범에서 미국 외교의 방향은 G7 정상회의 공동성명과 네 개의 초청국도 참여한 2021년 6월의 열린사회 공동성명에 잘 드러났다. 이 성명에는 미국과 EU가 구상하는 민주주의 대對 권위주의 국제 구도의 핵심이 담겨 있다. 초청국인 남아공, 인도, 호주, 한국도 이 성명에 참여했다. 성명 채택 직후 당시

3 이 외에도 "북한의 인권 상황을 개선하기 위해 협력"한다는 내용도 포함되었다.

청와대 고위 관계자는 이에 대해 중국을 염두에 두며 "특정 국가를 겨냥하는 내용은 전혀 없었다"고 설명했지만, 한미 정상회담 직후 나온 싱하이밍 대사의 발언과 같이 "중국이란 말은 없지만, 중국을 겨냥해서 하는 것"은 분명하므로 불필요한 논평이었다고 판단된다.[4] 오히려 이 성명에서 제시된 민주주의, 인권, 법치 등의 원칙이 한국도 민주화 이후 지속적으로 추진해 온 원칙이었으며 따라서 국내 가치와의 정합성에 기초해 채택했다고 했더라면 훨씬 의미 있는 발언이었을 것으로 판단된다.

문제는 이 회담이 열렸던 2021년이 미국의 대對중국 구상이 마무리되는 단계가 아니라 기획하는 단계였다는 점이다. 이는 이 회담 이후에 미국은 한국에 점차 더 많은 것을 요구할 것이 분명했다는 점이고, 이는 문재인 정부 후반, 그리고 윤석열 정부에서 그대로 실현됐다. 미국은 G20 정상회의, 유엔 총회, 민주주의 정상회의U.S. Summit for Democracy, 한·미·일 관계 회복 등에서 한국 정부에 구체적이고 강력한 조치를 요구했다. 문재인, 윤석열 두 정권의 차이는 문재인 정부가 미국의 이런 요구에 대해 북한과의 관계 정상화라는 반대급부를 염두에 두고 실행했다면, 윤석열 정부는 매우 적극적이고 자발적으로 구체적인 반대급부에 대한 요구 없이 실행하고 있다는 점이다.

4 이와 유사한 불필요한 논평은 한미 정상회담 직후 나온 타이완 해협에 관한 성명이 "일반적이고도 원칙적인 수준"에서 포함했나는 설명이다. 이는 향후 미국의 적극적 조치를 고려하면 더더욱 불필요한 설명이라고 할 수 있다. 이미 한미 정상회담 시점부터 한국은 단지 중국이라는 단어가 없다거나 일반적 수준이라는 단순한 회피 방식으로 미국의 가치·규범 외교와 거리를 둘 수만은 없는 상황이었다고 볼 수 있다.

(2) 2022년 5월 윤석열-바이든 정상회담[5]

윤석열 당시 대통령 후보는 2022년 2월 ≪Foreign Affairs≫ 기고를 통해 한국의 외교 전략을 제시했다. 우선 이 글은 문재인 정부의 외교 방향에 대한 신랄한 비판으로 시작한다. 특히 문재인 정부의 대對중 외교의 편향성을 비판하고, 한미동맹의 강화를 역설했다. 더 나아가, "문재인 정부가 외교력을 대對북 관계에만 집중해 한국의 국제적 역할이 위축되고 한미동맹이 표류했다"고 주장하며 한미동맹의 강화를 주장했다. 2022년 5월 대통령 취임식 연설에서도 윤석열은 "자유와 인권의 가치에 기반한 보편적 국제규범"을 적극 지지하고 수호하는 데 "글로벌 리더 국가로서의 자세"를 가져야 한다고 역설했다. 2022년 5월 한미 정상회담에서도 이런 외교 기조는 여실히 드러났다.

2022년 윤석열-바이든 한미 정상회담은 그 가치·규범 영역의 내용 측면에서는 1년 전 있었던 문재인-바이든 정상회담과 큰 차이가 없었다. 양 정상은 "북한 인권 상황에 대한 심각한 우려를 표명"했고, "타이완 해협에서의 평화와 안정 유지의 중요성을 강조"하고 "인도-태평양 지역의 인권 상황에 관한 상호 우려를 공유"했다. 대부분은 2021년 한미 정상회담에서 언급된 사안을 재확인하고 구체화하는 것이었다. 다만 중요한 차이는 문재인 정부에서 고위 관계자가 타이완 해협 문제를 특정 국가를 겨냥한 것이 아니고 일반적 선언이라고 급하게 진화한 것과 같은 행동은 없었다는 점이다.

하지만, 중요한 차이는 한미 양국이 가치·규범 영역에서 더욱더 포괄적이고

5 흥미로운 점은 한국의 가치·규범 외교는 한중 정상회담에서도 드러났다는 점이다. 물론 이는 부정적인 결과를 낳았다고 평가된다. 최근 윤석열-시진핑 대면 정상회담은 25분으로 상당히 짧아 구체적 논의를 할 수 있는 상황은 아니다. 윤석열은 여기서도 보편적 가치와 규범에 기반한 국제사회의 자유와 평화에 관한 이야기를 했지만, 시진핑은 글로벌 공급망 안정 문제와 경제 협력에 있어서 정치화 혹은 안보화를 반대한다는, 가치, 자유 등과는 상반되는 목소리를 냈다. 북한에 대해서도 한국의 요구와는 반대되는 이야기를 했다. 왕이 부장이 이후 이 문제에 대해 북한의 합리적 우려를 해결하라고 한 점을 보면 분명히 괴리가 있다.

국제적인 문제까지 논의했다는 것이다. 특히 양국 정상은 "민주주의와 규범에 기반한 국제질서 촉진, 부패 척결 및 인권 증진이라는 양국 공동의 가치에 확고하게 뿌리내리고 있는 한미 간 글로벌 포괄적 전략동맹에 대한 서로의 의지를 재확인"했는데 이는 이전에 볼 수 없었던 포괄적 선언이다. 또한 양국은 "전 세계에서 인권과 법치를 증진하기로 약속"했는데 특히 미얀마 사태가 언급됐다. 또 하나의 차이점은 한미동맹에서 디지털 권위주의에 의한 위협 증가에 대처하기 위해, "전 세계적인 정보의 자유로운 흐름을 보장하는 개방적인 인터넷('네트워크들의 네트워크')을 조성하고 인권을 수호하기로 약속"했다는 점이다. 이는 2023년 4월 윤석열의 미국 공식 방문으로 구체화되고, 한미 양국의 가치·규범 영역에서의 주요 이슈로 개방적 인터넷 문제가 등장했다는 점에서 중요하다.

한국은 한미 정상회담에서 한미동맹을 한반도를 넘어서 "글로벌 포괄적 동맹"으로 격상했다고 자평했다. 이 과정에서 한국의 위상과 역할을 "글로벌 중추 국가Global Pivotal State"로 설정하기도 했다. 이러한 한국의 전략과 외교 방향은 2022년 7월 마드리드 나토 정상회의와 제1차 한미일 정상회의, 2022년 9월 유엔 총회 연설과 한-독일, 한-캐나다 정상회담, 2022년 11월 제2차 한미일 정상회의와 프놈펜 선언에서 재확인됐고, 2022년 12월 자유, 평화, 번영의 인도-태평양 전략으로 구체화했다. 정부는 한미동맹의 강화와 성격 변화를 통해 넓게는 전 세계에서 좁게는 적어도 인도-태평양 지역에서 한국의 역할을 재정립하기 위한 구호와 레토릭을 개발했다고 보여진다.

2023년 4월 대통령의 미국 공식 방문은 상설협의체인 핵협의그룹의 설치와 확장억제의 확인인 워싱턴 선언에 집중되었지만, 가치·규범 영역에서도 어느 정도 성취를 이뤘다. 워싱턴 선언이나 공동성명에는 "민주주의 원칙의 옹호", "보편적 인권, 자유, 법치 수호" 등 기존에 합의한 내용이 재확인되었다. 이번 방문은 두 가지 특징적 변화가 있었다. 첫째, 4차 산업혁명의 도전에 맞춰 인터넷 등 온라인 플랫폼에서의 민주주의와 인권 요소가 부각되었다. 한미 양국은 온라인 자유 연대의 강화와 젠더gender 기반 온라인 희롱과 학대를 퇴치하기 위한 협력을 새롭게 시도했다. 이는 기존의 민주주의나 인권이 오프라인에서 도전받는 것을 넘어 온라인 공간에서 도전받는 것을 심각하게 여긴 결과이다. 또한 이는 중국 등 권위주의 국가나 국내 포퓰리즘의 도전을 고려한 결과이기도 하다. 둘째, 이전과는 달리 한미 양국은 권위주의의 위협 중 특히 경제적 강압 문제에 적극적으로 대응했다. 이 부분은 미국이 중요하게 생각하는 것으로, 비민주적 권위주의 정권에서 필연적으로 나올 수밖에 없는 여러 도전 중 하나이다. 이런 노력의 배경에는 사드 배치 후 한국이나 코로나19 감염병 기원에 대한 조사 요구 후에 호주가 당한 보복이 반복되어서는 안 된다는 강한 인식이 깔려 있다.

2) 민주주의 정상회의와 가치·규범 협력

(1) 2022년 12월 제1차 민주주의 정상회의

미국은 2021년 12월 제1차 민주주의 정상회의를 개최했다. 민주주의 정상회의는 구상할 때부터 국제정치 전반에 대해 매우 방대한 안건을 담았다. 이는 미국이 주도한 G7 회의의 열린사회 공동성명에서 어느 정도 윤곽을 드러냈고, 한국도 G7 회의에 두 차례 초청받으면서 미국의 민주주의 대對 권위주의 국제정치 구도 조성에 상당 부분 관여하고 있었다. 물론 문재인 정부에서는 이 작업에 대해 유보적 입장이었고, 열린사회 공동성명 참여 이후에도 중국을 배려하는 조치를 하기도 했다.

하지만, 제1차 민주주의 정상회의는 일반적으로 실패로 인식되었고, 여기에는 다양한 이유가 있다. 우선, 미국은 최종까지도 어떤 국가를 초청할지 그리고 초청 기준과 이유를 정확히 제시하지 못했다. 미국은 일단 회의의 주제를 권위주의로부터 민주주의 보호, 부패 방지, 인권 증진으로 설정했고, 110여 개 국가를 초청하고 비정부기구도 매우 광범위하게 초청했다. 하지만 코로나19

상황으로 민주주의 정상회의는 비대면 회의로 기획되어 그 위상이 크게 저하되었고, 민주주의와는 거리가 있다고 여겨지는 파키스탄, 필리핀, 헝가리, 터키 등이 초청되어 논란을 일으켰다. 더 나아가, 타이완을 초청하는 문제로 초기부터 중국은 강력히 반발했고, 이 문제는 불필요하게 이슈의 중심을 차지했다.

이렇듯, 민주주의 정상회의는 그 시작부터 미국이 추진한 포괄적 접근이 갖는 역설 때문에 어려운 상황이었다. 일단 국가의 선정에서 포괄적인 입장을 견지해 국제사회의 비난을 샀다. 이는 중국과 같은 권위주의 국가가 쉽게 역공을 펼치는 상황을 만들었다. 중국은 민주주의가 특정 국가의 기준에 따르는 것이 아니라 '인류 공통'의 가치이며, 미국식 민주주의가 있듯이 중국식 민주주의가 있다고 주장했다. 더 나아가, 다양한 논의가 있었지만, 의미 있는 공동 성과물이나 결의도 부재하고, 의제를 설정하는 과정에서도 합의에 도달하지 못해 우왕좌왕하는 모습을 보였다.

개별 국가의 약속으로 마무리된 정상회의에서 한국 정부는 크게 네 가지를 약속했다. 첫째, 공익 미디어를 위한 국제 기금에 참여해 독립 미디어의 기능을 보호하는 것이다. 둘째, 여성의 역량을 증진하기 위해 공적개발원조를 확대하는 것이다. 셋째, 정부의 반부패 노력과 경험 및 내부고발자 보호 노력을 국제적으로 공유하는 것이다. 넷째, 정부의 투명성 강화를 위해 개발도상국과 전자정부 시스템을 공유하는 것이다. 하지만 이런 정부의 약속은 임기 말인 당시로서는 큰 의미가 없는 상황이었고, 특히 미디어의 자유와 여성을 보호하는 정책들은 향후 윤석열 정부에서 오히려 논란이 된 상황이어서 큰 진전은 없었다.

(2) 2023년 3월 제2차 민주주의 정상회의

미국이 한국을 제2차 민주주의 정상회의 공동 주최국으로 초청하고, 윤석열에게 기조 세션의 주재를 요청한 사실은 미국이 한국 민주주의에 대해 가진 기대를 잘 보여준다. 제2차 민주주의 정상회의는 "책임성 있고 투명한 거버넌스

accountable and transparent governance" 및 "성과를 낼 수 있는 민주주의democracies that can deliver"라는 주제로 진행되었다. 제2차 민주주의 정상회의는 2023년 3월 29일부터 30일까지 개최되었고, 한국은 코스타리카, 잠비아, 네덜란드와 같이 공동 주최국으로 참여했다. 제2차 회의는 제1차 회의보다 규모가 커지고 논의도 본회의와 지역회의로 나눠 진행되었다. 여전히 정부, 시민사회, 학계가 참여했고, 민주주의 후퇴에 대해 집중해 논의했다.

윤석열은 주최한 회의에서 국제정세가 쉽지는 않지만 "가치를 공유한 국가들이 연대해서 노력한다면 달성"할 수 있다고 주장했다. 또한 한국은 제3차 정상회의의 주최국으로 소개되었고, 이는 민주주의 정상회의에 있어 어느 정도 위상을 높일 수 있는 계기가 되었다. 하지만, 한국은 정권교체 이전에 제1차 정상회의에서 제안한 약속(공익 미디어 국제 펀드, 여성 역량 강화를 위한 공적개발원조 확대, 반부패 정책 공유, 개도국과 전자정부 시스템 공유 등)과는 거리를 두는 모습을 보였다. 이런 점들은 재확인되거나 진전 상황을 구체적으로 제시되지 않아, 1차와 2차 회의 사이에 연속성이 결여됐다.

제2차 민주주의 정상회의는 제1차 회의와 달리 공동선언문을 채택하고 70여 개 국가가 동참했다. 이 선언에서 국가들은 "인권, 언론의 자유, 법치를 보호, 인권침해와 유린에 대한 책임, 우크라이나 지지, 여성의 권리 강화, 부패 방지, 민주주의를 위한 기술 발전, 외국의 악의적인 영향과 정보 조작 등 초국가적 위협에 맞서 방어, 자유롭고 공정한 선거를 지지, 지속 가능한 개발, 기후변화, 글로벌 보건, 식량안보와 같은 세계적 도전과제를 해결"할 것을 합의했다. 이렇게 제시된 다양한 주제들은 이미 미국이 대對중국 전략에서 제시한 것이다.

제2차 민주주의 정상회의를 통한 협력의 성과는 한미 정상회담에도 담겼다. 온라인 자유연대나 젠더에 기반한 온라인 희롱과 학대 방지 등은 민주주의 정상회담의 논의와도 연결된다. 하지만, 민주주의 정상회의의 공동선언이 보여주는 것은 앞으로 이런 다양한 문제에 대한 보다 구체적인 합의 노력이 장기적으로 있을 것이라는 점이다. 따라서 향후 매년 있을 민주주의 정상회의에서 다루어야 할 의제는 상당히 많다. 미국이 가치·규범에서 중국에 대응할 많은 분야에서 국제법이나 규범이 마련되지 않았기 때문이다.

그중 하나가 「미래 인터넷 선언Declaration for the Future of the Internet」이다. 미국은 민주주의 정상회의에 맞춰서 「미래 인터넷 선언」을 제시했으며, 한국을 포함한 68개 국가가 동참 중이다. 이 선언은 특히 디지털 권위주의를 비판하고 개방적이고 신뢰할 수 있고 안전한 인터넷을 강조한다. 특히 이 선언은 인터넷을 이용한 인권의 보호뿐만 아니라 자유로운 정보의 흐름을 강조하며 최근 인터넷 통제를 통해 사회통제를 강화하는 러시아와 중국의 정책에 적극적으로 반대한다. 이 선언은 전반적으로 신뢰할 만한 글로벌 디지털 생태계를 만드는 것을 궁극적인 목적으로 한다. 2023년 4월 한미 양국도 이를 반영해 정상회담을 통해 "개방적이고 글로벌하며 상호 운용 가능하고 신뢰할 수 있고 안전한 인터넷"에 대한 지지를 공동성명에 포함했다.

4. 가치·규범 동맹의 비판적 평가와 향후 개선 방안

1) 미국에 대한 평가와 전망

인권과 민주주의 관련한 미국의 가치·규범 외교에도 문제가 전혀 없는 것은 아니다. 이미 인권 연구자들은 미국 외교에서 레토릭과 행동 간 괴리를 지적하고 있다(Shattuck and Sikkink, 2021). 따라서 미국의 가치·규범 외교를 상대하는 한국도 미국의 한미 정상회담에서의 가치·규범 관련 요구나 민주주의 정상회의의 내용에 비판적으로 접근할 필요가 있다. 특히 자유, 인권, 민주주의, 법치를 전면에 내세우는 윤석열 정부는 미국의 가치에 기반한 외교를 더욱 냉철하게 비판적으로 보며 상호작용해야 한다.

인권과 민주주의 협력에 있어 한미가 공동으로 추진해야 할 방향으로 세 가지가 있다. 첫째, 최대한 민주주의와 인권 증진에 대해 논의하고, 특정 권위주의 국가를 직접적으로 반대하는 표어나 구호를 제거할 필요가 있다. 둘째, 한국이 가진 독특한 위치와 역할을 설정하고 미국에 가치·규범 외교에 있어 매우 정교한 분업을 요구하는 것이다. 셋째, 권위주의의 각종 도전에 관한 기준을 만들고, 이에 대한 위반은 민주주의 정부가 자행할지라도 꾸준히 감시하며, 이 정보를 공유할 것을 미국에 적극적으로 요구하는 것이다. 이를 위해 한국은 다음과 같은 점을 조심하며 가치·규범 외교를 진행해야 하고, 또한 미국에 요구할 수 있어야 한다.

첫째, 최근 권위주의 국가의 반反인권, 반反민주주의 전략은 매우 교묘하고 정교하다. 중국도 미국의 민주주의 정상회의나 한미 정상회담에서의 민주주의 및 인권 공세에 대해 일부 국가들의 시도라고 폄훼하고, 인권 공세에 대해서는 주권 침해라고 역공한다. 더 나아가 중국은 미국이 적극적으로 공격하는 인권과 민주주의에 대항할 중국식 인권과 민주주의 비전을 정교하게 개발하고 제시하고 있다. 따라서 권위주의 국가들을 직접 비난하고 대응하는 것은 항상 역공의 위험이 있고, 민주주의는 그런 역공에 취약하다. 특히 한국과 같이 중국과 지정학적으로 긴밀히 연결되어 있고, 경제적 이해관계가 복잡하게 얽혀 있는 국가는 이를 더 염두에 두고 외교를 진행해야 한다.

또한 권위주의 국가에 대한 공격은 민주주의 진영 내에서 분열의 소지가 있다(Wong, 2021). 소위 민주주의 진영이라는 것은 하나의 균일한 집합체가 아니다. 또한 최근 많은 민주주의 국가들이 포퓰리즘, 극우주의의 등장, 인종차별, 사법제도를 활용한 교묘한 절차적·제도적 억압이나 권위주의화로 인해 퇴행을 겪고 있다. 대표적인 국가로 인도, 이스라엘, 폴란드, 튀르키예 등이 있고, 흥미로운 점은 이들 모두 미국에게 전략적으로 매우 중요한 국가라는 점이다. 따라서 미국이 이들 국가에서 일어나는 민주주의 퇴행에 대해 어떻게 반응하는지 자세히 살펴보는 것이 미국의 가치·규범 외교를 이해하는 데 매우 중요하다. 결국, 특정 국가나 국가군群들을 중심에 두는 가치·규범 외교가 아니라 인권과 민주주의 등 가치와 원칙, 그 자체를 중시하는 외교 방향을 추구해야 하고, 이는 민주주의 국가 간에도 인권이나 민주주의의 후퇴가 있을 때 상호 견제하는 것을 포함한다.

둘째, 인권과 민주주의의 범위는 매우 넓다. 각국이 처한 상황에 따라 더 중요하고 더 발전된 영역이 있고, 국내외적으로 민감한 이슈도 있다. 한국의 경우, 군부에 대한 민간 통제, 과거사 문제 해결, 식민지 인권침해 문제 해결, 미얀마 관련 사안 등에서 어느 정도 진전이 있었다. 반면, 북한 인권에 대한 노력은 현 정권과 지난 몇 번의 정권에서 일관되지 못한 모습을 보인 것을 볼 때, 여전히 개선의 필요가 있다. 중요한 점은 각국이 처해 있고 국제적으로 기여할 수 있는 인권과 민주주의 이슈가 다르다는 것이다. 최근 권위주의 공격에 대해 한국은 주변국의 전투적 민족주의나 문화 우월주의의 피해를 보고 있다. 미국은 이를 이해해 민주주의 간에 정교한 분업을 이뤄서 민주주의를 증진해야 한다.

특히 미국의 대對중국 전략 중 동맹align 전략은 최대한 많은 국가를 자국의 입장에 동참시켜 같은 목소리로 중국이나 러시아, 기타 권위주의 국가에 목소리를 높이는 것을 포함한다. 하지만, 이는 반드시 한국의 국익에 모두 맞는 전략은 아니다. 한국은 인권과 민주주의 등 가치·규범 영역에서 최대한 우리 스스로가 설정한 국가정체성에 맞고, 국익에 큰 해를 입히지 않는 선에서 미국과 함께해야 한다. 이런 점에서 지나치게 자유, 인권, 민주주의, 법치 등 큰 구호만 앞세우는 현재의 행보는 위험한 외교 행태이다.

셋째, 현재 진행되고 있는 권위주의의 도전은 명백한 국제법과 국제규범을 갖추지 못한 경우가 많다. 특히 다른 나라에 대한 영향력 공작, 트위터 등 인터넷을 이용한 개입 및 침투 작전, 인질 외교, 사이버 공격에 대해서는 많은 국가에서 국내법으로 막고 있긴 하지만 명백한 국제적 법과 규범 등의 기준은 부족하다. 이는 한국과 미국을 포함해 민주주의 국가 간 협력의 큰 장애물이다. 많은 경우 협력하고 싶어도 국제 표준이 부족하거나, 명백한 위반을 특정하기 어렵거나, 국가 책임이 모호한 경우가 많다. 이를 위해 우선 국제사회에서 이들 범죄에 대한 제도화가 필요하고, 활발한 감시와 그 정보를 민주주의 국가 간에 공유하는 것이 필요하다.

특히 미국은 이를 감시하고 정보를 공유할 역량과 의지를 갖고 있다. 한국은 미국에 이런 제도화와 규칙 설정rule setting을 시급히 할 것을 요구해야 하고, 미국의 정보력과 기술력으로 중국, 북한, 러시아 등 한국에게 중요한 주변 권위주의 국가에서 일어나는 위반에 대한 정보를 최대한 공유할 것을 요구해야 한다. 특히 미국이 한국에 협조를 요구하는 분야일수록 아무런 반대급부 없이 선의에 기반해 자발적으로 협력하기보다는 국민적 합의를 도출하고 설득해 정책 방향을 결정하기 위해서라도 위반에 대한 정보와 향후 잠재적 위협에 대해 미국이 확보한 정보를 공유해 활용할 수 있어야 한다.

2) 한국에 대한 평가와 전망

한국의 가치·규범 외교 중 가장 크게 내세울 수 있는 부분은 한국의 자생적인 민주주의 발전과 그것을 기반으로 한 국제사회 기여이다. 역동적이며 동시에 안정적인 발전을 이룬 한국의 민주주의는 국제사회에서 민주주의의 중요한 모델이다. 하지만 한 가지 주의할 점은 단순히 공허한 원칙이나 추상적 선언, 구호의 반복보다는 구체적 약속, 행동, 정책 등으로 외교 활동을 하는 것이 필요하다. 민주주의나 인권과 관련해 한국이 미국과 협력을 제안할 수 있는 주제는 다음과 같다.

첫째, 최근 자유주의 국제질서liberal international order에 대한 도전과 함께 미국이 가장 많이 비판받아 취약해진 요소가 민주주의 증진democracy promotion 정책이다. 대표적인 사례가 2021년 아프가니스탄 철수이고, 최근 나오고 있는 아프가니스탄 여성 인권의 악화 상황이다. 이는 미국 외교정책에 있어 치명적인 부분으로 중국 등 권위주의 국가가 집요하게 공격하고 있는 부분이기도 하다. 이에 대해, 한국이 한국전쟁 이후 자생적으로 일궈낸 민주주의가 이룬 성취가 이를 보완할 수 있는 하나의 방안이 될 수 있다.

한국은 많은 미국 정치인에게 민주주의 증진에 성공한 대표적 사례로 알려져 있다. 물론 한국 민주주의는 자생적인 힘도 크고, 미군정이나 미국의 부정적인 면이나 실정失政도 분명히 있었지만, 한국전쟁 당시 미국을 포함한 유엔군의 도움이 한국이란 국가 자체와 한국 민주주의의 생존에 중요한 역할을 했음을 부인할 수는 없다. 따라서 한미동맹 70주년이 한국 민주주의의 발전에 있어 중요한 요인 중 하나였고, 지금도 중요하고, 앞으로도 그럴 것이라는 점을 강조할 필요가 있다. 특히 러시아의 우크라이나 불법 침공이 1년 4개월이 지난 시점에 미국과 서방의 우크라이나 지원이 막대한 재원과 전황의 고착으로 동력을 잃어갈 수 있는 시기에 한국의 사례는 미국 정부에 큰 도움이 될 수 있다.

둘째, 미국이 2022년에 발표한 「국가안보전략」에서 설정하고 있는 민주주의 대對 권위주의 국제정치 구도에 대한 어느 정도의 동의도 필요하다. 하지만 이는 중국과 러시아의 반발과 지나치게 이분법적인 국제정치 구도에 원하지 않게 연루chain-ganging될 수 있다는 위험도 있다는 점을 분명히 인식해야 한다. 한 가지 좋은 방안은 한국이 이미 천명한 민주주의 대對 권위주의 구도와 관련된 국제 합의나 외교정책을 재확인하고 이에 기반한 구체적인 약속을 하는 것이다. 대표적으로는 2021년 G7+4 회의에서 채택한 열린사회 공동성명이나 2022년 한미일이 채택한 프놈펜 선언, 2021년, 2022년, 2023년 한미 정상회담 공동선언 등이 있다. 또 다른 한 가지 좋은 사례는 한국이 2022년 12월 발표한 「자유, 평화, 번영의 인도-태평양 전략」이 있다. 이런 선언, 성명, 전략에 대한 언급을 통해 우리에게 리스크가 있을 수 있는 민주주의 대對 권위주의 국제 구도를 명시적으로 이야기하지 않으면서도 미국과 공동 인식을 나누고 행동도 같이할 수 있음을 암시할 수 있다.

셋째, 윤석열의 최근 미국 방문을 포함해 한국 정부가 이제까지 한미 정상회담에서 미국의 요청으로 약속한 미국의 주요 관심 사항에 대한 재확인 및 진전 사항을 확인하고 구체화하는 방안이다. 예를 들어, 문재인-바이든 정상회담 중 중미 북부 삼각지대 국가의 개발 협력 확대, 라틴아메리카 및 카리브해 지역 국가 등과 협력 확대에 관한 내용이 있다. 윤석열-바이든 2022년 정상회담에도 개방적인 인터넷('네트워크들의 네트워크'), 개방형 무선 접속망Open-RAN 접근법, 사이버 안보 등에 관한 협력 등의 내용이 있다. 특히 개방적인 인터넷이나 개방형 무선 접속망, 사이버 안보 등은 제2차 민주주의 정상회의에서 중요하게 다뤄지고 실질적으로 진전이 있는 영역이고, 2023년 한미 정상회담 공동성명에도 담겨 있다. 이런 내용들은 이미 정상 간의 합의를 통해 확정된 부분이므로 중국 등 권위주의 국가의 추가적인 반발이나 큰 부담 없이 향후 협력을 논의할 수 있다.

넷째, 가치·규범 영역을 넘어서 통상과 첨단기술 등에서 한국이 미국에 공헌하고 있는 점을 명확히 인식시킬 필요가 있다. 특히 이는 가치·규범 영역의 동맹과 협력은 군사·안보나 경제·첨단기술 영역과 동떨어져 있지 않으므로 중요하다. 최근 미국의 반도체 과학법CHIPS and Science Act이나 인플레이션 감축법Inflation Reduction Act: IRA에서 드러나듯이 바이든 정부의 경제 전략은 트럼프의 미국 우선주의America first와 크게 다르지 않다. 따라서 한국 기업의 투자가 미국의 전략적 고려 및 가치·규범 영역과도 맞닿아 있다는 점을 강조하는 것이 중요하다.

미국 바이든 정부의 외교는 국가안보 보좌관 설리번Jake Sullivan이 지속적으로 강조해 오던 중산층middle class의 현재 및 미래의 삶을 매우 강조한다. 따라서 한국의 주요 대對미 투자가 반도체, 배터리 등 미래 및 첨단기술에 대한 투자라는 것을 강조해, 이것이 미국의 장단기 가치·규범 외교정책과 맞닿아 있음을 강조하고 인식시킬 필요가 있다. 더 나아가, 한국의 투자가 미국의 국제전략 중 동맹alignment 강화와도 연결됨도 강조해야 한다. 미국이 국제적으로 추진하는 규칙에 기반한 국제질서rules-based international order 유지를 위해 한미 동맹이 강화될 필요가 있다는 점과 한국과 미국이 첨단기술 분야에서 하는 상호 투자는 한미 가치·규범 협력을 심화할 수 있는 주요 수단이란 점을 강조할 필요가 있다. 이런 점에서 최근 윤석열의 공식 방문 때 체결한 양자정보과학기술Quantum Information Science and Technology: QIST 협력 공동성명은 의미가 있다.

하지만, 동맹과 가치·규범 분야의 협력을 하는 데 한국이 특별히 조심해야 할 사항도 있다. 첫째, 가치·규범 분야에 있어서 구체적인 행동이 없는 선언적·추상적 원칙과 구호의 반복된 언급이다. 윤석열의 지난 몇 개의 국내외 연설의 보면 한국의 국제적 역할을 주장하며 상당히 선언적 원칙을 주장하거나, 아직 명확한 행동이나 약속으로 구체화하지 못한 정책이나 구호를 주창하는 경우가 있었다. '자유'에 대한 지나친 강조, '인류 보편'에 대한 막연한 선언, '글로벌 중추 국가'에 대한 반복된 언급이다. 이는 그 의미가 막연하고 한국이 구체적으로 무엇을 하겠다는 것이 분명하지 않아 구체적인 행동과 정책을 우선시하는 미국과의 관계에는 큰 도움이 되지 않을 가능성이 크다.

둘째, 권위주의의 도전에 대한 직접적 언급, 특히 외교부 장관이나 대통령 등 주요 직책에 있는 정책결정자의 발언은 그 파장이 더 크다. 최근 윤석열은 중국이나 러시아에 대해 우크라이나, 타이완 해협, 장진호 전투, 싱하이밍 대사 등 매우 구체적인 사안을 지목하여 자세한 언급을 이어가고 있다. 대통령의 명쾌하고 선명하며 단호한 메시지는 국내 일부 지지층과 미국의 보수 세력에서 환영받을 수 있을지는 몰라도, 장기적으로 볼 때는 득보다는 실이 많고 대외적 리스크가 큰 외교 행태이다. 권위주의의 도전이나 부정적 영향을 직접 언급하기보다는 우리가 추구하는 민주주의와 인권이 무엇인지, 민주주의 국가로서 한국이 동맹들과 무엇을 할 수 있을지 등을 언급하는 것이 바람직하다.

특히 외교에서 내놓은 말들은 특정 국가를 대상으로 하지만 모든 국가가 주목하고 듣고 있다는 점을 염두에 두어야 한다. 그런 점에서 인권이나 민주주의 등 가치·규범을 내세웠을 때 중국이나 러시아 등이 쉽게 문제 삼을 수 있는 표현은 조심하는 신중prudence한 태도가 필요하다. 한국의 지정학적 상황을 볼 때 중국과 러시아와의 관계는 중요하다. 또한 요소수 사태에서 알 수 있듯이 중국과의 경제적 이해관계는 국내 상황에 치명적인 영향을 미칠 수 있다. 이는 단지 단기적 통상 불균형 문제뿐만 아니라 장기적으로 한국의 산업구조와 실업의 문제, 더 나아가 선거에까지 영향을 미칠 수 있다. 국가 간 평등한 관계의 정립도 필요하지만 평등한 관계가 반드시 적대적 관계를 의미하지는 않는다. 많은 중국 관료나 학자들은 한국이 미국의 가치관을 따른다고 본다. 하지만 한국이 미국의 가치관을 따르는 것이 아니라 한국 고유의 가치관을 따름을 인식시키고 부각하는 것은 매우 중요하다.

5. 결론

한미 양국은 인권과 민주주의 협력에 있어 장기적으로 고려해야 하는 점이 있다. 가치·규범에서의 협력은 절대 단기에 성과를 볼 수 있는 과제도 아니다. 현 정부는 지나치게 다양한 외교 문제를 단기적으로 해결하고 현 정부 내에서 성과를 보려고 하는 문제가 있다. 하지만, 최근 한국 외교를 볼 때 가장 중요한 요소는 세대 및 세대 변화이다. 다음 세대나 젊은 세대가 미국이나 중국을 바라보는 모습은 기성세대와 매우 다르다. 이는 단지 반중이나 친미, 혹은 한미동맹 강화로 이해하기 어렵다. 오히려 미국이나 중국에 대한 태도는 이들이 중요하게 생각하는 가치인 인권, 민주주의, 공정, 갑질에 대한 반발로 이해할 때 더 쉽게 이해될 수 있다.

최근 젊은 세대의 중국에 대한 반감도 놀랍지만, 트럼프 정부 시기 코로나19 감염병에 대한 대응이나 인종차별과 이민자 억압, 미 의회 난입 폭동 등 미국에 대한 한국 젊은 세대의 실망도 주목할 만하다. 이는 향후 가치·규범 문제에서 한국 외교의 방향을 설정하는 데 면밀한 분석이 필요한 요소이다. 민주주의나 인권 등 가치와 원칙은 자리 잡는 데 시간이 걸리지만, 일단 정착이 되면 폭발적이고 강력하며 장기적인 힘을 가질 수 있기 때문에 더 많은 연구가 필요하다. 미·중 관계는 단기적으로 정리될 수 있는 문제가 아니다. 적어도 10년에서 15년 정도의 기간에 걸쳐 갈등이 지속될 가능성이 크고, 그 이후에도 양국은 긴장 관계를 유지할 가능성이 매우 크기 때문에 장기적 관점과 연구는 더욱 중요하다.

한국은 미·중 두 강대국의 영향에서 벗어나기 어렵다. 따라서 가치·규범에서도 정부는 인권, 민주주의, 법치, 자유무역 등 한국 외교가 추진할 보편적이고 국제적인 규범과 원칙을 설정하고 이를 일관되게 추진하는 것이 중요하다. 이런 규범은 한국의 정체성을 반영하기 때문에 다른 국가의 반발도 적을 수 있다. 문제는 우리가 북한 인권의 경우와 같이 일관된 모습을 보이지 못해 스스로 이중 잣대double standard나 선택적 적용selective application의 허점을 드러내는 경우이다. 또한 가치·규범 영역은 정부도 중요하지만 사회적 합의도 중요하다. 따라서 중요한 사안에 대해서는 정치, 외교, 언론, 학계의 합의를 도출하려는 노력이 끊임없이 있어야 한다.

가치·규범을 활용하는 외교는 또한 선례가 쌓이면 시간이 지날수록 수월하다. 어려운 상황에서 지켜낸 원칙은 향후 우리의 이해관계를 지켜낼 수 있는 근거가 된다. 이는 단지 권위주의 국가에 대응하는 방편만은 아니다. 미국도 트럼프 시기 명백히 나타났고 바이든 시기에도 여전히 보이듯이 언제든지 국제기구나 합의를 무시할 수 있고, 이해관계에 따라 국제적으로 합의된 가치·규범을 무시할 수 있다. 따라서 한국의 가치·규범 외교는 중국뿐만 아니라 미국도 견제할 필요가 있다. 한미동맹은 교리doctrine가 아니라 전략적 선택지 중의 하나이고, 그 내용과 형식에 있어서도 변화를 거쳐왔다. 따라서 미국의 정책 변화와 상황에 따라 동맹의 성격과 내용도 변화하는 것이 바람직하다.

마지막으로 미국과 인권 및 민주주의 등 가치·규범 영역에서 협력할 때 조심해야 하는 두 가지 위험 요인이 있다. 첫째, 인권과 민주주의 등 가치와 규범을 앞세운 외교는 기본적으로 이중 잣대, 선택적 적용, 언행 불일치a gap between words and deeds라는 한계가 있다. 미국 정부도 국제사회에서 규범과 규칙을 강조하면서도 최근 입법된 반도체와 과학법이나 인플레이션 감축법과 같이 국수주의적 정책을 펴고 있다. 더 나아가, 세계무역기구WTO의 분쟁해결기구Dispute Settlement Body의 상소 위원 임명을 거부하고 있다. 특히 바이든 정부는 미국 중산층을 위한 외교를 내세우면 미국의 이익을 견지하고 있다. 현재 한미 간 인권과 민주주의 협력을 논할 때 한국에서 가장 우려하고 고려해야 하는 부분은 인권과 민주주의 등 가치와 규범이 미국 중산층의 경제적 이해와 상충할 때 과연 미국인 어떤 선택을 할 것인가 하는 문제에 철저히 대비하는 것이다.

둘째, 인권과 민주주의 협력에서 가능하면 시민사회와 정부가 동시에 나서거나 시민사회 위주로 나서는 것이 바람직하다. 한미 정상회담이나 민주주의 정상회의는 모두 미국이나 한국 정부 주도의 노력이었다. 특히 미국은 아시아 혹은 인도-태평양 지역에서 자국을 중심으로 다른 국가와 연계하는 소위 허브-앤드-스포크hub-and-spoke 전략을 추진했다. 하지만, 이런 전략은 권위주의 국가들의 표적이 되기 쉽다. 더 나은 방안은 지역 국가 주도의 제도화이고 이 과정에서 정부보다는 비정부기구나 학계 등 민간이 전면에 나서는 것이 바람직하다. 현재 이 지역의 주요 민주주의 국가인 한국, 일본, 호주 등은 국가 간 소통과 이해도가 매우 떨어진다. 이것은 향후 큰 문제이고 따라서 이 지역에서 민간 주도의 트랙 2나 민관 협력의 트랙 1.5의 상호 교류와 논의를 늘릴 필요가 있다. 특히 이 지역의 권위주의 국가의 도전에 대해 상호 어떻게 전략을 마련하고 대응할지에 관한 긴밀한 정보 교류가 정부와 시민사회 간에 매우 필요하다.

김헌준. 2021a. "[EAI 스페셜리포트] 미중경쟁 2050 ③ 가치와 규범 - 가치·규범 경쟁". http://www.eai.or.kr/new/ko/etc/search_view.asp?intSeq=20624&board=kor_special

_____. 2021b. "[EAI 워킹페이퍼] 2022 EAI 신정부 외교정책 제언 시리즈 ⑦_가치와 규범 외교: 인권과 민주주의를 둘러싼 미중 격돌 속 한국 외교". http://www.eai.or.kr/new/ko/project/view.asp?code=98&intSeq=20794&board=kor_workingpaper&keyword_option=&keyword=&more

Cheng, Dean. 2020. "Challenging China's "Wolf Warrior" Diplomats." The Heritage Foundation (July 6). https://www.heritage.org/asia/report/challenging-chinas-wolf-warrior-diplomats

Diamond, Larry and Orville Schell. 2018. "China's Influence & American Interest: Promoting Constructive Vigilance." The Hoover Institution. https://www.hoover.org/research/chinas-influence-american-interests-promoting-constructive-vigilance

Feltman, Jeffrey. 2020. "China's Expanding Influence at the United Nations – And How the United States Should React." The Brookings Institution. https://www.brookings.edu/articles/chinas-expanding-influence-at-the-united-nations-and-how-the-united-states-should-react/

Finnemore, Martha and Kathryn Sikkink. 1998. "International Norm Dynamics and Political Change." *International Organization*, Vol.52, No.4, pp.887~917.

Kaplan, Robert D. 2019. "A New Cold War Has Begun." *Foreign Policy,* January 7.

Kearsley, Jonathan, Eryk Bagshaw and Anthony Galloway. 2020. "'If you make China the enemy, China will be the enemy': Beijing's Fresh Threat to Australia." The Sydney Morning Herald (November 18). https://www.smh.com.au/world/asia/if-you-make-china-the-enemy-china-will-be-the-enemy-beijing-s-fresh-threat-to-australia-20201118-p56fqs.html

Kim, Hun Joon. 2020. "The Prospects of Human Rights in US-China Relations: A Constructivist Understanding." *International Relations of the Asia Pacific*, Vol.20, No.1, pp.91~118.

Krejsa, Harry. 2018. "Under Pressure: The Growing Reach of Chinese Influence Campaigns in Democratic Societies." Center for a New American Security.

Li, Jing. 2016. "Revealed: The Digital Army Making Hundreds of Millions of Social Media Posts Singing Praises of the Communist Party." *South China Morning Post*(May 19).

Polyakova, Alina and Chris Meserole. 2019. "Exporting Digital Authoritarianism: The Russian and Chinese Models." The Brookings Institution. https://www.brookings.edu/wp-content/uploads/2019/08/FP_20190827_digital_authoritarianism_polyakova_meserole.pdf

Richardson, Sophie. 2020. "China's Influence on the Global Human Rights System." The Brookings Institution. https://www.brookings.edu/articles/chinas-influence-on-the-global-human-rights-system/

Shattuck, John and Kathryn Sikkink. 2021. "Practice What You Preach Global Human Rights Leadership Begins at Home," *Foreign Affairs,* Vol.100, No.3, May-Jun 2021.

U.S. Department of Defense. 2020. *U.S. Strategic Approach to the People's Republic of China.*

Washington: Department of Defense.

Walt, Stephen. 2021. "Why 'Hostage Diplomacy' Works." *Foreign Policy*(February 17).

Weiss, Jessica Chen. 2019. "A World Safe for Autocracy? China's Rise and the Future of Global Politics." *Foreign Affairs*, July/August 2019, 92-102.

Wong, Catherine. 2021. "China Accuses US of Being 'Indifferent to the Suffering' of Palestinians." *South China Morning Post*(Mary 14).

Yang, Jiechi. 2020. "Respect History, Look to the Future, and Firmly Safeguard and Stabilize China-US Relations." Global Times, August 7, 2020.

Zelikow, Philip, Eric Edelman, Kristofer Harrison, and Celeste Ward Gventer. 2020. "The Rise of Strategic Corruption: How States Weaponize Graft." *Foreign Affairs*(July/August 2020).

Zweig, David and Siqin Kang. 2020. "America Challenges China's National Talent Programs." Center for Strategic & International Studies. https://www.csis.org/analysis/america-challenges-chinas-national-talent-programs

제3부

안보·군사 분야 한미동맹의 성찰

제8장 한미 사이버 안보협력의 진화
복합지정학의 시각
_ 신승휴

제9장 한미 우주안보/뉴스페이스 협력
_ 박용한

제10장 한미동맹의 첨단 군사기술 협력
_ 손한별

8 한미 사이버 안보협력의 진화*

복합지정학의 시각

신승휴 | 서울대학교

1. 머리말

2012년 9월 제1차 한미 사이버정책협의회가 개최된 이후로 한미 양국은 사이버 안보 분야에서 양자 신뢰 구축과 협력을 증진하기 위한 다방면의 노력을 기울여 왔다. 사이버 안보에 대한 양국의 협력이 본격적으로 이루어지기 시작한 2010년대 초까지만 해도 한미 협력은 국가 정보통신망 보호, 사이버 공간에서의 신뢰 구축, 초국적 사이버 범죄 대응, 다자 무대에서의 양국 간 협력 등에 집중되는 경향을 보였다. 2014년 2월 이루어진 제1차 한미 사이버정책실무협의회의Cyber Cooperation Working Group: CCWG만 보더라도 주로 협력의 논의는 주요 기반시설에 대한 사이버 테러와 통신망 교란 등 사이버 범죄에 공동으

* 이 글은 서울대학교 미래전연구센터 연구프로젝트의 일환으로 수행되었으며, 그 과정에서 연구 결과를 학계에 좀 더 널리 소개하는 차원에서 ≪국제정치논총≫ 제63집 3호(2023)에 「한미 사이버 안보협력의 진화: 복합지정학의 시각」이라는 제목으로 게재하였음을 밝힌다.

로 대응하는 능력을 높이는 것에 집중되었다. 2014년 4월과 2015년 10월에 열린 한미 정상회담에서도 사이버 안보 분야 협력 구축과 확대에 대한 합의가 이루어졌지만, 이 역시 사이버 공간의 안정성과 개방성을 위한 공동비전 제시와 사이버 안보 국제규범 선도에 초점을 맞춰 정보 공유, 수사 공조, 공동 연구, 기술 협력 등 범죄 대응과 규범 형성 차원에서 협력관계를 강화한다는 약속에 가까웠다.

이처럼 사이버 안보를 위한 한미 협력은 2010년대 중반까지만 해도 초국적 사이버 범죄에 대한 대응과 사이버 안보 국제규범을 선도하는 데에 집중되었지만, 2010년대 말에 들어서면서부터 점차 동맹과 억지deterrence의 논리를 더욱 강하게 드러내는 형태로 변화·확장해 오고 있다. 이러한 변화는 특히 2022년 윤석열 정부가 출범한 이후로 가속화되는 추세이다. 일례로 2022년 5월 한미 정상회담에서 양국 정상은 사이버 안보협력을 북한, 경제, 글로벌 동맹 등 큰 주제에 모두 걸쳐 논의하였으며, 같은 해 8월에는 한미 사이버사령부가 「한미 간 사이버 작전 분야 협력과 발전을 위한 양해각서」를 체결하기에 이르렀다(≪보안뉴스≫, 2022.8.19). 그리고 2023년 4월 양국 정상회담을 계기로 한미 동맹을 사이버 공간으로까지 확장하기로 선언하고 구체적인 협력의 방향과 내용을 담은 「전략적 사이버안보 협력 프레임워크」를 발표하기도 하였다(대통령실, 2023.4.26).

탈지정학적인 사이버 공간을 배경으로 나타나는 이 같은 전통 지정학적 현상을 좀 더 명확히 이해하기 위해 이 글은 복합지정학Complex Geopolitics의 이론적 자원을 원용하여 한미 사이버 안보협력의 변화를 분석하였다(김상배, 2015). 복합지정학의 시각에서 보자면, 양국의 사이버 안보협력은 초국적 사이버 범죄 관리와 국제규범 선도를 지향하는 탈지정학적-비지정학적 협력의 특징을 보여오다가 최근에 와서는 공동의 적 내지는 대항 세력을 상정하고 이를 안보화, 동맹, 억지 등의 수단을 통해 견제하는 비판지정학적-고전지정학적 협력의 성격까지도 갖게 된 것으로 이해할 수 있다. 나아가 이 글은 현실주의, 자유주의, 구성주의 등 주류 국제정치이론의 논의를 원용하여 양국 사이버 안보협력의 변화 동인을 추적하는 시도를 벌였다. 이를 통해 한미 사이버 안보협력의 변화가 기본적으로 외부적 환경의 변화 속에서 양국이 가지는 사이버 위협인식cyber threat perception과 사이버 역량 지향성cyber capacity-building orientation 그리고 상호 간 부과하는 동맹 기대alliance expectation라는 세 가지 요인의 복합적 작용의 결과로 나타난 현상임을 주장한다.

물론 이러한 변화가 양국의 사이버 위협인식과 사이버 역량 지향성 그리고 동맹 기대의 완전한 수렴이나 합치를 의미하는 것은 아니다. 미국의 사이버 위협인식과 사이버 역량 강화 추구 그리고 동맹국에 대한 기대는 중국, 러시아 등 권위주의 세력을 견제·봉쇄하고자 하는 이해관계와 맞물려 있지만, 한국은 북한의 사이버 위협을 최우선으로 고려하여 대북 견제를 위한 동맹 차원의 사이버 억지 강화를 지향한다는 점에서 차이가 있다. 다만 현재 윤석열 정부가 추구하는 사이버 억지는 미국과의 긴밀한 협력을 전제로 얻을 수 있는 '확장억제extended deterrence'의 한 부분이라는 점에서 한국이 미국의 사이버 안보 국제협력 정책을 지원하는 행보를 보이고 있는 것으로 평가할 수 있다.

한미 사이버 안보협력을 주제로 한 여태까지의 연구는 주로 북한의 비대칭적 사이버 위협이나 동북아 및 아시아-태평양 지역 불안정 증대가 한국이 당면한 안보 정세, 특히 사이버 안보환경에 미치는 영향에 주목하여 한국의 사이버 안보 정책이 추구해야 할 동맹과 (소)다자 안보협력의 방향성을 제시하는 데 집중된 경향이 있다(Glosserman, 2015; Pollack et al., 1995; Hinata-Yamaguchi, 2016; Platte, 2020; Carmack and Di Pane, 2022.5.31). 더 최근에는 북한발 사이버 위협과 더불어 미중 전략경쟁의 여파가 한미 사이버 안보협력에 미치는 영향을 고려하여 협력관계의 발전 방향을 제시한 연구도 진행된 바 있다(김상배, 2017; 차정미, 2019; 송태은, 2023). 그보다 더 구체적으로 사이버 안보 거버넌스, 합동작전, 추진체계 정비, 법제화 등에서 한국과 미국의 차이를 조명하거나(조화순·권웅, 2017; Oh, 2021), 그와 같은 부문별 협력의 구체적인 강화 방안에 초점을 맞춘 연구도 있다(Barlett, 2022). 이 글은 이러한 기존 연구의 연속선에서 한미 사이버 안보협력의 복합적인 성격을 보다 입체적으로 드러내고, 이를 바탕으로 한미 협력의 변화 동인으로서 양국의 사이버 위협인식과 사이버 역량 지향성 그리고 상호 간 부과된 동맹 기대를 조명하고자 하였다.

이 글은 크게 세 부분으로 구성했다. 제2절에서는 복합지정학의 시각에서 사이버 안보 분야 국가 간 협력의 네 가지 특성과 유형을 도출하고, 나아가 현실주의, 자유주의, 구성주의 등 주류 국제정치이론의 논의를 원용하여 협력의 변화를 추동하는 주요 변수를 설정하였다. 이어서 제3절에서는 한미 사이버 안보협력의 탈지정학, 비지정학, 고전지정학, 비판지정학 측면을 개괄적으로 살펴봄으로써 그 변화의 방향성을 조명하였다. 마지막으로 제4절에서는 이 같은 변화의 동인으로서 미국과 한국의 사이버 위협인식, 사이버 역량 지향성, 상호 간 부과된 동맹 기대를 종합적으로 검토하였다.

2. 사이버 안보협력의 복합지정학

1) 복합지정학으로 보는 사이버 안보협력

탈지정학적 공간으로서 사이버 공간은 정보통신 기술의 급속한 발전과 확산으로 인해 기술, 사회, 문화, 경제 공간을 넘어 국가들이 경쟁과 협력을 벌이는 정치 공간이자 군사 공간의 의미를 갖게 되었다. 최근 글로벌 차원에서 나타나는 현상만 보더라도, 사이버 공격의 진원지를 둘러싸고 국가들이 벌이는 설전, 사이버 안보 거버넌스의 표준을 장악하기 위한 협력과 경쟁, 비국가 행위자를 통해 자행되는 국가 후원의 해킹, 사이버 공격 및 방어 역량 강화를 위한 군비경쟁, 심지어 핵무기에 대한 사이버 위협의 증대까지, 사이버 공간을 탈지정학적 공간에 국한하기가 더는 어렵게 되었다. 이와 같은 사이버 공간의 의미 확장을 고려하여 김상배(2015)는 복합지정학의 시각에서 사이버 안보의 복합적인 성격을 분석한 바 있는데, 그 논의에 의하면, 사이버 안보는 크게 탈지정학·비지정학·고전지정학·비판지정학 차원의 의미를 가지는 공간으로 볼 수 있다(김상배, 2015: 66~86).

이러한 시각에서 보자면, 사이버 안보 분야에서 전개되는 국가 간 협력 역시 상술한 네 가지 양상을 기준으로 구분하는 것이 가능하다. 물론 다양한 형태의 사이버 위협이 혼재하는 현상과 더불어 사이버 안보의 복합지정학적 특성이 상호 중첩되거나 연계되는 특징을 고려할 때, 협력의 네 가지 양상 역시 완전히 분리된 것으로 보기 어렵다. 더욱이 탈지정학, 비지정학, 고전지정학, 비판지정학 차원의 협력을 주도하는 핵심 주체가 결국에는 국가 행위자라는 점에서 협력의 내용은 중첩되어 나타날 때가 많다. 그럼에도 사이버 안보협력을 복합지정학의 시각에서 유형화해 보는 시도는 자칫 간과되기 쉬운 협력의 다층적이고 복합적인 성격을 포착하고, 더 나아가 미래 변화의 방향성을 예측하거나 구체적인 협력의 지향점을 제시하는 데에 유용한 측면이 있다. 아울러 복합지정학의 시각은 안보협력에 관한 주류 국제정치이론의 논의를 종합적으로 원용한다는 점에서 높은 설명력을 가진 대안적 분석틀을 제시한다. 후술하겠지만, 복합지정학이 상정하는 협력의 유형 중 비지정학, 고전지정학, 비판지정학의 협력은 각각 자유주의, 현실주의, 구성주의의 협력 논의를 바탕으로 한다.

먼저, 사이버 안보 분야의 탈지정학적 협력은 기술, 정보, 지식 등의 변수와 물리적 인프라가 융합되어 만들어지는 비영토적이고 탈지정학적인 사이버 공간을 배경으로 발생하는 범죄로서의 사이버 공격에 주목한다. 사이버 범죄는 기본적으로 초국적인 네트워크 환경에서 체계적으로 조직되지 않은 비국가 행위자들이 국민국가의 경계를 넘나들며 벌이는 공격 행위라는 점에서 공격의 주체와 그 책임소재를 규정하기 어렵다(Katagiri, 2021). 국가 핵심 기반시설의 시스템 교란을 목적으로 한 해킹, 금전 탈취를 위한 랜섬웨어 유포, 중요 정보 탈취를 위한 사이버 간첩 행위 등을 그 예로 들 수 있다(Grabosky, 2004). 이처럼 초국적이고 비가시적인 사이버 범죄에 대응하는 기제로서 나타나는 탈지정학적 협력은 보통 각국 정부 부처나 수사기관 간 공조의 형태로 나타나며, 사전 예방이 어려운 위협의 특성상 주로 사건 발생 이후에 전개되는 위험 분석, 피해 복구, 범죄 수사 등의 방식을 취한다(Peters and Jordan, 2019).

최근에 와서는 악의적 국가 행위자가 돈벌이 수단으로 가상자산 탈취 등 불법 사이버 활동을 자행하거나 다른 국가의 공공 및 민간 시스템에 대한 해킹 공격을 배후에서 지원하면서 국가 간 사이버 범죄 대응 협력 역시 더욱 활발해지는 추세이다. 보통 이러한 차원의 협력은 정부 부처나 수사기관 등을 중심으로 하는 실무그룹 회의를 통해 이루어지는데, 주로 사이버 안보 관련 분야를 담당하는 외교(통상)부, 정보기관, 수사기관, 금융당국 등 관계자들이 모여 위협 대응과 피해 완화 그리고 향후 재발 방지를 위한 구체적인 방안을 협의한다. 이를 통해 사이버 범죄에 대한 합동주의보를 발령하거나 특정한 불법 사이버 활동을 주제로 한 공동 지침서를 발간하고, 사이버 전문 기관 간 긴밀한 협조 관계 구축을 통해 사이버 범죄 추적에 필요한 전문가 양성과 수사 기법의 고도화를 추구하기도 한다.

영토귀속성에서 자유로운 사이버 위협은 단연 일국 차원에서 해결할 수 없는 안보적 난제라는 점에서 예방을 목적으로 한 글로벌 차원의 제도적 협력을 요구하며, 이는 사이버 안보협력이 국제법, 규범, 거버넌스 등의 제도 형성을 통한 초국적 해법을 강조하는 비지정학적 협력의 양태를 보일 수 있음을 의미한다. 특히 최근 사이버 안보는 군사적 맥락에서 이해되는 영역을 넘어서 통상, 산업, 기술 등을 가로지르는 공급망 안보나 데이터 안보와도 밀접하게 연계된 그야말로 '상호의존의 문제'이기도 하다(Clemente, 2023). 따라서 사이버 안보협력은 글로벌 차원의 상호의존과 국제제도 형성을 강조하는 자유주의 국제정치이론의 논의와도 연결되는데, 자유주의적 시각에서 본 사이버 안보의 비지정학적 협력은 국제사회의 주요 행위자이자 자원 동원의 주체인 국가들이 영토적 발상과 경계를 넘어 안정된 사이버 공간의 질서와 거버넌스 창출을 위해 힘을 모으는 제도적 노력과 다름없다.

이 같은 비지정학적 차원의 협력은 일찍이 1990년대 후반부터 국제기구와 지역협력체 등을 중심으로 시작되어 2000년대 중반에 접어들면서 본격적으로 국제법 차원의 사이버 안보 규범을 마련하려는 노력의 형태로 이어져 왔다(Collett, 2021). 대표적으로 유엔 정부전문가그룹UN Group of Governmental Experts: UN GGE이나 정보안보개방형워킹그룹Open-ended Working Group: OEWG, 서방 국가들이 주도하는 사이버스페이스총회Global Conference on Cyber Space: GCCS와 유럽 사이버범죄협약Convention on Cybercrime, 그리고 비서방 국가들을 중심으로 하는 상하이협력기구Shanghai Cooperation Organization: SCO 등을 통한 제도적 협력을 그 예로 들 수 있다. 사이버전에 적용 가능한 법규와 제반 규칙을 세우기 위한 노력의 일환으로 2013년에는 북대서양조약기구NATO 사이버방위센터CCDCOE를 통한 「탈린 매뉴얼Tallinn Manual」 채택이 이루어지기도 했다(Jensen, 2016). 다만 사이버 안보를 위한 글로벌 거버넌스와 국제규범을 세우려는 일련의 노력은 서방 대 비서방 국가 간 이해관계의 충돌로 인해 아직 합의점을 찾지 못한 상황에 놓여 있으며, 그에 따라 비지정학적 차원의 사이버 안보협력도 진정한 의미의 상호의존이나 비영토적 논리를 따르는 글로벌 차원의 협력이 아닌 같은 진영 내 국가들 사이에서만 이루어지는 소위 '편 가르기' 양상을 강하게 보이고 있다(Chen and Yang, 2022).

이러한 상황에서 최근에 와서는 전통적인 지정학 공간에서와 마찬가지로 사이버 공간에서의 안보적·경제적 이익 증대를 목적으로 하는 고전지정학적 차원의 사이버 안보협력이 눈에 띄게 강화하는 추세이다. 고전지정학의 시각은 자원과 시장을 확보하기 위한 노력으로서 국가전략을 이해하는데, 그러한 맥락에서 사이버 안보 전략 역시 국가가 기술과 역량 개발을 통해 자원 확보 경쟁에서 우위를 점하기 위한 노력으로 설명된다. 이는 기본적으로 지정학을 국가전략과 국가 간 경쟁의 맥락에서 이해하는 현실주의 국제정치이론의 인식에 기초하며, 국가가 사이버 공격과 방어의 주체로 부상하거나 사이버 공간을 국익 증진을 위해 전략화하는 양상에 주목한다.

사이버 공간을 배경으로 국가가 벌이는 경쟁과 전략 행위는 단연 양자·다자 간 관계에 모두 걸쳐 발생할 수 있으며, 특히 최근에는 사이버 경쟁에서의 우위를 점하기 위해 군사동맹을 적극적으로 활용하려는 국가의 노력으로 나타나고 있다. 구체적인 예로 전통적인 군사동맹을 사이버 안보에까지 확장함으로써 사이버 위협을 상호방위의 적용 대상으로 설정하는 조치나 국가 간 사이버 공격과 방어 행위에 억지deterrence 논리를 적용하려는 노력을 생각해 볼 수 있다(≪중앙일보≫, 2019.4.21). 또한 사이버 안보를 위한 소다자 안보협력을 구축하거나 그러한 협력 네트워크를 준동맹 수준으로 격상시키는 행위, 그리고 그 연속선에서 동맹국이나 우방국과의 오프라인 군사작전을 사이버 작전과 병행하거나 사이버-물리전cyber-kinetic warfare에 대비한 공동대응체계를 구축해 가는 노력도 고전지정학적 협력의 주된 방식에 포함된다(Richey, 2022).

사이버 공간에 대한 국가의 전략화와 그 과정에서 발생하게 되는 국가 간 갈등은 물리적 차원뿐만 아니라 담론 차원의 경쟁에 의한 진영화로 발현되는 측면이 있다. 특히 사이버 안보 분야에서 특정한 적대세력을 공동의 위협이나 적으로 안보화하여 소다자 안보협력이나 동맹과 같은 긴밀하고 견고한 진영 구축의 당위성을 강화하는 과정에서 담론을 활용한 협력이 전개된다. 이는 사이버 안보협력의 비판지정학적 측면에 해당하는 현상으로서 담론적 실천을 통해 지정학적 현실이나 안보위협이 구성되는 현상에 주목하는 구성주의 국제정치 이론, 특히 코펜하겐 학파의 안보화 논의와 맥이 닿는다(Nyman, 2013). 특정한 정치 행위자의 주관적 인식과 이해관계에 따라 안보 담론이 생성되고 활용되는 이러한 비판지정학적 현상은 특히 위협의 실체와 범위가 불분명한 사이버 영역에서 더욱 빈번하게 나타난다.

현실에서 비판지정학적 사이버 안보협력은 주로 강대국 간 경쟁 상태에서 패권국이 도전국을 사이버 공간에서 다수가 공유하는 핵심 가치나 질서 등에 대한 '실재하는 위협'으로 구성하거나 도전국과의 경쟁 구조 자체를 질서에 대한 교란이나 국제사회의 불안정성 증대 요인으로 규정하는 행위를 통해 드러난다. 보통 국제여론의 변화를 끌어내는 데 상대적으로 유리한 강대국이나 특정한 사이버 위협에 대해 다른 국가보다 더 큰 발언권을 가진 국가가 이 같은 안보화 담론을 주도적으로 형성하는 주체, 즉 안보화 행위자securitising actor로 등장한다. 대표적인 예로 2010년대 초중반 미국의 오바마 행정부가 사이버 공격을 안보화하는 과정에서 중국을 사이버 공격의 진원지로 지목하며 '중국해커위협론'을 들고나왔던 사례나, 2010년대 말 새롭게 출범한 트럼프 행정부 집권하에 미국이 중국과 무역전쟁을 벌이는 과정에서 중국산 IT 제품의 보안 위험성과 국가안보를 연결 지어 종국에는 중국 통신장비 기업 화웨이에 대한 서방 진영의 퇴출 캠페인을 주도했던 것을 들 수 있다(신승휴, 2022: 118~122). 미국 바이든 행정부와 영국 정부가 중국에 대항하기 위해 반反권위주의 담론을 앞세워 자유민주주의 10개국으로 이루어진 사이버·첨단기술 동맹을 결성한다며 들고나왔던 'D10' 구상 역시 사이버 동맹과 진영화를 위한 비판지정학적 협력의 대표적인 예이다.

2) 협력의 변화 동인

사이버 안보 분야에서 이루어지는 국가 간 협력도 결국 외부 환경에 대응하기 위해 마련되는 국가전략이라는 점에서 사이버 안보협력의 네 가지 지정학적 특성은 협력의 주체가 되는 복수 이상의 국가가 사이버 위협의 양적·질적 변화나 국제체제의 구조적 변화 또는 협력 상대국과의 관계 등 외부적 환경과 조건을 어떻게 인식하고 반응하는가에 따라 그 나타나는 정도를 각기 달리하는 것으로 이해될 수 있다. 이러한 맥락에서 현실주의와 자유주의 그리고 구성주의 국제정치이론은 사이버 안보협력의 복합지정학적 변화를 추동하는 요인을 밝히는 데 유용한 관점을 제시한다.

먼저 현실주의는 협력의 변화 동인으로서 위협인식의 영향을 설명할 수 있는 이론적 자원을 제공한다. 특히 동맹의 결속 정도나 공고화·영구화 가능성이 동맹국 간 위협인식의 합치나 공유 정도에 달려 있다고 보는 동맹이론, 위협균형론 등 현실주의 기반의 국제정치이론은 사이버 안보협력이 초국적 범죄 대응이나 규범 형성을 위한 비교적 느슨한 형태에서 전통적인 군사동맹에 준하는 협력의 밀도, 특징, 기능 등을 드러내는 쪽으로 나아가게 되는 현상을 이해하는 데 도움이 된다. 즉 실제적 혹은 잠재적 적국의 존재를 가정하고 이에 대응하기 위해 담론적·물질적 능력을 집결하는 비판지정학적이고 고전지정학적인 협력은 협력국 또는 동맹국 간 위협인식의 공유가 높은 수준에서 이루어질 때 가능한 것이라 할 수 있다(전재성, 2004: 65~66).

한편 협력을 유도하는 요인으로서 공통의 이익을 강조하는 자유주의는 사이버 안보 분야 국가 간 협력에 기술 차원의 이해관계가 미치는 영향을 설명하는 데 유용하다. 특히 국가가 특정한 이슈와 관련한 즉각적이고 구체적인 이익을 창출하기 위해 협력에 나서는 것으로 보는 신자유주의적 제도주의의 구체적 상호주의specific reciprocity 논의는 사이버 안보 분야에서 공동 대응을 통한 위협 완화라는 거시적인 이익뿐만 아니라 미시적 차원에서 협력국들이 추구하는 구체적이고 특수한 이익에 주목하게 한다(Keohane, 1986: 4). 사이버 안보협력은 '사이버'라는 특수한 이슈 분야의 기술적 배경에서 이루어지는 국가 간 협력이라는 점에서 사이버 역량 또는 사이버 방위 능력cyber defence capabilities에 대한 이해관계가 중요한 협력의 동인으로 작동한다. 다시 말해, 협력국 간 사이버 역량에 관한 지향성이 서로 수렴 또는 충돌하는지, 또는 서로 교환 가능한 가치를 가지는지에 따라 사이버 안보협력의 성격은 크게 달라질 수밖에 없다.

아울러 개체agent의 인식을 통해 국가행위를 설명하는 구성주의는 협력국 간 상호 기대와 협력의 변화 양상 간의 상관성에 주목하는 관점을 제시한다. 구성주의의 논의에서 국가 간의 간주관적 이해inter-subjective understandings와 이를 통해 구성되는 정체성identity은 신뢰 구축과 협력의 규범화·제도화(동맹)를 가능하게 하는 요인으로 고려된다(박봉규, 2018: 52~53). 이러한 관점에서 보자면, 사이버 안보협력은 여느 안보협력이나 동맹관계와 마찬가지로 각 협력국의 정체성, 협력국 상호 간 인식, 또는 협력 그 자체에 대한 인식에 따라 변화하는 대상이 된다. 특히 정체성은 국가의 이익과 선호에 영향을 미친다는 점에서 협력에 참여하는 국가가 얻고자 하는 이익과 선호가 무엇인지, 또 자신의 이익과 선호에 비추어 상대 협력국에 걸게 되는 기대가 무엇인지를 규정한다(Hopf, 1998: 175). 다만 여기서 정체성은 협력을 통해 얻을 수 있는 혜택에 대한 기대 내지는 상대 협력국이 제공할 것으로 기대되는 역할과 기능에 대한 이해로 좁혀 정의해 볼 수 있다.

이러한 세 가지 논의를 종합하여 적용해 볼 때, 사이버 안보협력의 변화는 협력관계를 구성하는 각국의 사이버 위협인식과 사이버 역량 지향성 그리고 이들 국가 상호 간 부과된 동맹 기대가 복합적으로 작용하면서 나타나는 결과로 볼 수 있다. 먼저 사이버 위협인식은 협력의 방향성, 밀도, 강도 등을 결정하는 중요한 요소이다. 안보협력이나 동맹이 존재한다는 것은 이미 이에 참여하는 국가 간에 위협인식이 어느 정도 공유되었음을 의미하지만, 현실에서는 (소)다자 안보협력이나 동맹관계에 있는 국가들이 서로 상이한 위협인식을 가질 가능성은 얼마든지 존재한다(손한별, 2018). 이러한 인식의 차이는 협력국들이 각기 당면한 사이버 위협의 성격이나 정도가 다르기에 나타나는 현상이기도 하지만, 또 한편으로는 이들 국가가 상이한 지정학적 상황에 놓여 있거나 사이버 위협의 가해국으로 지목된 국가와 특수한 관계를 갖게 되면서 발생하는 차이이기도 하다.

한편 공통의 이익과 관련한 변수로서 사이버 역량 지향성은 위협에 효과적으로 대응하는 데 필요한 기술, 인프라, 전문성 등과 관련한 이익 추구로서 주로 사이버 억지력, 사이버 공격 및 방어 역량, 사이버 정보 수집 능력, 사이버 복원력 등의 수준을 높이고자 하는 기술 차원의 이해관계로 표출된다(임종인, 2022.11.14). 사이버 위협의 복잡성과 파급력이 증대함에 따라 최근 국가 행위자들은 사이버 억지를 강화하기 위해 보안기술, 인프라, 전문가 인력, 자원(예산),

추진체계 등 기반 역량을 자체적으로 끌어올리려는 노력을 전개하고 있다(강정민 외, 2012). 다만 협력관계에 있는 국가들이 각각 어떠한 유형의 사이버 역량을 추구하는가에 따라 협력의 성격과 방향은 달라질 여지가 있다. 더욱이 각국의 사이버 역량 강화는 자체적인 노력 외에도 안보협력이나 동맹을 통해 억지와 대응능력의 취약점을 해결함으로써 달성되는 것이라는 점에서 협력국 간 사이버 역량에 대한 이해관계의 수렴이나 공유는 중요하다. 이 점에서 사이버 역량 지향성은 이어서 소개할 동맹 기대 변수와도 밀접한 연관이 있다.

사이버 안보협력의 변화 동인으로서 동맹 기대는 일국 차원에서는 대응이 어려운 사이버 위협을 완화하기 위해 협력국 내지는 동맹국 상호 간 부과하는 기대로 정의될 수 있다(손한별, 2018). 즉 협력 상대국의 역할과 기능에 대한 이해와 이를 바탕으로 갖게 되는 기대를 의미하는데, 상호 간 부과하는 동맹 기대가 무엇인지에 따라 사이버 안보협력의 성격과 양상은 다르게 나타날 수 있다. 예컨대, 협력 상대국에게 기대하는 바가 사이버 범죄 해결에 필요한 정부 부처나 수사기관 차원의 공조인지, 글로벌 차원의 사이버 안보 규범과 거버넌스 구축을 위한 다자 무대에서의 제도적 협조인지, 연대외교의 수준에서 잠재적 위협국이나 적성국에 대한 보이콧 동참인지, 그게 아니라면 동맹 차원에서 적성국의 사이버 공격에 대응하는 데 필요한 억지력 제공인지 등에 따라 사이버 안보협력은 상당히 다른 전개 양상을 보일 수 있다. 아울러 협력에 참여하는 국가들이 모두 높은 수준의 동맹 기대를 가질 때 단연 협력의 밀도와 범위 역시 증가·확장될 가능성이 클 것으로 생각해 볼 수 있다.

3. 한미 사이버 안보협력의 복합지정학적 변화

사이버 안보에서의 한미 협력은 2010년대 중반까지 초국적 사이버 위협에 대한 대응과 사이버 안보 국제규범을 선도하기 위한 협력에 집중해 오다가,

2010년대 후반에 들어서면서부터는 점차 동맹과 억지의 논리를 더욱 강하게 드러내는 형태로까지 확장되는 양상을 보이고 있다. 최근에 와서는 그 협력의 범위가 정보 공유, 사이버 보안, 사이버 범죄, 사이버 군사훈련, 사이버 방위산업, 사이버 규범 등 저층위 협력에서부터 고층위 협력에 이르기까지 복합적이고 포괄적인 형태로 확장하기에 이르렀다(송태은, 2023). 이를 복합지정학의 시각에서 보자면, 양국의 사이버 안보협력은 초국적 위협 관리와 국제규범 선도를 지향하는 탈지정학적-비지정학적 협력을 넘어 공동의 적을 상정하고 이를 안보화, 동맹, 억지 등의 수단을 통해 견제하는 비판지정학적-고전지정학적 협력까지도 아우르는 형태로 확장해 가고 있는 것으로 이해할 수 있다.

1) 사이버 범죄 대응을 위한 협력

2010년대 초중반의 한미 간 사이버 안보협력은 초국적 사이버 범죄에 대한 공동 대응 방안을 모색하는 탈지정학적 협력의 양상을 띠었다. 양국은 2012년부터 2022년까지 총 여섯 번에 걸쳐 사이버정책협의회를 개최하였는데, 그 협의 대상은 주로 국가 정보통신망 보호, 사이버상에서의 신뢰 구축, 사이버 범죄 및 테러 대응에 관한 것이었다(김상배, 2017: 318; 외교부, 2018.6.21; 외교부, 2022.12.13). 특히 제4차 회의에서는 2014년 11월과 12월에 각각 발생한 SONY사 해킹 사건과 한국수력원자력 해킹 사건(이하 '한수원 공격')이 주요 논의 주제로 다뤄지면서 사이버 범죄 대응에 대한 협력 확대 방안이 논의되었다(외교부, 2016.6.28). 한편 한미일 삼국 차원에서도 국가 기반시설에 대한 사이버 공격 대응과 관련하여 구체적인 협력 방안을 모색하려는 노력이 전개되었는데, 특히 2016년 12월 개최된 '주요 기반시설의 사이버 안보에 관한 한미일 전문가 워크숍'에서 한미 양국은 일본과 함께 국가 기반시설을 겨냥한 사이버 침해 사고 시나리오와 대응을 논의하고 나아가 삼국 간 공조와 연락 채널 구축 등 구체적인 협력 방안을 협의하였다(U.S. Department of State, 2016.12.19). 이와 같은 양국 간 협의체는 양국의 사이버 안보와 관련한 외교, 국방, 정보, 과학기술, 법 집행, 수사 당국 등 여러 유관 기관의 참여를 통해 진행되었다.

사이버 테러 대응을 위한 한미 간 기술 차원의 맞춤형 협업도 추진된 바 있다. 2009년과 2011년 사이에 미국과 한국의 주요 기관 인터넷 사이트를 대상으로 한 분산서비스거부DDoS 공격이 급증하면서 사이버 테러가 양국의 공통된 관심사로 급부상하였다. 이러한 위협에 맞서 한국은 국가정보원과 경찰청을 통해 일차적으로 공격의 주체와 피해 범위를 파악하는 한편, 미국과의 공동 대응 역시 추진하였다. 특히 2016년 5월 한국의 미래창조과학부와 미국의 국토안보부가 사이버 보안 분야 협력 확대 방안으로서 인공지능AI을 활용해 사이버 공간의 위협을 탐지·분석·예방하는 지능형 정보기술 개발을 공동 추진하기로 합의하였다(미래창조과학부, 2016.5.3). 사이버 안보를 위한 양국의 이 같은 연구개발 협력은 이미 2013년과 2015년에 개최된 '한미 정보통신기술 정책 포럼'에서 구체적으로 논의된 것이었고, 그 핵심은 세계적인 AI 기술력을 가진 미국과의 협력을 통해 한국의 사이버 보안 및 대응력을 높이는 것이었다(≪디지털타임스≫, 2016.5.2).

최근에 와서도 한미 간 탈지정학적 차원의 협력은 활발하게 이루어지고 있는데, 특히 2019년 한미 양국은 첫 랜섬웨어 워킹그룹 회의를 개최하여 랜섬웨어를 비롯한 초국적 사이버 범죄 퇴치를 위한 협력을 심화하기로 하였다. 특히 2021년 5월 미국의 대형 송유관 업체 콜로니얼 파이프라인Colonial Pipeline과 북미 최대 규모의 육가공 업체 JBS 등이 연달아 랜섬웨어 해킹 공격을 받게 되면서 미국에서는 랜섬웨어가 정부와 의회의 주된 관심사로 떠올랐다. 일례로 2021년 6월 9일 '파이프라인에 대한 사이버 위협'을 주제로 열린 미 의회 청문회에서 마이클 매콜Michael McCaul 하원 외무의원장은 주요 핵심 기반시설에 대한 랜섬웨어 공격에 맞서기 위해 "동맹국들과 협력하여 국제규범과 표준을 세워야 한다"라고 발언했고, 디나 타이터스Dina Titus 하원의원 역시 "NATO 동맹국을 포함한 미 동맹국들이 비슷한 공격을 받고 있다"며, 이에 "더 효과적으로 대응하기 위해 필요한 최선의 관행이 무엇이며, 동맹국이나 외국 기업들과 이룰 수 있는 정보 공유는 또 무엇인지” 질의하기도 하였다(U.S. Government, 2021.6.9: 28, 44~45). 이러한 추세에 따라 자연스럽게 한국을 포함한 동맹국 및 우방국과의 사이버 안보협력 역시 랜섬웨어 공격으로 인한 국가 기반시설 마비 위험 대응에 집중되고 있다.

더 근래에 와서는 북한 정부가 돈벌이 수단으로서 가상자산 탈취와 같은 불법 사이버 활동에 전념하면서 한미 협력의 주된 감시 대상이 되고 있다. 2023년 3월에 열린 제3차 ‘북한 사이버 위협 대응 한미 실무그룹 회의’에서 양국 당국자들은 2016년 대북 제재가 시행되면서 외화벌이가 막힌 북한 정부가 가상자산 탈취를 통해 자금 마련에 집중하고 있음에 주목하여 이를 차단하는 방안을 검토하였다(외교부, 2023.3.9). 구체적으로 북한의 가상자산 탈취 수법이 다양화되는 추세를 고려하여 가상자산거래소 등 민간기관과의 협력을 확대하고, 사이버 범죄와 관련된 개인 및 기관을 독자제재 대상에 추가하며, 양국 간 수사 공조 강화에 필요한 추가적인 조치를 검토하는 한편, 국제사회와의 협력을 모색하는 데에서도 양국 협력을 강화해 나가기로 하였다. 실제로 한미 양국은 북한에 의해 탈취된 가상자산을 동결·압수하기 위한 관련 부처 또는 기관 간 공조를 지속해 왔고, 이를 통해 상당한 수준의 성과를 이룬 것으로 평가된다(외교부, 2023.3.9).

2023년 2월에는 한국의 국가정보원과 미국의 국가안보국NSA, 연방수사국FBI 등 양국의 주요 정보기관이 합동으로 북한의 사이버 공격 실태와 그 대응 방안을 다룬 보안 권고문을 발표하기도 하였다. 동 권고문은 북한이 최근 외화벌이 수단으로 각국의 의료·보건 기관을 겨냥한 악의적 사이버 활동을 벌이고 있고, 공격 진원지에 대한 추적을 피하기 위해 가상사설망, 랜섬웨어, 가상자산 등을 악용하고 있음을 경고하였다. 국가정보원은 이번 합동 보안 권고문 발표가 북한의 사이버 활동이 국가 우선순위와 정보 목표 달성에 사용되고 있다는 양국 정보기관의 공통된 판단에 기초한 것임을 밝힘으로써 한미 간 유관국 및 기관 차원의 긴밀한 공조와 협력이 이루어지고 있음을 강조했다(≪보안뉴스≫, 2023.2.10). 이는 실제로 양국 정보기관이 합동으로 사이버 보안 권고문을 발표한 최초의 사례이기도 하다.

2) 사이버 규범 선도를 위한 협력

사이버 안보 국제규범을 선도하기 위한 한미 간 비지정학적 차원의 협력은 미국이 2010년 이후로 사이버 공간에 대한 국제규범 마련에 적극적으로 참여하게 되면서 본격적으로 이루어지기 시작하였으며, 주로 사이버 공간의 국제법 적용이나 인터넷 거버넌스 구축을 위해 마련된 다자간 협의의 장에서 공통의 목소리를 내는 방식으로 전개되었다. 한국은 2018년 유엔을 통해 신설된 OEWG에서 미국과 뜻을 함께해 왔는데, 일례로 2019년 9월 개최된 제1차 회의에서 한국 측 대표는 UN GGE에서 합의된 사항의 효율적 이행, 신뢰구축조치 및 사이버 공간의 역량 강화의 필요성을 강조하였다(주 유엔 대한민국 대표부, 2019.9.9). 이는 오프라인에서의 국제법을 사이버 공간에 적용하기 위해 마련된 UN GGE에서 일찍이 합의된 사항의 효율적 이행을 촉구해 온 미국과 사실상 입장을 같이하는 것이었다.

한편 한미 양국은 인터넷 거버넌스 구축에 있어서도 입장을 같이해 왔다. 인터넷 거버넌스에 대한 논의는 이미 서방과 비서방, 또는 자유민주주의 진영과 권위주의 진영 간 대립을 바탕으로 하여 이루어져 왔으며, 중국, 러시아 등 권위주의 국가들은 사이버 공간을 국가의 개입과 규제 대상으로 삼기 위해 다자간주의multilateralism에 기초한 거버넌스 모델을 제시한 바 있다(유인태, 2019: 53~55). 반면에 미국이 주도하는 자유민주주의 진영은 공공과 민간 영역의 다양한 행위자가 자유롭게 참여하여 인터넷 질서를 구축하고 운영하는 모델로서 다중이해당사자주의multistakeholderism 모델을 추구해 오고 있다. 2011년 출범한 사이버스페이스총회는 자유로운 인터넷의 흐름과 사이버 국제규범 제정에 대한 다층적 행위자의 의사결정 참여를 강조하는 다중이해당사자주의 거버넌스를 지향점으로 삼고 있는데, 한국은 2013년 제3차 GCCS를 서울에서 개최하여 사이버 테러 및 범죄에 대응하기 위한 기본 원칙을 담은 결과 문서로서 「서울프레임워크 및 공약」을 발표한 바 있다(김소정·박상돈, 2013: 51~59).

다만 2010년대까지 사이버 안보 국제규범 영역에서 미국에 대한 한국의 협조는 동맹국으로서의 강력한 지원보다는 미국과 중국, 러시아 등 강대국들이 주도하는 사이버 공간의 규범 논의에서 나름대로 주도권과 영향력을 확보하고자 하는 의도에 따른 것이었다고 볼 수 있다. 이는 한국이 다자간 협의의 장에서 미국을 비롯한 서방 자유민주주의 국가들과 입장을 같이하면서도 동시에 중국과도 사이버 안보에 대한 공감대 형성과 향후 협력 방안 마련 등을 위한 협의를 진행하였기 때문이다. 한국은 2013년부터 2018년까지 중국과 '정보통신기술 협력 장관급 전략대화'를 개최하여 사이버 보안을 위한 정보 공유와 소프트웨어 분야 협력을 합의하였고, 2015년에는 '한중 사이버 보안 국장급 협력회의'를 갖기도 하였다. 물론 한중 간 사이버 안보협력은 군사적 차원보다 기술과 경제 분야에서의 협력에 초점을 맞추어 진행되는 경향을 보였다(김상배, 2017: 321~322).

그런데 2010년대 말부터 미국과 중국의 전략경쟁이 본격화되고 2021년 바이든 행정부 출범 이후로 미중 전략경쟁이 민주주의 대 권위주의의 대립으로 격화되면서 사이버 안보 국제규범과 질서에 대한 한국의 입장은 미국의 구상을 확고히 지지하는 방향으로 변화해 오고 있다. 2022년 9월 윤석열 대통령은 미국 뉴욕에서 '디지털 자유시민을 위한 연대'라는 주제의 연설을 통해 디지털 질서에 대한 한국의 구상을 제시한 바 있는데, '뉴욕 구상'으로 알려진 이 정책 로드맵은 디지털을 통해 자유, 인권, 평화, 연대 등 인류의 보편적 가치가 구현되고 세계 디지털 자유시민의 참여로 만들어지는 디지털 질서에 관한 구상으로 소개되었다. 동 연설에서 윤석열 대통령은 "디지털 기술이 자유를 확대하는 데 기여해야 하며 … 디지털 생태계는 누구나 참여하여 활동할 수 있는 개방적인 형태로 조성되어야 한다"는 점을 강조하였다(대통령실, 2022.9.21).

아울러 2023년 1월 윤석열 대통령은 세계경제포럼WEF에서 가진 연설에서도 비슷한 구상을 내놓았다. 동 연설에서 그는 디지털 기술이 세계시민의 자유를 확대하는 데 기여할 수 있도록 질서를 정립해야 하며, "디지털 기술을 향유할 권리를 인간의 보편적 권리로 규정하는" 디지털 권리장전과 디지털 질서 정립에 한국이 기여할 것이라는 뜻을 밝혔다(대통령실, 2023.1.19). 자유와 보편적 권리 등의 가치에 기초한 디지털 질서는 결국 미국과 서방 진영이 사이버 공간에 대한 권위주의적 통제와 억압을 비판하며 내놓은 다중이해당사자주의 기반의 글로벌 사이버 안보 거버넌스 구상과 맥이 닿는다. 이 점에서 근래 한국 정부가 내놓은 디지털 질서에 대한 구상은 사이버 질서와 국제규범을 형성해 가는 문제에 있어 한미 양국이 그 입장을 같이하고 있음을 여실히 보여준다.

3) 사이버 진영 구축을 위한 협력

사이버 진영 구축을 위한 한미 간 비판지정학적 협력은 윤석열 정부 출범 이후로 본격화되는 추세이다. 지난 정부하에서 한국은 반중 사이버 전선 구축을 위해 미국이 내세우는 담론을 사실상 수용하지 않다가 신정부가 출범한 이후로는 이에 동조하는 입장을 취하고 있다. 즉 양국의 비판지정학적 차원의 협력은 한국의 정권교체가 중요한 변수로 작용한 것으로 볼 수 있는데, 이는 2018년 불거진 '화웨이 사태' 국면을 돌아볼 때 더욱 분명해진다. 2018년 들어 미중 무역전쟁이 가시화되는 가운데 당시 미국의 트럼프 행정부가 중국 통신장비 업체 화웨이의 5G 장비에 대한 국제적 퇴출 캠페인을 전개하면서 한국 역시 미국의 강한 압박을 받게 되었지만, 한국 정부는 미국의 화웨이 퇴출 요구를 사실상 정부 차원에서 수용하지 않는 결정을 내렸다. 아울러 화웨이의 보안 위험성을 국가안보 위협으로 규정한 미국과는 달리 화웨이 문제는 전적으로 기업이 결정할 사항이라는 입장을 고수하였다.

그런데 미중 대립과 경쟁이 5G 통신망 기술을 넘어 첨단기술 분야 전반으로 확산함에 따라 화웨이를 비롯한 중국 기술 업체에 대한 한국의 입장은 사실상 미국과 유사한 방향으로 선회한 것으로 볼 수 있다. 2022년 5월 한미 정상회담 공동성명에서 양국 정상은 "디지털 권위주의에 의한 위협 증가에 대처하기 위해, 양 정상은 전 세계적인 정보의 자유로운 흐름을 보장하는 개방적인 인터넷을 조성하고 인권을 수호하기로 약속"하고, 미국이 주도하는 「인터넷의 미래를 위한 선언Declaration for the Future of the Internet」을 함께 지지한다는 입장을 밝혔다(대통령실, 2022.5.21). 2022년 4월 28일 발표된 「인터넷의 미래를 위한 선언」은 미국과 유럽연합이 주도하여 제시한 사이버 공간의 미래 구상으로서 개방, 민주주의, 인권, 기본적 자유의 향유 등의 가치가 보장된 인터넷 환경을 지향한다(U.S. Department of State, 2022.4.28). 선언이 발표되었을 당시 미국의 동맹국 및 우방국 대부분이 참여했음에도 한국은 내부 검토와 절차 문제로 우선 참여를 유보하였다(≪연합뉴스≫, 2022.4.29).

미국 주도의 인도-태평양 경제 프레임워크Indo-Pacific Economic Framework for Prosperity: IPEF에 대한 한국의 참여 역시 한미 간 사이버 안보협력이 진영화로 나아가고 있음을 간접적으로 보여준다. 2022년 5월 출범한 IPEF는 중국을 배제한 글로벌 경제 공급망 재편을 그 목표로 하지만, 진영화의 맥락에서 사이버 안보협력에 주는 함의도 적지 않다. 2021년 10월 동아시아 정상회의에서 처음 IPEF 구상을 내놓은 바이든 대통령은 동 구상의 6대 의제 중 하나로 '디지털 경제 및 기술 표준'을 제안하였고, 그 실현 과제로서 사이버 보안을 개선할 필요성을 강조하였다(Natalegawa and Poling, 2022). 실제로 바이든 행정부가 인권 침해의 수단으로서 첨단기술을 악용하는 개인과 국가를 차단한다며 추진하고 있는 '기술 수출통제'는 갈수록 디지털 및 사이버 기술에 대한 수출통제로 확대되고 있다(박효민·이인화, 2022). 이렇듯 경제와 기술, 안보의 경계가 모호해지는 상황에서 미국의 디지털 경제 동맹에 한국이 참여를 결정한 것은 양국의 사이버 안보협력이 진영화로 나아가는 데 적지 않은 영향을 미칠 수밖에 없다.

비슷한 맥락에서 중국의 동영상 공유 플랫폼 틱톡TikTok에 대한 미국의 규제 압박과 이에 대한 한국의 대응도 눈여겨볼 필요가 있다. 2022년 12월 미 의회는 백도어backdoor를 통한 정보 유출 우려를 앞세워 정부 소유 기기에서 틱톡 사용을 금지하는 법안을 통과시켰고, 2023년 2월 27일에는 미 백악관이 연방정부 전 기관에 30일 내로 정부 기기나 시스템에서 틱톡을 삭제하라는 지침을 하달하였다. 백악관은 해당 지침이 미국의 디지털 인프라와 자국민의 안전 및 개인정보를 보호하려는 조치라고 밝혔다. 미국뿐만 아니라 캐나다, 일본, 유럽연합, 인도, 뉴질랜드 등도 틱톡을 사실상 퇴출하기로 하였고, 호주 등 미 동맹국들의 추가적인 퇴출 참여가 예상되면서 반反틱톡 캠페인이 서방 진영 전체로 확산하는 추세이다.

이 같은 기류 속에서 한국도 정부 부처와 정보기관 등을 통해 조심스럽게 틱톡에 대한 경고음을 내며 미국의 결정을 따라가려는 조짐을 보이고 있다. 2023년 2월 말 행정안전부 관계자는 언론과의 인터뷰를 통해 한국이 "당장 공무원의 틱톡 사용을 금지할 계획은 없으나, 업무용 기밀자료를 민간 앱에 올리지 말라는 지침"을 가지고 있음을 밝혔다. 아울러 3월 초에는 언론 보도를 통해 국가정보원이 공공기관에 업무용과 개인용 단말기에 비인가 소프트웨어 설치를 금지하거나 금지를 권고한다는 공문을 보낸 사실이 밝혀지기도 했다. 물론 해당 공문은 틱톡을 직접적으로 언급하지 않았으며, 국가정보원 역시 언론을 통해 해당 조치가 틱톡 제재를 고려한 것은 아니라는 입장을 내놓았다(≪경기신문≫, 2023.3.10). 하지만 국제적인 틱톡 금지령이 미국 주도의 진영을 중심으로 빠르게 확산하는 상황에서 정보기관이 공공기관에 자체적으로 소프트웨어 사용 실태를 긴급 점검하고 감독·관리를 강화할 것을 요구한 사실은 머지않아 한국 역시 '틱톡위협론'과 퇴출 캠페인에 동참할 가능성이 작지 않음을 시사한다. 더구나 이번 조치는 2023년에 접어들어 국가정보원이 공공기관 업무에 애플Apple의 스마트기기가 사용되게끔 이에 대한 보안 요구 사항 제정을 추진한 것과 대비되는 면도 없지 않다(≪정보통신신문≫, 2023.1.11).

한편 2022년 5월 한국은 아시아 최초로 북대서양조약기구 사이버방위센터 정회원으로 가입하였는데(Campbell, 2022.5.5), 이는 미국 중심의 사이버 안보 동맹 네트워크에 대한 한국의 참여가 가시화되는 계기가 되었다. 한국의 가입은 군·정보기관 차원의 합동훈련이나 정책연구를 통해 사이버 공조와 대응 역량이 대폭 강화됨을 의미한다는 점에서 정책적 의미도 컸지만, 사이버 안보 동맹에 대한 자유민주주의 진영의 구상에 힘을 보태는 효과도 있었다. 특히 가입 직후인 6월 말 윤석열 대통령은 NATO 동맹국·파트너국 정상회의 연설에서 한국의 CCDCOE 가입이 법의 지배, 개방성, 자율성, 자유 등을 위한 결정이었음을 강조하였는데, 구체적으로 한국과 NATO 간 협력이 "자유와 민주, 법치 등 보편적 가치를 수호하는 연대의 초석이 되길 바란다"는 뜻을 전하며 이번 가입을 계기로 경제 안보, 보건, 사이버 안보 등 신흥기술 분야에서 NATO와 긴밀한 협력을 이루어갈 것임을 밝혔다(대통령실, 2022.6.29). 이는 사실상 미국의 사이버 안보 동맹 구상을 뒷받침하는 원칙과 가치에 대한 지지로 해석된다.

4) 사이버 억지 증대를 위한 협력

2018년을 기점으로 미국의 사이버 안보 전략이 기존의 '거부에 의한 사이버 억지cyber deterrence by denial'에서 잠재적 적에게 비용을 부과하는 '지속적 개입persistent engagement'과 '선제적 방어defending forward'에 초점을 맞추는 방향으로 전환되면서 사이버 억지력 및 작전 역량 강화를 위한 동맹국과의 협력에도 변화가 나타났다(Smeets, 2020: 444~453). 일찍이 한미 양국은 연합 전투태세를 위해 군사 전산망을 공유하고 있기 때문에 사이버 공격에 대한 동맹 차원의 대응체계 마련에 힘써왔는데, 이는 주로 한반도에 위치한 미국의 군사자산을 적의 사이버 공격으로부터 보호하기 위함이었다. 2020년 8월 폴 나카소네Paul Nakasone 미 국가안보국장 겸 사이버사령관은 2017년 한반도에 소재한 미국의 국방 전산망 중 하나가 사이버 공격에 취약한 상태에 놓여 있음이 밝혀진 것이 미국의 사이버 안보 전략 변화의 계기가 되었다고 주장한 바 있다(Nakasone and Sulmeyer, 2020.8.25).

그런데 2018년 이후로 미국이 와해disruption와 보복punishment에 의한 사이버 억지를 본격적으로 추구하게 되면서 한미 간 사이버 억지 강화 협력도 단순히 사이버 공격과 위치확인시스템GPS 전파 교란을 방어하는 차원을 넘어 선제적이고 공세적인 방어를 지향하는 방향으로 변화해 가고 있다. 구체적으로 양국은 정보 공유, 군사작전, 정보보안, 사이버 공간 복원력 등에 초점을 맞춘 지능화·고도화된 사이버 연합 전력을 마련하는 데 협력함으로써 동맹 차원의 사이버 억지력을 대폭 끌어올리는 것을 목표로 하고 있다(송태은, 2023: 26~27). 2023년 한국 국방부는 연두 업무보고에서 한미 간 확장억제 실행력의 획기적 제고를 위해 분야별 공조를 강화하고, 그 일부로서 우주·사이버·전자기 등 새로운 영역에서의 작전수행능력 향상과 주도권 확보를 추구할 계획을 밝혔다(국방부, 2023.1.11).

이는 최근 바이든 행정부가 미국의 군사전략 태세로서 '통합억지integrated deterrence'를 전면에 내세우게 된 것과도 밀접한 관련이 있다. 통합억지는 억지력 증대를 위해 동맹국 및 파트너국과 함께 재래식 군사 영역뿐만 아니라 비군사 영역의 수단까지 활용하는 전략으로서, 이를 위해 사이버와 우주 등 새로운 영역에서의 억지력, 복원력 및 협동력을 강화하는 것을 목표로 한다. 또한 전통적인 전쟁의 영역 외에도 소위 '회색지대'에서의 무력-비무력 강압과 침략을 억지하기 위해 동맹국 및 파트너국과 강화된 합동 군사훈련을 시행함으로써 상호운용성 개선을 추구하는 것으로 알려져 있다(신성호, 2022.12.15). 즉 전통적인 핵 억지를 넘어 신흥 군사위협에 대한 억지까지 아우르는 개념으로서 확장된 억지 또는 횡영역 억지cross-domain deterrence의 개념을 군사전략에 적용하게 된 것이다.

미국의 이 같은 통합억지 전략은 한미동맹에도 고스란히 적용되면서 양국의 사이버 안보협력이 공세적 사이버 억지를 지향하는 방향으로 발전하는 데 영향을 주고 있다. 2022년 9월 한미 외교·국방 당국은 제3차 한미 고위급 확장억제전략협의체Extended Deterrence Strategy and Consultation Group: EDSCG 회의를 재가동하여 한미동맹의 억제력과 인도-태평양 지역의 안정을 강화하기 위한 전략 대응 방안을 포괄적으로 논의하였고, 그 결과로서 발표한 공동성명을 통해 양국은 북핵에 맞서는 한미 간 억제태세를 강화하는 차원에서 재래식 차원의 전략적 준비태세와 더불어 우주·사이버 영역에서의 협력 및 공조 역시 증진해 나갈 필요성을 확인하였다. 여기서 미국은 "핵, 재래식, 미사일 방어 및 진전된 비핵능력 등 모든 범주의 군사적 능력을 활용하여 대한민국에 확장억제를 제공한다"는 공약을 재차 강조하기도 했다(외교부, 2022.9.17). 이는 최근 북한의 군사위협이 재래식 군사 위협이나 핵 위협에만 국한되지 않음을 고려한 것이었다. 같은 해 11월 열린 제54차 '한미안보협의회의Security Consultative Meeting: SCM에서도 양국은 동맹의 포괄적 대응능력을 향상한다는 목적하에 사이버 억지력을 강화해 나가기로 협의하였다. 구체적으로, 양자 간 사이버 연습 및 훈련을 개최하고 사이버 영역에서의 소통과 공조의 효율성을 높이기 위해 정보 보안 요구 사항을 확대함으로써 한미 연합대응의 핵심 영역에 사이버를 포함시켰다(U.S. Department of Defense, 2022.11.3).

사이버 억지 증대를 위한 한미 간 협력 의지가 가장 명확하게 드러난 계기는 2022년 한미 정상회담이었다. 회담 이후 발표된 공동성명에서 양국 정상은 '글로벌 포괄적 전략동맹'이라는 주제 아래 사이버 안보 분야 양국의 협력 과제로 사이버 적대세력 억지, 핵심 기반시설의 사이버 보안, 사이버 역량 강화, 사이버 훈련, 정보 공유, 군 당국 간 사이버 협력, 사이버 공간에서의 국제안보 현안에 대한 협력 등을 강조하였다(대통령실, 2022.5.21). 한국의 NATO CCDCOE 가입 역시 이와 같은 합동 사이버 억지력 증대의 목적에서 이루어진 조치로도 볼 수 있다. NATO의 집단방위 대상으로 사이버 영역이 포함되면서 한국의 CCDCOE 가입은 한미 간 연합 사이버 억지 증대에도 기여하는 바가 있을 것으로 평가된다(김소정, 2022.5.31). 2022년 10월 한국군은 미국 사이버사령부가 주관하는 다국적군 사이버 군사훈련인 '사이버플래그Cyber Flag'에 최초로 참여하여 사이버 위협에 대한 식별·분석·공유·제거·거부 등 전술적 수준의 작전 훈련을 시행하기도 하였는데, 이 역시 동맹 차원의 사이버 억지력을 신장시키기 위한 목적에서 추진된 것이었다(사이버작전사령부, 2022.10.24).

4. 한미 간 위협인식, 역량 지향성, 동맹 기대의 복합적 영향

앞서 2절의 논의를 적용해 볼 때, 한미 사이버 안보협력의 변화는 기본적으로 각국의 사이버 위협인식과 사이버 역량 지향성 그리고 상호 간 부과하는 동맹 기대와 높은 상관성을 가진다. 이 세 가지 요인이 주요 변수로 작용하는 가운데 사이버 안보협력이 탈지정학, 비지정학, 비판지정학, 고전지정학 등 복합지정학 차원의 협력을 지향하는 방향으로 확장하게 된 것이다. 물론 그러한 변화가 양국의 위협인식과 역량 지향성 그리고 상호 기대의 완전한 수렴이나 합치를 의미하는 것은 아니다. 미국의 사이버 위협인식과 사이버 역량에 대한 이해관계 그리고 동맹 기대는 중국, 러시아 등 권위주의 세력을 견제하려는 의도와 맞물려 있지만, 한국은 북한의 사이버 위협을 최우선으로 고려하여 대북 견제를 위한 동맹 차원의 사이버 억지 강화를 지향한다는 점에서 차이를 가진다. 다만 현재 윤석열 정부가 추구하는 사이버 억지는 미국과의 긴밀한 협력을 전제로 얻을 수 있는 확장억제의 한 부분이라는 점에서 한국이 미국의 사이버 안보 국제협력 정책을 지원하는 행보를 보이고 있는 것으로 평가할 수 있다.

1) 사이버 위협인식의 공유

먼저, 관념 변수로서 한미 간 사이버 위협인식의 공유가 협력 변화의 중요한 동인이 된 것으로 볼 수 있다. 오바마 행정부에서 트럼프 행정부를 거쳐 바이든 행정부에 이르는 과정에서 미국의 사이버 위협인식은 단순히 비국가 행위자의 악의적 사이버 활동을 경계하는 수준에서 점차 미국의 국익을 위협하는 권위주의 국가의 사이버 활동에 집중되는 방향으로 변화하였다. 오바마 행정부 집권 초기 미국은 사이버 위협에 대한 국가안보적 대응이 시급하다고 인식함에 따라 사이버 안보를 위한 국내적 추진체계와 법·제도를 대폭 정비하는 범정부적 접근 방식을 추진하였다. 동시에 독자적인 사이버사령부를 전략사령부 산하에 설치하는 등 사이버 공간을 안보화하는 노력도 병행하였다. 그러나 오바마 행정부의 이 같은 행보는 특정한 국가를 직접적으로 견제하려는 조치라기보다 글로벌 사이버 안보 규범 선도의 초석을 마련하기 위함이었다. 즉 사이버 안보의 시급성과 심각성을 높임으로써 국내적·국제적 차원에서 미국이 추구하는 규범과 거버넌스의 당위성을 높이고자 한 것이다(신승휴, 2022: 115~117). 당시 미국은 사이버 공간에서 국가의 올바른 행동을 유도하는 국제규범의 중요성을 지속해서 강조하였지만, 이 역시 특정 국가의 사이버 활동에 대한 위협인식보다는 규범을 통해 사이버 공간에서 국가의 행동을 교정할 수 있다는 기대심리에 의한 행보에 가까웠다. 당시 미국이 지적재산 탈취를 노린 중국 해커들을 겨냥해 '중국해커위협론'을 선전하면서도 다른 한편으로는 중국과 대화를 통해 사이버 분쟁을 해결하고자 했던 것도 그와 같은 기대 때문이었다.

트럼프 행정부가 출범하면서 미국의 사이버 위협인식은 점차 변화하기 시작하였다. 2018년 9월 트럼프 행정부가 발간한 「국가사이버전략National Cyber Strategy」은 중국, 러시아, 이란, 북한 등 미국과 대척점에 있는 권위주의 국가들을 사이버 공간을 악용하는 국가로 지목하였다. 동 전략서에서 러시아와 이란, 북한은 미국 기업과 다국적 기업, 미국의 동맹국과 파트너국에게 무모한 사이버 공격을 자행하는 국가로, 중국은 사이버 공간을 활용한 경제적 간첩 행위와 지적재산 탈취를 자행하는 국가로 그려졌다. 그러나 이는 주로 막대한 경제적 비용을 발생시키는 불량국가의 사이버 활동을 제한적으로 언급하는 수준에 그쳤으며, 사이버 범죄집단이나 테러리스트 등 비국가 행위자의 위협보다 더 강조되진 않았다(The White House, 2018).

권위주의 국가의 사이버 활동에 대한 미국의 위협인식은 바이든 행정부의 등장과 함께 대폭 강화되었다. 바이든 행정부는 2023년 3월 발간한 「국가사이버안보전략National Cybersecurity Strategy」에서 중국, 러시아, 이란, 북한 등을 포함한 "수정주의적 의도를 가진 독재국가들"이 국제규범과 미국의 국익에 반하는 방향으로 사이버 역량을 사용하고 있음을 강조하고 나섰다. 동 전략서는 특히 상기의 네 개 국가를 악의적 행위자로 명확히 규정하고, 이들 국가가 규칙 기반 국제질서를 재편하려는 의도에서 미국 정부와 민간 부문 네트워크에 가장 광범위하고 적극적이며 지속적인 위협을 가하고 있음을 명기하였다. 구체적으로, 사이버 간첩 행위와 지적재산 탈취를 넘어 중요 기반시설에 대한 사이버 공격, 민주주의의 근간을 훼손하는 사이버 내정 개입, 랜섬웨어 공격 등을 자행하는 악의적 행위자로 그려졌다(The White House, 2023).

미국의 사이버 위협인식이 중국, 러시아, 북한, 이란 등 미국에 대항하는 권위주의 국가들의 사이버 활동에 점점 더 주목해 온 것과 달리, 한국은 그 당면한 안보환경으로 인해 주로 북한발 사이버 위협을 주시해 왔다. 다만 한국의 사이버 위협인식은 정권의 성향에 따라 유독 북한발 사이버 위협에만 경도되거나 반대로 아예 북한을 사이버 위협의 가해국으로 지목하지 않으려는 경향을 보여왔다. 사이버 위협에 대한 정권 간 인식의 차이는 이명박, 박근혜, 문재인 그리고 윤석열 정부를 대비해 볼 때 특히 두드러진다.

먼저 이명박 정부는 북한의 사이버 공격에 대해 높은 수준의 위협인식을 가졌는데, 이는 2009년 7월 발생한 '7·7 DDoS 공격' 때문이었다. 약 3일 동안 세 차례에 걸쳐 발생한 해당 공격은 청와대, 국회, 국방부, 외교통상부, 정당 등 주요 정부 및 공공기관과 은행, 보안업체 등을 대상으로 하면서 다수의 국내 주요 홈페이지에 접속 장애를 일으켰다. 이후 국가정보원은 공격의 배후에 '북한과 그 추종 세력'이 있을 것으로 추정하면서, 공격에 사용된 인터넷 주소가 북한 체신청이 사용해 온 것임을 밝혔다(YTN, 2009.10.30). 당시 피해 규모는 예상보다 크지 않았으나, 공격의 규모와 대상이 광범위했고 이에 대한 대응체계가 마련되어 있지 않았다는 점에서 상당한 위협으로 인식되었으며(≪보안뉴스≫, 2010.7.7), 이 같은 인식은 '범정부 사이버위기 종합대책'의 시행과 국군사이버사령부 설립이 이루어지는 데 큰 영향을 미쳤다.

2013년 '3·20 전산망 대란'과 '6·25 사이버 공격' 그리고 2014년 한수원 공격을 경험한 박근혜 정부도 마찬가지로 북한발 사이버 위협에 대한 높은 경각심을 가졌던 것으로 볼 수 있다. 이 시기 정부는 사이버 위기 대응 역량을 결집하는 차원에서 청와대와 국가정보원 등이 컨트롤타워로 기능하는 '국가 사이버안보 종합대책'을 마련하였고, 2014년 SONY사 해킹 공격의 배후로 북한이 지목되고 미국이 북한 해커와 정찰총국 등을 대상으로 제재를 가하게 되는 과정에서 한국의 수사 공조가 이루어지기도 하였다(권혁천 외, 2020: 22~23).

반면에 문재인 정부는 북한을 위협의 진원지나 가해국으로 지목하지 않는 선에서 위협 그 자체에만 집중하는 측면이 강했다. 2019년 4월 문재인 정부는 사이버 범죄와 테러의 위협으로부터 국민의 일상과 기업의 경제활동을 보호하는 차원에서 「국가사이버안보전략」을 수립하였다. 동 전략서는 "개인이나 해커그룹이 주도하던 사이버 공격이 범죄·테러 단체로 확산되고, 나아가 국가가 개입·지원하는 조직화·대규모화"되고 있음을 강조하면서, 사이버 공격의 양상도 "기밀 절취·금전 절취에서 정치적 목적의 사회 혼란 야기, 기반시설을 마비·파괴하는 사이버 테러 등으로 다양화"하고 있다고 명기하였다(청와대 국가안보실, 2019). 문재인 정부 집권기 동안 한국을 겨냥한 북한발 사이버 공격이 지속해서 이루어져 왔음을 고려할 때(시사저널, 2021.6.18), 기밀 및 금전 절취, 사회 혼란 야기, 기반시설 마비 등을 노린 사이버 공격의 주체로 북한이 전혀 언급되지 않았다는 사실은 북한발 사이버 위협에 대한 당시 정부의 인식이 어떠하였는가를 단편적으로 보여준다. 2018년 미국이 내놓은 「국가사이버전략」에서 북한이 중국, 러시아, 이란 등과 함께 사이버 공격을 후원하는 불량국가로 지목된 것과 대비되는 것은 물론이다.

윤석열 정부 출범 이후로 북한의 사이버 위협에 대한 한국의 인식은 크게 변화하였는데, 먼저 대북 사이버 위협 담론과 그에 상응하는 정책적 조치가 대폭 강화되었다. 2023년 2월 10일 윤석열 정부는 북한 핵 및 미사일 개발 자금원으로 알려진 불법 사이버 활동에 대응하는 차원에서 해외 정보기술 일감 수주 등을 통해 북핵 개발 자금을 조달해 온 혐의로 관련된 개인과 단체들을 독자제재 대상으로 지정하였다(≪한겨레≫, 2023.2.10). 이는 사이버 안보 분야에서 한국 정부가 단행한 첫 대북 독자제재이기도 했는데, 외교부는 해당 조치가 북한의 불법 사이버 활동에 개입한 “이들과의 거래 위험성에 대해 국내는 물론 국제사회의 주의를 환기하고 경각심을 높이는 효과가 있을 것”이라는 뜻을 밝혔다(외교부, 2023.2.9). 이에 더해 약 10일 뒤 정부는 대북 독자제재 대상을 추가 지정하였는데, 외교부는 해당 조치가 “최근 이루어진 사이버 분야 독자제재에 더해 북한의 도발과 불법 활동에 대한 우리 정부의 전방위적인 대응을 강화”하기 위한 것임을 강조함으로써 지난 정부 시기와 비교해 한층 강화된 대북 위협 인식과 대응 의지를 드러냈다(외교부, 2023.2.20).

한편 한국의 대중국 사이버 위협인식도 정권의 정치적 성향에 따라 그 정도를 달리하게 됨으로써 보수 성향의 정권은 중국발 사이버 위협에 대해 미국과 유사한 인식을, 진보 성향의 정권은 비교적 상이한 인식을 드러내 왔던 것으로 볼 수 있다. 대표적인 예로, 2018년에 불거진 화웨이 사태 국면에서 문재인 정부는 중국 기업 화웨이의 5G 통신장비 등 제품이 중국 정부를 위한 백도어backdoor로 악용될 수 있다는 당시 트럼프 행정부의 강한 경고에도 불구하고 중국과의 관계 악화를 우려하여 미국의 화웨이 퇴출 요구를 수용하지 않았다. 이때 한국은 화웨이와 관련한 5G 보안 문제가 정부가 아닌 민간기업에서 판단하여 조치할 문제라는 입장을 고수하면서 사실상 미국이 제기하는 ‘중국위협론’을 수긍하지 않는 태도로 일관했다. 이는 단순히 화웨이의 5G 통신장비의 보안성에 대한 정부의 판단이라기보다는 중국에 대한 전반적인 인식을 토대로 하여 내려진 결정이었다고 볼 수 있다. 문재인 정부는 중국과의 관계를 중시하는 기조 속에서 중국을 자극할 수 있는 정책적 선택은 되도록 지양하는 경향을 보였는데, 특히 미국의 인도-태평양 전략에 대한 한국의 참여가 한중관계를 악화할 것이라는 우려에서 인도-태평양 지역 개념을 수용하는 것조차 유보하였다.

그러나 윤석열 정부 출범 이후로 한국은 사실상 중국에 대항하여 사이버 진영 구축에 나선 미국과 사이버 안보 분야 협력을 강화해 나가고 있다는 점에서 대중국 사이버 위협인식 역시 전보다 더 높아졌다고 평가할 수 있다. 아직 정부 차원에서 중국발 사이버 위협에 대한 직접적인 언급이 나오진 않았지만, 최근 국가정보원은 2023년 하반기 위협전망 발표를 통해 한국을 대상으로 사이버 공격을 감행하는 중국 연계 조직이 북한에 이어 두 번째로 많음을 밝혔다. 또한, 2024년 있을 제22대 국회의원 총선거에 북한뿐만 아니라 중국, 러시아 등의 사이버 공작 활동이 전개될 가능성 역시 매우 크다는 분석을 내놓기도 하였다(≪연합뉴스≫, 2023.7.19). 무엇보다 앞서 3절에서 서술한 바와 같이 윤석열 정부는 바이든 행정부가 제시한 대중국 견제 구상과 담론을 지지하고 있다는 점에서 중국에 대한 한미 간 공감대가 형성되어 가고 있는 것으로 볼 수 있다. 윤석열 대통령이 당선 이전부터 이미 중국에 대한 위협인식을 드러내 왔다는 사실과 더불어 2023년 4월 한미 정상회담을 통해 채택한 「워싱턴 선언Washington Declaration」이 '대만해협의 힘에 의한 현상변경' 반대를 위한 연대의 상징임을 강조한 사실을 고려하더라도 그러한 평가는 어느 정도 타당하다(Yoon, 2022.2.8; 대통령실, 2023.4.29; ≪서울경제≫, 2023.4.19).

2) 사이버 억지 역량에 대한 이해관계의 수렴

사이버 위협인식의 공유와 더불어 사이버 역량에 대한 한미 양국의 이해관계가 점차 수렴되는 방향으로 나아가 왔음에도 주목할 필요가 있다. 오바마 행정부 초기 미국은 회복력과 보안 강화에 초점을 맞춘 '거부에 의한 사이버 억지'를 추구하는 전략을 추진하였고, 그에 따라 주요 기반시설, 전자 정부, 금융 기반시설, 인터넷 등의 보안 취약점을 개선하는 차원에서 사이버 역량을 강화하려는 움직임을 보였다(김소정, 2023: 21, 28). 일례로 2009년 오바마 행정부가 발간한 「사이버 공간정책 검토Cyberspace Policy Review」는 미국이 "위협 축소, 취약성 감소, 억제, 국제 교류, 사고 대응, 복원력, 복구" 등을 위한 역량을 갖추는 데 필요한 단기·중기 실행계획을 제시하였다(신성호, 2016: 67).

그런데 2018년을 기점으로 미국의 사이버 안보 전략은 지속적 개입과 선제적 방어에 초점을 맞추는 방향으로 전환되었고(Smeets, 2020), 이 같은 변화는 미국이 추구하는 사이버 역량에도 영향을 미쳤다. 이는 미 국방부의 사이버 전략서를 통해 더욱 명확하게 드러난다. 오바마 행정부 집권기인 2015년에 발간된 국방부 사이버 전략서는 국토와 핵심 국익을 방어하기 위한 회복력 및 보안 강화를 강조한 반면에 트럼프 행정부하에 나온 2018년의 「사이버 전략Summary of the DoD Cyber Strategy」은 군사 분쟁에 못 미치는 활동을 포함한 악의적 사이버 활동을 차단하기 위해 공격의 진원지에서의 지속적 개입을 통한 선제적 방어 활동을 명시하였다. 이는 군사 분쟁 이하 수준의 사이버 작전이나 활동에 대한 전략적 우위를 확보하기 위한 보다 강력한 형태의 억지전략이었다(김소정, 2023: 26~29). 이러한 전략 기조 아래 미국은 적대세력의 컴퓨터 네트워크에 선제적으로 침투하여 자국에 대한 사이버 공격 위협을 사전에 차단하는 전략을 추진하면서 이를 뒷받침하는 데 필요한 역량 강화를 모색하기 시작하였다.

바이든 행정부 역시 지속적 개입에 기초한 사이버 전략을 고수하며 그에 필요한 선제적 방어 역량을 마련하는 데 노력을 기울이고 있다. 2023년 3월 발간된 「국가사이버안보전략」은 '위협 행위자들의 공격에 대한 방해와 무력화'를 바이든 행정부의 5대 전략 목표 중 하나로 제시하였다. 동 전략서는 트럼프 행정부 집권기부터 국방부가 시행해 온 선제적 방어 전략이 공격 발생 이전에 위협 행위자와 악성 소프트웨어를 식별해 악의적 사이버 활동을 방해하는 데 효과를 거둬왔다고 평가하기도 하였다(The White House, 2023: 14~15). 다만 바이든 행정부는 육해공, 우주, 전자기 등의 영역에서 활용되는 억지력을 사이버 억지 수단과 통합해 운영하는 차원에서 사이버 역량 강화를 추구한다는 점에서 트럼프 행정부와는 차이를 보인다.

한편 사이버 역량에 대한 한국의 이해관계는 북한발 사이버 위협의 양적·질적 변화에 적응하며 점차 증대해 왔다. 한국을 겨냥한 사이버 테러와 공격이 대부분 북한에 의해 자행되거나 북한의 소행으로 추정되는 상황에서 한국이 갖춰야 할 사이버 역량의 유형이나 성격 또는 양적 수준은 자연스럽게 북한발 사이버 위협의 진화를 고려해 결정되었기 때문이다. 따라서 이명박, 박근혜 그리고 문재인 정부 집권기를 거치는 동안 한국의 사이버 역량 지향성은 국가운영과 관련한 정보기술 및 네트워크 시스템의 생존성과 안정성을 제고하고, 사이버 공격에 대한 대응 역량을 고도화하며, 효율적인 컨트롤타워와 추진체계를 확립하는 데에 지속적으로 집중해 왔다.

구체적으로, 이명박 정부는 바이러스 방역, 해킹 탐지 및 차단, 보호체계, 취약점 분석체계, DDoS 방호체계 등 정보보호체계의 고도화와 사이버 대응 기술 확보를 추구하였고(국방부, 2010.12.31: 131~132), 박근혜 정부 역시 '사이버 기술 중장기 로드맵'을 제시함으로써 사이버 침입감내기술 개발 등을 통한 사이버전 핵심전력 강화를 모색하였다(국방부, 2014.12.31: 53~54). 마찬가지로 2019년 「국가사이버안보전략」을 수립한 문재인 정부도 사이버 공격 대응력을 강화한다는 일관된 목표 아래 사이버 억지, 사이버 위기 대응력, 사이버 전력 관련 핵심 기술 등을 확보하는 계획을 한층 더 구체화하였다(청와대 국가안보실, 2019).

사이버 역량에 대한 한국의 이해관계는 윤석열 정부 출범 이후로도 큰 틀에서 그 지향점을 유지하며 증대해 오고 있다. 다만, 이어서 살펴볼 한국의 대미 동맹 기대의 시기별 변화 양상을 통해서도 드러나듯, 이전 정부와 달리 윤석열 정부의 사이버 역량 지향성은 미국과의 협력에 기초한 확장억제 차원에서 한국의 사이버 전력과 대응력을 높이고자 하는 이해관계를 더욱 강하게 내포한다는 점에서 이전과 뚜렷한 차이가 있다. 이는 2023년 4월 한미 정상회담을 계기로 발표된 「전략적 사이버안보 협력 프레임워크」를 통해 명확히 드러난다. 동 문서는 한미 간 협력 분야로 "사이버 공간에서 악의적 행위자들의 활동을 차단하고 억지하기 위해서, … 다양한 종류의 대응 수단을 개발하고 실행"하는 것을 강조하는 한편, "모든 범위의 사이버 위협을 억지·거부·방어·대응하기 위해 … 이용 가능한 역량을 활용"하는 것을 협력 원칙으로 삼고 있다는 점에서 확장억제 차원에서 사이버 역량 강화를 추구하는 윤석열 정부의 이해관계를 반영한다(대통령실, 2023.4.26). 이를 종합해 볼 때, 선제적 사이버 억지 역량에 대한 미국의 이해관계와 확장억제를 위한 사이버 역량 강화를 추구하는 한국의 이해관계는 점진적으로 수렴되는 양상을 보인다고 평가해 볼 수 있다.

3) 상호 동맹 기대의 증가

마지막으로 한미 간 상호 동맹 기대의 강화가 중요한 제도 변수로 작용하였다. 먼저 사이버 안보 분야에서 미국이 동맹국에 부과하는 기대의 변화를 눈여겨볼 필요가 있다. 오바마 행정부 집권기 미국은 사이버 안보 분야에서 동맹국 및 우방국과의 협력을 전개하였으나, 이는 적대세력에 대한 공세적 대응보다는 사이버 범죄를 예방하는 데 필요한 국제규범과 거버넌스를 마련하기 위한 노력에 가까웠다. 2011년 오바마 행정부가 발간한 「사이버 공간에 대한 국제전략International Strategy for Cyberspace」은 미국의 목표가 "책임감 있는 사이버 공간의 규범이 국가의 정책을 제시하고, 파트너십을 유지하며, 사이버 공간의 법규를 지지하는 환경"을 창출하는 데에 있음을 분명히 하였다. 이러한 목적에서 미국은 양자 동맹이나 다자 파트너십을 기반으로 하는 사이버 테러 정보 공유를 확대하기 시작하였다. 일례로 2010년 미국은 유럽연합과 '사이버 안보 및 사이버 범죄 워킹그룹'을 출범하였으며, 2011년에는 영국과 함께 범국가 사이버 범죄 대응 조직인 '국제사이버보안연맹ICSPA'를 설립하여 기업과 개인을 겨냥한 사이버 공격 피해 방지와 정부-기업 간 협력체계 구축을 도모하기도 하였다.

사이버 범죄에 관한 국제규범을 선도하는 차원에서 동맹국 및 우방국과의 협력 역시 활발히 모색되었는데, 이 시기 미국의 사이버 안보 국제협력 정책은 지역 및 글로벌 차원의 국제기구와 다자 논의의 장에서 동맹국 및 우방국과 협력하여 다중이해당사자주의 기반의 사이버 안보 거버넌스 구축을 선도하는 것에 집중되었다(신승휴, 2022: 112~118). 유엔뿐만 아니라 유럽안보협력기구OSCE, 유럽 사이버범죄협약, NATO CCDCOE, GCCS, 국제인터넷주소관리기구ICANN 등 다양한 다자적 포럼과 채널이 사이버 안보 규범과 인터넷 거버넌스 모델에 관한 국제적 논의에서 미국의 영향력을 증대하는 데 활용되었다.

그런데 트럼프 행정부가 출범하면서 사이버 안보 분야에서 미국이 동맹국에 거는 기대는 이전과 달리 사이버 공간에서의 전략적 우위를 장악하고 현상타파 국가인 중국을 견제하는 방향으로 조정되었다(김태형, 2020). 다만 2018년 미국과 중국 간 무역전쟁이 발발하고 그 과정에서 기술과 산업 분야 전략경쟁이 가시화되면서 미국의 사이버 안보 전략은 기술·경제 영역에서 나타나는 위협인식에 사실상 지배되는 경향을 보였다. 트럼프 행정부가 인도-태평양 지역을 중심으로 하는 오프라인 소다자 안보협력 등을 디지털 경제 분야의 대중국 봉쇄를 위한 연대로 발전시키고자 한 것도 이러한 위협인식 때문이었다. 이는 동맹국에 대한 미국의 기대가 사이버를 포함한 첨단기술 및 디지털 경제 분야에서 미국 주도의 반중 전선에 대한 동참을 강요하는 것으로 귀결되었음을 의미한다.

트럼프 행정부의 동맹 기대는 당시 미국의 인도-태평양 전략이 '디지털 연계성 및 사이버 안보 파트너십Digital Connectivity and Cybersecurity Partnership' 구축을 핵심 목표 중 하나로 설정한 것에서도 잘 드러난다. 법제적 차원에서도 비슷한 조치가 시행되었는데, 2019년 4월 미 상원에서는 북한, 중국 등 악의적 국가의 사이버 위협에 대한 인도-태평양 국가들의 공동 대응을 모색하는 '인도-태평양 국가 사이버 리그CLIPS' 법안이 발의되었고, 2020년 말에는 동맹국 및 우방국에 중국의 통신 분야 기업의 제품 및 서비스 퇴출을 요구하는 포괄적 사이버 안보 전략구상인 '클린 네트워크Clean Network'가 발표되기도 하였다(신승휴, 2022: 119~121).

사이버 안보 분야에서 동맹국에 더 확대된 기능과 역할을 부과하는 이 같은 경향은 바이든 행정부 출범 이후로 더욱 강화되고 있다(정성철, 2021). 동맹국에 대한 트럼프 행정부의 기대가 디지털 기술 및 경제적 차원의 대중국 견제에 국한되었다면, 바이든 행정부는 사실상 이념, 안보, 기술, 경제 등 전 분야에 걸쳐 중국, 러시아 등 권위주의 세력을 견제하는 데 동맹국이 적극적으로 참여할 것을 요구하고 있다. 이는 동맹 네트워크를 현대화하여 중국에 대항하는 다층/다면적 다자주의 망 구축을 노리는 안보전략과 더불어 육해공, 우주, 사이버, 전자기 등 전 영역에서 전력의 통합적 운영과 동맹 및 파트너국과의 합동작전 역량을 추구하는 군사전략과 밀접한 연관이 있는 것으로 볼 수 있다(설인효, 2022).

이러한 맥락에서 한국에 대한 미국의 동맹 기대는 바이든 행정부 출범 이후로 더욱 분명해진 것으로 평가된다. 트럼프 행정부 시기 미국은 중국과의 무역전쟁과 기술경쟁에 한국이 미국 편에 더 확고히 서줄 것을 강요하면서도 한국에 대폭 증가한 동맹 유지 비용을 요구하는 이중적 태도를 보였지만, 바이든 행정부 출범 이후 방위비 분담금을 13.9% 인상하는 정도로 협상을 마무리하면서 한국의 부담을 덜어주었다. 미국의 이 같은 태도 변화는 한미동맹의 목적과 기능을 한반도에 국한하는 것을 넘어 좁게는 동아시아, 넓게는 글로벌 차원에서 중국에 대항하는 동맹 네트워크에 맞춰 확장하려는 바이든 행정부의 의도가 반영된 것으로 볼 수 있다. 일례로 2020년 10월 당시 대신 후보였던 바이든 대통령은 한국 언론에 기고한 글에서 "한미동맹을 동아시아 지역과 그 너머의 평화를 증진하기 위해 한국과 함께할 것이며, 무모한 주한미군 철수 위협으로 한국을 갈취하지 않을 것"이라는 뜻을 밝혔다(*Yonhap News*, 2020.10.30). 미국의 반중 전선에서 한국에 대한 기대가 증대하였음은 2022년 3월 바이든 행정부가 중국에 대항하는 반도체 공급망 네트워크 구축을 위해 내놓은 '칩4 Chip 4 동맹' 구상만 봐도 알 수 있다. 미국·일본·대만·한국으로 구성된 칩4 동맹은 반도체를 비롯한 첨단기술 분야에서 중국의 굴기를 견제하려는 미국의 전략에서 한국의 역할이 커졌음을 여실히 보여주었다.

미국과 마찬가지로 2010년대 초부터 중반까지 한국의 동맹 기대는 국가 정보통신망 보호, 사이버 공간에서의 신뢰 구축, 초국적 사이버 범죄 대응 등을 위한 저차원의 공조에 국한된 경향을 보였다. 이는 크게 두 가지 이유 때문으로 볼 수 있는데, 첫째는 해당 시기에 집권한 이명박 정부와 박근혜 정부의 사이버 안보 정책이 북한의 대규모 사이버 테러 공격을 예방·방어하는 데 필요한 국내적 대응체계와 거버넌스 규율에 필요한 법·제도를 마련하는 데 집중되었기 때문으로 볼 수 있다. 두 보수 정권의 집권기 동안 북한이 연이어 실시한 핵실험 전후로 한국의 내부 동향 정보 수집과 여론 조성을 목적으로 한 북한 추정의 대남 사이버 공격이 발생하였고, 이러한 공격이 반복되면서 정부의 관심은 자연스럽게 국가 정보통신망을 보호하기 위한 대응 및 추진체계를 마련하는 데 집중되었다(권혁천 외, 2020).

또 다른 이유는 당시 국내적으로 사이버 안보가 프라이버시 침해 문제와 연계되면서 정부의 관심이 대외적 차원의 협력 모색보다는 국가-시민사회 간 갈등 해소에 경도된 측면도 있었다. 특히 박근혜 정부 집권기에 북한발 사이버 공격에 대한 정부의 위협인식이 증대하면서 관련 거버넌스 구조 개선과 법·제도 정비 노력이 이루어졌으며, 국가정보원 중심의 대응체계 구축을 위한 사이버 안보 관련 법안이 다수 발의되기도 하였다. 그러나 이러한 노력은 국가정보원의 권한 확대를 우려하는 야당과 시민사회의 저항에 부딪히게 되면서 성과를 보지 못했다(조화순·권웅, 2017). 이러한 국내정치적 부침 속에서 국제협력은 단연 제한적으로 이루어질 수밖에 없었고, 미국에 대한 기대 역시 사이버 범죄 대응을 위한 유관 부처 및 기관 간 협조를 바라는 정도에 그쳤다. 인터넷 환경의 규범과 규칙을 선도하기 위한 협조 역시 진행되었지만, 이는 한국보다는 미국의 이해관계에 따른 것이었다고 볼 수 있다.

문재인 정부 출범 이후로도 상황은 크게 바뀌지 않았는데, 당시 한국은 증대하는 사이버 위협에 대응하기 위해 「국가사이버안보전략」을 수립하여 양자·다자 간 협력체계 내실화와 국제협력 리더십 확보를 추구하였지만, 한미동맹 차원에서 미국에 거는 기대는 명확히 드러나지 않았다. 동 전략은 국제기구 및 국제협약 가입, 국방·정보·수사 등 분야별 협력, 민간 교류 등을 통해 양자·다자 간 협력을 강화하고, 국제규범 정립 과정과 사이버 공간에서의 신뢰 구축 논의에 참여를 확대하며, 개발도상국을 대상으로 사이버 안보 역량 강화 지원 사업을 확대하는 것을 목표로 설정하였는데(청와대 국가안보실, 2019), 이는 미국의 지원이나 협조를 필수적으로 요구하는 것은 아니었다. 오히려 이 시기에 한미 간 사이버 안보협력은 화웨이 사태 등으로 인해 정체된 면이 강했다.

사이버 안보 분야에서 대미 동맹 기대가 좀 더 확고해지기 시작한 것은 윤석열 정부 출범 이후로 볼 수 있다. 사이버 안보 전략 담론으로서 '확장억지론'을 제시한 윤석열 정부는 2022년 5월 한미 정상회담 공동성명서에서 사이버 안보와 관련한 단어를 총 12번이나 언급할 만큼 사이버 안보를 전통적인 동맹 개념과 연결 지어 접근하는 경향을 보였다. 또한 2018년 1월 사실상 중단되었던 EDSCG를 재가동하여 연합방위태세 제고를 통해 억제력을 강화하기로 하면서 '사이버 적대세력 억지'를 확장억제에 포함시켰다(대통령실, 2022.5.21). 미국이 제공하는 핵우산으로 북핵 위협을 막는다는 전통적인 억지의 개념을 사이버 안보 분야에도 적용한 한국의 확장억지론은 기본적으로 미국의 '사이버 우산'에 대한 정책적 기대를 바탕으로 한다는 점에서 미국에 대한 한국의 기대가 이전보다 더욱 커졌음을 바로 보여준다.

5. 맺음말

이 글은 2010년대 초반부터 2023년 현재에 이르기까지 한미 양국이 사이버 안보 분야에서 전개해 온 양자 협력을 복합지정학의 시각에서 분석함으로써 협력의 목적과 범위, 수단 등에서 나타나는 변화를 포착하려는 시도를 벌였다. 나아가 현실주의, 자유주의, 구성주의 등 주류 국제정치이론의 논의를 원용하여 한미 사이버 안보협력이 외부적 환경의 변화 속에서 양국이 가지는 사이버 위협인식과 사이버 역량에 대한 이해관계 그리고 상호 간 부과하는 동맹 기대에 복합적으로 영향을 받으며 변화해 왔음을 보이고자 하였다. 오바마 행정부에서 트럼프 행정부를 거쳐 바이든 행정부에 이르는 과정을 거치며 사이버 안보 분야 미국의 위협인식은 초국적 사이버 범죄에 대한 우려를 넘어 적대세력의 사이버 공격과 사이버 역량 증대를 경계하는 수준으로 심화하였고, 사이버 역량 지향성 역시 그에 맞춰 조정되는 양상을 보였다. 동맹국과의 협력 역시 사이버 범죄 대응을 위한 정부 부처 및 유관 기관 간 공조와 국제적 사이버 규범 선도를 위한 협조를 넘어 적대세력에 대한 동맹 기반의 통합억지를 구축하는 방향에 맞춰 공세적으로 변화하였다.

마찬가지로 문재인 정부 집권기까지 사이버 범죄 대응 역량을 강화하고 사이버 안보 국제규범을 정립하는 차원에서 미국과의 협력을 모색해 온 한국은 윤석열 정부 출범 이후로 대북 사이버 위협 담론을 더욱 강화하고, 사이버 적대세력에 대한 억지력을 높이는 차원에서 한미동맹을 적극적으로 활용하기 시작하였다. 미국의 사이버 안보 전략에 담긴 반권위주의 담론에 대해서도 더욱 수용적인 태도를 보여왔음은 물론이다. 사이버 안보 분야의 한미 간 이러한 위협인식과 역량 지향성 그리고 동맹 기대의 복합적 작용 속에서 양국의 협력은 기존의 초국적 사이버 범죄 관리와 국제규범 선도를 지향하는 탈지정학적-비지정학적 차원을 넘어 공동의 적과 대항 세력을 상정하고 이를 안보화, 동맹, 억지 등의 수단을 통해 견제하는 비판지정학적-고전지정학적 차원의 협력까지 아우르는 방향으로 확장·변화해 오고 있다.

다만, 전술한 것처럼 한미 사이버 안보협력의 이 같은 복합지정학적 변화가 양국의 사이버 위협인식과 사이버 역량 지향성 그리고 동맹 기대의 완전한 수렴이나 합치를 의미하는 것은 아니다. 미국의 사이버 위협인식과 사이버 역량 추구 그리고 동맹국에 대한 기대는 중국, 러시아 등 권위주의 세력을 견제·봉쇄하고자 하는 의도와 맞물려 있지만, 한국은 북한의 사이버 위협을 최우선으로 고려하여 대북 견제를 위한 동맹 차원의 사이버 억지 강화를 지향하기 때문이다. 다만 한국이 추구하는 사이버 억지는 사실상 미국이 동맹을 통해 제공하는 확장억제의 일부라는 점에서 미국의 반권위주의 사이버 안보 담론이나 사이버 진영 구축을 위한 국제협력 정책을 지원하는 행보를 보이고 있는 것으로 평가해 볼 수 있다.

지금까지 한미 양국은 정권의 정치적 성향에 따라 크고 작은 정책 불협화음을 내왔다는 점에서 향후 한미동맹 차원의 사이버 안보협력 역시 정권교체 등을 계기로 그 방향성을 달리할 가능성이 작지 않다. 그럼에도 단기적 관점에서 양국 간 사이버 안보협력은 앞으로도 탈지정학, 비지정학, 비판지정학, 고전지정학 차원의 협력을 아우르는 방향으로 그 확장세를 지속할 것으로 전망된다. 특히 미중 전략경쟁 심화와 그로 인한 미국의 대중 강경책, 북한의 사이버 역량 강화, 미국의 통합억지 태세와 선제적 사이버 방어 기조 등 어느 정도 예측이 가능한 정세를 고려할 때, 한미 사이버 안보협력의 비판지정학과 고전지정학의 성격은 더욱 강화될 것으로 보인다.

이러한 맥락에서 최근 일각에서는 한미 간에도 군사동맹에 준하는 사이버 동맹이 필요하다는 목소리가 나오고 있다(≪조선일보≫, 2023.1.17). 이러한 '사이버 동맹론'은 단순히 한미동맹 차원에서 사이버 협력의 수준을 높이는 것을 넘어 상호방위의 적용 범위에 사이버 안보를 포함할 것을 요구한다. 즉 한미 상호방위조약의 2, 3조 내용상 "외부로부터의 무력침공", "공통한 위험" 등이 전통적인 군사안보의 맥락을 넘어 사이버 공격까지 아우르는 것으로 재해석될 필요성을 강조하는 것이다. 또는 한미 전략기획지침이나 국방협력지침의 개정을 통해 사이버 위협에 대한 양국의 공동 대응을 명문화하는 조치로도 해석될 수도 있다. 좀 더 미시적인 차원에서 양국의 사이버사령부가 양해각서 체결을 통해 사이버 공간의 안정을 위한 선제적 방어 협력을 강화하는 형태를 의미하는 것일 수도 있다.

사이버 동맹의 성격과 형태가 무엇이든 이를 실현하기 위해서는 사이버 위협의 선제적 방어를 위한 양국 간 협력이 구체적으로 어떠한 목표를 지향하는가가 명확히 제시되어야 할 것이다. 예컨대, 한미 간 선제적 방어 협력이 잠재적인 적국에 침투하여 위협 요소를 제거하는 등 직접적인 개입에서의 공조를 위한 것인지, 아니면 그러한 개입의 방법을 미국으로부터 배우는 수준의 낮은 단계의 협력인지, 또는 유사시 양국이 공동의 대응을 취하기 위해 준비태세를 갖추기 위함인지 분명히 할 필요가 있음을 의미한다.

아울러 한미 사이버 동맹은 무엇보다 사이버 공간에서의 주적에 대한 양국 간 인식의 일치가 지속되는 것을 필요로 할 것이다. 동맹의 핵심은 공통의 적에 대한 공유된 위협인식에 있으며, 사이버 동맹도 마찬가지다. 다만 한국에게 가장 위협적인 대상은 언제나 북한인 반면에, 미국의 최대 위협은 분야와 영역을 막론하고 중국이다. 미국 역시 북한의 사이버 위협이 중대함을 인지하고 있지만, 북한발 위협의 심각성과 시급성에 대한 양국의 인식은 항상 같지 않다는 문제가 있다. 물론 동맹 구성국 간에도 공통의 적 또는 위협에 대한 인식은 그 정도와 깊이를 달리할 수 있지만, 한국의 주적 인식은 국내정치 상황에 따라 크게 좌우되는 경향이 있다. 이러한 경향이 사이버 안보에 대한 위협인식의 비대칭성 심화로 이어지지 않도록 한미 간 인식의 공유와 조율이 필요하다.

한미 사이버 동맹 형성을 위한 또 다른 선결과제는 일본과의 협력관계를 어떻게 설정할 것인가 하는 문제일 것이다. 전통적인 군사 분야와 마찬가지로 사이버 안보 분야에서의 양국 협력도 결국에는 한미일 삼국 간 원활한 협력을 절대적으로 필요로 한다. 한미일 삼각 동맹의 구축을 생각하기 어려운 현실을 고려할 때, 한국은 한일 간 협력이라는 단절되거나 약한 관계의 고리를 이어나갈 과제를 안고 있다. 이미 미국의 사이버 안보 국제협력 정책에서 한국과 일본에 부과된 동맹 기대나 일본의 더 확장된 군사적 역할에 대한 미국의 요구, 더 나아가 미일동맹의 군사적 상호운용성 강화를 촉구하는 움직임은 한일 간 사이버 안보협력 증진의 당위성을 그 어느 때보다 더 높이고 있다(Johnstone, 2023.1.12).

물론 한미 사이버 안보협력을 실질적인 동맹의 수준까지 끌어올리는 것이 무조건 유익한 것은 아니다. 상호방위에 기초한 동맹은 언제나 연루entrapment의 위험을 내포한다는 점에서 동맹에 준하는 사이버 안보 협정이 한미 간에 체결될 경우 사이버 공격에 대한 미국의 군사적 보복 조치를 한국이 지원해야 하는 부담을 피하기 어렵게 될 것이라는 우려 역시 제기될 수 있다. 이를 고려한다면, '지역 소다자 안보협력론'은 사이버 동맹론과 함께 고려될 만한 현실적 대안일 수 있다. 대표적으로 쿼드의 사이버 담당 고위 협의체와 쿼드의 확장 구상인 '쿼드 플러스'에 대한 참여는 한국이 인도-태평양 지역 유사입장 국가들과 사이버 안보 분야에서 협력을 강화할 기회로 평가된다(Carmack and Pane, 2022.5.31). 이들 국가와 사이버 표준 설정, 보안 관련 소프트웨어 개발, 사이버 안보 전문 인력 양성 등에서 협력을 이루는 것은 한국이 자체적인 사이버 억지력과 동맹 차원의 공동 대응력을 강화하는 데 기여하는 바가 클 것이다. 또한 초국적 사이버 범죄 대응을 위한 국제공조와 사이버 안보 규범 선도를 위한 협력, 즉 탈지정학적-비지정학적 차원의 사이버 안보협력을 증진하는 유용한 플랫폼이 될 것으로 기대된다. 나아가 한국이 사이버 안보 질서와 디지털 인프라 및 공급망이 형성되는 이슈 구조에서 중견국으로서 영향력을 증대할 기회가 될 수 있을 것이다.

강정민 외. 2012. 「국가 사이버 역량 평가 방법론 연구」. ≪정보보호학회논문지≫, 제22권 5호. 1039~1055쪽.

≪경기신문≫. 2023.3.10. "한국도 '틱톡 제재' 시작되나…국정원, 공무원 업무·개인 단말기 '앱 점검'". https://www.kgnews.co.kr/mobile/article.html?no=739611

국방부. 2010.12.31. 『2010 국방백서』.

_____. 2014.12.31. 『2014 국방백서』.

_____. 2023.1.11. 「2023년 국방부 연두 업무보고: '튼튼한 국방, 과학기술 강군' 건설로 '힘에 의한 평화' 구현」.

권혁천 외. 2020. 「한국의 사이버공격 비교 분석과 정책적 대응방안」. ≪융합보안 논문지≫, 제20권 5호, 19~26쪽.

김상배. 2015. 「사이버 안보의 복합지정학: 비대칭 전쟁의 국가전략과 과잉 안보담론의 경계」. ≪국제·지역연구≫, 제24권 3호, 1~40쪽.

_____. 2017. 「한국의 사이버 안보 전략과 외교」. 김상배 엮음. 『사이버안보의 국가전략: 국제정치학의 시각』. 사회평론아카데미.

김소정. 2022.5.31. 「2022 한미정상회담과 사이버안보: 억지력 강화를 위한 전략적 과제」. ≪INSS 이슈브리프≫, 제361호, 국가안보전략연구원.

_____. 2023. 「미국의 사이버공격 대응정책과 한국에의 시사점: 솔라윈즈 해킹 대응사례를 중심으로」. ≪INSS 연구보고서≫2022-04. 국가안보전략연구원.

김소정·박상돈. 2013. 「국제협력을 통한 사이버안보 강화방안 연구」. ≪융합보안논문지≫, 제13권 6호, 51~59쪽.

김태형. 2020. 「미국의 인도-태평양 전략과 미군의 군사전략 변화」. ≪국방연구≫, 제63권 1호, 89~116쪽.

대통령실. 2022.5.21. "[전문] 한·미 정상 공동성명". https://www.korea.kr/news/policyNewsView.do?newsId=148901846

_____. 2022.6.29. "윤석열 대통령, 나토 동맹국·파트너국 정상회의 연설". https://www.korea.kr/news/policyNewsView.do?newsId=148903058

_____. 2022.9.21. "尹 대통령, 디지털 비전 포럼에서 디지털을 통한 세계질서 주도 구상 제시". https://www.korea.kr/briefing/presidentView.do?newsId=148906227

_____. 2023.1.19. "행동하는 연대를 위하여: 2023년 세계경제포럼(WEF) 연차총회 특별연설". https://www.president.go.kr/president/speeches/n7a9aBQQ

_____. 2023.4.26. "Strategic Cybersecurity Cooperation Framework Between the Republic of Korea and the United States of America."

_____. 2023.4.29. "윤석열 대통령 하버드 대학교 연설". https://www.president.go.kr/newsroom/movie_news/tn9qFXc4

≪디지털타임스≫. 2016.5.2. "인공지능 해킹위협 감지… 사이버 테러 '원천봉쇄'". http://www.dt.co.kr/contents.html?article_no=2016050302100231614001

미래창조과학부. 2016.5.3.「한-미, AI기반 사이버보안기술 공동 개발 추진」 보도자료.
박봉규. 2018.「한미동맹의 변화 가능성: 쟁점과 인식」. ≪통일연구≫, 제22권 2호, 49~86쪽.
박효민·이인화. 2022.「인권을 근거로 부과되는 수출통제 및 제재」. ≪무역안보 Brief≫, Vol.2. 전략물자관리원.
≪보안뉴스≫. 2010.7.7. "[7.7DDoS 1년]7.7 DDoS 공격, "어떤 사건이었나?"" https://www.boannews.com/media/view.asp?idx=21860
_____. 2022.8.19. "한미 사이버 작전 분야 협력과 발전 위해 손잡았다". https://www.boannews.com/media/view.asp?idx=109176
_____. 2023.2.10. "한미 합동 사이버 보안 권고문 발표… 북한 랜섬웨어 공격 대응". https://www.boannews.com/media/view.asp?idx=114110
사이버작전사령부. 2022.10.24.「우리 군, 미 사이버사 주관 사이버 플래그 훈련 최초 참가」 보도자료.
≪서울경제≫. 2023.4.19. "[속보] 尹 "대만해협의 '힘에 의한 현상변경', 국제 사회가 반대해야"". https://www.sedaily.com/NewsView/29OD40LZM3
설인효. 2022.「바이든 행정부의 안보·국방전략과 한국의 대응방향」. ≪전략연구≫, 제29권 2호, 257~296쪽.
손한별. 2018.「한미 군사협력체제의 오늘과 내일」. ≪신아세아≫, 제25권 4호, 22~52쪽.
송태은. 2023.「연합 사이버 전력의 역할과 한·미 사이버 안보협력의 과제」. ≪정책연구시리즈≫ 2022-12. 국립외교원 외교안보연구소.
≪시사저널≫. 2021.6.18. "[단독]북한, 안보·외교라인 전방위 해킹…윤건영·박선원·최종건". https://www.sisajournal.com/news/articleView.html?idxno=219122
신성호. 2016.「미 오바마 행정부의 사이버안보 정책과 쟁점」. ≪국제·지역연구≫, 제25권 4호, 61~96쪽.
_____. 2022.12.15. "[미중 핵경쟁 스페셜리포트] ② 미국의 통합억지와 신형 저위력 핵무기의 등장: 제한적 핵무기의 한반도 사용 가능성". 동아시아연구원.
신승휴. 2022.「미국의 사이버 안보 국제협력 정책의 진화: 네트워크 이론과 구성적 제도주의의 시각. ≪국제정치논총≫, 제62집 2호, 107~151쪽.
≪연합뉴스≫. 2022.4.29. "美, 60여개국과 디지털독재 대응 인터넷 신질서 선언…한국 빠져(종합2보)". https://www.yna.co.kr/view/AKR20220428182052071
_____. 2023.7.19. "국정원 "北, 총선전 사이버공작 본격화할듯…중·러도 개입가능(종합)"". https://www.yna.co.kr/view/AKR20230719073351017
외교부. 2016.6.28.「제4차 한-미 사이버정책협의회 개최」 보도자료 16-405.
_____. 2018.6.21.「제5차 한·미 사이버정책협의회 개최」 보도자료 18-352.
_____. 2022.12.13.「제6차 한-미 사이버정책협의회 개최 결과」 보도자료 22-1130.
_____. 2022.9.17.「한미 확장억제전략협의체 회의 공동성명」.
_____. 2023.2.9.「사이버 공간을 활용한 북한의 불법적 외화벌이 차단」보도자료 23-114.
_____. 2023.2.20.「우리 정부의 대북 독자제재 추가 지정」 보도자료 23-155.

_____. 2023.3.9.「제3차 북한 사이버 위협 대응 한미 실무그룹 회의 개최」 보도자료 23-216.
유인태. 2019.「사이버 안보에서의 다중이해당사자주의 담론의 확산」. ≪담론201≫, 제22권 1호, 45~80쪽.
임종인. 2022.11.14. "사이버 리스크, 국가 차원 위기대응 체계 구축해야". ≪중앙일보≫, https://www.joongang.co.kr/article/25117267#home
전재성. 2004.「동맹이론과 한국의 동맹정책」. ≪국방연구≫, 제47권 2호, 63~94쪽.
≪정보통신신문≫. 2023.1.11. "공공기관 업무에 아이폰·아이패드 이용 가능". https://www.koit.co.kr/news/articleView.html?idxno=108270
정성철. 2021.「디지털 안보 동맹외교의 미중경쟁과 한국」. 김상배 엮음.『디지털 안보의 세계정치: 미중 패권경쟁 사이의 한국』. 한울엠플러스.
≪조선일보≫. 2023.1.17. "[유용원의 밀리터리 시크릿] 한미동맹 70주년과 한미 사이버 안보동맹". https://www.chosun.com/politics/politics_general/2023/01/17/IV5H44NKIBAPZETXIJAPMLRA2U/
조화순·권웅. 2017.「한국과 미국의 사이버안보 거버넌스: 사이버위협의 안보화 관점에서의 비교」. ≪정보사회와 미디어≫, 제18권 2호, 97~120쪽.
주 유엔 대한민국 대표부. 2019.9.9. "함상욱 차석대사 유엔 정보안보 개방형워킹그룹(OEWG) 1차 회의 참석". https://overseas.mofa.go.kr/un-ko/brd/m_12053/view.do?seq=1342911
≪중앙일보≫. 2019.4.21. "일본 '사이버 공격' 당하면 미국이 응징한다…미일동맹 확장". https://www.joongang.co.kr/article/23446798#home
차정미. 2019.「미중 사이버 군사력 경쟁과 북한 사이버 위협의 부상: 한국 사이버안보에의 함의」. ≪통일연구≫, 제23권 1호, 42~93쪽.
청와대 국가안보실. 2019.「국가사이버안보전략」.
≪한겨레≫. 2023.2.10. "정부, 첫 대북 사이버 독자제재…라자루스·박진혁 등 지정". https://www.hani.co.kr/arti/politics/defense/1079205.html
YTN. 2009.10.30. "DDos 테러 진원지는 북한 체신청". https://www.ytn.co.kr/_ln/0101_200910300832083677

Bartlett, Jason. 2022. "U.S.-ROK Strategy for Enhancing Cooperation on Combating and Deterring Cyber-Enabled Financial Crime." Center for a New American Security (November 9).
Campbell, Charlie. 2022. "South Korea's Intelligence Agency Has Joined NATO's Cyber Defense Unit. China Isn't Happy." *Time*(May 5). https://time.com/6173812/south-korea-cyber-nato-china/
Carmack, Dustin and James Di Pane. 2022.5.31. "Opportunities Abound for Further U.S.-South Korean Cyber Cooperation." The Heritage Foundation Backgrounder 3711(May 31).
Chen, Xuechen and Yifan Yang. 2022. "Contesting Western and Non-Western Approaches to Global Cyber Governance beyond Westlessness." *The International Spectator*, Vol.57, No.3, pp.1~14.

Clemente, Dave. 2013. "Cyber Security and Global Interdependece: What is Critical?" Chatham House(February).

Collett, Robert. 2021. "Understanding cybersecurity capacity building and its relationship to norms and confidence building measures." *Journal of Cyber Policy*, Vol.6, No.3, pp.298~317.

Glosserman, Brad. 2015. "Struggling with the Gray Zone: Trilateral Cooperation to Strengthen Deterrence in Northeast Asia." *Pacific Forum CSIS Issues & Insights*, Vol.15, No.13.

Grabosky, Peter. 2004. "The Global Dimension of Cybercrime." *Global Crime*, Vol.6, No.1, pp.146~157.

Hinata-Yamaguchi, Ryo. 2016. "Completing the U.S.-Japan-Korea Alliance Triangle: Prospects and Issues in Japan-Korea Security Cooperation." *The Korean Journal of Defense Analysis*, Vol.28, No.3, pp.383~402.

Hopf, Ted. 1998. "The Promise of Constructivism in International Relations Theory." *International Security*, Vol.23, No.1, pp.171~200.

Jensen, Eric T. 2016. "The Tallinn Manual 2.0: Highlights and Insights." *Georgetown Journal of International Law*, Vol.48, pp.735~778.

Johnstone, Christopher. 2023. "To Make Japan Stronger, America Must Pull It Closer." *Foreign Affairs* (January 12). https://www.foreignaffairs.com/japan/make-japan-stronger-america-must-pull-it-closer

Katagiri, Nori. 2021. "Why international law and norms do little in preventing non-state cyber attacks." *Journal of Cybersecurity*, Vol.7, No.1.

Keohane, Robert O. 1986. "Reciprocity in International Relations." *International Organization*, Vol.40, No.1, pp.1~27.

Nakasone, Paul M. and Michael Sulmeyer. 2020. "How to Compete in Cyberspace: Cyber Command's New Approach." *Foreign Affairs* (August 25). https://www.foreignaffairs.com/articles/united-states/2020-08-25/cybersecurity

Natalegawa, Andreyka and Gregory B. Poling. 2022. "The Indo-Pacific Economic Framework and Digital Trade in Southeast Asia." Center for Strategic & International Studies.

Nyman, Jonna. 2013. "Securitization theory." *Critical approaches to security*. Routledge.

Oh, Miyeon. 2021. "Beyond the Peninsula: US-ROK Cooperation on Digital Connectivity in the Indo-Pacific." Atlantic Council Issue Brief(December).

Peters, Allison, and Amy Jordan. 2019. "Countering the Cyber Enforcement Gap: Strengthening Global Capacity on Cybercrime." *Journal of National Security Law & Policy*, Vol.10, pp.487~524.

Platte, James E. 2020. "Defending Forward on the Korean Peninsula." *The Cyber Defense Review*, Vol.5, No.1, pp.75~94.

Pollack, Jonathan D., et al. 1995. *A New Alliance for the Next Century: The Future of U.S.-Korean Security Cooperation*. Santa Monica, CA: RAND Corporation.

Richey, Mason. 2022. "Cyber Offence Dominance, Regional Dynamics, and Middle Power-led International Cooperation." in Gertjan Boulet, Michael Reiterer, and Ramon Pacheco Pardo(eds.). *Cybersecurity Policy in the EU and South Korea from Consultation to Action: Theoretical and Comparative Perspectives*. Cham: Springer International Publishing.

Smeets, Max. 2020. "US cyber strategy of persistent engagement & defend forward: implications for the alliance and intelligence collection." *Intelligence and National Security*, Vol.35, No.3, pp.444~453.

The White House. 2018. *National Cyber Strategy*.

_____. 2023. *National Cybersecurity Strategy*.

U.S. Department of Defense. 2022.11.3 "54th Security Consultative Meeting Joint Communique." https://www.defense.gov/News/Releases/Release/Article/3209105/54th-security-consultative-meeting-joint-communique

U.S. Department of State. 2016.12.19. "U.S.-ROK-Japan Experts Meeting on Cybersecurity of Critical Infrastructure." at https://2009-2017.state.gov/r/pa/prs/ps/2016/12/265783.htm

_____. 2022.4.28. "A Declaration for the Future of the Internet."

U.S. Government. 2021.6.9. "Cyber Threats in the Pipeline: Using lessons from the Colonial Ransomware Attack to defend critical infrastructure." Hearing before the Committee on Homeland Security House of Representatives. 117th Congress, 117-15.

Yonhap News. 2020.10.30 "Special contribution by U.S. Democratic presidential candidate Joe Biden"(October 30). https://en.yna.co.kr/view/AEN20201030000500325

Yoon, Suk-yeol. 2022.2.8. "South Korea Needs to Step Up." *Foreign Affairs*, https://www.foreignaffairs.com/articles/south-korea/2022-02-08/south-korea-needs-step

9 한미 우주안보/뉴스페이스 협력*

박용한 | 한국국방연구원

1. 머리말

뉴스페이스New space로 불리는 새로운 우주 시대가 도래하면서 우주 공간 위협과 도전은 달라졌다. 최초의 인공위성은 군사 목적에서의 정찰을 위한 감시와 위치정보, 위성통신 등이 주된 활용 영역이었다. 초창기 우주경쟁은 미국과 소련이 주도하는 군사 영역에서 촉발했다. 하지만 오늘날 우주는 위성을 활용한 우주인터넷과 국제 우주정거장을 이용한 우주에서의 제조, 준궤도 우주관광 등 새로운 수익모델이 등장하면서 민간 주도의 새로운 우주 시대를 맞이했다. 2020년 기준, 세계 우주경제 규모는 4,470억 달러(약 527조 원)에 이른다. 우주 개발 분야 중에서도 민간 영역에서 활용도가 높아질 것으로 예측되며, 저궤도 위성을 이용한 우주통신망 분야는 새로운 우주 시대의 새로운 영역으로

* 이 글은 다음의 연구를 바탕으로 재구성했다. 이상민·박용한 외, 「국방우주개발 정책연구: 민관군 협력방안을 중심으로」(한국국방연구원, 2022.11).

부상하고 있다. 지구 저궤도 인공위성은 우주를 통한 인터넷 인프라를 구축하므로 촘촘한 중계소를 세워 케이블을 연결하지 않아도 되기 때문에 산악, 바다, 사막 등의 지리적인 한계 없이 서비스 제공이 가능하다. 이러한 이유로 저궤도 위성을 이용한 광대역 인터넷이 초연결 시대를 위한 차세대 인프라로서 새로운 우주 시대의 각축장이 되고 있다.

우주 공간에서 우주 자산 간 군사적 경쟁은 패권경쟁 국가만의 전유물도 아니다. 북한은 2023년 4월 18일 '군사정찰위성 1호기' 완성을 선언했다. 북한 매체는 김정은이 국가우주개발국을 방문한 자리에서 4월 현재 제작이 완성된 군사정찰위성 1호기를 계획된 기일 안에 발사할 수 있도록 준비위원회를 구성하고 최종 준비를 끝내라고 지시했다고 전했다. 북한은 앞서 2021년 1월 개최한 제8차 노동당 당대회에서 군사정찰위성 운영을 국방발전전략 목표로 제시했다. 이어 2022년 2월 27일과 3월 5일 장거리 탄도 미사일을 쏜 뒤 '정찰위성 개발시험'이라고 주장했다. 북한이 우주 공간에 쏘아 올린 위성이 언제라도 한국군 위성을 공격할 수 있다는 뜻이다. 아무런 위협 없이 정찰위성으로 북한 지역을 살펴보던 시대가 저물고 있다. 한반도 휴전선을 건너 지속해 온 남북한의 군사적 긴장은 우주 공간으로 확장하는 국면을 피할 수 없다.

강대국 간 경쟁이 군사 영역을 초월하여 정보·기술·산업 등 전 영역에서 심화하는 사례와 같이 우주경쟁도 군사와 국방 분야에 한정하지 않고 다양하게 확장될 전망이다. 게다가 미국은 통합억제 전략으로 중국과 러시아 견제를 심화하는 상황에서 우주 분야 전 영역에서도 대결 구도가 심화할 전망이다.

2. 새로운 우주 시대

이처럼 새로운 우주 시대는 혁신적인 우주 상품이나 서비스를 통한 이익 추구를 목표로 하는 글로벌 민간기업이 등장하면서 민간 영역의 우주 개발 참여

표 9-1 우주 개발의 시대적 전환과 특징

구분	과거 우주	새로운 우주
개발 목표	국가적 목표	상업적 목표
개발 기간	장기	단기
개발 주체	국가 연구기관, 대기업	중소기업, 스타트업, 벤처
개발 비용	고비용	저비용
자금 출처	정부(공공 자본)	정부, 민간(상업 자본)
관리 방식	정부 주도 개발 통제	민간 주도 자율 경쟁
활용 주체	정부(국방, 과학 등)	민간, 정부
개발 특징	보수성, 위험회피, 신뢰성	혁신성, 위험감수, 고위험
대표 사례	아폴로 프로젝트, 우주왕복선	Space X, Rocket Lab, One Web

자료: 안형준 외(2018: 6)를 저자가 재구성함.

가 혁명적으로 확대하고 있는 것으로 해석할 수 있다. 이러한 새로운 우주 시대가 등장한 배경은 우주 공간 상업화에 따른 결과로 설명할 수 있다. 민간기업이 상업적 목적으로 우주 사업을 본격적으로 시작한 1990년대 중반 이후 시작되었다. 신흥 억만장자들이 우주산업에 진출하며 상업 우주 시대를 개척했다.[1]

새로운 우주 시대에는 다양한 변화가 보인다. 첫째, 과거의 우주는 국가적 목표(군사, 안보, 경제개발, 과학 지식, 국가 위상 제고 등)를 추구했다면, 새로운 우주는 시장 개척이라는 상업적 목표를 상정하고 있다. 둘째, 과거의 우주는 장기 프로젝트였다면, 새로운 우주는 상대적으로 단기간의 개발 기간이 소요된다. 셋째, 과거의 우주 개발 주체는 국가 연구기관(NASA, DARPA 등)과 대기업이었다면, 새로운 우주는 스타트업, 중소기업, 벤처가 개발을 주도하고 있다.

1 새로운 우주 시대에 관한 개념은 안형준 외(2019: 9~11)를 참조.

넷째, 단위 개발 비용에서도 과거에는 고비용 투입이 필요했지만 새로운 우주에서는 저비용으로도 가능하다.

1) 새로운 우주 시대의 특징

과거 국가에서 주도하던 우주 개발은 이제 민간 주도 발전으로 전환하고 있다. 대표적인 국가 주도 우주 개발 주체인 미국 항공우주국NASA도 유인발사체 사업을 직접 진행하지 않고 신생 우주기업을 통한 민관협력PPP 개발을 추진한다. 이에 우주 개발 산업 생태계는 전환기 시대를 맞이했다. 국방 영역에서의 안보적 대응도 전면적 변화가 불가피하다. 우주 생태계 전환은 미국에서 가장 빠르게 나타난다. 주요 특징을 보면 NASA를 비롯한 정부 주도 우주 개발 및 사업 활용은 소멸한다. 이제는 민간이 발사체를 비롯한 우주 개발을 주도한다. 국가는 다른 민간 영역 고객처럼 소비자 입장에서 민간이 개발한 기반 체계platform를 활용하는 방식으로 사업 방식을 바꾸고 있다. 민간이 주도하는 새로운 우주 시대에는 우주 관련 자산도 공유 플랫폼으로 사용된다. 다양한 국가에서 공통으로 우주 서비스를 받거나 민관군에서도 공유하여 사용이 가능해 비용이 절감된다. 새로운 우주 시대가 도래하면서 초소형 위성과 재사용이 가능한 발사체 활용이 특징으로 꼽힌다. 이는 결과적으로 우주 자산 사용에 있어 비용을 절감하는 효과를 가져온다.

우선 인공위성 제작 속도가 빨라졌다. 중대형 인공위성은 수 년간 준비해야 발사에 돌입할 수 있다. 중대형 위성은 맞춤형으로 제작하기 때문에 제작에만 수개월에서 수년이 소요되기도 한다. 제작이 끝나면 시험평가를 별도로 받아야 하므로 많은 시간이 걸린다. 위성은 대체로 저궤도와 정지궤도에 집중되어 있다. 저궤도는 지구를 거의 빽빽하게 둘러싸고 있고, 정지궤도는 지구의 적도와 평행한 선상에 대부분 위치한다. 지구궤도는 저궤도LEO, 중궤도MEO, 정지궤도GEO로 구분되며, 저궤도는 대략 2,000km 고도 이하이고, 중궤도는 2,000~

30,000km, 정지궤도는 36,000km 부근에 해당한다.

그러나 새로운 우주 시대에는 빠른 위성 제작이 가능하다. 그 요인으로 위성의 크기가 매우 작아진 점을 들 수 있다. 군집으로 운용하는 초소형 위성은 자동화·무인화 제작이 가능해 제작 시간이 크게 줄었다. 크기가 작은 위성이지만 능력은 기존과 다르지 않다. 인공위성 모듈화를 통해 다양한 기능과 임무의 수행이 가능하다. 유기적인 역할 분담으로 작지만 큰 성과를 올릴 수 있다. 기존의 위성 제작의 경우에는 비용적인 측면에서 대량생산이 아닌 맞춤형 소량 제작 방식이므로 부품의 단가도 비싸질 수밖에 없다. 그러나 초소형 군집위성체계는 한 번의 발사에도 수십 대의 위성이 올라가므로 제작 시간과 위성당 단가(비용)가 생명이다. 따라서 위성의 부품, 모듈, 완성품의 표준화 및 규격화가 필요하다. 결과적으로 대량생산이므로 자동화 생산이 가능하고, 제작 비용도 낮아질 수 있다.

위성은 작아졌지만 더 많은 위성을 쏘아 올릴 수 있게 되었다. 우주발사체 발사가 빈번해졌다. 우주발사체 준비 시간은 단축되어 필요한 시간에 지체 없이 발사할 수 있다. 회수 가능한 위성 발사체를 사용하거나 한 번에 초소형 위성을 대거로 궤도에 올릴 수 있다. 이처럼 저궤도에서 운용하는 초소형 군집위성은 준실시간 서비스 제공도 가능하다. 위성은 지구 주위를 공전하므로 재방문 주기에 따라 하루에도 여러 번 동일한 지구상 지점을 지나가며 서비스를 제공한다. 그런데 군집위성체계는 여러 위성이 정보를 릴레이하듯이 전달하므로 재방문 주기가 사실상 없는 수준으로 줄어든다. 또한, 낮은 고도에서 운용하므로 지상 기지국과의 거리가 상대적으로 줄어들어 통신 지연도 감소한다. 즉, 서비스 품질 향상도 기대할 수 있다. 정지궤도 위성과 비교해 지상 위성 운용시설과 거리가 줄어 통신속도가 증가한다.

안정적인 위성 운용도 가능하다. 고장이나 기타 이유로 운용이 불가능한 위성이 발견되면 즉시 교체할 수 있다. 많은 위성이 군집으로 운용되면서 일부 고장이 발생하더라도 전체 서비스에 큰 영향을 주지 않을 수 있으며, 필요시 즉시 교체도 수월하다. 만일 중대형 위성이라면 한번 고장이 발생했을 때 장기간 서비스가 중단되고, 대체하는 데 상당한 비용이 소요된다. 하지만 초소형 군집위성은 일부 고장이 발생한다는 경우를 고려하고 있어 운용상의 여유가 있다. 그리고 소형 우주발사체를 활용하여 고장 난 위성을 대체하는 위성을 보낼 수 있다는 점에서도 대응이 빠르다.

2) 미국의 새로운 우주 동향

미국이나 영국, 캐나다 등 우주 선진국에서는 스페이스X, 아마존웹서비스 AWS, 원웹, 텔레셋 등의 민간기업이 중심이 되어 우주인터넷 구축을 추진하고 있다. 스페이스X는 2021년 8월, 우주 인터넷 사업 확장을 위해 사물인터넷 기업인 스웜 테크놀로지를 인수했다. 스웜 테크놀로지가 가지고 있는 기술은 소형 노트북 크기의 위성을 이용해 지상과 통신하며, 사물인터넷 장치를 글로벌 네트워크에 연결하는 기술로 확인된다. 스페이스X는 1만 2,000개의 저궤도 위성을 사용한 네트워크 '스타링크'를 이미 상업화하고 있으며 이는 2022년 초 우크라이나 전쟁 개전과 동시에 러시아에 의해 파괴된 우크라이나의 인터넷과 통신 지원에 활용되고 있다.

스페이스X는 스타링크 인터넷 위성 4만여 대를 우주 궤도에 올려 범지구적인 초고속 인터넷 통신망을 구축한다는 계획을 하고 있다. 2020년 초 북미 지역을 중심으로 시범 운용을 했고, 2021년 12월 남태평양 통가에서의 임시 운용 경험도 있다. 또한, 2022년 2월 우크라이나 전쟁이 발발하자 우크라이나 지역 통신을 개통한 뒤 위성 단말기 5,000대를 현장에 보냈다. 현재 2,000여 대 수준인 스타링크 위성은 곧 1만여 대가 더 추가될 예정이다. 우크라이나는 지상 통신이 단절된 가운데 위성통신으로 군 작전을 운용하고 있다. 우크라이나가 러시아를 상대로 선전하는 배경으로 스타링크의 역할에 주목된다. 우크라이나는 스타링크가 제공하는 영상과 통신 등 효과적인 정보 제공을 바탕으로 정보전 열세를 극복했다는 진단이다. 지금까지는 군 전용 통신위성으로 지휘 통신이 가능했지만 우크라이나 사례와 같이 앞으로는 민간위성을 활용한 군 작전도 가능해질 전망이다. 이는 국방 분야도 공유 플랫폼을 활용할 수 있다는 가능성을 보여준다. 평소 사용이 크지 않지만 전쟁과 같은 유사시에만 사용할 수 있다면 막대한 국방비를 절감할 수 있고, 중소 국가도 위성통신을 활용할 수 있어 군사위성에 대한 접근성이 확대될 전망이다.

아마존웹서비스AWS는 우주인터넷을 구현하는 카이퍼 프로젝트를 추진하고 있다. 2022년까지 3,236개의 위성을 쏘아 올려, 바다 한가운데 있는 시추 시설이나 극지의 연구소까지도 클라우드와 인공지능을 이용한 운영과 빠른 데이터 분석이 가능할 수 있도록 우주인터넷 네트워크 기반 구축을 목표로 한다.[2] 원웹은 우주와 관련된 민간기업 중 가장 먼저 저궤도 위성통신망 사업을 시작한 업체 중 하나이다. 원웹은 2020년 기준 약 100개의 저궤도 위성군을 보유하고 있다. 캐나다의 켈레셋도 2023년까지 위성 298개를 발사한다는 목표를 세웠다.

3. 새로운 우주 시대와 국방 우주

이처럼 우주 개발의 주체가 정부 주도에서 민간 주도로 전환되었다고 해서 국방우주력이 갖는 중요성이 줄어든 것은 아니다. 오히려 국방 우주 개발에서

2 지표면에서 3만 5,786km 거리에 있는 정지궤도 위성은 서비스 제공 시 약 477ms(약 0.48초)의 지연시간이 발생하는 반면, 2000km 이내에 위치한 저궤도 위성은 27ms(약 0.03초)에 불과하다. 저궤도 위성은 낮은 궤도에서 하루에도 몇 번씩 지구를 돈다. 덕분에 하루에 한 바퀴를 도는 먼 거리의 정지궤도 위성과 비교해 더 짧은 지연시간으로 서비스를 제공할 수 있다. 정지궤도 위성의 인터넷으로는 어려웠던 실시간 화상회의나 사물인터넷 기기의 원격 제어도 문제없이 가능하며, 클라우드 기반 서비스도 어느 곳이든 제공할 수 있다.

기민한 대응이 필요한 상황이다. 미국은 국가 차원 우주력과 국방우주력을 구분해 정의한다. 우주력은 "번영과 안보를 추구하기 위해 우주 영역을 이용하는 국가 능력의 총체"로 정의하며 모든 우주 영역과 역량을 포괄한다. 이와 달리 국방우주력은 "우주 영역 통제와 활용을 통해 전략 및 군사 목표를 달성할 수 있는 능력"으로 구체화한다.[3] 국방우주력은 일반 우주력보다 범주와 역량을 군사 목표 달성에 초점을 둔다. 국방우주는 일반 우주 개발과 달리 군사적 목표를 가질 뿐 발사체를 비롯한 수단을 공유한다는 공통점은 변하지 않는다.

따라서 우주 개발 동향 변화는 국방우주에 가장 큰 영향을 미친다. 국방은 우주 개발 초기부터 주요 수요자이면서 행위자로 역할 했기 때문이다. 인공위성의 군사적 임무는 정지궤도(미사일 감시, 통신)·중궤도(항법, 지상 감시)·저궤도(정찰·첩보) 등 궤도에 따라 구분할 수 있다. 새로운 우주 시대를 맞아 국방우주력 건설은 제도 보완을 통해 가성비 있는 무기체계를 빠르게 전력화하는 기회로 발전할 수 있다.[4] 이런 개발 환경 변화는 4차 산업혁명 이후 나타난 특징이다. 4차 산업혁명 이후 민간 행위자가 기술개발을 주도하고, 기술혁신은 지정학적 경계를 넘어서고 있다. 이와 같이 민간 부문에서 개발된 뒤 나중에 군사 부문에 적용하는 스핀온 양상이라는 특징은 군사적 목적에서 개발된 기술이 민간으로 확산했던 스핀오프와 차이가 있다(김상배, 2020: 43).

우주 개발 기술을 가장 많이 보유한 미국은 민간 영역 기술 확산을 위한 여건을 마련했다. 우주산업 수출통제체제를 완화하면서 기술 공유를 기존보다 확대했다. 오바마 정부는 수출통제개혁ECR을 추진해 위성 부품 대부분은 국무부 주관 무기수출통제규정ITAR 항목에서 해제하고 상무부 주관 수출행정규정EAR으로 분류했다. 동맹국으로 지정된 36개국은 전략물자 무역허가STA를 획

3 미 우주군의 역할과 개념은 United State Space Force(2020)를 참조.

4 인공위성의 작전 수행 특징은 송세찬 외(2021: 349)를 참조.

득하면 추가적인 허가 없이 우주산업 제품을 수출·재수출뿐 아니라 이전할 수도 있다.[5] 다만, 경쟁국에 대한 기술 통제는 점차 강화하는 추세다.

1) 한국, '국방 우주 개발 시대' 개막

한국도 이미 어느 정도 공유 플랫폼 수혜를 받고 있다. 한국은 군사 전용 통신위성을 민간 로켓에 실어 우주로 보냈다. 군 당국은 2020년 7월 군 통신위성인 '아나시스 2호'를 스페이스X에서 운용하는 '팰컨9'에 탑재해 쏘아 올렸던 경험이 있다. 2023년 말 한국군 첫 정찰위성도 액체연료 로켓 팰컨9에 실려 발사된다. 정부는 2021년 스페이스X와 계약했고, 2022년 2월에는 미국 정부의 발사체 수출 승인 조치도 완료했다는 보도가 나왔다. 군 당국은 2024년 말 첫 발사를 시작으로 2027년까지 정찰위성을 지구 궤도 500여 km 고도에 올릴 계획이다. 한국은 고성능 영상 레이더SAR 탑재 위성 4대와 전자광학EO 및 적외선IR 탑재 위성 1대 등 정찰위성 5대를 도입하는 사업(425사업)을 추진 중이다. 정찰위성은 북한 핵·미사일을 조기에 탐지·추적·파괴하는 킬체인Kill Chain의 핵심적인 역할을 하게 된다. 이처럼 민간위성을 활용하면서 예산을 대폭 절약할 수 있다. 재사용이 가능한 팰컨9은 기존 로켓보다 발사 비용이 10% 수준으로 매우 낮다. 재사용이라는 기술의 발전과 상업 위성 로켓이라는 규모의 경제가 동시에 적용된 결과다.

이런 중·대형급 위성(해상도 0.3~0.5m 수준)으로 얻은 사진 덕분에 위성사진 판독 능력이 크게 올라갈 수 있다. 주·야간 및 기상 악화 상황에서도 감시에 문제가 없어 위협 분석에 도움이 된다. 하지만 2시간마다 한반도 상공을 지나가며 정찰하기 때문에 감시망에 공백이 생긴다. 이런 빈틈은 소형 위성으로 일

5 우주산업에 대한 미국의 수출통제 변화 추세와 특징은 유준구(2019: 502~503)를 참조.

부 보완할 수 있다. 국방과학연구소ADD가 개발 중인 초소형 영상 레이더SAR 32대를 띄우면 30분 간격으로 한반도 주변을 정찰할 수 있다. 개발 중인 초소형 위성은 510km 고도에서 1m 크기의 물체를 들여다볼 수 있는 성능을 지녔다. 향후 개발 과정에 해상도 능력을 높인다면 근실시간 한반도 감시가 가능해진다. 초소형 위성 모형은 원통형 본체에 날개형 태양전지판이 달린 일반 위성과 다른 형상이다. 앞면에 영상 레이더, 뒷면에 태양전지판이 일체형으로 구성된 직사각형 형태로, 크기(가로 3m, 세로 70cm)와 무게(66kg)를 줄였다.

2020년 3월 30일 ADD는 순수 국내 기술로 개발된 고체추진 우주발사체의 첫 시험발사에 성공했다. 이는 고체추진 로켓기술이 이미 높은 수준에 있음을 입증하는 계기가 되었다.[6] 군 당국은 2020년 7월 28일 한·미 미사일지침 개정으로 탄도미사일 탄두 중량 제한을 비롯한 고체로켓의 우주발사체 사용 제한이 풀리면서 현무-4를 비롯한 미사일 개발에 착수했다. 미사일에 쓰이는 로켓기술 확보는 위성을 쏘아 올리는 로켓기술과 다르지 않다. 미사일지침 개정 뒤 불과 2년 만에 거둔 미사일 개발 성공은 우주로 나아가는 길을 열었다.

액체추진 로켓 발사장은 중대형 인공위성을 쏘아 올리기에 적합하지만, 대규모 설비를 필요로 한다. 일반적으로 액체추진 로켓은 연료통, 산화제통, 터빈, 노즐 등 구조가 복잡하고, 액체연료와 산화제를 발사 직전에 대량으로 주입해야 하므로 대형 발사 설비가 갖춰져야 하며, 준비 시간도 길고 까다롭다. 반면, 고체추진 로켓은 연료와 산화제가 혼합된 고체추진제가 로켓 내부에 저장된 간단한 구조가 특징이다. 덕분에 해상이나 공중에서도 쉽고 빠르게 발사할 수 있어 육·해·공 다양한 기반 체계에서 신속하게 쏠 수 있다.

비교적 구조가 단순한 고체추진 로켓은 발사대 밖으로 살짝 튕겨내는 콜드론칭cold launching 기술을 이용해 로켓을 공중에 띄워놓고 로켓 추진제를 점화

6 액체·고체추진 로켓의 기술적 특징과 국내 동향은 이상민(2022.4.9)을 참조.

시킬 수 있다. 이 때문에 로켓을 쏠 때 나오는 분사 가스가 선박이나 바지선에 큰 충격을 주지 않는다. 중국은 이미 2019년과 2020년에 서해상에서 DF-31A 최신형 고체추진 대륙간탄도미사일ICBM을 개조한 창정11 우주발사체에 탑재한 상용인공위성을 두 차례 발사했다.

고체추진 우주발사체를 활용한 해상 우주 발사체계 기술을 확보하면 발사 장소에 구애받지 않고 극궤도와 경사궤도뿐만 아니라, 정지궤도 위성을 발사할 수 있다. 통상 고도 약 3만 6000km에서 운용하는 정지궤도 위성은 발사 에너지를 절약하기 위해서 적도 부근에서 발사해야만 하는데, 한국처럼 적도에서 멀리 떨어진 국가는 발사장을 임대하거나 해상우주발사체계를 보유해야 한다.

액체추진 로켓은 중대형 인공위성을 쏘아 올리기에 적합하고 고체추진 로켓은 500kg 이하 소형, 100kg 이하 초소형 인공위성을 발사하기에 유리하다. 한국군이 개발한 고체추진 로켓을 민간에서 제조하고 운용할 경우 초소형 위성을 매우 낮은 비용으로 더 많이 쏘아 올릴 수 있다. 강은호 방위사업청장은 국방 우주기술을 확보하기 위한 예산 지원을 확대하고, 스핀온, 스핀오프, 스핀업 등 민간으로의 기술이전과 협력을 촉진하며, 민군 협력을 강화한다는 계획을 밝혔다(강은호, 2022: 1~2).

4. 한미동맹과 우주 협력

2018년 6월 18일 도널드 트럼프 당시 미국 대통령은 우주 개발 문제를 국가안보 문제로 규정하면서 우주군 창설을 선언했다. 이후 제반 절차를 마련한 뒤 2020년 1월 14일 공군 우주사령관 존 레이먼드 공군 대장이 초대 우주군 참모총장에 취임했다. 레이먼드 총장은 우주사령관 취임 직전인 2019년 11월 러시아에서 쏘아 올린 위성의 의심스러운 활동을 지적했다. 드넓은 우주 공간에서는 지척과 같은 100마일 이내에서 미국의 위성을 추적했기 때문이다.

미 국방정보국DIA은 이에 앞서 2019년 2월 펴낸 보고서에서 러시아와 중국이 우주 위협으로 부상한다고 전망했다. 인공위성 및 센서 작동을 방해하거나 약화, 또는 파괴하는 방식으로 미국에 위해를 가할 수 있다는 분석이었다. 이에 미국은 2020년 3월 첫 공격용 무기체계를 콜로라도 공군기지에 설치했다. 공격용 무기는 미국 위성통신을 교란하는 적대국에 대응하는 작전에 투입된다.[7]

이처럼 패권국에 도전하는 국가는 기술 발전과 확산을 통해 비대칭적 세력 균형을 추구한다. 기술혁신이 세력 열세를 상쇄하는 기회를 제공하며 이는 주요한 강대국 간 군사력 경쟁 분야가 된다. 불과 백만 달러 수준인 위성 공격 무기가 이보다 수십 배 더 비싼 수 천만 달러를 넘어서는 미국 위성도 파괴할 수 있다.[8] 이는 휴대용 로켓 추진 폭탄RPG으로 최첨단 전차를 파괴하는 양상과 비견될 수 있다.

한국은 세 가지 차원에서 우주 위협에 대응할 필요가 있다. 첫째, 지상에서 우주로 투사되는 '우주 영역에 대한 위협'과 둘째, 우주에서 우주로 투사하는 '우주 영역의 위협', 그리고 우주에서 지상으로 투사하는 '우주 영역으로부터 위협'이다(엄정식, 2021: 135~136). '우주 영역에 대한 위협'은 지상에서의 우주 공간과 우주 자산에 대한 공격이다. GPS 신호 방해가 대표적인 사례이다. '우주 영역의 위협'은 우주 공간에서 발생하는 위협이다. 위성이 다른 위성을 위협하는 유형으로, 물리적 방법과 비물리적 방법 모두를 포괄한다. '우주 영역으로부터의 위협'은 우주 공간을 통한 지상에 대한 위협이다. 우주 위성이 지상에 방해 전파를 쏘거나, 우주 공간에 계류하던 미사일을 지상으로 떨어뜨리는 경우도 해당한다. 지상에서 쏜 로켓이 우주를 지나 지상에 떨어지는 경우도 마찬가지다.

7 미국을 중심으로 한 우주 위협에 관한 동향은 김호식(2020: 496)을 참조.

8 기술발전에 따른 세력의 비대칭적 균형은 차정미(2020: 193)를 참조.

1) 우주 쓰레기 연쇄 출동 위협

인공위성을 비롯한 우주 물체가 연쇄적으로 충돌한다는 '케슬러 증후군'은 점차 현실로 다가오고 있다. 이미 1996년에는 우주 쓰레기와 충돌한 프랑스 인공위성이 파괴되기도 했다. 러시아는 인공위성 요격 시험을 빈번하게 반복하고 있는데, 자국 미사일을 대상으로 요격 미사일 시험을 하기도 했다. 2021년 11월 14일 러시아는 위성 요격 미사일ASAT을 쐈다. 요격 미사일은 구소련 시절인 1982년부터 가동을 시작한 뒤 수명이 끝난 첩보위성 'Cosmos-1408'을 파괴했다. 이때 쏟아져 나온 파편이 국제우주정거장ISS을 비롯한 지구 궤도 위성에 위협으로 등장했다. 미국은 우주 파편 약 1,500개를 추적하기 시작했다. 이보다 크기가 작지만 규모가 더 많은 수만 개에 이르는 파편구름debris cloud은 비처럼 쏟아지는 총탄과 같지만 추적 자체가 어렵다. 앞서 중국도 2007년 요격 시험을 했으며, 여기서 파편 약 10만 개가 생겼다.

우주 ASAT 시험 횟수만 보면 미국이 30회로 가장 많은 시험을 했지만, 우주 쓰레기의 생성 면에서는 중국이 가장 많다. 다만, 미국은 30회 시험에 총 475개의 파편이 생성된 데 비해, 중국은 10회 시험에 3,280개의 파편이 생성되었다. 또한 미국의 파편은 모두 재진입에 성공하여 우주 공간에 남겨진 잔해가 없으나 중국이 만든 파편은 대부분 여전히 궤도에서 돌고 있다. 평균적으로 미국은 1회 요격에 약 16개의 파편이 생성되었고, 중국은 330개의 파편이 만들어져서 중국이 미국의 약 20배에 달한다. 따라서 이런 결과를 보면 중국은 우주 파편 발생을 고려하지 않고 요격 시험을 했다고 의심된다. 애당초 ASAT은 인류의 미래를 생각하면 핵실험처럼 간주해서 금지되어야 한다. 머지않아 국제적으로 금지되는 날이 오겠지만, 그 이전에 필요한 시험을 마쳐야만 하는 국가들은 서둘러 시험을 진행할 것이라 예상할 수 있다.

즉, 핵비확산금지조약NPT이 만들어지기 전에 핵실험과 핵개발에 성공했던 국가들은 이후 새로운 핵실험 국가의 등장을 막는 규제안을 만들었다. 이와 같은 사례에서 보듯 우주 선진국들이 주도하는 우주에서의 ASAT 금지가 조만간 논의될 가능성이 크게 전망된다. 미국, 러시아, 중국, 인도가 이미 ASAT 시험을 했기 때문에 영국과 프랑스가 동의하면 UN 안전보장이사회에서 결의서를 쉽게 낼 수 있다고 전망한다. 어차피 해당 국가가 ASAT 기술을 보유하고 있으므로 그들이 동의하고 스스로 중단하는 것은 어렵지 않다. 지상에 설치된 코브라데인 레이더로 우주상황인식Space Situational Awareness: SSA 일환으로 실시한 결과를 보면 향후 중국이나 인도 등 아시아의 두 국가에서 우주 발사를 경쟁적으로 실시하고 있고, ASAT도 지속할 것으로 전망되므로 아시아에서의 우주상황인식에 대한 국제협력은 더욱 중요해질 것이다.

새로운 우주 시대에는 우주위성이 매우 빠르게 증가할 전망이다. 이는 곧 사용 후 버려지는 우주 쓰레기가 계속 누적된다는 의미이다. 통상 초소형 군집위성은 저궤도에서 운용되는데, 대량생산이 가능해지면서 위성의 단가가 저렴해지고 있다. 그렇기 때문에 비교적 사용 기간이 짧아도 괜찮다는 인식이 있다. 가혹한 우주환경에 버틸 필요 없이 사용하다 고장이 나면 폐기하고 다른 위성을 추가로 쏘아 올리면 그만이라는 인식이다. 인공위성의 대량생산, 즉 규모의 경제의 보편화로 인해 더욱 빠르게 우주에 쓰레기가 넘쳐나는 상황이 우려된다. 우주 쓰레기 문제가 아직은 규제되지 않고 있지만, 머지않아 초소형 군집위성에 사용 후 폐기 기능을 의무적으로 탑재하는 움직임이 생겨날 수밖에 없다.

2) 우주 위협의 증가와 협력의 필요성

저궤도 인공위성 과밀 현상에서 만들어진다는 케슬러 증후군과 달리 이제는 의도적인 목적으로 적대국 인공위성을 파괴하는 우주 공격에도 대비해야 한다. 우주 공간 위협은 다양하다. 공격 의도를 갖고 만든 우주 파편 공격뿐 아니라 인공위성에 충돌해 위성을 궤도 밖으로 밀어내거나 지구로 떨어뜨릴 수 있다. 의도적인 전자기파EMP 공격이나 중성자와 같은 우주방사선 환경에 노출되어 운용 연한(수명)이 크게 단축될 수 있다. 위성을 노린 레이저 공격으로 위성 기능 오작동이나 파괴도 가능하다.

강대국 간 경쟁은 지구에서는 이미 다양하게 전개되고 있는데, 우주에서도 유사한 경쟁 구도를 보일 가능성이 크다. 지상·해상·공중에서 구현하는 반접근·거부A2AD 전략 개념이 우주로 확장될 것이라 전망할 수 있다. 이에 대한 전략과 기술적 대비가 필요하다.

우주상황인식은 어느 한 국가에서만 실시하는 것은 제한된다. 지상에 설치된 레이더에서 우주감시를 하는 상황을 본다면, 아시아에서의 우주상황인식 능력을 향상시키려면 아시아 국가에 고성능 레이더가 있어야 한다. 한국은 중국의 우주활동을 감시하기에 유리한 위치로 평가된다. 특히, 북한 미사일 위협에 대비하여 한국의 미사일 요격체계가 점점 강화될 것이기 때문에, 북한의 고각시험발사에 대비하여 항시 북쪽 우주 방향으로 레이더가 지향할 것으로 전망된다. 북한 미사일을 감시하는 역할로 인해 자연스럽게 우주 공간에 대한 감시도 이뤄진다는 뜻이다.

우주상황인식 체계는 국방에만 요구되는 기능은 아니다. 탄도미사일이 날아오는 궤적을 추적하는 레이더로 우주 공간의 쓰레기나 위성도 같이 감시할 수 있다. 오히려 평소에 미사일 발사 이전부터 우주 공간에 대한 데이터베이스가 구축되어 있어야만 탄도미사일을 통해 날아오는 탄두와 기만체의 구분이 가능해진다. 이렇듯, 우주상황인식만 가지고도 민관군 협력과 국제협력이 모두 필요하다는 결론을 얻게 된다.

먼저, 민관군 협력은 중복 투자를 막고, 중복 투자한 사례와 정보를 서로 공유해 우주상황인식을 중첩되게 하거나 사각지대를 찾아서 임무를 분장할 필요가 있다. 국제협력 면에서는 미국, 일본 등 공동의 이익을 추구하는 국가들 간 협력을 강화할 필요가 있다. 북한의 핵위협에 공동으로 대처하는 데 뜻을 같이 하고 있기 때문에 한·미·일이 우주상황인식에서 협력하는 방안에 큰 어려움은 없을 것으로 전망된다. 다만, 중국이 한·미·일 우주상황인식체계를 두고 군사적으로 해석하여 반대할 가능성을 배제할 수는 없다. 우주상황인식을 위한 한·미·일 협력을 두고 중국은 한·미·일 미사일방어체계를 구축하는 것으로 인식하고 비난할 수도 있다.

이러한 우주 위협은 미국뿐 아니라 한국도 공유하는 보편적인 위협이다. 정찰 및 통신 위성을 비롯한 다양한 우주발사체를 보유하게 될 한국도 동일한 위협에 대응해야 할 필요성이 있다. 특히 중국이나 러시아가 한국과 협력하지 않을 가능성을 고려해야 하며, 이런 측면에서 미국과 공통의 가치와 위협을 공유한다고 평가할 수 있다. 한국 정부는 러시아의 우크라이나 침공에 대한 제재에 가담했고 러시아와의 우주 협력을 단절하기도 했다. 우주위성 관련 기술이 제재 대상인 전략물자에 포함되기 때문이다. 한국은 전략물자뿐 아니라 미국이 비전략물자 중 제재 대상에 포함한 독자적 수출통제 품목(반도체, 정보통신, 센터 등 57개 항목)도 수출을 통제하기로 했다. 한국은 우주 개발에 있어 미국과 연대를 지속할 전망이다.

5. 한미 우주 개발 협력

1) 한국의 우주 개발 인력 확보 한계

한국은 국가적으로는 공공 우주기술의 민간 이전 확대를 중점으로 하는 우주산업2.0을 시행하고 있고, 안보 분야에서는 우주 위협이 가시화되고 우주 공간이 전장화됨에 따라 국방우주력 강화에 힘쓰고 있다. 이로써 국가 우주개발사업 및 국방 우주전력사업의 추진이 확대되고 우주산업 규모가 확장되고 있어 우주 분야 업무를 수행할 전문 인력의 확보가 국가의 중요한 어젠다로 떠오르고 있다.

표 9-2 국방과학기술 전문 인력 현황(단위: 명)

구분	계	국방 소재	무인 자율	사이버 보안	신추진	양자	에너지	우주	인공 지능	첨단 센서	WMD 방어
계	1,298	193	122	255	17	79	27	66	427	52	60
박사	199	26	13	32	-	21	8	11	69	7	12
석사	1,099	167	109	223	17	58	19	55	358	45	48

자료: 이상민·박용한 외(2022.11: 117).

그러나 우주 전문 인력 규모는 선진국의 규모와 비교하여 매우 부족한 상황이다. 2020년 전 세계의 우주 개발 기관 규모를 보면 미국의 NASA는 1.7만 명, 유럽우주기구인 ESA는 0.2만 명, 일본의 JAXA는 0.2만 명인 데 비해 한국의 한국항공우주연구원KARI은 0.1만 명 정도이다. 산업체 우주 전문 인력 규모는 미국 14.1만 명, 유럽 4.7만 명, 일본 0.9만 명, 한국은 0.6만 명 정도이다.

한국 내 학계나 산업체에서는 2025년까지 해당 분야를 이끌 인재가 1만 600여 명이 확보되어야 하고 1,600여 명의 신규 석박사급 고급 인력을 양성해야 한다고 주장하고 있다. 향후 석박사급 인재를 매년 500명씩 배출해야 한다는 의미이다. 그러나 우주 신기술을 연구할 우주 분야 석박사 과정에 진학하는 2020년의 학생 수가 2018년 통계 집계 이래 최저치를 기록하고 있어 우주 전문 인력의 만성적 부족의 우려가 나오고 있다. 2020년 기준 우주 관련 박사 인력은 전체 인력 8,969명 중 1,933명(21.6%)이며 석사 인력은 2,017명(22.5%)이고 대부분은 학사급 인력 4,044명(45.1%)으로 집계되었다. 우주 분야는 한 국가의 능력으로 구축하기 어려워 국제협력이 필수적인데 이에 대응하기 위해서는 석박사급 인재가 필수적이다.

과학기술정보통신부가 국가 차원의 우주 전문 인력 확보 주무 부처 역할을 맡는다. 산학연 협력 형태로 다양한 우주 인력 양성, 연수, 파견 프로그램을 통해 우주 분야 성장을 위한 기반을 확충하고 있다. 2021년에는 뉴스페이스 리더 양성, 산업체 직무교육 등 5개 사업에 22억 원을 계획한 바 있다. 뉴스페이스 리더 양성 사업은 석사급 인재를 KAIST 인공위성연구소의 체계개발 사업에 직접 참여시켜 전문가로부터 도제식 교육을 받아 위성시스템 엔지니어링이 가능한 수준으로 양성하는 과정이다. 2021년부터 2026년 기간 동안 30억 원을 지원하며 50여 명의 인력 양성을 목표로 한다. 이들은 인공위성연구소에 3,200여 만 원 연봉의 전일제 위촉연구원으로 재직하며 인력 양성 프로그램과 우주개발사업에 참여한다.

과기부는 또한 대학교에 미래우주교육센터를 설립하여 도전적 미래 우주기술 교육연구를 담당하도록 하였다. 2022년 우주 수송기술 분야에 부산대학교, 우주 통신기술 분야에 KAIST, 우주탐사 및 자원 활용 분야에 인하대학교, 저궤도 위성군 분야에 경상국립대학교, 우주항법 분야에 세종대학교를 사업공모 방식으로 선정하고 향후 5년간 각 대학의 센터별로 연간 10억 원씩을 지원할 계획에 있다. 미래우주교육센터는 우주산업체와 연계하여 석박사 과정 학생들에게 우주기술에 대한 집중교육을 실시하고 취업과도 연결될 수 있도록 하여 우주 전문 인력 양성 노력을 할 예정이다.

국방 분야 역시 민간 분야 규모 이상의 우주체계 개발로 연구개발 역량이 필요하고 우주 전력 구축과 연계된 우주조직 확장으로 우주작전 및 운용 역량이 요구되어 우주 전문 인력 소요가 클 것으로 전망된다. 그럼에도 불구하고 어느 분야에 어떤 인력 대상을 어느 수준의 역량으로 몇 명이 필요한지 가늠하지 못하고 있는 실정이다. 각 군별로 우주 전문 인력 제도를 통해 인력풀을 관리하고 있으나 병과 중심의 보직, 진급, 교육 등 인사관리로 인한 한계로 유명무실한 상황이다. 국방 우주 분야의 중요성이 강조되면서 위탁교육 제도를 통한 우주 분야 석박사급 고급 인력 양성은 점차 확대 중이긴 하나, 공군의 경우 우주 전공 학위 소지자는 2021년 기준 박사 6명, 석사 9명 정도에 그친다.

2) 한국의 우주 개발 기술 확보 한계

우주기술의 표준화 관점에서 액체추진 우주발사체는 해외 기술 및 상용 기술과의 표준화를 전제로 할 필요가 있다. 대부분의 우주 관련 기술은 수출통제 품목에 해당한다. 따라서 개별 국가에서 독자적으로 개발 및 생산하는 방식이 일반적이다. 하지만, 우주 관련 모든 기술과 부품을 독자적으로 확보하는 것은 어렵다. 특히 후발 주자 국가는 선진국보다 낙후한 여건과 규제 속에서 첨단기술을 확보해야 한다. MTCR을 비롯한 국제협약은 로켓 자체를 수출하지 못하도록 제한한다. 그나마 우방국 간 부품 교역이 일부 허용된다.

하지만 최근, 국방과학연구소가 고체추진 우주발사체를 발사하고 있는데, 이를 두고 일부에서 국제무기거래규정ITAR에 의해 한국이 해외에서 우주 관련 기술이나 물자를 확보하기 어려워질 수 있다고 우려하는 지적도 있다. 다만, 우크라이나 전쟁에서 민간기업인 스페이스X의 스타링크가 군사적 용도로도 사용되었던 사례를 보더라도 우주의 평화적 이용과 군사적 활용은 경계가 모호해지고 있는 상황이다. 따라서 앞으로 우주 개발과 관련된 기술은 점점 수출통제가 더 강력해질 것으로 예상된다.

독자개발에 성공했다는 위성을 자세히 보면 부족함이 드러난다. 위성 본체와 달리 탑재체는 해외 협력으로 이뤄졌다. 천리안 2B호 위성을 기준으로 해양과학 감시 장비는 프랑스, 환경과학 분야는 미국과 공동으로 추진했다. 위성 개발 전반을 국내에서 주도했지만 완벽한 국산화라고 하기 어려운 배경이다. 천리안 2B와 같은 정지궤도 위성 부품 국산화는 60% 수준, 아리랑 3A와 같은 저궤도 위성은 70%에 조금 못 미친다.

따라서 협력을 증진하면서도 국내 개발 역량을 확대해야 한다. 선진국 대비 한국 우주산업의 기술력은 부족하다. 국내 위성체 체계 종합 기술은 선진국 대비 95.2% 수준이지만 제작 기술은 72.1%에 그친다. 발사체 관련 기술 중 가장 낮은 수준은 설계 분야로 65.1%에 그치며, 상대적으로 가장 높은 수준인 조립

기술도 68.6%에 머물고 있다. 위성 지상 장비는 70%대 수준이며 발사체 지상 장비는 대체로 60%대 수준이다(엄정식, 2021: 148). 한국은 미국을 비롯한 동맹 및 우방국과 협력을 증진하면서, 중요 기술(크리티컬 테크놀로지)을 확보하는 현재 수준을 넘어 핵심 기술(코어 테크놀로지)의 독자 개발에 경주해야 한다.

3) 한국의 우주발사체 장소 한계

미국 케이프 커내버럴 우주발사장은 습지를 매립해 발사장을 확장했다. 가용한 공간을 확보할 수 있는 여건이다. 이곳은 NASA의 케네디 우주센터와 우주군 기지와 함께 민간우주기업의 발사장으로 사용되고 있다.

한국은 지구 북반구 중위권에 위치해 극궤도나 경사궤도로 위성을 발사할 수 있다. 하지만 한반도 주변을 일본 열도가 둘러싸고 있다. 발사체 낙하 위험을 고려해야 한다. 발사체 발사 후 1단 발사체 낙하 위험을 최소화하려면 제주도 남단을 최적의 발사 장소로 고려할 수 있다. 과거 제주도 주민들의 반대로 불가피하게 고흥 나로우주센터가 한국 내 유일한 지상 발사 장소로 자리 잡게 되었다. 하지만 앞으로 우주발사체의 발사 수요를 감당하기에는 부족하다.

지상 발사장 확보가 어려울 경우 고체추진 우주발사체를 활용하면 출구가 보인다. 함정에 탑재가 가능해 발사장의 구애를 덜 받기 때문에 국내의 지리적 여건에 적합하고, 탑재 중량도 높지 않아서 발사 빈도를 높일 수 있다. 따라서 한국은 위성 발사체를 한반도 남방 지역, 멀게는 향후 적도 부근까지 함정에 싣고 이동해 발사하는 경우도 생각해 볼 수 있다.

4) 한미 협력 방안

새로운 우주 시대를 맞아 발사체 협력은 이미 이뤄지고 있다. 한국은 미국 발사체에 군사위성 발사를 협력한다. 다만 우주 개발에 있어 협력은 부진한 실정이다. 오히려 우주 개발에 있어 장애 요인도 식별되며 관련 협력이 필요하다.

국내 우주 관련 인재의 양적 부족을 해소하려는 노력도 필요하지만 질적 보완도 필요하다. 높은 수준의 인재 확보를 위해서는 우주 선진국의 기술 협력이 필요하다. 한국이 부족한 인재를 확보하기 위해서는 미국 내 교육기관의 협력이 필요하다. 그러나 관련 기술에 대한 통제가 까다롭다. 우주 관련 기술은 국가가 통제하는 고부가가치 산업 및 안보적 중요성 갖는 분야로 분류된다. 따라서 기술 교류 중 하나인 인재 교육에 있어 정부 차원의 협력이 필요하다.

2022년 5월 한미 정상회담에서 우주 분야 협력을 논의하고자 했다. 미국이 주도하는 달 탐사 계획을 비롯해 공동연구를 촉진하고 한국형 위성항법체계 KPS 개발 지원을 논의하고자 했다. 그러나 미국은 한국이 제안한 ITAR 개정을 거절했다. 여전히 미국의 허락 없이 한국이 우주발사체를 개발하고 쏘아 올리는 데 많은 장애물이 남아 있다. 미국의 협력이 없다면 한국은 모든 우주발사체 기술을 독자적으로 확보하는 비효율적인 개발 과정을 선택해야 한다. 아니라면 미국의 통제를 받으면서 선별적인 발사체 발사만 가능하다. 또한 미국의 승인을 받기 위해서 까다로운 절차와 시간이 필요하다.

지리적으로 우주발사체 여건이 불리한 한국은 고체 우주발사체를 먼 바다에서 쏘아 올리는 사례도 전망할 수 있다. 따라서 한국은 제주도를 발사장으로 활용하거나 선박에 탑재해 먼 바다로 이동해 발사하는 대안을 고려할 수 있다. 한국이 향후 한국 밖으로 이동해 해상에서 발사체를 쏘는 상황에서 미국이 이를 두고 반대할 가능성도 있으므로, 한국 정부가 미국과 반도체 분야 협력을 증진하는 사례처럼 전략적 차원에서 우주 개발에 대한 한미 양국의 협력이 필요하다.

한국은 오랜 기간 미국의 우주 정찰 능력에 의존했다. 독자적인 위성을 충분히 확보하려면 상당한 시간이 필요하다. 한동안 미국에 대한 의존도 지속될 전망이다. 그러나 한국은 미국과 공통의 위협을 공유한다. 한국은 미국이 위협으로 인식하는 북한, 중국, 러시아와 지리적으로 인접한다. 또한 한국은 미국의 안보에 기여할 역량도 확충하고 있다. 한국은 북한 미사일 위협에 대응해 다양한 감시 능력을 확충하고 있다. 이런 노력이 미국이 추구하는 위협 대응에 긍정적인 기여가 가능한 배경이다. 따라서 미국은 한국에 관련 우주 인식을 공유할 필요성을 가진다고 전망할 수 있다.

강은호. 2022.「민과 군이 함께하는 대한민국 우주산업 육성과 우주방위사업의 발전방안」≪ROK Angle≫, 4월 제1호.

김상배. 2020.「미래전의 진화와 국제정치의 변환」. 김상배 엮음.『4차 산업혁명과 신흥 군사안보: 미래전의 진화와 국제정치의 변환』. 한울엠플러스.

김호식. 2020.「미국 "우주군 창설" 추진현황」.『한국항공우주학회 2020 춘계학술대회 논문집』. 한국항공우주학회.

송세찬 외. 2021.「뉴스페이스 시대와 국방 우주력 건설」.『한국항공우주학회 2021 춘계학술대회 논문집』. 한국항공우주학회.

안형준 외. 2018.「우주항공 기술강국을 향한 전략과제」. ≪STEPI Insight≫, 제226호. 과학기술정책연구원.

안형준 외. 2019.「뉴스페이스(New Space) 시대, 국내우주산업 현황 진단과 정책대응」. 과학기술정책연구원.

엄정식. 2021.「4차 산업혁명과 한국의 우주산업 변화 요인」. 김상배 엮음.『4차 산업혁명과 첨단 방위산업: 신흥권력 경쟁의 세계정치』. 한울엠플러스.

유준구. 2019.「최근 미국 우주안보의 동향과 쟁점」.『한국항공우주학회 2019 추계학술대회 논문집』. 한국항공우주학회.

이상민. 2022.4.9. "민간 우주개발 시대 서막…역량 집결·협력 강화 과제". ≪국방일보≫.

이상민·박용한 외. 2022.11.「국방우주개발 정책연구: 민관군 협력방안을 중심으로」. 한국국방연구원.

차정미. 2020.「4차 산업혁명 시대 중국의 군사혁신」. 김상배 엮음.『4차 산업혁명과 신흥 군사안보: 미래전의 진화와 국제정치의 변환』. 한울엠플러스.

United State Space Force. 2020. *Spacepower*.

10 한미동맹의 첨단 군사기술 협력

손한별 | 국방대학교

1. 서론

군사기술의 급속한 발전은 지정학과 지경학을 새롭게 규정하고 있다. 상호운용성을 강조하는 군사동맹도 재래식 무기체계에 국한되지 않고, 새로운 전략공간과 첨단 무기체계로 협력의 범위를 확대하고 있다. 한미동맹은 여전히 북한, 또는 중국이라는 전통적 안보위협에 중점을 두고 있지만, 이들 역시 결코 과거의 재래식 위협에 머무르지 않는다. 우주와 사이버, 인지영역이라는 새로운 공간에서 위협을 창출하고 있으며, 새로운 비대칭 무기체계는 새로운 위협 양상으로 발전하고 있다(Freedman, 2017: 222~229). 한미동맹 역시 기술협력을 통해 변화하는 안보환경에 적응하려 하고 있으나, 여전히 경제 및 통상 차원의 협력을 넘어서지 못했다. 이제 한국과 미국 정부는 기술협력의 필요성에 공감하며, 동맹 차원의 긴밀한 협력을 요구하고 있다.

이 글은 한미동맹의 군사기술 협력을 다루되, 협력의 우선순위와 원칙을 설정하기 위한 기초적인 분석을 제공하는 데 목적이 있다. 군사기술의 변화가 안보환경을 어떻게 변화시키고 있는지, 안보환경의 변화에 적응하기 위해서는 동맹 차원에서 어떻게 대응해야 하는지, 한미 양국은 어떠한 국가이익을 추구하고 있는지, 기술협력 차원에서 한미 군사동맹을 어떻게 확대, 심화시킬 수 있는지, 어떤 기술과 분야에서 협력할 것인지를 구체화하는 것이 목표이다. 이른바 '통합혁신Integrated Innovation'은 군사기술을 중심으로 미래 안보위협에 공동으로 대응하기 위한 동맹이 장기적인 기획으로서 의미를 가지며, 한미동맹은 통합혁신을 위한 정책 우선순위를 검토할 필요가 있다(손한별, 2021: 75).

이를 위해 이 글은 몇 가지 분명한 목표를 제시한다. 첫째, 자율무기, 드론, 사이버 등으로 대표되는 첨단 군사기술들이 미래 안보환경 변화에 미칠 영향을 비판적으로 검토한다. 이를 바탕으로 국가의 대응능력을 초과하거나 두 개 이상 국가의 협력이 필요한 상황에서 상호운용성을 증진하기 위한 기술협력의 중요성을 강조한다. 둘째, 최근 한미 양국에서 동맹 차원에서 강조되고 있는 기술협력을 국가이익의 차원에서 분석한다. 이는 자유롭고 개방적이며 번영된 지역 질서를 구축하려는 양국의 국가이익과 연결되는데, 정책적 차원으로부터 보다 작전적이고 군사적인 차원으로 심화될 필요성을 강조한다. 셋째, 구체적으로 어떤 군사기술과 분야에서 협력할 것인지, 우선순위는 어떠한지를 살펴본다. 이미 식별된 군사기술과 무기체계를 중심으로 하되, 심화 및 확대되는 신흥기술을 포괄적으로 살펴본다.

이 연구를 통해 한미동맹의 현실적 기술협력을 구체화할 수 있을 뿐만 아니라 몇 가지 중요한 이론적·정책적 함의를 제공할 수 있을 것이다. 첫째, 한미동맹이 태생적으로 가질 수밖에 없는 위협인식, 역할기대, 군사능력의 비대칭성을 극복하기 위한 방법이자 수단으로서 기술협력의 필요성이다. 둘째, 어떤 기술과 분야에서 협력할 것인지를 구체적으로 제시하는데, 이는 동맹의 상호운용성을 달성한다는 분명한 목표를 가진다. 셋째, 구체적인 기술과 분야가 규정된 이후에는 한미가 어떻게 역할과 책임을 분담할 것인지, 동맹국의 약점을 보완하면서 상호운용성을 갖출 것인지를 확인할 수 있다. 넷째, 한미 양국이 어떻게 협력할 것인가 하는 것으로, 기술협력을 위한 제도와 원칙, 협력의 단계별 목표, 실행과 평가 등을 함께 다룬다.

2. 군사동맹과 과학기술 협력

1) 미래 안보환경의 변화와 도전

한국과 미국이 상호방위조약을 체결한 지 70년이 되었다. 1950년대와 지금의 안보환경은 전혀 다르며 새로운 도전에 직면해 있다. 최근 3년만 해도 전 세계는 코로나19의 충격 속에 있었으며, 우크라이나 전쟁으로 인해 공급망 재편, 동맹체제의 재구성, 신냉전 체제로의 급속한 이행 등을 겪고 있다. 시간 범위를 조금 더 넓혀보면, 미국이 이라크와 아프가니스탄에서의 전쟁에 집중하는 동안 중국의 부상이 가속화되었고, 이는 미중의 패권경쟁뿐만 아니라 동북아 지역에서 북한의 핵·미사일 위협과 함께 한반도의 안보를 위협하는 중요한 문제가 되었다. 굳이 북한과 중국의 연합전선을 상정하지 않더라도 동북아의 복잡한 안보지형은 70년을 맞은 한미동맹이 여전히 같이 해결해야 할 과제로 남아 있다.

(1) **위협의 변화**

'인도-태평양'이라는 지역 프레임은 중국의 위협이 하나의 지역이나 영역에 머무르지 않는 현실을 반영한다. 이른바 교차지역cross-regional, 교차영역cross-sectional 위협이 강화되고 있다. 중국은 남중국해와 동중국해에서 대만, 한국, 일본 등 지역 국가를 군사적으로 위협하고 있으며, 남중국해를 넘어 아프리카 지부티Djibouti에 항공모함을 수용할 수 있는 군사보급기지를 건설하는 데 이르렀다. 외교력과 경제력을 상호 레버리지로 활용하면서 국제적인 영향력을 강화하려는 노력 역시 장기적으로 진행 중이다. 또한 예전에는 사이버 공격이나 기술 탈취 수준에 머물렀던 것을 벗어나 미국과의 기술패권 경쟁을 피하지 않고 있다. 모든 활동을 전쟁이라고 할 수는 없지만, 회색지대를 중심으로 진행되고 있는 '범전론凡戰論'의 시작이라는 중국 군사이론가들의 주장을 상기해 볼 필요가 있다(챠오량·왕샹수이, 2021: 225).

(2) 지역적 범위 확대

먼저 한반도와 북한의 위협에 국한되어 온 논의의 범위를 인-태 지역으로 확대했다. 상호방위조약에서 '태평양' 지역을 상정했음에도 불구하고 북한의 직면한 위협을 이유로 그 책임 범위를 넓히는 데 어려움이 있었다.[1] 이미 2011년 11월 한미 정상이 최초로 인도-태평양 지역 안보와 경제에 대한 협력을 강조하였지만, 2020년대에 와서야 한미 정상회담에서 미국의 인-태 전략과 한국의 신남방정책의 연계 협력을 강조하였고, 2022년 11월 한국의 첫 인태전략을 발표하면서 구체화되기 시작한 것이다(대한민국정부, 2022). 그리고 2023년 4월 한미 정상회담에서 상호방위조약의 범위를 사이버 공간까지 적용하는 것을 검토할 것이라고 선언하였다.[2]

(3) 협력 영역 확대

2022년 5월 한미 정상회담에서는 북한의 핵위협 대응이라는 지속된 의제

1 상호방위조약의 전문은 지역적 범위를 '태평양'으로 전제하고 있다. '대한민국과 미합중국 간의 상호방위조약'은 https://www.archives.go.kr/next/search/listSubjectDescription.do?id=005139&sitePage= 참조.

2 정상회담에서 합의된 「전략적 사이버안보 협력 프레임워크(Strategic Cybersecurity Cooperation Framework)」 서문에서 "한미동맹이 사이버공간에 적용된다는 것을 인식하고, 양국은 상호방위조약(MDT)의 적용 방법과 상황에 대해 논의를 시작하기로 하였다"고 밝혔다(https://www.president.go.kr/newsroom/press/TFsqADSy).

외에, 전략적 경제·기술 파트너십을 강조하면서 아울러 글로벌 포괄적 전략동맹을 재강조하였다. 사이버 안보, 기술의 민주주의 원칙, 원전 산업 및 우주 개발 협력, 기후변화, 에너지 분야, 디지털 권위주의 대처, IPEF 가입, 중국의 남중국해/영토분쟁, 양안 관계에서의 국제법 존중 촉구 등 다양한 주제가 다루어진 바 있다. 특히 반도체, 배터리, 인공지능, 양자 기술, 바이오 기술, 바이오 제조, 자율로봇 등 7개 분야에서 인적 교류, 투자 촉진, 연구개발, 국방상호조달협정RDP 논의를 개시하기로 하면서 기술협력의 범위를 구체화했다. 2023년 4월 정상회담에서도 기술협력 강화를 강조하면서 원자력, 우주 분야에서의 협력 의제를 제시하기도 했다.[3]

2) 군사기술 협력의 필요성과 목적

군사기술 협력에 대한 한미 양국의 관심이 높은 이유는 기술 자체가 가지고 있는 특성과 신흥기술의 활용 시기에 따라서 힘의 균형이 달라질 수 있음을 잘 인식하고 있기 때문이다. 먼저 인공지능, 바이오 기술과 같은 신흥기술은 이중용도dual-use 활용이 가능하다. 예를 들어, 코로나19 대응 과정에서 바이오 기술은 백신을 만드는 데 활용되었지만, 반대로 생물무기로 활용될 수도 있다. 신흥기술은 상업적·군사적으로 동시에 사용될 수 있으며, 따라서 기술로부터 얻을 수 있는 이익을 극대화하고, 위험을 최소화하려는 노력은 지속된다. 이뿐만 아니라 특정 기술을 활용한 위협에 대한 취약성을 낮출 필요도 있다. 기술협력을 동맹의 차원에서 다루는 것은 국가안보와 군사기술이 연계되어 있기 때문이다.

다음으로는 신흥기술의 경쟁적인 도입과 활용이다. 각국이 신흥기술 개발

3 2023년 한미 정상회담에 대한 성과 및 평가는, https://www.mofa.go.kr/www/wpge/m_24812/contents.do 참조.

에 박차를 가하면서 미국은 더 이상 모든 기술에서 우위를 차지할 수 없게 되었다. 분야에 따라서 일본, 한국, 대만, 유럽 국가들이 경쟁우위를 갖고 있으며, 코로나19 대응에서도 각국이 가지고 있는 기술력과 적응력에는 큰 격차가 있었다. 또한 제4차 산업혁명은 이미 작성된 설계도에 따라서 필요한 기술을 개발 또는 도입하던 시기를 벗어나 신흥기술을 융통성 있게 조합하는 시기로의 전환을 요구한다. 특히 권력 주체가 국가가 아닌 민간기업들로 변환되고 있다(김상배, 2022: 311~314). 결국 어떠한 신흥기술도 특정한 단일 국가가 독점적으로 활용하기는 어렵다.

동맹이 군사기술 협력을 통해 달성하고자 하는 최우선 목표는 위협에 대응하는 것이고, 중국은 시기와 범위 측면에서 상이할 수는 있지만 한국과 미국의 공동의 위협이다. 중국은 2000년대 초반부터 '자주적 혁신' 정책을 추진해 왔고, 2015년에는 '중국제조 2025', 최근에는 '쌍순환Dual Circulation' 전략을 내세웠다(Gill, 2021). 중국의 기술혁신에 대한 과감한 투자 정책은 미국에 대해 강력한 양날의 검으로 작용한다. 지금까지 중국과의 경제적 상호의존성을 확대해 온 미국의 입장에서는 매몰비용sunk cost을 아끼면서 공생하는 방법을 찾을 수도 있지만, 장기적 경쟁자로서의 중국의 기술발전은 경쟁을 넘어 군사적 위협으로 작용할 수도 있기 때문이다. 상호의존의 덫으로 인해 취약성이 노출된 미국의 현실도 중요한 요인이다.

이러한 상황에서 과학기술 협력은 동맹에 다양한 이점을 제공한다. ▲동맹 양국에 경쟁력을 제공하고, ▲글로벌 공급망의 회복력을 증진시키며, ▲세계 경제의 규칙과 질서를 최신화하고, ▲공동의 도전 요인을 인식하며, ▲이중용도 기술이 야기하는 안보 위험을 최소화할 수 있다(Goodman and Roberts, 2021: 3). 이러한 이점을 인식하여, 양국은 이미 사이버 및 전자기 스펙트럼, 핵심 인프라 방호, 위기 대응과 같이 국가안보 분야에서의 기술협력을 추진하고 있다. 양국의 협력은 다시 미국의 동맹국들과의 다자 협력으로 이어짐으로써 경쟁력과 회복력을 극대화시키는 데 기여할 수 있을 것으로 기대된다.

3) 동맹의 군사기술 협력을 위한 과제

동맹 간 기술협력의 필요성에 대해서는 인식하더라도 어떻게 구체화하고 실천할 것인가의 문제는 여전히 남는다. 기술협력과 관련해서 다양한 도전 요인이 있지만 크게 상이한 우선순위, 국내 관련 행위자들의 증가, 협력 범위와 개념의 차이 등이 제기된다(Aizawa, 2022: 14~16). 동맹이라고 할지라도 핵심 기술에 대한 이익과 비용의 계산을 간과할 수 없다. 따라서 다음의 질문에 차례로 답해야 한다. 어떤 분야에 협력의 우선순위가 있는가? 어떤 기술협력이 기회를 제공하고, 어떤 협력은 장애로 작용하는가? 어떤 행위자 또는 국가를, 어느 분야에 참여시킬 것인가? 또 실행 단계에서는 동맹 간 서로 다른 법률, 지침과 지시, 보안 규정, 절차 등을 어떻게 조정할 것인가?

(1) **왜 협력해야 하는가**?

동맹의 전략목표가 같지 않을 수 있음을 의미한다. 한미동맹은 태생적으로 위협인식, 역할기대, 군사능력의 비대칭성을 가질 수밖에 없는데(손한별, 2018: 30~37), 국가이익이 서로 다르기 때문에 기술협력을 위한 목표 자체에 불일치가 발생할 수밖에 없다. 중국과 북한이라는 위협 주체에 대한 인식 불일치, 경쟁에서의 우세 달성 또는 전략적 안정이라는 목표의 불일치, 기술협력 이후 상대에 대한 역할기대의 불일치를 예로 들 수 있다. 사실 가치와 이익을 공유한 동맹이라고 하더라도 경제적 측면에서의 경쟁자이다. 선언적이고 당위적 차원에서 기술협력을 강조할 수는 있으나, 전략목표가 상이한 경우 실질적인 기술협력으로 연결될 수 없다는 의미이다.

(2) **무엇을 협력할 것인가**?

전략목표를 달성하기 위한 구체적 기술협력의 분야를 선정하는 문제이다. 어떤 기술과 분야에서 협력할 것인지를 구체적으로 제시해야 하는데, 이는 동맹의 '상호운용성'을 달성한다는 분명한 목표를 가진다. 그러나 동맹 간에도 우선순위의 차이가 필연적으로 발생한다. 동맹국이 처해 있는 상황이 다르기 때문인데, 각국의 기술 및 인프라, 연구개발 분야와 예산, 공급선과 동맹/협력 관계 등에 따라서 우선적으로 요구하는 분야와 기술이 완전히 같을 수 없다. 따라서 기술협력에 동의한다고 하더라도 이를 실행하는 과정이 빈번하게 지연 또는 중단된다.

(3) **누구와 협력할 것인가**?

구체적인 기술과 분야가 규정된 이후에는 한미가 어떻게 역할과 책임을 분담할 것인지, 동맹국의 약점을 보완하면서 상호운용성을 갖출 것인지를 확인할 수 있다. 신흥기술의 특성상 그 적용에 있어서 분명한 목표가 존재하기 어렵고, 신흥기술을 실질적으로 활용하는 과정에서 다양한 마찰 요인이 존재한다. 국민의 수용성, 국내정치적 고려, 상이한 교리와 무기체계 등이 원인이다. 동맹으로서 변화하는 안보환경과 위협에 적응적으로 대응해 나갈 필요가 있지만, 불확실한 미래에 대해서 그 인식과 전략 방향이 동일할 수는 없다.

(4) **어떻게 협력할 것인가**?

한미 양국이 어떻게 협력할 것인가 하는 것으로, 기술협력을 위한 제도와 원칙, 협력의 단계별 목표, 실행과 평가 등을 함께 다룬다. 교리, 절차, 호환성 때문에 어려움을 겪는다. 중요한 두 가지 문제는 공공 영역이 아닌 민간 영역의 협력을 증진하고 통합하기 위한 양국의 인식이 서로 다르다는 것과 절차, 보안 제도와 절차의 호환성이 다르다는 것이다. 최근 중국과 연계된 제품, 연구기관, 업체와의 고리를 끊고 있는 미국의 강압은 한국에게 큰 부담으로 작용하고 있다(유재광, 2021). 기존의 제도와 규정 외에 협력을 위한 별도의 제도가 면밀하게 검토 및 수립되지 않으면 사소한 문제들 때문에 동맹의 기술협력이 좌초될 위험이 존재한다.

3. 한미동맹의 군사기술 협력

1) 국방전략 속의 군사기술

(1) 한국의 국방전략과 군사기술

한국 국방부는 2022년 국방기획관리기본훈령을 개정하면서 『국방기본정책서』를 『국방전략서』로 개정하고,[4] 2023년 최초의 『국방전략서』를 발간하였다. 비밀로 지정된 『국방전략서』를 대신하여, 전후로 공개된 「국방부 업무보고」, 「국방혁신4.0 기본계획」, 『국방백서』 등을 토대로 한국의 국방전략 속에 나타난 군사기술 발전전략을 분석해 볼 수 있다. 국방정책의 주요 추진 방향은 '혁신과 자강', '동맹과 연대', '복지와 상생'의 세 가지이며, 특히 혁신과 자강을 위해 첨단 과학기술 기반의 능력과 인프라 구축을 강조하였다. 이를 실현하기 위해 '국방혁신4.0'을 주요한 정책 방향으로 제시하였다.

특히 윤석열 정부는 정부 출범과 함께 '국방혁신4.0'의 추진을 공언하였으며, 첨단 과학기술 기반의 강군육성이라는 정책기조를 제시한 바 있다. 기존에 추진하던 국방개혁2.0은 북한 위협을 저평가하여 첨단무기체계의 전력화가 지연되었고, 국방 전 분야를 개혁 과제로 선정하여 노력이 분산되었으며, 단기적인 변화만을 추진하여 미래 국방환경에 대비하기에 한계가 있었다고 평가하였다. 반면 국방혁신4.0은 4차 산업혁명 과학기술을 기회로 활용하여 획기적인 변화를 추구하는 새로운 접근 방법을 채택하였다고 밝혔다. 북핵·미사일 대응능력 획기적 강화, 군사전략·작전개념 선도적 발전, AI 기반 핵심 첨단전력 확보, 국방 R&D·전력증강체계 재설계, 군 구조 및 교육훈련 혁신 등 크게 다섯 가지의 중점 분야를 선정하였다(국방부, 2023.3.3).

4 국방부훈령 제2627호, "국방기획관리기본훈령"(2022.2.3).

5대 중점, 16개 과제로 구성된 「국방혁신4.0 기본계획」 전반에 걸쳐서 첨단 군사기술을 강조하고 있는데, AI 기반 유무인 복합체계, 우주, 사이버, 전자기 무기체계를 언급하였다. 이와 함께 양자, 고에너지, 극초음속 등 10대 분야 30개 국방전략기술을 선정하고 이를 위한 집중적인 예산 투입을 계획하였다. 또한 민간 우위의 첨단기술을 국방 분야에 접목하고, 전력화 시기를 획기적으로 단축하기 위해 국방획득체계를 개선하고, '한국형 국방혁신단DIU'을 신설하기로 했다. 또한 한미 국방과학기술협력 협의체를 통해 국제적인 국방과학기술 협력을 강화하며, 추후 국방과학기술협력센터의 설립을 추진할 것이라고 밝혔다.[5]

2023년 4월에는 상위 전략문서의 기조를 실행하기 위한 「국방과학기술혁신 기본계획」도 확정했다. 2023~2037년을 대상 기간으로 하는 중장기 정책방향과 추진전략을 담고 있는데, 10대 분야 30개 국방전략기술을 선정하였다. 10대 전략기술 분야로는 인공지능, 유·무인 복합, 양자, 우주, 에너지, 첨단소재, 사이버·네트워크, 센서·전자기전, WMD대응이다. 또한 과학기술 강군 건설의 목표 달성을 위한 5대 추진전략으로, ▲현존 위협 및 미래전장 대비를 위한 첨단기술 분야 집중적 투자, ▲혁신·개방·융합의 국방과학기술 발전을 위한 제도적 기반 마련, ▲국방과학기술 거버넌스 재정립, ▲국방과학기술 인력 양성 및 인프라 강화, ▲국방과학기술 민·군협력 강화 및 국제협력 확대 등이다(국방부, 2023.4.19).

(2) 미국의 국방전략과 군사기술

미 국방부가 2022년 11월 공개한 『국방전략서National Defense Strategy: NDS』는 전통적인 위협 주체들과 함께 급격하게 부상하고 있는 기술요인에 의해서

5 8대 게임체인저 분야도 별도로 제시했는데, 인공지능, 극초음속, 합성생물학, 고에너지, 미래통신/사이버, 우주, 무인·자율, 양자물리이다(국방부, 2023.1.11).

확전의 동학이 더욱 복잡해지고 있다고 평가했다(U.S. Department of Defense, 2022). 미국이 중국의 부상에 대해 선제적으로 추진했던 제3차 상쇄전략을 발표한 지 10년이 다 되어가는 2022년의 상황에서, 다시 한 번 기술우위를 확보함으로써 우세 구도를 영속적으로 구축Building enduring advantages하기 위한 노력을 강조하였다. 미래군의 기초 개혁, 기술에 대한 투자, 국방 생태계의 적응 및 강화, 회복력과 적응력의 증강 등이 주요 주제이다.

NDS는 군사기술의 중요성을 강조하면서, 미국이 오랜 기간 동안 첨단기술을 기반으로 군사적 우세를 달성해 왔으며, 향후 국내 및 동맹과의 기술혁신 생태계를 지원함으로써 이를 유지할 것이라고 천명했다. 지향성 에너지, 초음속, 통합감시, 사이버 등의 첨단 능력 구축을 위한 연구개발을 강조하였고, 생물기술, 양자과학, 첨단소재, 클린에너지의 원초적 기술도 언급하였다. 이뿐만 아니라 신뢰성 있는 인공지능과 자율성, 통합 네트워크 시스템, 우주기술, 재생에너지 생산과 저장, 인간-기계 통합 등을 적극 추진하고, 데이터, 소프트웨어, 인공지능을 전투 병력이 직접 활용할 수 있도록 혁신을 지속할 것이라고 밝혔다.

아울러 동맹과의 협력을 강조했다. 이 같은 안보환경 속에서 동맹 및 우호국들과의 협력이 긴요하다고 강조하면서, "기술 및 정보 유통절차를 개선하고, 공개 권한을 확대하며, 상호이익을 위해 정보교환을 촉진"할 것이라고 밝혔다. 구체적인 사례로, 미국의 입장에서도 확산되는 핵 및 미사일 위협으로부터 미국을 방호하기 위해 전세계적인 IAMD 체계를 구축하려면, 미래 기술을 적극적으로 채용하고 이를 동맹 및 협력국과 연동할 필요가 있다. 동맹을 통한 통합억제와 기술협력의 기조는 NDS와 함께 합본 발간된 「핵태세검토NPR」와 「미사일방어검토MDR」 전반에서도 강조되었다.

2023년 5월에는 「2023 국방과학기술전략서National Defense Science & Technology Strategy: NDSTS」를 발표했다. 국방부의 과학기술 우선순위, 목표 및 투자, 국방 연구개발의 미래에 대한 청사진을 제시한 것인데, 특히 러시아와 중국의 위협에 대응하고 우위를 유지하기 위해 신흥기술을 활용할 방법을 모색하기 위한 목적을 분명히 했다. NDSTS는 미국의 핵심 과학기술을 보호하고 혁신 생태계를 육성해야만 미국의 군사적 우위를 유지할 수 있다고 강조하고 있는데, 특히 양자 및 다자 협력을 통해서 미국의 가치 공유, 기술혁신의 창출, 새로운 과학기술 파트너십 구축이라는 다양한 목표를 추구하며, 이를 통해 미국의 통합억제 역량과 신뢰성을 한층 강화할 수 있을 것이라고 기대를 표시했다.[6]

2) 한미 군사기술 협력의 현재

작년 9월 미국 국방부를 방문한 신범철 국방부 차관은 미국 국방부 하이디 슈Heidi Shyu 연구공학차관과 윌리엄 라플랑William A. LaPlante 획득운영유지차관과 만났다. 회담에서 "과학기술이 전쟁의 승패를 좌우하고 국가의 의사를 관철하는 힘이 되고 있는 추세를 고려 시 그간의 협력채널을 확대 발전시켜 한미 차관급이 정례적으로 만나 정책적·전략적·포괄적 차원에서 과학기술협력을 논의할 수 있는 대화채널"을 갖기로 했다. 또한 기술발달에 따른 새로운 위협을 공동으로 평가하고 이에 대응하기 위한 무인, 양자, 첨단 레이더 기술 등을 활용한 게임체인저 국방 R&D를 한미가 함께 수행하는 방안을 지속적으로 협의하기로 합의했다(민병권, 2022.9.15).

양국은 다양한 수준의 회담에서 지속적으로 군사기술 협력의 필요성을 강조하고 있다. 특히 국제체제의 변동 속에서 동맹 상대와의 협력은 절대적으로 필요하다. 미국은 중국과의, 한국은 북한과의 장기적 경쟁에서 우세를 달성하

6 NDSTS는 14개 핵심 기술에 주안점 두고 있는데, ▲시드(seed) 영역에는 생물공학, 양자과학, 차세대 무선통신, 첨단 재료, ▲상업적 활동이 이미 진행 중인 영역에는 인공지능과 자율성, 통합 네트워크 시스템, 마이크로전자, 재생에너지 생성 및 저장, 첨단 컴퓨팅과 소프트웨어, 인간-기계 인터페이스, ▲국방에 특화된 영역에는 지향성 에너지, 초음속 및 통합센싱, 사이버 기술을 제시했다(U.S. Department of Defense, 2023).

기 위해 군사기술 기반을 마련해야 하기 때문이다. 따라서 비교적 최근에서야 협력이 활발해졌음을 전제하면서, 현재 한미동맹이 군사기술 협력을 위해 운영 중인 협의체와 플랫폼을 제시하면 다음과 같다.

(1) 방산기술협력위원회(DTICC)

한미 군사기술 협력을 위한 다양한 협의체는 이미 작동 중이다. 다만 변화하는 국방환경에 선도적으로 적응하기에는 그 속도와 범위 면에서 구체적이고 실질적인 협력이 필요하다. 위에서 언급한 바와 같이 한미 국방차관급이 군사기술 발전전략을 논의하는 협의체가 신설된다면, 현재 '한미 안보협의회의 SCM' 예하의 4번째 분과위가 될 것으로 보인다. 현재는 SCM 예하에 안보협력위SCC, 군수협력위LCC와 함께, '방산기술협력위DTICC'가 한미 양국 간 방산 및 기술협력 의제를 협의하고 있다(박준수, 2019).

DTICC는 1988년 '방위산업 기술 및 방산업체 협력에 관한 MOU'를 근거로 한국의 방위사업청장과 미국의 획득운용유지차관이 공동위원장이며, 지금까지 한미를 오가며 모두 9회 개최되었다. 한미 양국의 새로운 조직개편, 중기계획, 전력증강 사업, 변경된 정책 등에 대한 소개, 무기체계의 도입이나 성능 개량 등에 대한 협조 등이 주요한 의제였으며, 2016년과 2018년에는 한미 간 국방 R&D 분야의 전략적 협력체제 구축과 획득 전문 인력 역량 강화를 위한 협력 증진, 방산업체 간 협력 및 협업 확대와 같은 포괄적인 협력의 정책기조를 다룬 바 있다. DTICC 예하에는 기술협력소위원회TCSC와 방산협력소위원회DICSC를 두고 있는데, DICSC는 개최된 바 없고 과장급이 주관하는 TCSC는 1980년대부터 실무적인 의제를 논의하는 협의체로 역할 해왔다(방위사업청, 2019).

(2) 한미 방산기술전략 협력체(DTSCG)

DTSCG는 2015년 제47차 SCM에서 신설을 결정하여 관련 약정에 따라 신설된 것으로, 방산기술전략 및 협력 강화를 위해 국방 및 외교부가 공동으로 주관하고 유관 부처가 참여하는 전략적 수준의 협력체이다. DTTIC, SCC 등의 협의체의 위원이 과장급 이하의 실무자로 구성되어 고위급 정책의견을 조율하는 데 제한되고, 의제도 확대되어 기술협력 증진을 위해서는 보다 실효성 있는 협의체가 필요하다는 문제 인식에서 시작되었다. 한국의 국방부 차관, 외교부 차관보, 미국 국방부 정책차관, 국무부 군축차관을 공동의장으로 하고, 양국의 실장, 부차관보급 위원으로 구성된다.

방산기술전략, 기술보안, 외교정책, 기술협력 등 포괄적이고 다양한 의제를 국방 및 외교부 차원에서 협의할 수 있는 2+2회의체로 발전 중인데, 1회의 고위급 회의와 3회의 실무급 회의를 개최한 실적이 있다. 코로나19로 인해 2018년의 실무급 회의가 마지막으로 개최되었지만, 양국의 방산교역전략, 국방교역 결정 원칙, 방산기술보호정책 및 법령 등에 대한 소개에서부터, 사이버 및 기술보안, 연합방위능력 향상과 동맹 강화를 위한 기술협력, 추가적인 국방협의체 발전을 위한 방안 등이 논의된 바 있다(국방부, 2016.7.27).

(3) 한미 국방연구기관 기술협력회의(SAEG)

실무적 수준에서 양국의 기술협력은 한국 국방과학연구소ADD와 미국의 다양한 국방연구소가 직접 소통하는 국방연구기관 간의 기술 교류를 위해 만들어진 협의체이다. 기존 기술협력소위원회TCSC가 방사청과 국방성 연구공학차관실이 주관하는 정책 회의체로 발전함에 따라 연구기관 중심의 기술협력을 다룰 수 있는 채널이 필요해졌기 때문이다. 이를 통해 연구원 중심의 기술협력 회의로 구체적인 정보 교류, 협력 분야를 발굴함으로써 실질적인 공동 연구개발의 성과를 추구하는 것을 목표로 한다.

지난 2022년 4월, 제1회 SAEG가 미 공군연구소에서 개최되었다. 한국의 ADD와 미국의 각군 연구소와 DTRA가 참여했는데, 향후에도 미국 측 육군CCDC, 공군AFRL, 해군ONR 연구소, 국방위협감소국DTRA, 미사일방어국MDA, 우주개발국SDA, 국방고등연구사업국DARPA 등이 광범위하게 참여할 것을 기대하고 있다. 이미 1970년대부터 '한미 과학기술자 교환 프로그램ESEP'을 통해서 상호 파견근무를 해온 성과를 기술의 상호연동성 차원으로 발전시킬 수 있을 것이다.[7]

(4) 한미 국방분석세미나(DAE)

국방 분야 정책현안에 대한 최신 연구 결과, 기술정보, 분석기법 등을 교환하여 분석평가의 전문성 제고를 위한 세미나로 한국국방연구원KIDA이 격년제로 개최하는 행사이다. 1970년 중반에 미 국방장관실의 제안으로, 1978년 미 육군성 운영분석 부차관이 세미나로 발전시켰다. 이후 미 합참과 각 군이 순환하다가 미 육군성 분석연구소CAA가 담당해 왔다. 3~6개 분과, 60편 이상의 논문이 발표되면서 활발하게 세미나가 진행되어 왔다.[8]

다만 현재는 세미나가 중단될 위기에 처해 있는데, 코로나19로 인해 개최가 지속 순연되었을 뿐만 아니라 미 육군성 CAA의 역할이 제한되면서 새로운 파트너를 찾아 세미나를 추진해야 하는 상황이다. 연구기관이 주관하며 한정된 주제를 학술 세미나로 진행된다는 한계를 탈피하여, 국방 차원으로 격상하고 전문적이고 권위 있는 학술 교류의 장이 될 수 있도록 발전시킬 필요성이 제기된다. 이에 따라 KIDA-IDA, 전력자원관리실-분석평가관실CAPE이 상호 전담하여 공동으로 세미나가 진행되도록 하는 방안이 논의 중이다.

(5) 한미 ICT 협력위원회(ICTCC)

한미 양국은 2008년부터 '한미 ICT 포럼'을 개최하여 주요 ICT 이슈를 논의해 왔다. 다양한 기술정보 교류가 진행되던 중 상호 실익에 대한 비판, 코로나

7 1974년 협정서를 근거로 마련된 ESEP를 통해서, 1974년부터 2021년까지 한국은 미국에 399명, 미국은 한국에 23명의 과학기술자를 파견, 근무해 왔다.

8 공공데이터포털, "국방 및 과학기술분야 행사정보", https://www.data.go.kr/data/3058149/fileData.do

19 등으로 중단되었던 것을, 2021년부터 '한미 ICT 협력위원회'로 변경하여 회의체를 시작하였다. 기술정보 교류 수준을 벗어나 양국의 상호호혜적 정책협의체로 격상하고 협력의 범위와 조직을 구체화한 것이다. 한 국방부 기획조정실장과 미 국방부 정보화책임관CIO이 공동대표를 맡으며, ICT 신기술 정책, 사이버 안보협력, 상호운용성 증대 등에 대한 정책 협의 및 정보 공유가 주요한 의제이다.

2021년 8월에 제1차 ICT 협력위원회를, 2022년 8월에는 제2차 위원회를 실시했는데, 사이버 안보 협력과 연합지휘통제체계 적용에 대한 정책 공조가 주요한 의제로 다루어졌다. 이미 출범한 사이버 워킹그룹을 중심으로 양국의 사이버 정책을 이해하고 시스템을 연계하는 방안 등 구체적인 논의가 있었으며, 광대한 국방데이터를 공유하고 다양한 네트워크를 통합하기 위한 틀을 마련하기로 하는 진전이 있었다. 이외에도 양국의 작전 상호운용성을 위한 군사기술 및 표준 마련, 성능 개량 등에 대한 정책현안을 논의하고, 미국의 「데이터전략」(2020) 등 데이터 정책과 클라우드 정책을 소개하기도 했다(김지헌, 2022.8. 12).

(6) 국방 AI 협력포럼(AI PfD)

새로운 군사기술로서 AI의 중요성은 양국 국방부가 공히 인식하고 있다. 2019년 2월 미 국방부가 「AI 추진전략」을 발표하였고, 여기서 미국의 방어와 동맹 지원, 파트너십 구축, 국제협력 등이 의제로 제시된 바 있다. 우선은 비고속적인 기술지향적인 포럼의 형태로 운용되는데, AI 윤리 이행에 대한 공통의 관심사와 모범 사례를 발전시키고, 협력 촉진을 위한 다국적 네트워크 기술 인프라를 확립하며, AI 정책에 대한 전략적 메시지 협조 등을 파트너십 운용 방안으로 제시하였다.

이에 따라 미 국방부 합동인공지능센터JAIC가 '국방 AI 협력포럼'을 주관하고, 한국은 여기에 참여하는 형태로 시작되었다. 1차 회의는 2020년 9월에 AI PfD의 비전, 임무, 목표 소개, AI 윤리원칙 등이 발표되었고, 2021년에 개최된

2차 회의에서는 한국 국방부의 AI전략을 소개하는 등 양국 간 AI 관련 추진 현황에 대한 의견을 교환했다. 미 측이 주관하여 다수의 동맹 및 협력국들이 참여하는 형태로, 한미동맹뿐만 아니라 AI기술 분야의 다자간 협력을 통해 다양한 기술협력이 가능할 것으로 기대된다(박영욱, 2020: 42~44).

3) 분석과 과제

앞에서 본 것처럼 한국과 미국은 군사기술 협력의 필요성을 인식하고, 다양한 협의체를 통해서 협력을 진행해 왔다. 한미동맹은 일제 식민지 시기와 6·25를 겪으면서 아무런 군사기술의 기반이 없이 시작했지만, 한국의 국력 발전과 함께 군사기술의 협력도 70년의 역사성을 가지고 수평적·수직적으로 확대되었다. 우선은 북한이라는 임박한 군사위협에 대응하기 위한 체계를 갖추는 데 집중해야 했지만, 비대칭동맹 속에서 한국의 역할이 강화되면서 보다 전략적이고 장기적인 협력을 위한 노력을 강화해 왔다. 군사기술협력은 비교적 최근에야 강조된 것임을 감안하되, 그 특징과 요구사항을 몇 가지로 정리하면 다음과 같다.

(1) 협력의 필요성만을 강조

선언적인 차원에서 협력을 강조하지만 양국 국방당국 차원의 협력은 실질적인 성과로 연결되기 어려웠다. 먼저 한미동맹의 비대칭성은 군사기술 분야에서 더욱 두드러진다. 지금까지 국방차원의 기술협력은 무기체계 사업을 중심으로 이루어졌는데, 대부분 미국의 무기체계를 도입하는 데 따른 절충교역 offset의 형태로 한국이 기술을 이전받는 것이 주를 이뤘다.[9] 다른 이유 중의 하

9 방위사업청은 2018년 절충교역을 기술이전에서 산업협력의 개념으로 전환하는 계획을 발표한 바 있다(방위사업청, 2018).

나는 기술의 영역중립성인데, 한미 양국이 협력하고 있는 기술 분야는 대부분 과학기술정보통신부를 중심으로 진행되기 때문이다. 현재 반도체, 5G, 우주기술 등은 군사뿐만 아니라 국가적 차원에서 협력을 진행 중에 있다.

(2) 다양한 협의체 구성에 집중

군사기술 협력의 필요성은 이미 오래전부터 강조된 것이었지만 실질적인 협력의 단계로 진행하는 데 한계와 장애가 있음을 의미한다. SCM의 틀 속에서 노력을 통합하고자 하는 노력을 하고는 있지만, 여전히 협력은 기능적으로 분화되어 있다. 현재 운영 중인 협의체들은 필요에 의해서 그때그때 구성된 것인데, 대부분 미국의 무기체계 도입 사업을 기해서 만들어진 것이다. 다른 문제는 기능별로 군사기술 관련 주관 부서가 각각 다른 것도 이유이다. 한국 국방부만 해도 전력자원관리실, 정보화기획관리관실, 국방개혁실 등으로 분화되어 있다. 따라서 각각의 협의체에서 논의되는 안건도 종합적인 내용보다는 소관 부서의 업무와 관련된 단편적인 협력의 수준에 머무른다.

(3) 운용개념과의 연계 부족

국방 차원의 '상호운용성', '미래전 수행개념' 등과 연계되지 않았다는 것이다. 군사기술은 기술 자체의 발전을 목표로 하는 것이 아니라, 국방목표 달성을 위한 수단으로서 의미를 가진다. 국가 차원에서 산업 또는 경제적 이익만을 우선시한다면 군사동맹 차원의 협력은 부차적인 것으로 치부된다. '상호운용성interoperability'은 동맹의 전략적 목적 달성을 위한 능력을 통합하고 공유하며, 동맹국을 가용하게enable 만드는 것이다(Pernin et al., 2019: 17~30). 평시부터 능력을 증강할 뿐만 아니라 즉각적인 상호운용성이 발휘될 수 있도록 준비시키는 과정이 군사기술 협력이며, 동맹이 공유하는 미래전 수행개념에 따라 협력의 목표가 설정되어야 한다.

(4) 협력 추진전략의 부재

국가이익 차원의 핵심 기술과 분야에 대한 전략이 부재했다. 이는 미국이 대다수 기술에서 우위를 갖고 있었기 때문에 일방적으로 수혜를 받는 구조에서 비롯된 것이었다. 이제 한국의 국익을 실현하기 위한 전략적 접근이 필요하다. 예를 들어 메모리 반도체나 5G는 한국이 기술우위를 가지고 있고, 인공지능과 같은 신흥기술은 다자간 협력이 요구되며, 사이버 분야는 러시아, 중국, 북한 등 직면한 위협에 대응하기 위한 즉각적인 정보 공유가 필요하다. 기술 자체의 가치와 성숙도, 기술의 활용성 등을 고려하고, 한국이 부족한 기술 분야와 연계하여 협력을 이끌어내는 대미전략을 수립하는 것이 중요한 과제가 되었다.

4. 핵심 기술협력 분야와 중점

1) 기술협력의 핵심 우선순위

협력의 우선순위를 선정하는 것은 기술협력을 추진하기 위한 핵심과제이다. 모든 기술 분야에서 협력하는 것은 불가능하고, 협력을 위한 모든 의제에 합의하기도 어렵기 때문이다. 따라서 동맹은 기술협력을 위해서 분명한 선택을 할 필요가 있다. 따라서 협력을 위해서 어떠한 기술에 우선순위를 둘 것인지, 어떤 방법과 절차를 적용하여 협력을 증진할 것인지를 우선 합의해야 한다는 것이다. 앞에서 본 바와 같이 한미 양국은 이미 국방전략에서 우선 협력이 필요한 기술 분야를 제시했고, 이를 다음과 같이 네 개의 기술 분야로 정리해 볼 수 있다.

(1) 인공지능(AI)

인간의 학습 및 사고 과정 능력을 기계가 대신하도록 하는 것이 인공지능이다. 인간이 하던 작업을 대신하여 비용을 줄이고 정확성과 능률을 높일 수 있는데, 이미 다양한 분야에서 활용되고 있다. 미국은 동맹국들과의 AI 기술협력을 활발하게 진행하고 있는데, 특히 중국에 대한 경쟁력을 확보하기 위해서 다양한 차원의 협력을 추진하고 있다. 개발 국가 차원을 넘어서 국가 간 협력을 통해 AI 생태계를 조성하고, AI의 윤리 문제와 신뢰성을 확보하며, 적대국의 위협에 대응하고, 무역 및 통상에 있어서의 마찰 요인을 제거하며, 국제개발 요구를 충족하기 위한 기술적 기반을 제공할 수 있다.[10] 동맹의 차원에서 중요한 것은 적대적인 상대보다 우세를 달성하기 위한 것이겠지만, 다른 한편 AI에 과도한 자율성을 부과하여 기습의 이점을 확보하려는 적대국에도 적용될 규칙과 규범을 개발하려는 노력도 필요하다.

(2) **반도체**

모든 전자기기의 두뇌 역할을 하는 반도체는 이미 모든 분야에서 핵심 기술의 위상을 차지하고 있다. 전 세계의 디지털 전환이 가속화되는 가운데 반도체에 대한 수요는 커지고 있으며, 특히 미중경쟁의 틈 속에서 반도체 공급망 재편이 가장 빠르게 이루어지고 있다. 반도체에 대한 수요는 갈수록 증폭되고 있는데, 어떤 국가도 독립적이고 배타적으로 반도체 생산을 할 수 없다. 따라서 반도체는 국가 간 특성화와 협력이 가장 활발하게 필요한 분야이며, 한국 역시 반도체의 중요성을 충분히 인식하고 있다.[11] 또한 미국과 동맹국, 또는 동맹국 간 역할과 지위 경쟁이 치열하게 일어나고 있다는 점에서 동맹 간 불필요한 갈

10 AI와 관련한 국제협력을 강화하기 위해서는 우선 공동의 정책주제를 확인하는 것이 중요한데, 각국 및 G7, G20, OECD 등의 주요 AI 정책수단의 공통점을 제시한 연구로 Meltzer and Kerry(2021)이 있다.

11 윤석열 대통령은 게리 디커슨 미국 AMAT 회장을 접견한 자리에서 "반도체 산업은 우리 정부의 핵심 정책인 디지털 플랫폼 정부, 디지털 전환, AI 산업 육성의 핵심 기반"이라고 밝혔다(이지영, 2022.10.7).

등이 발생하지 않도록 관리해야 하는 기술이기도 하다. 미국이 현재 추진하고 있는 '반도체법CHIPS Act'은 자국의 기술경쟁력과 경제·군사력 우위 확보를 위한 260조 원 규모의 연방재정을 동원한 것이지만, 동맹국들과의 협력을 함께 증진할 것도 요구하고 있다.[12]

(3) 우주기술

우주기술은 이미 보편화되어 있지만, 한국에게 있어서는 완전히 새로운 전략공간이다. 공공 분야에서만 활용되던 우주는 이미 상업화·군사화된 공간이며, 무기화로 나아가고 있다. 각국은 우주 개발에 박차를 가하고 있고, 후발 주자인 한국 역시 미국과의 본격적인 협력을 통해서 적극적으로 우주기술을 확보하려고 하고 있다. 2013년 이후 한미 국방우주협력회의를 통해 우주상황인식 정보를 공유하고 우주 전문 인력을 교류하고 있으며, 군사적 차원에서도 국방우주협력회의SCWG, 우주 위협 대응과 우주작전 수행 방안을 구체화해 나가고 있다. 이제 한국은 우주상황인식의 차원을 벗어나 우주에서의 위협을 억제하고 대응하기 위한 군사작전이 가능한 능력을 구축할 필요가 있고,[13] 미국의 입장에서도 중국, 러시아와의 우주에서의 경쟁을 위해서는 더욱 많은 동맹국들의 우주력을 구축할 필요가 있다.

(4) 정보통신기술

IoT를 통해 수집된 방대한 데이터를 다양한 수단에 의해서 정확하게 전달하기 위한 기술은 모든 사회, 경제, 군사의 중추가 된다. 이미 화웨이, ZTE, 에릭

12 미국 반도체법(the Creating Helpful Incentives to Produce Semiconductors for America)의 내용과 함의 등에 대해서는, https://www.kimchang.com/ko/insights/detail.kc?sch_section=4&idx=25624; https://eiec.kdi.re.kr/policy/domesticView.do?ac=0000173923&issus=M&pp=20&datecount=&pg= 참고.

13 한미의 우주협력에 대한 현황과 정책제언에 대한 대표적인 연구로, 송근호(2021) 참고.

슨, 노키아 같은 일부 통신회사들이 세계시장을 독점해 왔지만, 미중경쟁이 심화되면서 통신시장에서도 블록화가 진행 중이다. 국가안보 차원에서는 우크라이나 전쟁 이후 정보전, 정치심리전의 중요성이 부각되었고, 따라서 미국, 캐나다, 영국, 호주, 뉴질랜드 간의 정보공유 및 협력을 위한 국제정보기관 연합체인 파이브아이즈Five-eyes의 확대 방안이 고려되고 있다. 일본이 가장 강력한 후보로 거론되는 가운데, 국가/군사정보의 교환을 위해서는 제도적인 장치도 마련되어야 하지만 물리적 통신 네트워크를 구축하는 것도 중요한 과업이다. 최근 미국 DIA는 더 많은 국가와 정보를 공유하기 위해 'Stone Ghost'의 업그레이드에 필요한 예산을 요청하기도 했다.[14] 한미동맹이 '맞춤형의 핵공유'를 추진하기 위해서도 높은 수준의 보안이 요구되는 비밀유통 네트워크가 필요하다는 점에서 정보통신 기술의 협력은 긴요하다.

2) 핵심 협력 분야

협력을 위한 군사기술의 우선순위가 정해지면 구체적으로 어떻게 협력할 것인가를 정해야 한다. 공동의 연구개발을 위한 인적 교류, 예산 편성, 윤리 및 책임성 확보, 디지털 인프라 구축, 공동실험, 공공 및 민간 영역 연계 등을 들 수 있으며, 아래에서는 굿맨과 로버츠의 연구(Goodman and Roberts, 2021)를 인용하여 데이터, 표준, 제도와 절차의 세 가지로 정리하였다.

(1) 데이터

데이터는 이미 국가 간 경쟁에서 가장 핵심적인 위치를 차지하고 있다. 데

14 *Defense News*에 따르면 DIA는 Stone Ghost를 포함하여 12개 이상의 국제정보시스템을 운용하고 있으며, Five Eyes로부터 가입자를 추가적으로 확대할 것에 대비한다는 의미에서 업그레이드를 준비하고 있다(Albon, 2023.3.29).

이터-첩보-정보로 이어지는 정보처리 절차는 인공지능에 의해서 동시에 이루어지고 있으며, 기술혁신은 정확하고 다양한 데이터를 충분하게 보유했는지 여부에 크게 의존하고 있다. 단순히 동맹국 간에 고품질의 데이터를 교환하는 것만으로도 상호 데이터의 완전성을 보완할 수 있지만, 인공지능에 새로운 데이터를 공급함으로써 보다 나은 결정을 가능하도록 한다. 하지만 국가별로 상이한 국가철학과 문화, 제도를 극복하면서 데이터를 공유하는 데 어려움이 있을 수밖에 없다. 최근 국가별로 크게 강화되고 있는 데이터 주권 문제도 제기된다. 미국은 이미 이러한 문제를 인식하고 일본, 캐나다, 멕시코 등 각국과 협력을 위한 제도적 장치를 마련하고 있다. 공유되는 데이터의 품질과 양, 다양성을 향상시키는 것은 위에서 언급한 인공지능, 반도체, 우주기술, 정보통신 등의 분야에서 더욱 활발한 협력이 가능하도록 하는 기초를 제공할 수 있다.

(2) 제도와 절차

핵심적인 기술을 촉진하는 것은 국가 내에서도 복잡하고 어려운 일이어서, 국가 간 기술협력은 더욱 복잡하다. 따라서 동맹이 효과적으로 기술협력을 하기 위해서는 협력의 이점을 극대화하고 장애물을 극복하기 위한 적절한 조직과 제도, 절차가 필요하다. 바이든 정부가 NSC 내의 기술정책조정실을 신설하여 정부 내 조율을 개선하도록 한 것은 양자 및 다자간의 기술협력을 원활히 하도록 하기 위한 것이다. 또한 미 의회가 혁신경쟁력법USICA 등을 통과시켜 기술협력에 대한 법적 지원책을 마련한 것도 마찬가지 이유이다.[15] 앞으로도 한미 양국은 기술에 대한 투자, 인프라 구축, 연구개발비 증액 등의 조치가 요

15 중국의 부상에 대해 미래기술, 과학, 연구 분야에 향후 5년간 최소 2,000억 달러 투자를 포함한 패키지 법안이다(https://www.kita.net/cmmrcInfo/cmercInfo/cmercReport/cmercReportDetail.do?pageIndex=1&no=2223&classification=4&searchReqType=detail&searchCate=&searchStartDate=&searchEndDate=&searchCondition=title&searchKeyword=&logGb=A9400_20210723).

구된다. 또한 여전히 협력을 어렵게 하고 있는 기술 및 데이터 규제, 상이한 표준, 비대칭적인 능력과 역할기대도 해결해 나가야 한다.

(3) 표준

기술협력을 위한 표준을 마련하는 것은 동맹의 결속력과 상호운용성을 확보하기 위한 가장 기초적인 작업이다. 표준을 설정하는 것은 기술개발의 기반을 제공하여 보다 경쟁력있는 기술을 효율적으로 적용할 수 있고, 상호운용성을 높여 동맹이 하나의 국가처럼 작동할 수 있는 신뢰성을 제공한다. 표준 마련의 사례로, 소총 탄환의 구경을 결정하는 것은 단지 파괴력을 고려하는 것이 아니라, 동맹국과의 동류교환이나 적국의 사용 배제를 함께 고려해야 한다. 디지털화된 국방환경에서 표준은 더욱 중요한 역할을 수행하는데, 가장 기초적인 것은 안전을 위한 일반적인 제한 사항을 설정하는 것에서부터 광범위한 규칙과 기준, 규범을 설정하는 데에까지 발전할 수 있다.

3) 정책 제언

한국과 미국의 군사기술 협력은 안보환경과 기술지형의 변화를 반영하는데 미흡하고, 기초적인 수준에 머물러 있다. 양국 정상을 비롯하여 다양한 채널을 통해 군사기술 협력의 필요성을 강조하는 선언적인 정책을 내놓고 있으나, 포괄적이고 심층적인 협력을 위해서는 여전히 해소해야 할 공백이 존재한다.

(1) 선언정책으로서의 메시지 개발

군사기술 협력은 특정 분야나 이슈와 관계없이 동맹 협력의 틀로서 지속적으로 강조될 필요가 있다. '통합혁신'의 틀 속에서 장기적이고 전략적인 동맹을 지속 발전시켜 갈 수 있기 때문이다. 선언정책은 과학기술협력을 통해 실현할 수 있는 공동의 이익을 선언하고, 구체적인 기술과 협력 분야를 제시하는 것만으로도 의미를 가진다. 이는 동맹 각국에 정책적인 목표와 지침을 제시하는 것이기도 하지만, 장기적인 경쟁 관계에 있는 적대국을 억제하고 주도권을 확보할 수 있는 메시지가 될 수 있다.

(2) 기존 협의체 내실화

한미 양국은 SCM 예하 3개의 축 중 하나로 군사기술 협력을 구축하고 있다. 양국 국방장관이 주관하는 정책 협의체가 이미 존재한다는 점에서 이를 내실화할 필요가 있다. 기존 협의체가 정책적 차원에서 방향성을 제시한다면, 이를 실행하고 평가할 수 있는 소위원회, 실행위원회 등으로 확대할 수 있다. 과학기술의 특성상 개별 기술과 사업 중심의 협력으로부터 상향식 발전도 필요하겠지만, 기존 협의체를 적정 수준까지 심화시켜 상-하향식의 균형적인 발전도 요구된다.

(3) 정부-기업 간 기술협력 기반 마련

현재 미중 간의 반도체, 배터리를 중심으로 진행되고 있는 기술패권 경쟁은 동맹국들을 포함하는 공급망 재편으로 직접 연결된다. 민간 영역으로 인식되던 기술과 경제가 안보의 영역으로 들어오면서, 동맹의 군사기술 협력을 위한 정당성은 확보되었다고 할 수 있다. 따라서 동맹의 협력이 효과를 거두기 위해서는 정부와 기업이 기술협력에 대한 공감대를 형성하고, 전략목표에 대한 합일된 노력이 담보되어야 한다. 정부는 기업의 이익구조를 고려한 정책 방향을 설정하고, 기업은 정부와의 통합된 노력에 간극이 생기지 않도록 유의해야 한다는 것이다.

(4) 컨트롤타워 필요

동맹이라고 할지라도 서로 다른 정부조직, 역할, 업무범위를 가지고 있기 때문에 유사부처(기관)가 일대일로 협력하는 것은 쉽지 않다. 특히 많은 동맹국과 협력해야 하고 지구적인 이슈를 다루어야 하는 미 백악관과 국방부를 고려한다면, 양국의 협력을 조정통제할 수 있는 컨트롤타워는 양국 NSC에 설치될 필요가 있다.[16] 특히 우주, 사이버, 정보통신, 데이터 등의 특성을 고려할 때 군사기술 협력이 국방부 주도의 협력에 국한되지 않는다. NSC 차원의 컨트롤타워가 각 정부 부처의 협력을 조정·통제함으로써 효율성을 제고할 수 있다.

(5) 제도와 절차 마련

위에서 협력을 촉진하기 위한 조직과 제도, 절차는 국회(의회) 차원에서 협력의 안정성을 확보해야 한다. 국방 연구개발, 인적 교류, 기술협력을 위해서는 안정적인 예산과 법률의 지원이 필요하다. 보다 장기적인 투자의 관점에서 협력을 촉진해야 하는데, 정부가 국회와 국민을 설득하기 위한 적절한 정보를 공개하고 협력의 성과를 객관적으로 검토하고 홍보하려는 노력도 요구된다. 아울러 협력을 추진하는 과정에서 식별된 제한점과 장애물을 개선하기 위한 평가 및 환류도 협력의 전 과정에서 이루어져야 한다.

(6) 다자 협력체로의 확대 발전

신흥기술의 예측 불가능한 특성을 고려할 때, 미국의 입장에서도 한미동맹을 비롯한 양자 협력만으로는 원하는 성과를 얻기 어렵다. 양자협력을 기반으로 다자협력체로 발전시킬 필요가 있는데, 협력이 가능한 대상을 다양화하고, 연구개발의 비용을 낮추며, 부족한 기술 및 능력을 상호 보완, 중복성과 적응성을 극대화하고, 국제적 지지를 얻을 수 있기 때문이다. 이는 한미동맹에 대한 의존성을 낮추어 국가의 자율성, 자강을 통한 직접억제능력 등을 확보하는 데에도 기여할 것이다.

16 미국과 일본의 기술협력에 대해서도 NSC 차원의 협력위원회 구성을 주장한 연구로, Schoff, Rake, and Levy(2021: 43) 참조.

(7) 정책/기술 인적교류 활성화

앞에서 본 바와 같이 한미 기술 인력의 교류는 지속적으로 진행되어 왔으나, 한국의 필요에 의해서 미국에 파견하는 방식이 대부분을 차지했다. 기술 분야 및 필요성에 따라 한국의 대미 의존은 불가피할 수 있다. 따라서 국가이익의 관점에서 필요한 과학기술과 분야에 대해서는 인력의 파견 및 교류를 적극적으로 추진해야 한다. 아울러 기술인력 중심의 인적 교류로부터 기술정책, 융합기술 분야의 인력을 교류함으로써 한국의 기획 능력을 축적하는 노력도 병행되어야 한다.

5. 맺음말

미래 안보환경의 불확실성과 마찰 요인이 강조되고 미래전에 대한 예측이 어려워지는 가운데, 군사기술의 발전은 가장 개연성 있고 바람직한 미래 모습을 그릴 수 있게 만든다. 그러나 과학기술은 먼저 개발한 쪽이 항상 유리한 것은 아니며, 어떻게 활용하느냐에 따라서 그 가치가 달라진다. 한 국가가 모든 과학기술 분야에서 상대를 압도할 수 있는 것도 아니다. 결국 새로운 신흥기술이 전혀 새로운 양상의 전쟁을 추동하는 가운데, 개별 국가 차원의 대응에는 한계가 있다는 점에서 국방기술 협력의 필요성에 대한 인식을 공유하고 있다.

70주년을 맞은 한미동맹의 군사기술 협력은 여전히 선언적이고 정책적 차원에서 머무르고 있다. 동맹이 맺어질 당시를 생각해 보면 한국은 미국과 협력할 수 있는 어떠한 과학기술도 갖고 있지 않았다. 이후에도 동맹 내의 한정된 역할을 수행할 수 있는 수준의 군사기술력을 갖추는 것에 급급했다. 이제 한국의 과학기술 역량은 자원, 성과, 인프라 측면에서 선진국 수준의 역량을 갖추고 있다. 중국과의 전방위 경쟁을 시작하는 미국의 입장에서는 우세와 주도권을 유지하기 위해 한국과의 협력이 긴요해졌다.

동맹의 현재 군사적 능력과 수단을 통합하여 상대를 억제하고 대응하는 것이 '통합억제'라면, 장기적 국가이익과 미래를 대비하기 위해 '통합혁신'의 틀 속에서 군사기술 협력으로 연계해야 동맹의 발전을 담보할 수 있다. 이는 지리적·물리적으로 구분된 국가의 능력을 통합하는 전통적 의미의 동맹으로부터 사이버, 우주, 인지영역에 이르기까지 완전히 새로운 전략공간에서의 협력으로의 발전을 의미한다. 동맹국이 현재 보유하고 있는 능력만을 통합하는 데 그치지 않고 미래의 능력을 상호보완적으로 발전시킬 때, 장기적인 경쟁을 주도해 나갈 수 있다.

한미동맹은 여러 협의체를 중심으로 협력을 이어왔지만, 협력해야 할 기술의 우선순위와 협력의 분야를 재정의할 필요가 있다. 이 연구에서는 인공지능, 반도체, 우주기술, 정보통신을 핵심 협력 기술로, 협력을 위한 분야로 데이터, 제도와 절차, 표준을 제시하였다. 이를 위한 정책제언으로 동맹의 공동이익을 선언하고, 기존 협의체를 내실화하며, 정부-기업의 기술협력 기반을 마련하며, 협력을 위한 정부 컨트롤타워 구축, 협력을 위한 제도와 절차 마련, 양자로부터 다자협력체로의 발전, 정책 및 기술 인력의 교류를 요구했다.

다양한 협력 분야와 방법이 제시될 수 있지만, 추가적으로 요구되는 것은 '나선형 혁신Spiral innovation'이다(Françoise, Park, and Ali, 2011). 이는 국가 내의 혁신에도 적용되지만, 동맹 간의 과학기술협력에도 똑같이 적용된다. 동심원의 가장 안쪽의 당장 할 수 있는 것, 가시적 성과, 공유된 목표와 이익으로부터 시작해 나가야 한다는 것이다. 이는 미래에 대한 정확하고 고정적인 예측이 불가능하다는 것을 인정하고 적응적으로 문제를 해결해 나가는 혁신의 방법이며, 능력을 축적하고 상황변화에 적응하며 유리한 환경을 조성하는 목표를 동시에 추구하는 방법이기도 하다.[17]

17 불확실성 극복을 위한 전략이 필요한데, 조성(shaping), 적응(adapting), 축적(investing) 등 세 가지의 전략방안이 제시된다(Courtney, Kirkland, and Viguerie, 1997: 8~9).

공공데이터포털, “국방 및 과학기술분야 행사정보”, https://www.data.go.kr/data/3058149/fileData.do.
국방부 . 2016.7.27.「제1회 한미방산기술전략협력체(DTSCG) 회의 개최」 보도자료.
_____. 2023.1.11.「힘에 의한 평화구현: 2023년 주요업무 추진계획」.
_____. 2023.3.3.「제2창군 수준의 국방 재설계, AI과학기술강군 육성: 윤석열 정부의「국방혁신 4.0 기본계획」 발표」 보도자료. 국방부 군구조개혁추진관실.
_____. 2023.4.19.「과학기술 강군 육성을 위한 국방과학기술혁신 기본계획 발표」 보도자료.
국방부훈령 제2627호. “국방기획관리기본훈령”(2022.2.3).
김상배. 2022.『미중 디지털 패권경쟁: 기술·안보·권력의 복합지정학』. 한울엠플러스.
김지헌. 2022.8.12.“한미 국방부, ICT 협력위원회 개최… 사이버보안 등 협력”. ≪연합뉴스≫. https:// www.yna.co.kr/view/AKR20220812131400504.
대통령실. https://www.president.go.kr/newsroom/press/TFsqADSy.
대한민국 정부. 2022.『자유, 평화, 번영의 인도-태평양 전략』. 대한민국 정부.
민병권. 2022.9.15. “한미 ‘차관급 국방 과학기술협력 채널 개설’ 합의…무인·레이더 기술 등 국방 R&D 협의”. ≪서울경제≫, https://www.sedaily.com/NewsView/26B30FSV5L
박영욱·정재원·김승천·이우신·유형곤·이지선·이규정. 2020.「국방 인공지능 발전계획 수립 연구」. 한국국방기술학회.
박준수. 2019.「한미동맹 발전에 있어서 국방기술협력의 역할과 과제」. *ROK Angle: Korea's Defense Policy*. 한국국방연구원.
방위사업청. 2018.「방사청, 절충교역 37년만에 전면개편, 산업협력으로」 보도자료(2018.6.26).
_____. 2019.「한·미 기술협력으로 4차 산업기술의 국방연구개발 활용 ‘가속화’ 모색」 보도자료(2019.5.3).
손한별. 2018.「한미 군사협력체제의 오늘과 내일」. ≪신아세아≫, 제25권 4호.
_____. 2021.「미국의 군사혁신과 상쇄전략: 장기 경쟁전략으로서의 기술우위와 비용부과」. ≪한국국가전략≫, 통권 제17호.
송근호. 2021.「한미 우주 협력: 우주개발 협력 이슈와 협력 강화 방안에 대한 제언」. ≪국가전략≫, 제27권 4호.
외교부. https://www.mofa.go.kr/www/wpge/m_24812/contents.do
유재광. 2021.「미중 기술패권 경쟁과 동맹국의 전략적 선택」.『CSF 전문가오피니언』. 대외경제정책연구원(5.31).
이지영. 2022.10.7. “윤 대통령, 한미 반도체기업-정부 협력, 튼튼한 동맹의 구심점 역할”. ≪중앙일보≫, https://www.joongang.co.kr/article/25107596#home.
챠오량·왕샹수이. 2021.『초한전: 세계화 시대의 전쟁과 전법』. 이정곤 옮김. 교우미디어.
행정안전부 국가기록원. https://www.archives.go.kr/next/search/listSubjectDescription.do?id=005139&sitePage=.

Aizawa, Riho. 2022. “Reframing the Indo-Pacific and Managing Relations with Like-Minded Countries.” in Yuki Tatsumi and Pamela Kennedy(eds.). *U.S.-Japan Alliance Cooperation in the Post-Pandemic World*. Washington DC: Stimson Center.

Albon, Courtney. 2023.3.29. “‘Stone Ghost’ secret intel network may expand to more nations: DIA.” *Defense News*, https://www.defensenews.com/cyber/2023/03/29/stone-ghost-secret-intel-network-may-expand-to-more-nations-dia/.

Chevalier, FranÇoise, Kichan Park and Murad Ali. 2011. “A Spiral Process Model of Technological Inovation in a Developing Country: The Case of Samsung.” *African Journal of Business Management*, Vol.5, No.7.

Christopher G. Pernin et al. 2019. *Targeted Interoperability: A New Omperative for Multinational Operations*. Santa Monica: RAND Corporation.

Courtney, Hugh, Jane Kirkland, and Patrick Viguerie. 1997. “Strategy under Uncertainty.” *Harvard Business Review*, Nov/Dec.

Freedman, Lawrence. 2017. *The Future of War: A History*. New York: PublicAffairs.

Gill, Bates. 2021. “China’s Quest for Greater Technological Self-Reliance.” Asia Society, 2021.3.23. https://asiasociety.org/australia/chinas-quest-greater-technological-self-reliance.

Goodman, Matthew P. and Brooke Roberts. 2021. “Toward a T12: Putting Allied Technology Cooperation into Practice.” *CSIS Briefs*. Oct.

https://eiec.kdi.re.kr/policy/domesticView.do?ac=0000173923&issus=M&pp=20&datecount=&pg=

https://www.kimchang.com/ko/insights/detail.kc?sch_section=4&idx=25624.

https://www.kita.net/cmmrcInfo/cmercInfo/cmercReport/cmercReportDetail.do?pageIndex=1&no=2223&classification=4&searchReqType=detail&searchCate=&searchStartDate=&searchEndDate=&searchCondition=title&searchKeyword=&logGb=A9400_20210723.

Meltzer, Joshua P. and Cameron F. Kerry. 2021. “Strengthening international cooperation on artificial intelligence,” *Brookings Report*. February 17. https://www.brookings.edu/research/strengthening-international-cooperation-on-artificial-intelligence/.

Pernin, Christopher G., Jakub P. Hlavka, Matthew E. Boyer, John Gordon IV, Michael Lerario, Jan Osburg, Michael Shurkin, Daniel C. Gibson. 2019. *Targeted Interoperability: A New Omperative for Multinational Operations*. Santa Monica: RAND Corporation.

Schoff, James L. Douglas E. Rake, and Joshua Levy. 2021. *A High-Tech Alliance: Challenges and Opportunities for U.S.-Japan Science and Technology Collaboration*. Washington DC: Carnegie Endowment for International Peace.

U.S. Department of Defense. 2022. *National Defense Strategy 2022*. Washington DC: US DoD.

______. 2023. *National Science & Technology Strategy 2023*. Washington DC: US DoD.

찾아보기

사

아

자

차

카

타

파

하

기타(알파벳)

서울대학교 미래전연구센터

서울대학교 미래전연구센터는 동 대학교 국제문제연구소 산하에 서울대학교와 육군본부가 공동으로 설립한 연구기관으로, 4차 산업혁명 시대 미래전과 군사안보의 변화에 대하여 국제정치학적 관점에서 접근하는 데 중점을 두고 있다.

김상배

서울대학교 정치외교학부 교수다. 서울대학교 외교학과를 졸업하고 동 대학원에서 석사학위를 받은 뒤 미국 인디애나대학교(Indiana University)에서 정치학 박사학위를 받았다. 현 사이버안보학회 회장과 서울대 미래전연구센터 센터장을 맡고 있다. 주요 연구 분야는 신흥안보, 사이버안보, 디지털 경제, 공공외교, 미래전, 중견국 외교다. 대표 저서로 『미중 디지털 패권경쟁: 기술·안보·권력의 복합지정학』(2022), 『버추얼 창과 그물망 방패: 사이버 안보의 세계정치와 한국』(2018), 『아라크네의 국제정치학: 네트워크 세계정치이론의 도전』(2014) 등이 있다.

유인태

단국대학교 정치외교학과 조교수다. 미국 사우스캐롤라이나대학교(University of South Carolina)에서 정치학으로 박사학위를 받았다. 전공은 국제정치(경제)이며, 사이버 안보의 정치, 디지털 무역의 국제정치경제, 인터넷 거버넌스, 디지털 이슈를 둘러싼 국제개발협력과 안보의 교차점에 관심이 있다. 최근 연구로는 "Cybersecurity Crisscrossing International Development Cooperation"(2022), "Emergence of Indo-Pacific Digital Economic Order"(2022), "Internet Governance Regimes by Epistemic Community"(2019) 등이 있다.

임은정

국립공주대학교 국제학부 부교수다. 일본 도쿄대학(University of Tokyo) 종합사회과학과에서 국제관계를 전공하고 서울대학교 외교학과 대학원에서 수학하던 중, 미국 컬럼비아대학교(Columbia University) 국제공공정책대학원(School of International and Public Affairs)으로 유학을 가서 국제학 석사학위를 받았다. 이후 존스홉킨스대학교(Johns Hopkins University) 고등국제학대학(School of Advanced International Studies)에서 국제관계학 박사학위를 받았다. 현재 한국원자력통제기술원 비상임이사, 통일부 정책자문위원, 한국국제정치학회 일본연구분과위원장으로도 활동하고 있다. 주요 연구 분야는 인도-태평양 지역의 국제협력, 에너지 안보 및 기후변화 대응, 원자력 정책 및 비확산 문제다. 대표 저서로 『기후변화와 정치경제: 국제통상, 기업, 기술』(공저, 2023), 『탄소중립과 그린뉴딜: 정치와 정책』(공저, 2021) 등이 있다.

조한승

단국대학교 정치외교학과 교수다. 고려대학교 정치외교학과에서 학사 및 석사학위를 취득하고 미국 미주리대학교(University of Missouri-Columbia)에서 정치학 박사학위를 받았다. 주요 연구 분야는 보건안보, 글로벌 거버넌스, 전쟁과 평화이다. 대표 연구로서 『멀티플 팬데믹: 세계시민, 코로나와 부정의를 넘어 연대로 가는 길을 묻다』(공저, 2020), 「보건위기 극복과 지속가능한 보건평화의 모색: 신흥평화 개념적 접근」(2023), 「코로나 백신 불평등과 글로벌 보건 거버넌스의 과제」(2021) 등이 있다.

강하연

정보통신정책연구원 국제협력연구본부 다자협력연구실 실장을 맡고 있다. 캐나다 브리티시컬럼비아대학교(University of British Columbia)를 졸업, 연세대학교 국제대학원에서 석사학위를, 미국 노스웨스턴대학교(Northwestern University)에서 박사학위를 받았다. 주요 연구 분야는 디지털 통상, 디지털 외교, ICT 남북협력 등이다. 최근 연구로 『기술패권 경쟁시대의 글로벌 디지털 의제 분석 및 우리나라 ICT 외교에의 시사점 연구』(공저, 2022), 「북한 ICT 혁신역량 평가 및 남북 ICT 협력방안 연구: 2021년 남북 정보통신 교류촉진 사업결과보고서」(공저, 2021) 등이 있다.

양종민

정보통신정책연구원 국제협력연구본부 다자협력연구실 부연구위원이다. 서울대학교 외교학과를 졸업하고 동 대학원에서 석사학위를 받은 뒤 미국 플로리다주립대학교(University of Florida)에서 정치학 박사학위를 받았다. 서울대학교 국제문제연구소에서 선임연구원을 역임했다. 주요 연구 분야는 문화산업의 정치경제, 국가-시장관계, 디지털사회의 다자협력 등이다. 대표 논문으로 「디지털미디어 콘텐츠 플랫폼의 정치경제: 자유시장의 관리 vs. 보호된 자유경쟁」(2022), 「군-산-대학-연구소 네트워크: 게임의 밀리테인먼트(Militainment)」(2020) 등이 있다.

김헌준

고려대학교 정치외교학과 교수다. 미국 미네소타대학교(University of Minnesota)에서 정치학 박사학위를 받았다. 주요 연구 분야는 국제인권, 국제규범, 미중관계다. 대표 저서로 *Massacres at Mt. Halla: Sixty Years of Truth-Seeking in South Korea*(2014), *Transitional Justice in the Asia Pacific*(2014)가 있다. 국제정치학 주요 국제학술지(*International Organization, International Studies Quarterly, Journal of Peace Research, Global Governance*)와 국제인권 국제학술지(*Human Rights Quarterly, International Journal of Transitional Justice*)에 논문을 출판했다.

신승휴

서울대학교 정치외교학부 외교학 박사과정을 이수하고 있다. 호주국립대학교(Australian National University)에서 국제안보학을 전공하고 서울대학교 대학원에서 외교학 석사학위를 받았다. 주요 연구 분야는 사이버 안보, 중견국 외교, 정보동맹 등이다. 주요 논문으로 「한미 사이버 안보 협력의 진화: 복합지정학의 시각」(2023), 「사이버 안보 이슈에 대한 일본의 대응과 아베 정권의 국제적 역할인식: 역할이론과 존재론적 안보의 시각」(2023), 「영국의 사이버 안보 전략 지향성과 결정 요인: 화웨이 사태와 데이터 안보에 대한 대응을 중심으로」(2023), 「미 동맹국의 인도-태평양 해양전략에 대한 '지역인식'과 '국가전략구상'의 복합적 영향: 일본과 호주의 사례」(2023), "The Cyber-Nuclear Nexus and Its Impact on the Stability of the International Security Order"(2022), 「미국의 사이버 안보 국제협력 정책의 진화: 네트워크 이론과 구성적 제도주의의 시각」(2022) 등이 있다.

박용한

한국국방연구원 선임연구원이다. 고려대학교에서 북한학 박사학위를 받았다. 중앙일보 국제외교안보팀 기자로 지낸 바 있다. 현재 한국사이버안보학회 연구위원, 서울대 국제문제연구소 연구위원, 한국해로연구회 집행·연구위원, 한국세계지역학회 이사 등을 맡고 있다. 주요 연구 분야는 북한 정치와 군사, 동북아 안보, 해양 및 신흥 안보 등이다. 주요 연구로 「북한 핵탄두 수량 추계와 전망」(공저, 2023), 「북한의 '공세적 핵전략' 평가와 '실존적 위협' 전망」(2022), 「북한 핵·WMD 연례평가보고서」(공저, 2022), 「국방우주개발 정책연구: 민관군 협력방안을 중심으로」(공저, 2022) 등이 있다.

손한별

국방대학교 군사전략학과 부교수다. 현재 미국 조지워싱턴대학교(George Washington University)에서 방문학자로 있다. 서울대학교에서 학사 및 석사학위를, 국방대학교에서 군사학 박사학위를 취득했다. 합동참모본부 전략기획부 실무자로 근무하였다. 국가안보론, 전략기획론, 전쟁론, 핵전략 등을 강의하고 있으며, 주요 관심 분야는 국방전략, 북핵대응전략 및 비확산정책, 한미동맹 이슈 등이다. 주요 논문으로 「핵무기 개발과 국가행위의 변화: 핵보유 전후의 UN총회 표결에 나타난 외교행태」(2022), 「한국군의 군사우주전략: 우주영역인식을 넘어 분산전으로」(공저, 2022), 「포괄적 위험평가의 시론적 검토: 미국 전략문서에 나타난 위험평가를 중심으로」(공저, 2022), 「국방전략서 작성의 이론과 실제」(공저, 2021) 등이 있다.

한울아카데미 2479
서울대학교 미래전연구센터 총서 9

한미동맹의 디지털 전환

새로운 지평의 미래지향적 성찰

엮은이 김상배 | **지은이** 김상배·유인태·임은정·조한승·강하연·양종민·김헌준·신승휴·박용한·손한별
펴낸이 김종수 | **펴낸곳** 한울엠플러스(주) | **편집책임** 조수임 | **편집** 정은선
초판 1쇄 인쇄 2023년 10월 5일 | **초판 1쇄 발행** 2023년 10월 25일
주소 10881 경기도 파주시 광인사길 153 한울시소빌딩 3층
전화 031-955-0655 | **팩스** 031-955-0656 | **홈페이지** www.hanulmplus.kr
등록번호 제406-2015-000143호

Printed in Korea.
ISBN 978-89-460-7480-4 93340

※ 책값은 겉표지에 표시되어 있습니다.